外国经济学说与中国研究报告（2020）

中华外国经济学说研究会◎编
程恩富　洪功翔 ◎ 主编

图书在版编目（CIP）数据

外国经济学说与中国研究报告．2020／程恩富，洪功翔主编．--北京：中国经济出版社，2020．11

ISBN 978－7－5136－6212－3

Ⅰ．①外…　Ⅱ．①程…　②洪…　Ⅲ．①经济学－文集　Ⅳ．①F0－53

中国版本图书馆 CIP 数据核字（2020）第 108846 号

责任编辑　严　莉
责任印制　巢新强
封面设计　任燕飞

出版发行　中国经济出版社
印 刷 者　北京九州迅驰传媒文化有限公司
经 销 者　各地新华书店
开　　本　787mm×1092mm　1/16
印　　张　24.75
字　　数　445 千字
版　　次　2020 年 11 月第 1 版
印　　次　2020 年 11 月第 1 次
定　　价　128.00 元
广告经营许可证　京西工商广字第 8179 号

中国经济出版社　**网址** www.economyph.com　**社址** 北京市东城区安定门外大街 58 号　**邮编** 100011
本版图书如存在印装质量问题，请与本社销售中心联系调换（联系电话：010－57512564）

编委会名单

名誉主编 吴易风 丁 冰

主　　编 程恩富 洪功翔

副 主 编 胡乐明 徐则荣 杨 静 张 林

目　录

/第一部分　国际经济问题研究/

/第二部分　中国经济问题研究/

/第三部分　外国经济理论研究/

/第四部分　马克思主义经济理论研究/

/第五部分　新中国70年经济建设与中国特色社会主义政治经济学研究/

/第一部分/

国际经济问题研究

论新帝国主义的五大特征和特性

——以列宁的帝国主义理论为基础

程恩富[①]　鲁保林[②]　俞使超[③]

（1. 中国社会科学院，2. 曲阜师范大学，3. 上海财经大学）

资本主义的历史演进形成了若干个不同的具体阶段。20 世纪初，资本主义由自由竞争阶段发展到私人垄断阶段，列宁称其为帝国主义阶段。帝国主义时代经济政治发展不平衡规律发生作用，为了重新瓜分世界领土和对外扩张，列强结成不同联盟并展开激烈斗争，催生了两次世界大战。20 世纪上半叶，整个亚欧大陆战争连绵，民族民主革命和共产主义运动高潮迭起。第二次世界大战后，一些经济相对落后的国家先后走向社会主义道路，世界上形成资本主义和社会主义两大阵营的对峙。尽管马克思、恩格斯在《共产党宣言》中宣布资本主义必然被社会主义替代，并在极少数国家得以实现，但整个资本主义和帝国主义体系长期垂而未死，尤其是 20 世纪 80 年代至 20 世纪 90 年代初以来，经历了新自由主义重构和冷战后的帝国主义发展到新的阶段——新帝国主义阶段。

列宁在《帝国主义是资本主义的最高阶段》一书中阐述了帝国主义的定义和特征："如果必须给帝国主义下一个尽量简短的定义，那就应当说，帝国主义是资本主义的垄断阶段……其中要包括帝国主义的如下五个基本特征：①生产和资本的集中发展到这样高的程度，以致造成了在经济生活中起决定作用的垄断组织；②银行资本和工业资本已经融合起来，在这个'金融资本'的基础上形成了金融寡头；③和商品输出不同的资本输出具有特别重要的意义；④瓜分世界的资本家国际垄断同盟已经形成；⑤最大资本主义大国已把世界上的领土瓜分完毕。帝国主义是发展到垄断组织和金融资本的统治已经确立、资本输出具有突出意义、国际托拉斯开始瓜分世界、一些最大的资本主义国家已把世界全部领土

---

① 程恩富，中国社会科学院大学首席教授，中国社会科学院学部委员，上海财经大学博士生导师。

② 鲁保林，曲阜师范大学经济学院教授。

③ 俞使超，上海财经大学马克思主义学院博士研究生。

瓜分完毕这一阶段的资本主义。”[①]在同年12月发表的文章中，列宁又指出帝国主义的三大特性：“帝国主义是资本主义的特殊历史阶段。这个特点分三个方面：①帝国主义是垄断的资本主义；②帝国主义是寄生的或腐朽的资本主义；③帝国主义是垂死的资本主义。”[②]我们以列宁的帝国主义理论为基础，结合当代资本主义的新变化进行分析，可以得出：新帝国主义是垄断资本主义在当代经济全球化和金融化条件下的特殊历史发展阶段，其特征和特性可以综合概括为以下五个方面。

一、生产和流通的新垄断

列宁指出，帝国主义最深厚的经济基础是垄断。这一论断根源于资本主义竞争的基本演化规律：竞争导致生产集中和资本集中，生产和资本集中达到一定程度必然产生垄断。20世纪初，资本主义世界经历了两次巨大的企业兼并浪潮，资本集中和生产集中相互促进，生产活动越来越集中于为数不多的大企业，形成跨部门多产品经营的工业垄断组织，垄断联合代替竞争占统治地位。当资本主义的历史车轮前进到20世纪70年代时，又遭遇了一场长达近10年之久的“滞胀”危机，经济衰退和国内市场竞争压力推动垄断资本在海外寻找新的增长机会。在新一代信息通信技术的支撑下，对外直接投资和国际产业转移不断掀起新的高潮，生产和流通的国际化程度远远超过了过去。垄断资本从生产到流通的各个环节在全球重新布局，生产工序分散化、国际化催生了跨国公司组织和管理的全球价值链分工体系和运营网络。跨国公司通过复杂的供应商关系网络和各种治理模式协调全球价值链，在此种链式分工体系下，中间产品和服务的生产及交易被分割且分散在世界各地，投入和产出的交易在跨国公司的子公司、合同伙伴及供应商的全球生产和服务网络中进行。据统计，全球约60%的贸易为中间产品和服务贸易，全球贸易的80%是通过跨国公司实现的[③]。

从生产和流通的新垄断来界定，新帝国主义的第一个特征表现为：生产和流通的国际化和资本集中的强化，形成富可敌国的巨型垄断跨国公司。跨国公司是当代国际垄断组织的真正代表，新帝国主义时期巨型垄断跨国公司具有以下特点。

（一）跨国公司数量猛增，生产和流通的社会化、国际化程度更高

20世纪80年代以来，跨国公司作为对外直接投资的载体，逐步成为国际经济交往的

---

① 《列宁全集》第27卷，人民出版社，2017年版，第401页。

② 《列宁全集》第28卷，人民出版社，2017年版，第69页。

③ 参见联合国贸易和发展组织：《世界投资报告2013——全球价值链：促进发展的投资与贸易》，经济管理出版社，2013年版，第139页。

主要驱动力量。在80年代，世界范围的投资以前所未有的速度增长，大大快于同期世界贸易和产值等主要经济变量的增速。到了90年代，国际直接投资的规模已经达到空前水平。跨国公司通过对外直接投资，在世界各地建立分公司及附属机构，规模和数量都急剧扩张和增长。1980—2008年，全球跨国公司的数目从1.5万家增至8.2万家，海外子公司数目增长更快，从3.5万家增至81万家。2017年，世界100家最大非金融跨国公司的资产和销售额平均有60%以上在国外，国外雇员也接近60%①。资本主义生产方式自诞生以来，生产活动集聚、协作以及社会分工的演进导致生产社会化程度越来越高，分散的劳动过程日益走向联合的劳动过程。事实证明，对外直接投资的持续增长，加深了各国之间的经济联系，显著提高了生产和流通体系的社会化、国际化程度，而跨国公司作为微观层面的主导力量在其中发挥了十分关键的作用。生产国际化和贸易全球化几乎重新界定了各国参与国际分工的方式，而参与国际分工的方式又重塑了各国的生产方式和盈利模式。世界绝大多数国家和地区都被整合到跨国公司编织的“密如蛛网”的国际生产和贸易体系之中，成千上万个分布于世界各地的企业则构成了全球产业链体系上的一个个价值创造节点。在全球经济中，跨国公司成为国际投资与生产的主要承担者、国际经济行为的核心组织者以及全球经济增长的发动机。跨国公司的迅猛发展表明，在资本全球化的新帝国主义阶段，生产和资本的集中程度更高，几万个跨国公司就可以“主导一切”。

2. 跨国垄断资本积累的规模更庞大，形成了跨国公司帝国

当代资本主义的跨国公司虽数量不多，但实力都非常雄厚。因为它们是新技术开发和使用的主力军，控制着营销网络以及越来越多的自然和金融资源，所以它们垄断了生产和流通的收益权，具有无可比拟的竞争优势。1980—2013年，受益于市场扩张以及生产要素实际成本降低，全球最大的2.8万家公司的利润从2万亿美元增至7.2万亿美元，占全球GDP的比重也从7.6%增至近10%②。跨国公司不仅与国家权力结盟，而且与全球金融体系联动发展，形成了背后有国家支持的金融垄断组织。垄断资本的全球化、金融化发展，进一步巩固了垄断资本的财富积累。单从销售额这一项指标来看，一些跨国公司的经济规模已经超过了某些发达国家的经济体量。例如，2009年，丰田汽车的年销售额就超过了以色列的国内生产总值。2017年，居世界500强榜首的沃尔玛公司总营收突破5000亿美元，比比利时的GDP还要高。其实，如果把当今的跨国公司和近200个国家和地区混合在一起，按照产值进行排名，那么，全球100个最大的“经济实体”中，国家的数量占

---

① “World Investment Report 2018 - Investment and New Industrial Policies”. https://unctad.org/en/Pages/DIAE/World%20Invest - ment%20 Report/World_Investment_Report.aspx.

② James Manyika. “Playing to Win: The New Global Competition for Corporate Profits”. https://www.mckinsey.com/business - functions/strategy - and - corporate - finance/our - insights/the - new - global - competition - for - corporate - profits.

比不到三成，其余都是跨国公司。如果这样的发展势头持续下去，全球将会出现越来越多的富可敌国的跨国公司。虽然产业全球化导致经济活动较为分散，但是投资、贸易、出口和技术转让等还是主要通过巨型跨国公司及其境外分支机构进行的，并且这些跨国垄断企业的母公司仍然集中在少数几个发达资本主义国家中，所以利润也流向了这些国家。2017年，美日德法英五国进入世界500强企业数约占全球500强企业数的一半。在最大的100家跨国公司中，来自这些国家的就占2 /3以上。

3. 跨国公司在各自行业中居于垄断地位，控制和经营国际生产网络

跨国公司巨头资本雄厚、拥有强大的科技力量，在全球生产、贸易、投资、金融和知识产权输出领域占据统治地位。垄断所造成的生产规模化效应，扩大了跨国公司的竞争优势。因为“内部实行分工的工人大军越庞大，应用机器的规模越广大，生产费用相对地就越迅速缩减，劳动就更有效率”①。跨国公司的高度垄断使得生产集中和市场集中相互促进，加快了资本积累，而竞争和信用作为资本集中的两个强有力的杠杆，又加速了资本积聚和集中的趋势。近30年来，各国推进有关促进投资的政策方案，放宽了针对外国直接投资的诸多限制。发达国家对外直接投资的增长，虽然在不同程度上促进了落后国家的资本形成和人力资源开发，提高了这些国家的出口竞争力，但同时也刺激了大规模的私有化和跨国并购交易的发生，加速了这些国家中小企业的破产或被跨国公司兼并的进程，即便是一些大企业也同样难逃被并购的厄运。目前，全球很多行业都已形成了寡头垄断市场结构。例如，全球CPU市场基本被英特尔与阿彻丹尼尔斯米德兰公司（ADM）完全垄断。据欧洲医疗器械行业协会统计，2010年，25家医疗器械公司的销售额合计占全球医疗器械市场销售总额的60%以上，前10家跨国公司控制了全球药品和医疗产品市场的47%。2015年之前，全球种子和农药市场基本被巴斯夫、拜耳、陶氏、杜邦、孟山都、先正达这六家跨国公司所控制，它们控制着全球种子市场的63%、农药市场的75%以及私营部门种子和农药研究的75%；仅先正达、巴斯夫、拜耳这三家公司就占据了农药市场份额的51%，而杜邦、孟山都、先正达则占据了种子市场份额的55%②。作为中国重要的粮食作物之一的大豆，其产供销链的所有环节已被五家跨国公司控制，分别是孟山都、阿彻丹尼尔斯米德兰公司、邦吉、嘉吉和路易·达孚，其中孟山都主导种子和生产所需的其他原材料投入方面，阿彻丹尼尔斯米德兰公司、邦吉、嘉吉和路易·达孚四家公司主导种植、贸易和加工方面，而且这些跨国公司通常通过从合资、合伙、长期合同协议到其他形式的战

① 《马克思恩格斯文集》第1卷，人民出版社，2009年版，第736页。

② ETC Group. “Breaking Bad: Big Ag Mega – Mergers in Play Dow + DuPont in the Pocket? Next: Demonsanto?”. http://www.etc – group.org /sites/www.etcgroup.org/files/files/etc_breakbad_23dec15.pdf.

略联合，组成林林总总的联盟①。在以跨国公司为基础的新帝国主义时期，由于越来越多的社会财富被越来越少的私人资本巨头所占有，垄断资本对劳动的控制和剥削加深，形成世界规模的资本积累，从而加剧了全球某些生产能力过剩和贫富两极分化。

在新帝国主义阶段，信息通信技术飞速发展，互联网的出现极大地压缩了社会生产和流通的时间和空间，跨国兼并、跨国投资、跨国贸易浪潮风起云涌。如此一来，更多非资本主义区域被纳入垄断资本主导的积累过程，极大地强化和扩展了世界资本主义体系。可以说，到了 21 世纪的经济全球化资本主义时代，生产和流通的社会化、国际化程度又出现了根本性飞跃，大大强化了《共产党宣言》所描绘的格局："一切国家的生产和消费都成为世界性的了。"②垄断资本的全球化要求全球经济政治体制同轨，消除横亘于两种体制之间的制度性障碍。但是，当一些国家抛弃原来的政治制度和经济体制，向资本主义市场经济体制转轨后，也并未获得新自由主义经济学家鼓吹的富足与稳定。相反，新帝国主义舞台上演的尽是霸权主义和垄断资本的横行和狂欢。

二、金融资本的新垄断

列宁指出："生产的集中；从集中生长起来的垄断；银行和工业日益融合或者说长合在一起，——这就是金融资本产生的历史和这一概念的内容。"③ 金融资本是银行垄断资本与工业垄断资本融合或混合生长而形成的一种新型资本。20 世纪初是资本主义从一般资本统治向金融资本统治的转折点，在最大的几个帝国主义国家中，银行已经由普通的中介企业变成了势力极大的垄断者。不过在 20 世纪前半叶，由于连绵不断的战争、高昂的信息传输成本，以及贸易保护主义等技术和制度性的障碍，全球投资、贸易、金融、市场的联系还比较松散，经济全球化发育程度还比较低，阻碍了垄断资本触角的向外延伸。第二次世界大战后，经济全球化在新科技革命的助推下加速发展，到了 20 世纪 70 年代初，石油价格的上涨引爆了世界性经济危机，出现了通货膨胀和经济停滞并存这一凯恩斯主义经济学无法解释的怪诞现象。为寻找有利可图的投资机会，深陷"滞胀"泥潭中的垄断资本，一方面把传统产业向海外延伸和转移，继续维持其原有的竞争优势；另一方面加速与传统产业脱钩，并力图在金融领域开辟疆土。资本主义全球化和资本主义金融化相互催化、相互支撑，加速了垄断资本的"脱实向虚"和实体经济的空心化进程。由此，20 世纪 70 年代的那次西方经济大衰退，不仅是垄断资本走向国际化的催化剂，也是产业资本向金融资本大规模急速转型的起始点。

---

① 王绍光、王洪川、魏星：《大豆的故事——资本如何危及人类安全》,《开放时代》,2013 年第 3 期。

② 《马克思恩格斯文集》第 2 卷,人民出版社,2009 年版,第 35 页。

③ 《列宁专题文集 · 论资本主义》,人民出版社,2009 年版,第 136 页。

自此，垄断资本加速了从一国垄断向国际垄断、从实体产业垄断向金融产业垄断的“华丽转身”。

从金融资本的新垄断来界定，新帝国主义的第二个特征表现为：金融垄断资本在全球经济生活中起决定性作用，形成畸形发展的经济金融化。

（一）为数不多的跨国银行等金融机构控制着全球经济大动脉

谋求垄断性权力是帝国主义的本性，“大企业，尤其是大银行，不仅直接吞并小企业，而且通过‘参与’它们的资本、购买或交换股票，通过债务关系体系等来‘联合’它们，征服它们，吸收它们加入‘自己的’集团”。“银行管道的密网扩展得多么迅速……把成千上万分散的经济变成一个统一的全国性的资本主义经济，并进而变成世界性的资本主义经济。”① 在新帝国主义阶段，一小撮跨国公司，其中绝大部分是银行，通过兼并、参与、控股等形式，在全球建立了非常广泛而细密的经营网络，从而不仅控制了无数的中小企业，而且牢牢掌控着全球经济大动脉。瑞士三位学者斯特凡·维塔利（Stefania Vitali）、詹姆斯·B. 格拉特菲尔德（James B. Glattfelder）和斯蒂芬娜·巴蒂斯顿（Stefano Battiston）的研究证实：为数不多的跨国银行几乎支配了全球经济。他们在分析了全球 43060 家跨国公司和它们之间相互交织的股份关系之后发现：顶端的 737 家跨国公司控制了全球 80% 的产值。当进一步拆解这张复杂关系网，他们得出了一个更加惊人的结论：最核心的 147 家跨国公司控制了近 40% 的经济价值，而这 147 家公司中的 3/4 都是金融中介机构②。

（二）金融垄断资本在全球金融市场纵横驰骋

当帝国主义发展到新帝国主义阶段时，货币战、贸易战、资源战、信息战等接连不断，金融寡头及其代理人罔顾贸易和投资领域的游戏规则，持续恣意掠夺全球资源和财富，无所不用其极。新自由主义经济学家扮演着金融寡头的代言人角色，到处鼓吹垄断寡头支配的金融自由化和金融全球化，诱逼发展中国家放开资本项目限制。因为凡是按照这一套理念行事的国家和地区，其金融监管难度加大，金融系统的隐患增多，金融垄断资本就可以寻找机会掠夺它们的财富。在资本市场，管理庞大资产的私人基金公司是国际金融投资巨头③，往往能够攻击发展中国家脆弱的金融防火墙，趁机对它们数十年积累起来的

---

① 《列宁专题文集·论资本主义》，人民出版社，2009 年版，第 122－124 页。

② Stefania Vitali, James B. Glattfelder and Stefano Battiston. “The Network of Global Corporate Control”, PLoS ONE, 2011－10.

③ 世界十大基金公司为美国的贝莱德、先锋集团、道富环球投资管理、富达投资、摩根大通、纽约银行梅隆公司、资本集团、高盛集团，德国的安联集团，法国的安盛集团。https://www.willistowerswatson.com/-/media/WTW/PDF/Insights/2017/10/The-worlds-500-largest-asset-managers-year-end-2016.pdf。

资产进行洗劫。因此，金融的全球化和自由化固然搭建了一个统一开放的全球金融体系，但同时也铺就了“中心”地区汲取落后“边缘”地区资源和剩余价值的“绿色”通道。集中在少数国际金融寡头手里并且享有实际垄断权的金融资本，通过对外投资、创办企业、跨国并购等手段，获得越来越多的高额垄断利润，不断地向全球征收贡赋，巩固了金融寡头的统治。

（三）生产逻辑让位于投机逻辑，经济金融化畸形发展

金融垄断资本由于摆脱了物质形态的束缚，具有高度灵活性和投机性，是资本的最高和最抽象形态。如果不加以管制，极易背离一国产业的发展目标。第二次世界大战后，在国家干预主义理念的引导下，商业银行和投资银行分业经营，证券市场受到严格监管，金融资本的扩张和投机在很大程度上受到制约。20 世纪 70 年代，随着凯恩斯主义的式微，新自由主义开始登台，金融业拉开了去管制化进程的序幕，调节金融市场的基本力量由政府转为市场。在美国，里根政府于 1980 年颁布《储蓄机构取消管制与货币控制法案》，取消存贷款利率管制，直至 1986 年彻底实现利率自由化。1994 年通过《里格—尼尔银行跨州经营与跨州设立分行效率法》，彻底解除银行经营地域范围限制，允许银行跨州开展业务，此举加大了金融机构之间的竞争力度。1996 年颁布《全国性证券市场促进法》，大幅取消和放松对证券业的监管。1999 年颁布《金融服务现代化法案》，彻底废除实行近 70 年的分业经营制度。金融自由化的倡导者最初声称，只要政府解除对金融机构和金融市场的监管，就能进一步提高金融资源的配置效率，更好发挥金融刺激经济增长的作用。但是，一旦金融自由化的潘多拉魔盒被打开，金融资本就会如同脱缰的野马一样，根本无法驾驭。过度金融化必定会导致经济活动虚拟化和虚拟经济泡沫化。近 30 年来，伴随金融资本崛起的是持续的“去工业化”进程。因为生产性投资机会匮乏，金融资源逐渐远离实体经济，结果造成冗余资本在虚拟经济领域自我循环、过度膨胀、畸形发展。

第一，大企业的现金流从固定资本投资转向金融投资，利润的获取渠道越来越多地来自金融活动。1982—1990 年，私人实体经济中几乎 1/4 的工厂和设备投资转向了金融、保险和不动产部门①。例如，全球最大的食品零售商沃尔玛推出了价值 2500 万美元的私募基金。而从 20 世纪八九十年代放松金融管制以来，一些超市开始普遍地向公众提供种类越来越多的金融产品，包括信贷和预付费借记卡、储蓄和支票账户、保险计划甚至家庭抵押贷款②。80 年代后流行的“股东价值最大化”原则导致公司 CEO 的目标短期化，一些

---

① 〔美〕罗伯特·布伦纳：《全球动荡的经济学》，郑吉伟译，中国人民大学出版社，2012 年版，第 218 页。

② Isakson, S. Ryan. “Food and Finance: the Financial Transformation of Agro - food Supply Chains”, The Journal of Peasant Stud - ies, Vol. 41, No. 5, 2014.

CEO 更愿意把利润用于回购本公司的股票，以推高股价，从而提高自己的薪酬，而不是将利润用于偿还债务或改善公司的财务结构。据统计，449 家在 2003—2012 年上市的标准普尔 500 指数公司一共斥资 2.4 万亿美元来收购自己的股票，占总收益的 54%，还有 37% 的收益被用于支付股息红利①。2006 年，美国非金融公司的股票回购额高达非住房性投资支出的 43.9%②。

第二，金融部门主导了非金融部门的剩余价值分配。非金融企业部门利润中用于支付股息和红利的比重越来越高。20 世纪 60—90 年代，美国公司部门的股息支付率（红利与经调整的税后利润之比）大幅上升，60 年代平均为 42.4%，70 年代为 42.3%，而在 1980—1989 年，股息支付率从未低于 44%。1989 年，虽然公司利润总额下降了 17%，但红利总额却上升了 13%，股息支付率达到了 57%③。到了 2008 年美国金融危机前夕，净红利支出占净税后利润的比重已占公司最终资金分配的 80% 左右④。

第三，虚拟经济过度繁荣，完全背离了实体经济的支撑能力。实体经济的停滞萎缩与虚拟经济的过度发展相互并存，两者在一定程度上还表现出恶性互促的趋势。一方面，实体经济的价值实现依赖于资产泡沫膨胀、资产价格攀升所创造的虚假购买力。由于贫富差距持续拉大，金融机构在政府支持下不得不依靠花样繁多的金融创新，去支撑居民透支消费和分散金融风险。另一方面，衍生金融品创新和资产泡沫膨胀所产生的巨额收益和财富效应，又会吸引更多的投资者涌向虚拟经济。在垄断利润的驱使下，名目繁多的衍生金融产品被创造出来。金融产品创新还可以拉长债务链条，转嫁金融风险。次级住房按揭贷款证券化就是如此，通过层层包装，名曰提高信用等级，实则是把高风险转嫁他人。金融产品的交易越来越脱离生产活动，甚至可以与生产活动没有任何联系，完全就是一种赌博性交易。

三、美元和知识产权的垄断

列宁指出："对自由竞争占完全统治地位的旧资本主义来说，典型的是商品输出。对垄断占统治地位的最新资本主义来说，典型的则是资本输出。"⑤ 第二次世界大战后，国际分工的深化和细化将更多不发达国家和地区纳入全球经济网络。从表面看来，全球生产网络格局下，每个国家、每个企业都可以发挥比较优势，即便是最不发达的国家，也能依靠廉价的劳动力和资源优势参与国际分工协作，获取最大利益。但是，垄断资本的真正动

① 参见〔美〕威廉·拉佐尼克：《只有利润，没有繁荣》，http://www.hbrchina.org/2014-09-11/2354.html。

② 参见〔美〕托马斯·I. 帕利：《金融化：涵义和影响》，房广顺、车艳秋、徐明玉译，《国外理论动态》，2010 年第 8 期。

③ 参见黄一义：《股东价值最大化由来与发展》，《新财经》，2004 年第 7 期。

④ 参见〔美〕埃尔多干·巴基尔、艾尔·坎贝尔：《新自由主义、利润率和积累率》，陈人江、许建康译，《国外理论动态》，2011 年第 2 期。

⑤ 《列宁专题文集·论资本主义》，人民出版社，2009 年版，第 150 页。

机是争夺有利的交易平台，攫取高额垄断利润。特别是由于美元霸权和知识产权垄断的存在，国际交换严重不平等。可见，旧帝国主义时期表现为与商品输出并存而又作为特征的是一般资本输出，而新帝国主义时期表现为与商品输出、一般资本输出并存而又作为特征的是美元和知识产权输出。

从美元和知识产权的垄断来界定，新帝国主义的第三个特征表现为：美元霸权和知识产权垄断，形成不平等的国际分工和两极分化的全球经济和财富分配。从"资本—劳动""资本—资本""国家—资本""国家—国家"四个方面来看，跨国垄断资本和新帝国主义的统治力量在经济全球化、金融自由化条件下得到进一步强化。

（一）在"资本—劳动"关系上，垄断资本的空间扩展使其能够在全球范围内布局产业链，实现"全球劳工套利"

跨国公司通过外包、设立子公司、建立战略联盟等形式把更多国家和企业整合到其主导的全球生产网络之中。资本的全球性积累之所以可能，就在于其拥有一支规模庞大的低成本全球劳动力大军。根据世界劳工组织的数据，1980—2007 年，世界劳动力从 19 亿增长到 31 亿，其中 73% 的劳动力来自发展中国家，仅中国和印度就占了 40%①。跨国公司都是有组织的实体，而全球劳动者不能有效地联合以及维护自己的权利，而且由于全球劳动力后备军的存在，资本能够运用分而治之的策略来达到驯服雇佣工人的目的。几十年来，垄断资本把生产部门向南方国家转移，结果造成全球劳工"逐底竞争"，而跨国公司却从中榨取了巨大的"帝国主义租金"。另外，跨国公司拥有很强的游说能力，可以游说发展中国家的政府制定有利于资本流动与投资的政策。很多发展中国家的政府为换取 GDP 增长，不仅无视居民社会福利和劳工权益等方面的保护，还会承诺对投资和利润减免税收、给予信贷支持等各种优惠措施，以吸引国际资本投资设厂。因此，生产的全球化使得发达资本主义国家能够在公平贸易的口号下更加"文明"地剥削欠发达国家，而后者为了启动现代化，不得不接受前者的资本输出以及某些不合理的附加条件。

（二）在"资本—资本"关系上，跨国垄断资本支配了全球合作伙伴，金融垄断资本凌驾于产业资本之上

20 世纪 80 年代以来形成的新的国际分工结构仍然延续着旧的不均衡、不平等的结构体系。尽管生产和营销是分散的，但是研发、金融和利润的控制中心仍然是跨国公司。跨

① 参见〔美〕J. B. 福斯特、R. W. 麦克切斯尼、R. J. 约恩纳：《全球劳动后备军与新帝国主义》，张慧鹏译，《国外理论动态》，2012 年第 6 期。

国公司通常位于垂直专业化分工链条的最上游，拥有核心部件知识产权，负责制定技术和产品标准，控制着产品的研发设计环节，而它的合作伙伴往往依附于跨国公司，是产品标准和价格的接受者，更多从事劳动密集型的生产加工装配环节的劳动，承担着简单零部件大批量生产的任务。作为跨国公司的代工工厂，这些企业只能赚取微薄的加工利润，而且这些企业里的工人工资水平普遍比较低、劳动强度很大、工作时间很长、工作环境较差。尽管产品的价值主要由代工工厂的生产工人创造，但跨国公司利用不平等的生产网络占有了大部分价值增值。据统计，美国公司的海外利润占比已经从 1950 年的 5% 增加到了 2008 年的 35%，海外留存利润占比从 1950 年的 2% 一度增至 2000 年的 113%。日本企业的海外利润比重从 1997 年的 23.4% 上升到了 2008 年的 52.5%①。跨国公司还常常利用对知识产权的垄断获取巨额回报。知识产权包括产品设计、品牌名称、营销中使用的符号和图像，它们受关于专利、版权和商标的规则和法律保护。联合国贸易和发展会议的数字表明，跨国公司的特许权使用费和许可收费已经从 1990 年的 310 亿美元增长到 2017 年的 3330 亿美元②。

随着金融自由化的狂飙突进，金融资本从服务于产业资本转变为凌驾于产业资本之上，金融寡头和食利者居于统治地位。1987 年以后的短短 20 年间，国际信贷市场的债务从近 110 亿美元猛增到 480 亿美元，其增长率远远超出了经济增长率。2007 年，全球衍生金融产品市值达 681 万亿美元，是全球 GDP 的 13 倍，是全球实体经济价值的 60 多倍③。

（三）在“国家—资本”关系上，新帝国主义国家实施新自由主义政策，极力维护垄断资本的利益

20 世纪 70 年代中期以来，因为经济“滞胀”久拖未解，凯恩斯主义被政府弃置不用或少用。现代货币主义、理性预期学派、供给学派等新自由主义经济学，因适应垄断资本全球化金融化拓展的需要，而成了新帝国主义国家的经济理论和政策的宠儿。新自由主义是在金融垄断资本基础上生长起来的上层建筑，从本质上看，它就是维护新帝国主义统治的政策依据和意识形态。20 世纪 80 年代，美国总统里根和英国首相撒切尔夫人是新自由主义风靡全球的旗手，二人推崇现代货币主义、私有产权学派和供给学派的主张，执政期间推行私有化和唯市场化改革，随意放松政府监管，削弱工会和工人阶级维权的反抗力量。里根就任总统后，立即批准成立了以布什副总统为主任的撤销和放宽规章条例的总统

---

① 参见崔学东：《当代资本主义危机是明斯基式危机，还是马克思式危机？》，《马克思主义研究》，2018 年第 9 期。

② “World Investment Report 2018 - Investment and New Industrial Policies”, https://unctad.org/en/Pages/DIAE/World%20Investment%20Report/World_Investment_Report.aspx.

③ 参见程恩富、侯为民：《西方金融危机的根源在于资本主义基本矛盾的激化》，《红旗文稿》，2018 年第 7 期。

特别小组，该小组主张的法令规章涉及生产安全、劳动保护、消费者利益保护等。里根政府还和大资本家联手打击公共部门与私人部门的工会，解雇工会的领导人和组织者，使得本就处于弱势地位的工人阶级更加被动。所谓的“华盛顿—华尔街复合体”（Washington - Wall Street Complex）表明：华尔街的利益就是美国的利益，对华尔街有利的就是对美国有利的，美国政府事实上已成为金融寡头谋取巨额经济政治利益的工具①。因此，能把政府权力关进笼子的根本不是选民的选票，更不是“三权分立”的民主制度，而是华尔街的金融寡头及其军工复合利益集团。财力雄厚的华尔街财团通过提供竞选献金和操纵媒体，影响着美国的政治进程和政策议题。由于被垄断利益集团套上了“紧箍咒”，美国政府在推动经济社会良性发展和改善社会民生方面很难有所作为。年收入几千万美元的华尔街高管和美国政府高官的身份可以相互转换。例如，第 70 任美国财政部长罗伯特·爱德华·鲁宾曾供职于高盛 26 年，第 74 任财政部长亨利·保尔森曾任高盛集团主席和首席执行官，特朗普政府的不少高官都是垄断企业的高管。正是由于“旋转门”机制的存在，即便政府出台相关金融监管政策，也很难从根本上动摇华尔街金融财阀的利益。而且，每当出现金融危机时，政府还要对华尔街垄断寡头提供紧急援助。有美国学者经过调查发现，美联储曾用秘密的应急贷款来满足华尔街大型利益集团的需求，包括大力支持那些列席地区联储银行理事会的银行家。2007 年美国次贷危机爆发，华尔街五大投行中的贝尔斯登被摩根大通收购、雷曼兄弟公司宣布破产、美林公司被美国银行收购，但是高盛却幸免于难。其主要原因：一是政府紧急给予高盛商业银行控股公司地位，此举使高盛从美联储获得海量救命资金；一是美国证券交易委员会禁止做空金融股②。

（四）在“国家—国家”关系上，新帝国主义的霸主美国依靠美元霸权和知识产权，攫取全球财富

1944 年 7 月，根据美英政府倡议，44 个国家在美国新罕布什尔州的布雷顿森林商讨战后体系，会议通过了《联合国家货币金融会议最后议定书》《国际货币基金组织协定条款》《国际复兴开发银行协定条款》，统称《布雷顿森林协定》。布雷顿森林体系的核心内容之一是构建以美元为中心的国际货币体系③。美元与黄金挂钩，其他货币与美元挂钩，美元取代英镑在全球扮演世界货币的角色。美元相对其他货币的特殊优势，决定了美国处

① 参见鲁保林：《“里根革命”与“撒切尔新政”的供给主义批判与反思——基于马克思经济学劳资关系视角》，《当代经济研究》，2016 年第 6 期。

② 参见梁燕、唐钰、李萌、王会聪：《“高盛帮”在美国政坛能量有多大》，《环球时报》，2017 年 1 月 18 日。

③ 参见陈建奇：《当代逆全球化问题及应对》，《领导科学论坛》，2017 年第 10 期；何秉孟、刘溶沧、刘树成主编：《亚洲金融危机：分析与对策》，社会科学文献出版社，2007 年版，第 66 页。

于和其他国家不同的特殊地位。据统计，美元占全球货币储备的 70%、国际贸易结算的 68%、外汇交易的 80% 以及国际间银行业交易的 90%[①]。由于美元是国际公认的储备货币和贸易结算货币，美国拿着几乎是零成本印刷出来的美元，不仅可以兑换他国实实在在的商品、资源和劳务，维持长期贸易逆差和财政赤字，而且可以进行跨国投资、并购他国企业，新帝国主义的掠夺性本质在美元霸权上体现得淋漓尽致。美国还可以通过输出美元获得国际铸币税收益，并能利用美元和美元资产贬值减轻外债。美国共产党经济委员会委员瓦迪·哈拉比指出，美国国际收支账户中，海外净收入 2001 年为 6583 亿美元，2003 年为 8426 亿美元[②]。美元霸权还造成了财富从债权国向债务国转移，即穷国补贴富国的不公正现象。

20 世纪 90 年代中期以来，国际垄断企业控制了全世界 80% 的专利和技术转让及绝大部分国际知名商标，并因此获得了大量收益。据美国国家科学理事会于 2018 年 1 月发布的《2018 年科学工程技术指标》数据显示，2016 年全球知识产权跨境许可收入总规模达到 2720 亿美元，其中，美国是最大出口国，知识产权出口额占全球总量的比值高达 45%，欧盟占 24%，日本占 14%，而中国占比不足 5‰。与此形成鲜明反差的是，中国对外支付知识产权使用费由 2001 年的 19 亿美元攀升至 2017 年的 286 亿美元，知识产权跨境交易的逆差超过 200 亿美元，同期美国对外许可知识产权每年净收入都接近或超过 800 亿美元[③]。

四、国际寡头同盟的新垄断

列宁指出："最新资本主义时代向我们表明，资本家同盟之间在从经济上瓜分世界的基础上形成了一定的关系，而与此同时，与此相联系，各个政治同盟、各个国家之间在从领土上瓜分世界、争夺殖民地、'争夺经济领土'的基础上也形成了一定的关系。""金融资本和同它相适应的国际政策，归根到底是大国为了在经济上和政治上瓜分世界而斗争的国际政策，造成了许多过渡的国家依附形式。这个时代的典型的国家形式不仅有两大类国家，即殖民地占有国和殖民地，还有各种形式的附属国，它们在政治上、形式上是独立的，实际上却被金融和外交方面的依附关系的罗网缠绕着。"[④] 当今世界，新帝国主义在经济、政治、文化、军事领域已形成新的各种同盟和霸权关系。

从国际寡头同盟的新垄断来界定，新帝国主义的第四个特征表现为："一霸数强"结

---

① 参见王佳菲：《美元霸权的谋取、运用及后果》，《红旗文稿》，2011 年第 6 期。

② 参见余斌：《新帝国主义的白条输出》，程恩富主编：《马克思主义经济学研究》，中国社会科学出版社，2015 年版，第 378 页。

③ 参见杨云霞：《资本主义知识产权垄断的新表现及其实质》，《马克思主义研究》，2019 年第 3 期。

④ 《列宁专题文集 · 论资本主义》，人民出版社，2009 年版，第 163、172 页。

成的国际垄断资本主义同盟，形成全球垄断剥削和压迫的金钱政治、庸俗文化和军事威胁的经济基础。

（一）以七国集团为主体的国际垄断资本主义经济和政治同盟

现今新帝国主义的国际性垄断经济同盟和全球经济治理框架是以美国为主导，G7（1975 年美、英、德、法、日、意六大工业国成立六国集团，次年加拿大加入形成七国集团首脑会议）及其垄断组织为协调平台，并以其控制的国际货币基金组织、世界银行和世界贸易组织为配合机构的。

第二次世界大战后形成的布雷顿森林体系架构下的全球经济治理体系，实质上是一个高级的由美国操纵的，服务于其全球经济政治战略利益需要的资本主义国际垄断同盟。到了 20 世纪 70 年代初，美元与黄金脱钩，布雷顿森林货币体系崩溃，七国集团首脑会议诞生，担当了加强西方共识、抗衡东方社会主义国家和抵制南方欠发达国家要求改革国际经济政治秩序呼吁的重任①。随着新自由主义上升为全球经济治理的主导理念，这些多边机构和平台就成了新自由主义在全球传播和扩展的推动力量。它们根据国际金融垄断寡头及其同盟的意愿，软硬兼施，不遗余力地诱逼发展中国家实行金融脱实向虚的自由化、生产要素的私有化、事先不监管的唯市场化和资本项目下的自由兑换等，以方便国际游资进出，通过制造泡沫经济和金融投机，伺机掠夺和控制他国经济，从中牟取暴利。布热津斯基在《大棋局》中也承认："国际货币基金组织和世界银行，可以说代表着'全球'利益，而且它们的构成成分可以解释为世界性。但实际上它们在很大程度上受美国的左右。"② 20 世纪 80 年代至今，国际货币基金组织和世界银行引诱发展中国家推行新自由主义改革，而当这些国家因私有化、金融自由化改革陷入危机或困境时，国际货币基金组织等机构再以提供贷款援助相要挟，附加各种不合理条件，强迫这些国家接受"华盛顿共识"，进一步加大新自由主义改革力度。1978—1992 年，有 70 多个发展中国家和前社会主义国家执行了国际货币基金组织和世界银行强加的 566 个结构调整方案③。例如，20 世纪 80 年代初，国际货币基金组织利用拉美债务危机强迫这些国家接受新自由主义改革。1979 年，美联储为遏制通货膨胀，便推动短期利率从 10% 上升到 15%，最后升到 20% 以上，由于发展中国家的现有债务与美国利率挂钩，美国利率每上升一个百分点，第三世界债务国一年多付 40 亿～50 亿美元利息。1981 年下半年，拉丁美洲每周要借入 10 亿美元，大部分

---

① 参见吕有志、查君红：《冷战后七国集团的演变及其影响》，《欧洲》，2002 年第 6 期。

② 〔美〕兹比格纽·布热津斯基：《大棋局：美国的首要地位及其地缘战略》，上海人民出版社，2007 年版，第 24 页。

③ 参见李其庆：《全球化背景下的新自由主义》，《马克思主义与现实》，2003 年第 5 期。

用于偿还债务利息；1983 年，拉丁美洲差不多拿出口收益的一半来偿还债务的利息①。拉美国家迫于还贷压力不得不接受国际货币基金组织所开的新自由主义改革“药方”，其主要内容是推行国有企业私有化以及贸易金融自由化，厉行压缩民生福利的经济紧缩政策，减少垄断企业税收，削减政府开支和社会投资。在 1997 年亚洲金融危机中，国际货币基金组织在向韩国提供援助时附加了很多条件，其中包括允许外资持有股份由 23% 放宽到 50%，到 1998 年 12 月进一步放宽到 55%，允许外国银行在韩国自由设立分行和分支机构②。

（二）以北约国家为主体的国际垄断资本主义军事和政治同盟

北约集团是一个在冷战时期由美国首先发动成立和主导的、其他帝国主义国家参与的国际资本主义垄断军事同盟。冷战期间，北约是美国用来主动遏制和抗衡苏联东欧国家，影响和控制西欧国家的主要工具。冷战结束后，华约解散，北约成为美国实现全球战略目标的军事组织，“一霸数强”型资本主义寡头垄断同盟形成。美国前国务卿克里斯托弗说：“只有美国才能充当领导者的角色。”“发挥美国的领导作用需要我们有值得信赖的武力威胁作为外交的后盾。”③ 1998 年 12 月美国推出的《新世纪国家安全战略》毫不隐讳地声称，美国的目标是“领导整个世界”，决不允许出现向它的“领导地位”提出挑战的国家或国家集团④。2018 年 12 月 4 日，美国国务卿蓬佩奥在布鲁塞尔出席“马歇尔基金会”的演讲时明确宣称：“美国没有放弃其全球领导地位，是在主权国家而非多边体系的基础上重塑‘二战’后的秩序……在特朗普总统的领导下，我们不会放弃国际领导地位和我们在国际体系中的盟友……特朗普正让美国恢复传统的世界中心领导者地位……美国想要领导世界，从现在直到永远。”⑤

为了称霸全球、领导世界，美国极力推动北约东扩，扩展势力范围，以控制中东欧，压缩俄罗斯战略空间。在美国的操纵下，北约已然成为其实现全球利益的理想军事工具。1999 年 3 月，以美国为首的北约多国部队向南斯拉夫联盟发起大规模空中袭击，这是北约成立 50 年来第一次对一个主权国家发动军事打击。1999 年 4 月，北约在华盛顿举行首脑会议，正式通过北约的“战略新概念”，其核心内容：一是允许北约对防区以外“涉及共同

---

① 参见〔美〕杰弗里·弗里登：《20 世纪全球资本主义的兴衰》，杨宇光等译，上海人民出版社，2017 年版，第 343－346 页。

② 参见何秉孟、刘溶沧、刘树成主编：《亚洲金融危机：分析与对策》，社会科学文献出版社，2007 年版，第 84、91 页。

③ 转引自刘振霞：《北约新战略是美国霸权主义的体现》，《山西高等学校社会科学学报》，1999 年第 3 期。

④ 参见刘振霞：《北约新战略是美国霸权主义的体现》，《山西高等学校社会科学学报》，1999 年第 3 期。

⑤《蓬佩奥扬言美国正建立全球新秩序，对抗中俄伊》，https://www.guancha.cn/internation/2018_12_05_482182_s.shtml。

利益的危机和冲突”进行集体军事干涉。这实质上是把北约由“集体防御”性军事组织变成一个所谓“捍卫共同利益和共同价值观”的进攻性政治军事组织。二是北约的军事行动无须取得联合国安理会的授权①。

除了北约之外，美国通过双边联盟条约形成的军事盟友主要包括日本、韩国、澳大利亚、菲律宾等国，在其军事盟友国家里都建有美国的军事基地，成为新帝国主义军事同盟的重要构成部分，在全球各地区形成军事威胁和挑衅，导致不少“热战”“温战”“凉战”“新冷战”，加剧新的军备竞赛。而新帝国主义的“国家恐怖主义”行径和反恐双重标准，又造成其他形式的恐怖主义盛行。

（三）以西方普世价值观为主导的文化霸权

除了经济同盟及其霸权和军事同盟及其霸权之外，新帝国主义的特征还表现为以西方普世价值观为主导的文化霸权主义。约瑟夫·奈强调“软实力”就是通过吸引而非强迫或收买的手段来达己所愿的能力，而国家的软实力主要来自三种资源：文化（在能对他国产生吸引力的地方起作用）、政治价值观（当它在海内外都能真正实践这些价值观时）及外交政策（当政策被视为具有合法性及道德威信时）②。西方发达国家特别是美国，利用其资本、科技和市场优势对其他弱势国家和地区进行文化渗透，提出“以美国价值观为价值观”的一系列文化“新干涉主义”理论。美国通过向其他国家尤其是发展中国家输出美国的价值观念和生活方式，占领对方的文化市场和信息空间，把美国文化塑造成世界的“主流文化”③。

文化霸权主义或文化帝国主义通过控制国际舆论场，输出西方的普世价值观，实施和平演变和“颜色革命”，以达到尼克松所说的“不战而胜”之战略目的。苏联和东欧社会主义国家的演变就是非常典型的案例。众所周知，价值观的渗透通常是缓慢的、长期的和潜移默化的，其传播途径往往潜藏在学术交流、文学作品和电影电视之中。例如，好莱坞就是“美国霸权主义政策的传声筒”，“好莱坞的电影在向世界各地炫耀着美国的优势，并试图通过这种渠道达到其文化征服的目的”④。曾任美国中央情报局高级官员的艾伦·福斯特·杜勒斯说：“如果我们教会苏联的年轻人唱我们的歌曲并随之舞蹈，那么我们迟早

① 参见刘振霞：《北约新战略是美国霸权主义的体现》，《山西高等学校社会科学学报》，1999 年第 3 期。

② 参见王岩：《文化软实力指标体系研究综述》，《马克思主义文化研究》，2019 年第 1 期。

③ 郝书翠：《让中国特色社会主义文化在当代世界文化百花园里吐蕊争芳——访全国政协常委、民族和宗教委员会主任王伟光教授》，《马克思主义文化研究》，2018 年第 1 期。

④ 《伊朗官员抨击好莱坞电影 称其为美霸权主义“传声筒”》，http://www.chinadaily.com.cn/hqJs/JsgJ/2012-02-03/content_5075641.html。

将教会他们按照我们所需要他们采取的方法思考问题。”[①] 基金会和智库也是新自由主义向外传播的重要推动力量，像福特基金会、洛克菲勒基金会、朝圣山学社、美国国际私营企业中心等通过资助研讨会和学术组织的方式，积极参与推广新自由主义价值观。

列宁曾指出，作为整个20世纪初期特征的已经不是英国独占垄断权，而是少数帝国主义大国为分占垄断权而斗争[②]。而冷战结束以来，全球资本主义的特征是美国“独占垄断权”，其他强国和大国无意亦无力与美国全面抗衡，个别国家如日本等曾试图在经济和科技上挑战美国的“垄断权”，但最终一败涂地，后来欧元的出现，也未能动摇美国霸权。在军事方面，海湾战争、科索沃战争、阿富汗战争、伊拉克战争、利比亚战争、叙利亚战争等更加助长了美国的单边主义和霸权主义气焰。借助于经济、军事、政治寡头垄断同盟以及文化软实力，美国在全球推销普世价值观，煽动别国街头政治和颜色革命。通过制造发展中国家的债务危机和金融危机，打开他国金融开放的大门。而当其主导的全球治理体系遭遇挑战时，美国就发动贸易战、科技战、金融战和经济制裁，甚至威胁或实际发动军事打击。其中，美元、美军与美国文化是美帝国主义实施霸权的三大支柱，并形成互相配合利用的“硬实力”“软实力”“强实力”（经济制裁）和“巧实力”[③]。

要而言之，“一霸数强”结成的国际垄断资本主义同盟，成为内外垄断剥削和压迫的金钱政治、庸俗文化和军事威胁的经济基础，也大大增强了美国作为新帝国主义霸主的地位。

五、经济本质和大趋势

列宁指出，帝国主义是垄断和掠夺的、寄生和腐朽的、过渡和垂死的资本主义。在经济全球化的新帝国主义阶段，当代资本主义经济基本矛盾表现为经济的不断社会化和全球化，与生产要素的私人所有、集体所有和国家所有的矛盾，与国民经济和世界经济的无政府状态或无秩序状态的矛盾[④]。新帝国主义排斥国家和国际社会的必要调节，推崇私人垄断资本的自我调节，维护私人垄断资本的利益，导致一国和全球的各类矛盾时常激化，经济危机（包括金融危机、财政危机等）、社会危机和生态危机成为“流行病”，社会矛盾激化造成危机频发，各种危机与资本积累交织并行，形成当代资本主义垄断性和掠夺性、腐朽性和寄生性、过渡性和垂危性的新态势。

---

① 转引自肖黎：《美国政要和战略家关于对外输出意识形态和价值观的相关论述》，《世界社会主义研究》，2016年第2期。

② 参见《列宁专题文集·论资本主义》，人民出版社，2009年版，第194页。

③ 参见程恩富、李立男：《马克思主义及其中国化理论是软实力的灵魂和核心》，《马克思主义文化研究》，2019年第1期。

④ 参见程恩富：《新时代将加速民富国强进程》，《中央社会主义学院学报》，2018年第1期。

从经济本质和大趋势来界定，新帝国主义的三大特性表现为：全球化资本主义矛盾和各种危机时常激化，形成当代资本主义垄断性和掠夺性、腐朽性和寄生性、过渡性和垂危性的新态势。

（一）新帝国主义是垄断和掠夺的新型资本主义

新帝国主义就其经济实质来说，是建立在巨型跨国公司基础上的金融垄断资本主义。跨国公司生产垄断和金融垄断是从发展到更高阶段的生产和资本集中生长起来的，其垄断程度更深更广，以至于“几乎所有的企业都集中到越来越少的人手中”。以汽车业为例，汽车行业的5大跨国公司几乎占据世界汽车生产份额的一半，而前10大企业的生产份额占全球汽车生产份额的70%①。国际金融垄断资本不仅控制了全球的主要产业，而且垄断了几乎所有的原材料来源、各方面的科技人才和熟练的体力劳动力，霸占了交通要冲和各种生产工具，并通过银行和各种金融衍生品以及种种股份制，支配和占有更多的资本进而掌控着全球的各种秩序②。如果以市价总值、公司收入及资产等衡量，世界各地的经济集中度都在上升，百强公司尤甚。2015年，全球百强公司的市值是排名最后2000家公司的7000多倍，而1995年只有31倍③。根据2018年7月19日《财富》世界500强公布数据统计，2017年，世界500强（不含中国公司）的380家企业的营收达到22.83万亿美元，相当于全球GDP的29.3%，总利润则达到创纪录的1.51万亿美元，利润率同比增加了18.85%④。利润份额和利润率两项指标的上升集中体现了新帝国主义的掠夺性。由于经济全球化、金融化与新自由主义政策对劳工构成了三重挤压，利润相对于工资迅速增长⑤。1982—2006年，美国非金融公司部门生产工人的实际工资增长率仅为1.1%，不仅远低于1958—1966年的2.43%，而且低于1966—1982年经济下行时期的1.68%。工资萎缩转化为公司的利润，推动利润份额在此期间上升了4.6个百分点，对利润率回升的贡献率高达82%。可以肯定地说，“劳动挤压”对利润率回升起到了关键性作用⑥。而且，自2009年

① 参见〔美〕约翰·贝拉米·福斯特、罗伯特·麦克切斯尼、贾米尔·约恩纳：《21世纪资本主义的垄断和竞争（上）》，金建译，《国外理论动态》，2011年第9期。

② 参见李慎明：《金融、科技、文化和军事霸权是当今资本帝国新特征》，《红旗文稿》，2012年第20期。

③ 参见《贸易和发展报告2017》，https://unctad.org/en/PublicationsLibrary/tdr2017_ch.pdf。

④ 参见《2018年财富世界500强排行榜》，http://www.fortunechina.com/fortune500/c/2018-07/19/content_311046.htm。

⑤ 李翀的研究也证明了剩余价值率的上升。据他测算，在1982—2006年，美国企业的可变资本从15056.6亿美元增加到60474.61亿美元，增加幅度为301.66%。而剩余价值从6747.06亿美元增加到36152.62亿美元，增加幅度为435.83%。参见李翀：《马克思利润率下降规律：辨析与验证》，《当代经济研究》，2018年第8期。

⑥ 参见鲁保林：《劳动挤压与利润率复苏——兼论全球化金融化的新自由主义积累体制》，《教学与研究》，2018年第2期。

经济开始复苏以来，美国经济的平均利润率水平虽然低于1997年的峰值，但还是明显高于处于低谷时的20世纪70年代后期到80年代早期的水平①。新帝国主义的本质就是控制和掠夺，其“掠夺式积累”特性不仅体现在剥削国内劳工上，更体现在对其他国家的疯狂掠夺上。其形式和手段主要包括以下几种。

第一，金融掠夺。垄断寡头“通过金融化的方式控制国际大宗商品的价格进而影响原材料生产国和进口国，攫取巨额暴利；或通过资本的大规模流入和流出，制造金融泡沫和危机，影响他国经济和政治稳定；或通过金融制裁的手段达到不战而屈人之兵的目的”②。新自由主义的金融创新导致金融衍生品泛滥，而政府监管滞后又助长了非生产性投机交易浪潮。一小撮处于金字塔顶端的金融寡头和跨国公司受益于金融资产价格膨胀，并从中攫取了与其数量不成比例的社会财富。

第二，公共资源和国有资产的私有化。自“撒切尔—里根主义”成为很多国家制定经济政策的主导理念以来，最近40年全球经历了一场大规模的私有化（民营化）运动，很多欠发达国家的公共资产落入私人垄断资本和跨国垄断企业手中，全球财富不平均水平亦因此飙升。最新发布的《世界不平均报告2018》显示：自20世纪70年代以来，各国私人财富普遍增长，与国民收入之比从200%～350%增长至400%～700%。相反，公共财富几乎都呈下降趋势。美国与英国的公共财富在近年下降至负数，日本、德国和法国的公共财富也仅仅略高于零。有限的公共财富限制了政府调节收入差距的能力③。

第三，强化“中心—外围”格局。新帝国主义国家利用其在贸易、货币、金融、军事和国际组织中的优势地位强化“中心—外围”格局，并借此不断榨取外围国家和地区的资源和财富，从而巩固自己的独占或寡占地位，保证其发展和繁荣。剩余价值国际转移率对一般利润率具有正效应④。环顾全球，只有霸权国家才能借助自身的经济、政治和军事实力将不发达国家创造的部分剩余价值转变为自己的国民财富。因此，新帝国主义垄断资本积累的结果，不仅在美国、法国等国内表现为垄断剥削的贫富两极分化和民生受损（波及80个国家的“占领华尔街”国际运动抗议“1%与99%”贫富对立、波及多国的“黄背心运动”等均为表现），而且在全球表现为一极是中心国家总财富和洁净（生态环境财富）等的积累，另一极是众多外围国家相对贫穷、污染等的积累。2017年作为中心国家的

① 参见〔荷〕古里尔莫·卡尔凯迪、〔英〕迈克尔·罗伯茨：《当前危机的长期根源：凯恩斯主义、紧缩主义和马克思主义的解释》，张建刚译，《当代经济研究》，2015年第4期。

② 谢长安：《金融资本时代下国际竞争格局演变研究》，《世界社会主义研究》，2019年第1期。

③ 参见《世界不平均报告2008（执行摘要）》，https://wir2018.wid.world/files/download/wir2018-summary-chinese.pdf。

④ 参见王智强：《剩余价值国际转移与一般利润率变动：41个国家的经验证据》，《世界经济》，2018年第11期。

七国集团国内生产总值高达36.73万亿美元，占全球的45.5%[①]。瑞信发布的《全球财富报2013》显示，世界上最富有的85人所拥有的财富，相当于世界上底层35亿人的资产总和，也就是半数人类的总财富[②]。

（二）新帝国主义是寄生和腐朽的新型资本主义

列宁指出："帝国主义就是货币资本大量聚集于少数国家……于是，以'剪息票'为生，根本不参与任何企业经营、终日游手好闲的食利者阶级，确切些说，食利者阶层，就大大地增长起来。帝国主义最重要的经济基础之一——资本输出，更加使食利者阶层完完全全脱离了生产，给那种靠剥削几个海外国家和殖民地的劳动为生的整个国家打上了寄生性的烙印。"[③] 新帝国主义时代，食利者阶层人数剧增，食利国的性质更加严重，极少数资本主义国家寄生和腐朽的态势进一步加深。具体表现在以下几个方面。

第一，美国依靠美元、军事、知识产权、政治和文化霸权等掠夺全球特别是发展中国家的财富，是全球最大的寄生性和腐朽性国家。以中美之间的贸易为例，中国把利用廉价劳动力、土地、生态资源生产出来的商品卖给美国，美国无须生产这些商品，只需印钞票即可。然后，中国赚来的美元又只能去购买美国国债等虚拟资产，为美国的借贷消费和对外扩张融资。美国输出到中国的是不能保值增值的有价证券，而中国输出到美国的主要是实体性商品和劳务。中国科学院国家健康研究课题组发布的《国家健康报告》显示：美国是全球获取霸权红利最多的国家，中国是全球损失霸权红利最多的国家。2011年，美国霸权红利总量达73960.9亿美元，占GDP的比例达到52.38%，平均每天获取的霸权红利为202.63亿美元。而中国总计损失36634亿美元，若按劳动时间计算，中国劳动者有60%左右的工作时间是在无偿为国际垄断资本服务[④]。

第二，军事开支增长，人民负担加重。新帝国主义主导下的世界大规模刺激先进武器的科技研发和军工产业不断扩张，因而"垄断资本所支持的军工综合体以及在殖民主义基础上形成的文化霸权，促使西方国家任性地干涉他国事务"[⑤]，由此，新帝国主义成了地区动荡和局势不稳定的始作俑者和战争的发动机，在过去30年间，美国在13场战争中花费了14.2万亿美元[⑥]，而美国人民的医疗保障等民生改善问题却因财力不足而受阻。高昂

---

① The World Bank. "GDP ranking". https://datacatalog.worldbank.org/dataset/gdp-ranking.

② 参见瑞信：《全球财富报告2013》，https://publications.credit-suisse.com/tasks/render/file/?fileID=BCDB1364-A105-0560-1332EC9100FF5C83。

③ 《列宁专题文集·论资本主义》，人民出版社，2009年版，第186页。

④ 参见杨多贵、周志田等：《国家健康报告第1号》，科学出版社版，2013年，第217页。

⑤ 韩震：《西方社会乱局的制度性根源》，《人民日报》，2016年10月23日。

⑥ 参见《马云：过去的全球化由6500个跨国公司来控制》，http://finance.qq.com/a/20170119/000649.htm。

的军费开支成为国家和人民沉重的负担，而寄生于军火产业的垄断企业却因此发财致富。根据英国国际战略研究所统计，2018 年美国军费支出为 6430 亿美元，2019 年将达到 7500 亿美元，超过紧跟其后的 8 国军费总和。冷战后，美国先后发动或参与了海湾战争（1991 年）、科索沃战争（1999 年）、阿富汗战争（2001 年）、伊拉克战争（2003 年）、利比亚战争（2011 年）、叙利亚战争（2011 年至今）共六场战争①，这是垄断导致经济政治腐朽和寄生于战争的一种表现，是反文明、反人道、反人类命运共同体的野蛮行径，表明新帝国主义是战争频发的首要根源。

第三，财富和收入更加集中于少数拥有金融资产的阶层，形成 99% 和 1% 的贫富对立。新帝国主义阶段，生产的社会化、信息化、国际化程度空前提高，人类创造财富的能力比旧帝国主义时期不知要高出多少倍，但是，作为人类共同财富的生产力进步却主要造福于金融寡头，“大部分利润都被那些干金融勾当的‘天才’拿去了”②。例如，在 2001 年，美国 1% 的最富有人口所持有的金融财富（不包括其房产权益）比 80% 的最贫穷人口所拥有的金融财富多 4 倍。美国 1% 的最富有人口拥有价值 1.9 万亿美元的股票，这与其他 99% 的人口所持有的股票价值大致相当③。

第四，垄断阻碍了技术创新及其较快推广。贪婪和寄生决定了金融垄断资本对待技术创新具有二重性：一方面，垄断资本需要并依赖技术创新维持垄断地位；另一方面，垄断地位带来的高额利润意味着其在创新的速度上具有一定惰性。例如，在农药研发领域，1995—2005 年，农药研发成本上涨了 118%，但绝大多数的研发支出却花在了维持那些专利即将到期的旧化工产品的销售上。由于参与研发的公司数目减少，全球农用化学品的发展都在减速④。又如，手机的多项先进功能即使在当年研发成功，手机生产的垄断企业也要分几年来推广和应用，以促使消费者不断购买新功能手机，年年谋取更多的高额垄断利益。

第五，垄断资产阶级及其代理人制造民众运动中的腐化现象更加严重。列宁早就指出：“在英国，帝国主义分裂工人、加强工人中间的机会主义、造成工人运动在一段时间内腐化的这种趋势，在 19 世纪末和 20 世纪初以前很久，就已经表现出来了。”⑤ 新帝国主义利用苏联解体、东欧剧变的时机，分化工人阶级队伍，打击和削弱各国工会，用垄断利

---

① 参见朱同根：《冷战后美国发动的主要战争的合法性分析：以海湾战争、阿富汗战争、伊拉克战争为例》，《国际展望》，2018 年第 5 期。

② 《列宁专题文集·论资本主义》，人民出版社，2009 年版，第 117 页。

③ 参见〔美〕约翰·贝拉米·福斯特：《资本主义的金融化》，王年咏、陈嘉丽译，《国外理论动态》，2007 年第 7 期。

④ ETC Group. “Breaking Bad: Big Ag Mega – Mergers in Play Dow + DuPont in the Pocket? Next: Demonsanto?”. http://www.etc – group.org/sites/www.etcgroup.org/files/files/etc_breakbad_23dec15.pdf.

⑤ 《列宁专题文集·论资本主义》，人民出版社，2009 年版，第 192 页。

润收买个别人的人心，培植工人运动和各种民众运动中的机会主义和新自由主义势力，从而造成工人运动和各种民众中出现腐化趋势，导致世界社会主义运动的低潮，以及崇拜或惧怕新帝国主义势力的倾向更为明显和严重。

（三）新帝国主义是过渡和垂危的新型资本主义

列宁发表的《帝国主义是资本主义的最高阶段》揭示垄断资本主义具有过渡性或垂死性，已有100多年。然而，似乎令许多人感到困惑的是，迄今为止，除了极少数国家属于社会主义以外，绝大多数资本主义国家并没有灭亡，而且还获得了不同程度的发展并将继续下去。这就提出了一个十分重要的问题，即如何去判断当代资本主义的过渡性或必亡性发展趋势？遵循历史唯物主义的分析方法，新帝国主义的过渡性是指：第一，同世界上任何事物一样，新帝国主义制度也是变化着的。它在人类历史上具有暂时性，不具有永恒性。第二，它的变化发展同样遵循从低级向高级的路线，新帝国主义最终必然通过多种形式的革命转向社会主义。

在新帝国主义时代，发达资本主义经历了许多重要的技术和制度变革，这在一定程度上为资本主义的进一步发展提供了基础，并延缓了资本主义的灭亡。有资料表明，资本主义国家的工业平均增长速度，在自由竞争的资本主义阶段只有2%左右，而在垄断资本主义阶段，却达到了3%左右。这种速度或快或慢地继续下去，使得列宁所说的它在腐朽状态中保持的时期大大地延长了。这是因为，资本主义国家对生产关系和上层建筑做了不少的调整，如一定程度的宏观经济调控、分配制度和社会保障的改良、金钱政治和家族政治时好时坏的某种调节，等等。尤其是经济全球化对于发达资本主义国家来讲，毫无疑问利要大于弊。因为，在经济全球化进程中，实力雄厚的发达资本主义国家占据着绝对的主导地位。凭借着这种主导地位，发达资本主义国家就可以获得尽可能多的利益。私人垄断资本通过扩大世界市场等经济全球化途径来进行“资本修复”，延续更长的生命周期。“近两年来，特朗普政府鉴于国内危机的加深逆全球化历史潮流，坚持‘美国优先’的方针政策，挑起国际经济贸易争端，力图向外摆脱和转嫁国内的危机。”① 美国采用某些保护主义的逆全球化措施的目的，就是企求在经济全球化中缓解国内困境和危机而牟取更多的霸权利益。

不过，新帝国主义和资本主义在一定时期内的发展与其最终必然灭亡这两者之间并不存在矛盾。列宁所说的帝国主义是垂死的资本主义，讲的只是资本主义必然灭亡并由社会

① 刘明国、杨珺珺：《警惕新一轮更为深重的金融危机———美国后危机时代的经济态势分析》，《海派经济学》，2019年第1期。

主义所取代的趋势，我们不能简单地理解为新帝国主义或所有资本主义国家将顷刻消失。实际上，马克思主义经典作家并没有给出资本主义和帝国主义灭亡的具体时间表。列宁给出的是科学判断："帝国主义是衰朽的但还没有完全衰朽的资本主义，是垂死的但还没有死亡的资本主义。"① 列宁充分地预见到了这个垂死的资本主义很可能还会"拖"一个相当长的时期，甚至也不排斥，在这个垂死的阶段中，资本主义还会得到一定程度的发展。比如，列宁在讲到帝国主义的腐朽性时说："如果以为这一腐朽趋势排除了资本主义的迅速发展，那就错了。不，在帝国主义时代，某些工业部门，某些资产阶级阶层，某些国家，不同程度地时而表现出这种趋势，时而又表现出那种趋势。整个说来，资本主义的发展比从前要快得多。""它可能在腐烂状态中保持一个比较长的时期（在机会主义的脓疮迟迟不能治好的最坏情况下），但终究不可避免地要被消灭。"②

那么，新帝国主义和当代资本主义新变化为什么不会改变它必然灭亡的历史发展趋势呢？这是因为，资本主义基本矛盾仍然存在并继续发展，资本主义积累规律仍然存在并继续发展，资本主义经济危机仍然存在并继续发展。所以，以 19 世纪末 20 世纪初基本形成垄断资本主义为标志，列宁便揭示和宣布：作为垄断资本主义的帝国主义具有寄生性或腐朽性、过渡性或垂死性（必死性），世界处于帝国主义和无产阶级革命的时代，而帝国主义时代的经济政治发展不平衡规律使革命有可能在一国或数国首先胜利。在《共产党宣言》判断资本主义必然灭亡、《资本论》宣布资本主义私有制的丧钟就要敲响了的数十年后，由于列宁领导的无产阶级政党实施正确的战略策略，因而 1917 年爆发的十月革命就很快"敲死"了军事封建帝国主义国家的沙俄。接着，毛泽东领导的无产阶级政党实施正确的战略策略，"敲死"了国民党统治的半殖民地半封建社会（毛泽东指出，第二次世界大战后中国呈现为封建的、买办的国家垄断资本主义状态）。20 世纪 15 个共产党领导的社会主义国家存在的历史，充分印证了上述理论，而戈尔巴乔夫、叶利钦领导的苏联共产党主动背叛马克思列宁主义，导致苏联和东欧社会主义国家倒退到资本主义社会（白俄罗斯另当别论），表明社会主义及其经济制度发展的曲折性和艰难性，但改变不了大时代的性质和总趋势。

1984 年 10 月，邓小平指出："国际上有两大问题非常突出，一个是和平问题，一个是南北问题。还有其他许多问题，但都不像这两个问题关系全局，带有全球性、战略性的意义。"1990 年 3 月，邓小平又说："和平与发展两大问题，和平问题没有得到解决，发展问题更加严重。"可见，邓小平强调"和平与发展"是当今时代所要解决的两大问题或主题，

① 《列宁全集》第 29 卷，人民出版社，2017 年版，第 479 页。

② 《列宁专题文集·论资本主义》，人民出版社，2009 年版，第 210、212 页。

与列宁说的“战争与革命”两大问题是互相转化和辩证统一的，并没有否定资本主义和新帝国主义趋向社会主义的大时代性质。

因此，依据上述新帝国主义特征和特性的分析，我们认为，新帝国主义既是资本主义从自由竞争、一般私人垄断、国家垄断发展到国际垄断的新阶段，是国际垄断资产阶级的新扩张，也是极少数发达国家主导世界的新体系，是经济政治文化军事霸权主义的新政策；从现阶段国际正义力量和国际阶级斗争的曲折发展来判断，21 世纪是世界劳动阶级和广大人民进行伟大革命和维护世界和平的新时代，是社会主义国家进行伟大建设和快速发展的新时代，是进步的文明国家共同构建人类命运共同体的新时代，是新帝国主义和全球资本主义逐渐向全球社会主义过渡的大时代。

我国货币当局超发货币了吗
——关于“中国货币之谜”的解析

李翀①

（北京师范大学）

一、关于货币超发的争论

（一）问题的提出

货币供给量（M）是指一个国家的货币存量。各国货币供给量通常包括狭义货币供给量（M 1）和广义货币供给量（M 2）的指标，但是各国 M 1和 M 2的内容不尽相同。国内生产总值（GDP）是指一个国家一定时期在境内所生产的用货币来表示的物品和服务的总值。货币是用于交易的，M/GDP 似乎可以反映一个国家货币是多了或是少了。因此，人们往往以我国的货币供给量与国内生产总值之比相对于一些主要发达国家如美国来说过高，证明中国货币当局超发了货币。

（二）关于货币超发的看法

笔者认为：第一，M/GDP 并不能反映一个国家是否超发了货币。笔者将会证明，这种看法混淆了国内生产总值与社会交易额的区别，忽略了货币流通速度的作用，混淆了货币供给存量和货币供给流量的区别。第二，所谓财政赤字、政府投资、资本市场导致我国货币超发属于想当然的论述。第三，用人民币购买外汇储备下来形成的外汇占款确实导致人民币的投放，但是这些经济学者没有注意到，我国货币当局从 2003 年已经开始在外汇占款过大的时候用发行中央银行票据的方法进行对冲。第四，储蓄率过高触及 M 2/GDP 偏高的原因，但遗憾的是论证的逻辑却是储蓄没有参加 GDP 的生产，难道储蓄不会转化为投资吗？这样储蓄的利息从何而来？

---

① 李翀，北京师范大学经济与工商管理学院。

（三）关于货币没有超发的看法

王国刚指出的国内生产总值没有涵盖许多必须用货币进行的交易是对的，但是他的表述并不准确：国内生产总值并不是只计算新创造的商品价值，还包括不变资本中固定资本的价值；它并不是只计算物品的价值，还包括服务的价值。因此，王国刚没有证明各种交易的总和究竟与国内生产总值存在什么关系因而导致 M 2/GDP 的指标无效。在范从来所提出的问题中，有的问题与王国刚提出的问题是相似的，如 M 2/GDP 指标的可行性问题；有的问题与王国刚提出的问题不同，如狭义和广义货币供给量指标选择问题、货币流通速度问题和中美货币供给量定义的差异问题。对于前一类问题不再赘述，对于后一类问题笔者的看法如下：第一，即使用流动性较强的 M 1来度量，我国 M 1/GDP 仍然远高于美国。第二，货币流通速度是一个重要的因素，遗憾的是范从来并没有进行论证。第三，中美货币供给量定义的差异是一个原因，但它只解释了较小的 M 2/GDP 比例上的差额。因此，笔者试图更加完整和准确地论证所谓货币超发问题。

二、我国不存在长期超发货币的现象

（一）货币政策的规则

笔者认为，简单货币规则是不对的。国内生产总值包括的商品价值是本时期生产的最终商品的价值，它既不包括过去生产的产品即二手产品的价值，也不包括中间产品的价值，更不包括各种金融资产的价值。但是，任何物品、服务和资产的交易都需要货币。除非可以证明所有物品、服务和资产的交易额与最终产品的价值严格按比例变化，否则简单货币规则不是一个可行的发行货币的规则。

然而，在现实经济中，金融资产交易额的变化与最终商品价值的变化差距甚远。金融资产的交易额会发生较大幅度的扩张或收缩，按照名义国内生产总值增长率确定货币供给增长率有可能导致货币的扩张或收缩。因此，仅从货币的交换媒介的职能来看，简单货币规则就不可取。

（二）货币政策的实践

从货币政策的实践来看，世界上主要国家的货币当局几乎从来没有以简单货币规则作为制定货币政策的规则。美国联邦储备系统明确指出：作为中央银行，美国联邦储备系统的货币政策目标是实现国会确定的三个目标：就业最大化、价格稳定和合适的长期利率。《中国人民银行法》规定：货币政策目标是保持货币币值的稳定，并以此促进经济增长。

《日本银行法》规定：日本银行的政策目标是实现价格稳定，以保持国家经济的稳定发展。因此，按照各个国家中央银行的货币政策目标，判断一个国家货币投放多了或者少了，应该以价格稳定、增长稳定和利率稳定作为标准，尤其以价格稳定作为标准。

（三）我国的通货膨胀情况

“二战”后数十年各国的实际经历表明，货币投放过多必然导致通货膨胀。因此，可以通过考察我国通货膨胀情况来验证我国货币当局是否过多地投放了货币。从我国2000年以来居民消费价格指数（CPI）和工业生产者出厂价格指数（PPI）的变化情况来看，前者反映了消费品价格变化情况，后者反映了包括投资品在内的工业品价格变化情况。在长达18年的时间里，从居民消费价格指数来看，有2年增长幅度超过5%，最高纪录是5.9%。从工业生产者出厂价格指数来看，有4年增长幅度超过5%，最高纪录是6.9%。在这段时间里，只有2010年7月到2011年12月的价格水平上升与货币投放过多有关。2008年9月，美国金融危机激化，对世界各国产生了衰退性的冲击，我国货币当局为了抵御这种冲击，过量投放了货币。2009年，我国货币供给量M_1和M_2的增长率达到24.9%和27.6%，远高于多年的平均增长率。

事实表明，我国并没有长期发生通货膨胀。这就是说，我国货币当局并没有长期过量投放货币。但是，为什么我国的M/GDP如此之高？实际上，美国经济学者麦金农在1993年就提出了“中国货币之谜”。

三、“中国货币之谜”产生的理论根源

（一）忽略了社会交易额与国内生产总值的区别

笔者认为，我国货币当局超发货币之说和麦金农“中国货币之谜”的提出，源于人们不了解货币理论发展的历史而产生的两个误解：第一个误解是忽略了国内生产总值和社会交易额的区别，第二个误解是忽略了货币流通速度对货币需求量的重要影响。

在货币思想史上，经济学者们由于交易额不可计量才用国民收入或国内生产总值代替交易额。但是，人们因此就形成教条：货币需求量取决于国内生产总值。实际上，任何物品、服务、资产的交易都需要用货币来完成，笔者把所有交易形成的金额称为社会交易额（Social Transaction Amount）。社会交易额与国内生产总值存在巨大差异，决定货币需求量的不是国内生产总值而是社会交易额。

关于用国民收入或者国内生产总值取代交易额对货币需求进行分析，弗里德曼是清醒的。他指出：“然而，它们也有它们的缺陷，这就是完全忽略了中间产品的交易与最终产

品交易的比率，完全忽视了现有资产的交易。”他接着指出：“这些差别是构成了国民收入方程式的优点，还是构成了它的缺点？很明显，这取决于决定人们愿意持有的货币量的因素是什么。上文中所考虑的这类变化，即中间产品交易和资产交易对国民收入比例的改变，是否会以同一方向、同一比例改变人们所希望持有的货币量?”

美国国内生产总值与非现金社会交易额存在很大差异：2000 年到 2015 年，从绝对数来说，后者平均是前者的 73.78 倍；从变化来说，后者波动幅度比前者大得多。

笔者又利用英国和日本 2001 年以后的数据进行验证，发现存在同样的情况。从 2001 年到 2015 年，英国的社会交易额的平均数是国内生产总值的 58.76 倍。社会交易额的波动幅度比国内生产总值大得多。

根据费雪方程 MV = PW，如果从货币需求的角度分析，用 M_d 表示货币需求量，那么 $M_d = PW/V$。这就是说，货币需求量与交易量成正比，与货币流通速度成反比。因此，如果能够证明我国社会交易额 PW 相对于国内生产总值来说较大，货币需求量就较大，在货币均衡的条件下货币供给量也就较大，M/GDP 偏高并不反常。

（二）忽略了货币流通速度对货币需求量的影响

费雪正确地指出货币需求量取决于交易额，但他基于方程式 MV = PW 指出：物价在这种假定情形之下，必将：①直接随流通货币的数量（M）而变动；②直接随流通率（V）而变动；③与交易量（W）做反向的变动。三种关系中，以第一种为最有注重的价值，它构成“货币的数量原理”。由此可见，尽管费雪并不认为货币流通速度是不变的，但是他认为货币流通速度是不重要的因素，因此价格水平与货币供给量成比例变化。

实际上，在 M/GDP 中，M 是存量，GDP 是流量，如何能够把存量与流量直接相比？这显然忽略了货币流通速度的因素，货币流量是 MV（货币流通速度）。

美国基于国内生产总值计算的货币流通速度还是相对稳定的，但是基于社会交易额计算的货币流通速度则具有更大的波动性。笔者又用英国和日本 2001—2015 年的实际统计数据进行验证，发现英国和日本的货币流通速度变化情况与美国相似。因此，实际经济中的货币流通速度不是稳定的而是易变的。美国、英国和日本的货币流通速度不但易变，而且本身也存在很大的差异。

四、“中国货币之谜”形成的实际原因

（一）中国相对货币流通速度较慢

各个国家的货币流通速度存在很大的差异。根据费雪的货币需求等式 $M_d = PW/V$，

如果能够证明我国货币流通速度 V 较慢，那么要完成一定的社会交易额 PW 所需要的货币就越多，在货币均衡的条件下货币供给量也就越大，M/GDP 偏高并不反常。

要对我国和美国的货币流通速度进行比较，应该使用社会交易额的指标而不应该使用国内生产总值的指标。国际清算银行把支付方式划分为银行之间非现金支付方式和非银行主体非现金支付方式。由于不同国家银行之间非现金支付数据难以直接比较，笔者采用了非银行主体非现金支付数据进行分析。非银行主体非现金支付方式分为银行转账（Credit Transfers）、直接借记（Direct Debits）、用卡支付（Card Payments）、电子货币（E－money Payment）、支票支付（Cheques）。所谓直接借记在我国称为定期借记，它是指银行接受客户的委托，按照协议从付款人账户上直接划出款项转入收款人账户的结算形式，如代收水电煤气费等。中美两国都缺少电子货币支付的数据，但我国近年没有向国际清算银行提供直接借记数据，很有可能是把它列入银行转账了。由于美国 2012 年改变了银行转账统计方法，造成 2012 年前后银行转账数据不可比较，又由于我国银行转账的数据在 2015 年出现了不可信的成倍增加，使得 2012—2014 年我国和美国的平均货币流通速度是 35.4 和 63.21，我国货币流通速度远低于美国。

问题的关键在于要进一步解释为什么我国货币流通速度低于美国。我国和美国的货币制度同属信用货币制度，除了我国很少使用个人支票以外，我国的支付工具与美国没有什么差异，我国和美国货币流通速度的差异是由两国的经济状况和社会习惯造成的。

第一，长期以来，中国人有使用现金的习惯。在货币的各个组成部分中，现金的流通速度是最慢的。在中国人习惯使用现金的情况下，我国的货币流通速度必然较低。

第二，中国人的储蓄率较高。在居民得到收入以后，部分货币存放在活期存款账户以便随时用于消费支出，部分货币存放在定期存款账户以及购买金融资产以用于储蓄。假定其他条件不变，一个国家消费率越低，也就是储蓄率越高，货币流通速度就越慢。

笔者对中国和美国的最终消费率进行了比较。所谓最终消费率是居民消费支出和政府消费支出的总和与国内生产总值的比例。根据中华人民共和国统计局和美国联邦储备委员会的统计数据，2000—2015 年，中国平均最终消费率是 53.31%，美国平均最终消费率是 83.08%。由于我国相对货币流通速度较低，完成一定数量的社会交易额所需要的货币就越多，M/GDP 必然较高。

（二）中国相对社会交易额较大

我国 M/GDP 过高除了我国货币流通速度较慢的原因以外，还在于与美国相比中国相对于 GDP 来说的社会交易额较大。前面的分析表明，根据费雪的货币需求等式 $M_d = PW/V$，如果能够证明我国社会交易额 PW 相对于国内生产总值来说较大，货币需求量就较大，在货币均衡的条件下货币供给量也就较大，M/GDP 偏高并不反常。

我国相对于 GDP 的社会交易额为什么比美国高这么多？笔者认为有下述两个原因：第一，我国商品交易中间环节较多和流通成本较高一直是我国经济存在的问题，生产出来的商品往往要通过多个批发层次才进入零售领域。第二，我国金融资产规模扩张更快以及交易更为频繁。美国金融市场的发展比较成熟，从而形成了相对稳定的状况。但是，我国的金融市场是在 20 世纪 90 年代才开始发展起来的，正处于扩张的时期。任何交易都需要货币，我国相对于 GDP 来说社会交易额较大，货币需求量以及相应的货币供给量就较大。

（三）中国和美国货币供给量定义的差异

在分析了中国 M/GDP 偏高的主要原因以后，笔者还要指出中国货币供给量的概念与美国存在差异也是一个原因。中国 M 1的定义包括通货和活期存款。美国 M 1的定义包括：①财政部、联邦储备银行、存款机构现金池之外的通货；②非银行金融机构发行的旅行支票；③商业银行的需求存款，但不包括存款机构、美国政府、外国官方机构、外国银行的需求存款；④其他支票类存款，包括在存款机构的可转让的存单和自动转移服务的金额、信贷会社的股份汇票账户、节约机构的需求存款。其中股份汇票账户是指允许成员根据在信贷会社的股份签发汇票。由此可见，中国 M 1定义中的通货比美国要宽，中国活期存款包括美国的扣除项，但不包括可转让存单和自动转移服务的数额。

如果准确地对中国和美国的相对国内生产总值的狭义货币供给量进行比较，应该采用一致的货币供给量的定义。2015 年末，根据美国联邦储备委员会提供的数据，美国的 M 1是 31404 亿美元，与国内生产总值之比是 17. 33% 。但是，美国银行以外的通货和支票性存款为 38297 亿美元，按照这个仍然窄于中国 M 1的指标计算，它与国内生产总值之比是 21. 13% ，与 17. 33% 的比率相比提高了 3. 80 个百分点。

中国的 M 2同样与美国存在较大的差异。中国的 M 2包括 M 1、定期存款、储蓄存款和其他存款。美国的 M 2包括：①M 1。②包括货币市场存款账户在内的储蓄存款。③10 万美元以下的定期存款，但减去私人退休账户金额以及存款机构的基奥余额。④零售货币市场共同基金的份额，但扣除货币市场共同基金私人退休账户金额以及存款机构的基奥余额。其中基奥余额是指根据基奥计划为个体工商户设立的一种免税退休金。由于中国的 M 2包括各种非活期存款，这意味着中国 M 2的概念要比美国广泛得多。

如果准确地对中国和美国的相对于国内生产总值而言的广义货币供给量进行比较，也应该采用一致的货币供给量的定义。2015 年末，根据美国联邦储备委员会提供的数据，美国的 M 2是 124013 亿美元，与国内生产总值之比是 68. 44% 。但是，美国银行以外的通货和支票性存款是 38297 亿美元，定期存款和储蓄存款是 108549 亿美元。即使按照这个仍然窄于我国M2的指标计算，它与国内生产总值之比是81.04%，与68.44%的比率相比提高了12.60个百分点。因此，我国的货币供给量定义较宽，也在一定程度上造成了我国M/GDP偏高的现象。

五、结论

综合上面的分析，可以得到这样的结论：我国存在阶段性投放货币过多的情况，但不存在持续性投放货币过多的情况。我国M/GDP过高的“中国货币之谜”源于两个误解：一是没有注意到在货币思想史上货币需求分析的演变过程而简单地把国内生产总值看作是决定货币需求量的主要因素，二是由于在货币思想史上货币流通速度被假定不变就忽略了货币流通速度在现实经济中的作用。澄清了这两个误解以后也就揭开了“中国货币之谜”：我国M/GDP相对过高是由我国货币流通速度相对较慢、社会交易额相对国内生产总值较大、货币供给量定义相对较宽造成的。由于我国货币当局实际上没有长期地超发货币，我国也就没有长期地发生通货膨胀现象。因此，部分经济学者仅仅根据货币供给量与国内生产总值之比过高就断定我国超发货币甚至滥发货币，显然是过于肤浅了。

基于马克思产业资本理论解析美国去工业化与再工业化

——观察当前中美贸易摩擦的新视角

方兴起①

（广东财经大学）

一、理论分析框架

在《资本论》中，马克思将产业资本定义为：“资本价值在它的流通阶段所采取的两种形式，是货币资本的形式和商品资本的形式；它属于生产阶段的形式，是生产资本的形式。在总循环过程中采取而又抛弃这些形式并在每一个形式中执行相应职能的资本，就是产业资本”。马克思强调指出，“在这里，货币资本、商品资本、生产资本，并不是指这样一些独立的资本种类，这些独立的资本种类的职能形成同样独立的、彼此分离的营业部门的内容。在这里，它们只是指产业资本的特殊的职能形式，产业资本是依次采取所有这三种形式的”。另外，在马克思看来，产业资本包括任何按资本主义方式经营的生产部门，从而“采矿业、农业、畜牧业、制造业、运输业等等是由社会分工造成的产业资本的分支部门”。在《资本论》中，马克思主要基于制造业，分析了产业资本在其生产过程和流通过程中的三种资本形式或三种职能形式。借助马克思对产业资本的三种资本形式的分析，可以将由社会经济活动各个环节、各个层面、各个领域的相互关系和内在联系构成的极其复杂的现代化经济体系抽象为“三资本模型”，即货币资本、生产资本和商品资本模型，正好对应现实中三个代表性行业，即金融业、制造业和物流业，从而为探讨现代化经济体系提供了一个科学的分析框架，并且可以运用这个分析框架来解析美国去工业化与再工业化的过程及其后果。

二、美国去工业化与再工业化过程

在 19 世纪末至 20 世纪初，美国因制造业得到高速发展而实现了工业的现代化。“二

---

①　方兴起，广东财经大学中国特色社会主义政治经济学研究中心主任、教授。

战”后的25年，美国制造业在全球独领风骚，“在先进科学技术领域，美国企业遥遥领先美国以外的竞争对手，而且它们的海外子公司在当地市场也处于主导地位”。自20世纪70年代初起，美国就进入了一个长达数十年的去工业化时期。具体来说，在全球化背景下，美国传统的制造业分化为两部分：传统制造业中有竞争力的企业为追求高额利润，大规模外迁到工资和生活成本较低的发展中国家，成为美国的离岸企业。进入20世纪90年代，美国制造业曾经一度再现辉煌，但不过是昙花一现。因为进入21世纪，制造业的衰落不仅限于传统制造业，而且“蔓延到了那些一直被视为美国经济实力‘堡垒’的技术密集型产业”。所有关键制造环节的供应商都集中在美国。但是“美国半导体产业的衰退可追溯至20世纪70年代”，相比日本在这一产业领域形成的强大的制造能力，美国半导体产业在这一时期因对制造业不重视导致其制造工艺落后于日本，从而从整体上加速了美国半导体产业的衰落。只有“英特尔公司是唯一一家仍在美国进行大规模生产的芯片企业。英特尔之所以能维持在美国进行生产制造，是因为它是该巨额利润行业的主导者，并凭借工艺技术的领先来保持竞争优势”。

美国学者将去工业化时期称为“没有资本的资本主义”，即没有工业资本的资本主义。自20世纪70年代以来由最大贸易盈余国变为最大贸易逆差国，且贸易逆差被视为永无休止；由世界最大债权国变为当今世界头号债务国，且债务上线的提高被视为永无休止。进而资本从实体经济涌向虚拟经济，金融业成为对美国经济总产值最大的贡献者，也是美国频繁的金融动荡的最大风险源。显然，美国去工业化的“宏大实验”严重破坏了其现代化经济体系的核心构造，而“宏大实验”所基于的假设，即“即使在制造业衰退的情况下，一个发达的经济体仍然可以保持繁荣发展，因为服务业以及其他以知识为基础的行业能够填补制造业衰退留下的空缺，并且促使经济运行更为出色”，不仅没有成为现实，反而因制造业衰退导致金融业的过度繁荣或泡沫化，最终引发美国2007—2009年的大衰退。

美国“新经济泡沫的幻灭和经济危机使政治家和企业家们认识到，强大的工业是保证就业率、经济稳定增长、社会和平、公民幸福的重要保障；也正是强有力的工业才促使了服务业的发展”。因此，奥巴马自2009年任美国总统后，就提出再工业化的国家经济发展战略，以修复美国现代化经济体系的核心构造。自2017年以来，特朗普接受了奥巴马的再工业化主张，但两者的再工业化存在明显的区别：如果说奥巴马的再工业化主要是限于美国国内来解决美国自身的问题，那么，特朗普的再工业化则是将美国自身的问题转嫁到国外，即认为是一些国家“抢走”了美国的制造能力和不公平贸易，导致美国出现严重的失业问题。因此，特朗普竭力主张基于“美国利益优先”原则，通过种种贸易保护主义和霸凌主义的措施，让“美国制造业再次伟大”。全球化时代的特朗普要想废弃全球多边贸易体制，却并非易事。但是舍此，通过自由经营、自由竞争和自由贸易，则不可能在短期内让“美国制造业再次伟大”。这意味着特朗普让“美国制造业再次伟大”，从而成为其连任总统的最大资本就是以盟国和对手的制造业衰落为代价的。基于这一视角观察美国挑起的中美贸易摩擦，时间显然在中国这一边。这是我们在应对中美贸易摩擦时，必须考量的一个重要因素。

在我们看来，现在就判定正在进行中的中美贸易摩擦谁赢谁输为时尚早。当然，中国特色社会主义政治制度和全球唯有中国拥有的完整工业体系，远胜于美国陷入“党争死亡螺旋”的政治制度和衰落的制造业对贸易摩擦的承受力。不过，人们都看到美国挑起的中美贸易摩擦已从贸易领域延伸到科技领域，而特朗普在 2019 年 7 月 3 日发推文指责别国操纵汇率，声言“美国要采取力道相等的行动”。这是否意味着美国会将贸易摩擦延伸到汇率领域？值得高度关注，因为“20 世纪 30 年代的可怕经历应该提醒了我们，贸易与货币战争像马和马车一样并存。既然美国总统唐纳德·特朗普的政府正在全面实施保护主义的‘美国优先’议程，爆发货币冲突只是时间问题”。无论特朗普采取何种保护主义和霸凌主义手段，都不可能让“美国制造业再次伟大”起来。

三、“美国制造业再次伟大”的海市蜃楼

特朗普作为霸权衰落期的美国总统，能够让“美国制造业再次伟大”吗？美国霸权的衰落并非由于其丧失了第三次工业革命的机遇（美国是第三次工业革命的引领者），而是由于其现代工业存在“基因错配”问题。

美国发展现代工业是从军事工业开始的，然后再扩展到民用工业。在美国独立战争期间，小型武器（步枪、来福枪和手枪）都是利用传统的手工制造的。手工制造存在的最大问题是非标准化，从而很难对武器进行维修。为了解决这一难题，美国政府在 50 年间不断对私人开办（国家不开办）的兵工厂进行大规模投资，从而促进了手工生产向机器生产的转变。随后机器生产扩散到民用制造行业，从而形成了以军工联合体为特征的“美国制造体系”。显然，这是一种需要战争的制造体系，而发生在美国本土之外的两次世界大战，为美国特色的制造体系提供了巨大市场，从而为其巩固和发展提供了难得的历史机遇。第二次世界大战“推动了美国公共部门和私有部门对美国国内生产能力和技术能力的大规模投资”，“国内大多数科学和技术资源都在支持战争的情况下动员起来”，许多军用创新产品都产生于这一时期。“二战”后与苏联的军备竞赛，极大刺激了美国军工联合体的技术能力和生产能力的大发展，从而，当欧洲和亚洲国家还在修复其饱经“二战”破坏的经济时，美国已处于世界经济的主导地位。“基因错配”的美国制造业体系的突出优势在于：为了保持美国在全球的超强军事实力，美国会不惜一切代价地追求新的军事技术和新的军用产品，从而不会失去任何一次工业革命的机遇。但是“基因错配”的美国制造业体系的

最大劣势在于：美国政府对私有企业的高强度管控而形成的“政府主导的高度管制的资本主义”，即我们通常所说的国家垄断资本主义使企业失去市场主体地位，导致民用制造业丧失国际竞争力。

具体来说，美国政府可以以军用品研发和采购为由，将大量财政资金投入私有企业，私有企业就可以不受成本收益原则约束研发新的军用技术和军用产品。而高成本开发出来的军用产品可以供应美国管控全球的庞大战争机器，以及高价出售给盟国。同时将军用技术转为民用，就可以开发出具有国际竞争力的民用产品。但是，为了防止军用产品或军民两用产品流入竞争对手手中和敌对国，美国政府必须高强度干预企业的经营活动。生产什么和为谁生产，不是企业说了算，而是政府说了算。即使是美国企业卖给外企的产品，而被外企作为投入要素再生产出的新产品，美国政府也拥有“长臂管辖权”。由此，就形成了国际贸易中的“里昂惕夫之谜”。如果说“里昂惕夫之谜”在20世纪50至60年代令许多的西方经济学家费解的话，那么，当美国在20世纪70年代进入去工业化时期后，“里昂惕夫之谜”也就大白于天下了。用马克思的这句话来揭开谜底可能比较恰当：“资本主义生产的动机就是赚钱。生产过程只是为了赚钱而不可缺少的中间环节，只是为了赚钱而必须干的倒霉事”，因此，“一切资本主义生产方式的国家，都周期性地患一种狂想病，企图不用生产过程作中介而赚到钱”。马克思产业资本理论告诉我们，从产业资本再生产过程中独立出来的货币经营资本（金融业）和商品经营资本（物流业），自身不用生产过程作中介就可以赚到钱。尽管在现代工业社会就一国范围来说，它们归根结底是靠生产过程或生产资本做中介才能赚到钱的，但是对产业资本特别是制造业来说，生产过程是为了赚钱而不可缺少的中间环节，“是为了赚钱而必须干的倒霉事”。而必须干这种“倒霉事”的美国民用制造业因军工联合体制的管控，早在20世纪60年代就在世界市场上竞争不过西德。但是，随着美国霸权在20世纪70年代进入衰落时期，美国民用制造业也可以不再干这种“倒霉事”而赚到钱。

1971年，超经济发行的美元不得不与黄金脱钩而导致布雷顿森林体系崩溃。失去经济实力支撑的美元只能任其汇率浮动，从而国际货币体系由固定汇率制转变为浮动汇率制，由此，标志着美国霸权进入衰落时期。浮动汇率制所形成的汇率风险及其衍生的系列风险，一方面促使美国的许多企业转移到具有“小布雷顿森林体系”之称的亚洲各国，成为美国离岸企业；另一方面刺激了金融业的金融创新以防范风险，从而金融衍生品层出不穷。原本是为防范风险的金融衍生品，渗透进产业资本的再生产过程，改变了产业资本，特别是制造业的原有经营模式，如期权激励促成了股票市场“对美国企业行为的统治作用”。因为，如果企业“无法实现季度指标几乎无一例外地表示公司股价会出现大幅下跌。如果这种情况经常出现的话，那么股票价格下跌会造成高级管理人员股票期权的报酬下跌”，并损害股东利益。因此，“现代股票市场变成了美国管理者紧盯的目标。股票市场的动向决定着他们的投资、经营和计划决策以及美国经济本身发展的道路”。公司管理者更愿意为了自身利益和股东利益外化生产成本，即将生产过程“外包”，从而使许多美国制造企业蜕变为没有生产过程（国外企业代工）而只有产品设计和销售的金融—物流经营模式。由于这样的美国公司拥有核心技术、品牌和全球销售网络，因此只需专注产品的无厂设计，而无须在美国本土大批量生产完整的产品，就能获得高额的垄断利润。因为许多的高端产品不再在美国国内大规模生产或属于非贸易产品，而大多数中低端产品美国因丧失了竞争力而不再生产，所以美国进口的制造业产品的总值必然大于其出口的制造业产品的总值，相比之下，美国农产品的出口量就显得很大。“没有生产资本的资本主义”，导致美国这个在全球拥有最先进技术的国家的制造业在整体上衰落了。失去工业支撑的美国物流业只能依托进口货物得到发展。由此，美国与历史上的霸主殊途同归：在霸权衰落时期，形成衰落的工业与过度繁荣的金融业并存的格局。

问题是，历史上的世界霸主都是在衰落的工业与过度繁荣的金融业并存的格局中衰亡的。到目前为止，没有一个国家或国家集团有实力挑战美国霸权。而究其原因，得益于美国对任何挑战美国霸权的国家（无论是盟国还是非盟国，无论是小国还是大国）所推行的遏制战略十分成功。而美元霸权与美国超强军事实力的相互支撑，则是遏制战略成功的重要保障。如果没有充当主要国际储备货币的美元的支撑，美国超强的军事机器早就成为一堆废铁。在超强军事实力的支撑下，全球泛滥的美元维系了美国长期的巨额贸易逆差和财政赤字，而不使用美元或美元使用不当的国家必将招来美国军事打击的横祸。美国发动的朝鲜战争和越南战争，将“美金”打回到纯粹的信用货币，而用这种低劣的主权货币充当主要国际储备货币去支撑庞大的战争机器和不断发动的战争，去进口美国不再生产的巨额产品，去清偿天文数字的国家债务。由此，泛滥于美国国内外的美元，形成“潮汐效应”，既伤及美国民用制造业，又周期性地形成资产泡沫，更冲击各国的经济与金融。这种美国霸权衰而不亡的局面，在世界呈现去美元化的趋势下是不具有可持续性的。

综上所述，美国工业化—去工业化—再工业化的实践表明，被美国学者称为“产业公地”的制造业才是一国现代化经济体系的核心构造，才是一国强大的根基，而无论它吸纳的就业人数多少和在 GDP 中占比多大。历史证实：衰落的霸权国无论采取何种手段，都难以复兴其衰落的制造业，从而难以避免其霸权衰亡的命运。在美国东海岸面对大西洋或在美国西海岸面对太平洋时，特朗普或许能从海市蜃楼中看到“美国制造业再次伟大”，但是他没有能力将这种海市蜃楼变为现实。

四、结论

马克思的产业资本理论告诉我们，工业社会的现代化经济体系的核心构造是制造业，其他产业的发展都取决于制造业的技术水平。而制造业的“技术基础是革命的”，因此，工业社会已经历了三次工业革命，目前正处在第四次工业革命的过程之中。美国抓住第二次工业革命的机遇，形成先进而强大的制造业这个现代化经济体系的“核心构造”，成为世界上最大的经济体，从而使美国在“二战”后的25年处于霸权鼎盛时期。去工业化和加速服务业特别是金融业的发展，破坏了美国现代化经济体系的核心构造，导致美国霸权衰落。新中国成立70年来，坚持发展制造业以建设现代化经济体系的核心构造，成为全球唯一拥有完整工业体系的国家，这是特朗普挑起全球贸易战遇到唯一“真正的、强悍的对手”的原因所在。当然，我们清醒地看到，由于各种原因我国失去第一、二、三次工业革命的机遇，从而就整体而言仍处于全球产业链的中低端。因此，要想从根本上解决中美贸易摩擦，真正建立起以协调、合作、稳定为基调的中美关系，必须“走好自己的路，办好自己的事”，即抓住第四次工业革命的机遇，实现从全球产业链的中低端向中高端的发展。

美国对中国的金融制裁：　可能与应对

——兼论深层破解新时代主要矛盾之道

陶士贵①

（南京师范大学）

一、美国未来对中国可能实施的金融制裁

（一）美国利用国际储备货币发行国的货币霸权地位，通过操控汇率、利率等手段，对持有巨额外汇储备资产的中国实施财富掠夺

从国际货币体系发展史看，只有国际金本位制度在其游戏规则中对货币发行做了约束，规定："发行货币和铸币必须以黄金为准备，而且将本国银行存款的增长与本国可运用的黄金储备相联系。"（麦金农，1993）但当英镑实际充当国际货币时，便产生了滥用其特权的冲动，纸币信用的过度扩张促成恶性通货膨胀，最终使国际金本位制崩溃。而在后来的布雷顿森林体系和牙买加货币体系中均无对国际储备货币发行国发行货币的限制。国际货币基金组织宗旨中根本没有对国际储备发行国发行货币的任何约束。这造成国际储备货币发行国利用其特殊的地位，过度发行货币，形成巨额财政赤字和货币贬值，实际上是对外汇储备持有国的一种不公正的财富掠夺，相当于货币战争。这尤其以美国为甚。美国目前的政府债务已超20万亿美元，未来还可能继续增加。这对持有美国国债最多的中国而言，资产若缩水，相当于遭到财富掠夺。

（二）美国对中国停止偿付对外债务或变相赖债

停止偿还对外债务，指的是债务国运用国家主权，单方面拒绝偿还到期的债务，主要有两种方式：不履约和赖账。不履行外债合约是指债务人明确告知债权人，因其无行为能力或没有意愿，从而宣布停止履行偿债义务。赖账是指债务人否认对外债务的存在，从而

① 陶士贵，南京师范大学商学院教授、博士生导师。

拒绝承担偿债的义务。一般而言，直接赖账对借款国的信用影响极大，因而国际金融市场上很少发生，但变相赖账可能出现，如利用国际货币规则制定权的修改变相赖账。从某种意义上来讲，布雷顿森林体系的崩溃，美国不能按原协定的价格兑换黄金，就是最大的债务违约或赖债行为。从历史视角看，中国持有美国巨额的国债和其他债券资产，并不能排除美国违约或赖债的可能性。

（三）借口危害美国的国家安全，对中国冻结或没收官方、企业或个人海外资产

由于在国际上拥有军事霸权、政治霸权、经济霸权和货币霸权，美国可以根据自己的偏好去制定一些相应的游戏规则。事实上，从货币金融史上可以看出，美国曾采取冻结敌对国在美国的美元资产的办法，进行货币打击。如 1950 年朝鲜战争爆发之后，美国政府根据《与敌国贸易法》相关内容，对新中国在美国境内的一切资产予以冻结，这对战争状态下整个国家和战争进程的影响是相当巨大的。

美国近年来已对伊拉克、伊朗、利比亚、俄罗斯、朝鲜等国实施过资产冻结等制裁措施，在未来，当中美关系由于经济贸易往来、军事、台海关系等事件发生冲突，甚至爆发局部战争，美国最有可能在经济上“先发制人”，即采取措施冻结或限制兑付中国包括香港和澳门在美国的美元资产，甚至可能利用美国的货币霸主地位，要求世界其他国家予以同样的制裁，在经济命脉上予以致命的打击。更令人担忧的是，美国很可能实施突然袭击，在两国关系交恶前，宣布中国为“无赖国家”或“邪恶国家”，在中国毫无准备的情况下对中国的海外资产予以冻结。这对中国而言，是一种严峻的挑战，且很难提前防范。

（四）美国携其盟友或国际机构冻结或取消向中国的企业或金融机构融资

冻结或取消预期应得的双边援助款项，或是国际货币基金组织、世界银行等国际金融机构的信贷或商业融资，成为一种重要的金融制裁手法，往往针对的是被制裁对象的财政或大型项目融资。彼得森国际经济研究所经济制裁研究小组的研究表明，在美国作为制裁国的 140 个案例中，有 80% 的案例单独使用了融资方面制裁，而非与贸易制裁相结合（霍夫鲍尔等，2011）。正像对待伊朗的做法，一旦中美出现较大冲突，美国很可能像对待伊朗一样，联合其盟友、胁迫第三方或国际金融机构对中国的指定企业、银行或个人限制国际融资，达到恶化我国投资环境、提高融资成本，进而切断我国被制裁对象的国际资金供应、扰乱金融秩序的目的。

（五）切断中国被制裁对象获取美元能力和使用美元渠道

当前世界上70%以上的贸易通过美元完成，对美国而言，美元成为其影响和控制世界经济金融体系极其重要的工具和手段。一旦中美出现剧烈冲突，美国很可能动用美元的霸权，一方面美国可通过自身金融权力截断我国获取美元的能力，另一方面美国可通过自身在国际货币体系中的霸主地位，要求国际金融组织机构停止对中国提供美元结算及其他金融服务。与此同时，很可能会像对待伊朗那样，切断中国使用美元渠道。美国可能会通过“环球银行间金融电讯协会”（SWIFT）和“纽约清算所银行同业支付系统”（CHIPS）切断中国使用美元的通道，使其无法进行使用美元转账、支付、结算等经济金融活动。由此带来的冲击可能比资产冻结还要深远。

（六）不排除美国通过发行新货币废除旧货币，来对持有巨额美元资产的国家进行掠夺

货币权力是一国极其重要的一种主权，货币的发行、替换、制度变革均属一国的币权。

从朝鲜实行的币制改革可以看出，政府通过发行新币代替旧币，实际上是政府对广大民众的一种财富剥夺。朝鲜政府决定从2009年11月30日开始，原来的朝鲜货币停止使用，更换成新货币，旧货币和新货币的兑换率是100∶1。但由于改革方案不完善，不但没有解决高通胀问题，反而使市场价格体系混乱，特别是对中产阶级造成致命打击，很多人通过正当途径获得的财富一夜间消失殆尽。若是国际储备货币发行国实行新旧货币更替，则是对持有该种国际储备货币国家的一种赤裸裸的财富掠夺。

实际上，国际储备货币发行国也并非不可能采取这一手段。据俄罗斯《消息报》（2008年12月3日）报道，美联储前主席伯南克曾表示可能会使用“非常手段”来应对国际金融危机。这个“非常手段”就是美元大幅贬值，而且在美洲大陆可能将出现新的货币。伯南克曾表示，通过汇率影响美国经济已没有任何效果，美国经济还在持续恶化，美国所需美元的唯一来源只剩下印钞机了。在此情况下，其他国家为了拒绝承担相关后果，也会宣布货币贬值，那时美国印出来的都是一些没有价值的钞票，其结果就是美元急剧贬值。美国曾经在“汇率”方面做过手脚。1971年，美元实际上是世界储备货币，但黄金“非货币化”后，美元的发行失去了“货币锚”，也没有了任何的约束力。美国“双赤字”（贸易赤字和财政赤字）的经济结构和日益增多的政府债务负担，越来越成为套在美元身上的“绞索”，美国会千方百计寻求解套。值得特别关注的是，2010年美国计划实行北美货币——亚梅洛（Amero），地区包括加拿大、墨西哥和美国。欧元区这一单一货币区的

形成和发展，恰恰给美国提供了现实的解套路径。设若美国实行发行新货币按一定比例兑换旧货币，则对持有美元资产最多的中国打击最大，美元资产将可能成倍缩水。

二、应对之策

（一）改革外汇储备管理体制，坚持外汇储备管理的安全性、流动性和收益性统一

《中国人民银行法》第四条规定：中国人民银行履行下列职责，其中第（七）条规定持有、管理、经营国家外汇储备、黄金储备。实际上中国人民银行拥有黄金、外汇储备所有权和经营管理权的双重权利，不利于两权分离，也不利于风险的防范和化解。

因此，须抓紧改革现行外汇储备的管理体制。从国际来看，各主要经济体如美国、欧元区、英国、日本、韩国等，普遍采用双层次的储备管理体系，财政部及其所属的外汇平准基金构成了外汇储备的主体，管理权属财政部，动用储备干预外汇市场的决策及储备管理的指引意见均由财政部确定。而中央银行则依据财政部拟定的原则和指引，负责对外汇储备进行日常经营管理。这一管理架构，说明外汇储备经营管理体系实际上是一个多部门协调的决策执行过程，核心在于战略决策和策略执行两者是适当分离的，相应起到权力制衡作用。各主要经济体的储备管理以高度流动性为基本要求，在其基础上才追求盈利性的目标。在储备风险管理方面，主要经济体普遍采用了基于内部模型法的全面风险管理，对投资经理的选择、投资基准回报的确定以及相应的纠偏计划越来越市场化，并定期对外汇储备的风险状况进行压力测试，保障储备在极端环境下的安全性问题。这种引入全面风险管理框架的趋势值得借鉴。

可行的做法是，一方面，将一部分长期放置于央行账户的中央财政资金购买外汇储备，将人民币资产转化为外汇资产，当然这部分资产所有权归财政部所有；另一方面，可以借鉴成立国家主权财富基金——中国投资公司的做法，由财政部发行相应的人民币特别国债，用以置换剩余的外汇储备资产，这部分人民币特别国债由中央银行认购。后一种做法，实际上是优化了央行资产负债表，改变了过去将外汇储备资产作为人民币发行的基础，而转向大量持有政府债券，既增强了央行货币政策的独立性和自主性，也有利于央行公开市场业务操作的开展。财政部所拥有的外汇储备投向建议分成三大块：80%委托中国人民银行进行日常的经营管理；10%用于建立更多的国家主权财富基金，分散投资；10%委托给关系密切的国家或地区，建立外汇资产信托管理机制，即委托国际其他机构进行经营，而不放在官方储备账户中，防止被敌对国家在极端情况下冻结或没收。这样，外汇储备的经营权与管理权适当分离，激励约束机制得以建立。

改革外汇储备的生成机制，积极推进“藏汇于民”“藏汇于企”的策略。完善银行的意愿结售汇制度，将一部分官方资产转化为民间资产，减轻官方储备过多持有的压力，防止受到国外的制裁或攻击。这一政策的调整，并不影响一国的国际清偿力。因一国的国际清偿力 = 官方储备 + 政府对外借贷能力 + 金融机构和居民持有的外汇资产数，数额并没有多大变化，只是结构得以调整。

拓宽外汇储备的功能和作用。将现有巨额的外汇资产由货币储备一部分转为战略物资储备；一部分转为人才储备和能力储备；一部分通过本外币置换或掉期交易，用于金融稳定和社会稳定，如可向金融机构注资、并购等，消除“外汇储备幻觉”（陶士贵，2009）。

充分发挥我国外汇储备委托贷款办公室的作用。为不断创新外汇储备运用方式，国家外汇管理局于 2012 年 6 月成立了外汇储备委托贷款办公室，尝试更多元、更市场化的外汇储备运用方式，支持金融机构服务实体经济发展和“走出去”战略。可以通过更多的国有大型金融机构将外汇储备按市场化原则和条件科学安排和合理运用，提高外汇储备的使用效率和效益。

（二）从全面、系统的战略高度深度分析外汇储备风险成因，构建切实可行的外汇储备安全管理框架

1. 适时出台《外汇资产管理法》，依法构建外汇储备日常风险管理框架

至今为止，国家对外汇管理方面的成文法规仍然是 1996 年发布、2008 年修订的《中华人民共和国外汇管理条例》，而且尚未上升到国家法律的层面。目前我国尚未启动相应的法律或法规对外汇储备管理进行专门指导与有效约束。建议结合我国巨额外汇储备管理实际，借鉴国外经验做法，适时出台《外汇资产管理法》，对外汇储备资产使用的原则框架、使用决策程序、投资方向及数额、收益分配等从国家法律层面进行相应的约束和规范。同时，为保护我国境外资产的安全，国家外交、国防、金融、商务等领域的主管部门应建立常规的信息沟通渠道和危机预警机制，及时互通信息并协调对策，把境外资产保全作为处置危机的重要考虑因素。

2. 建立健全中国外汇储备安全评估与预警指标体系

鉴于美元在中国外汇储备中所占比重最高，有必要有针对性地选取美国的经济指标，综合利用国内外统计数据和公开信息，对美国债务负担变化对中国外汇储备造成的重要影响因素进行综合分析和客观评价，并在此基础上建立适用于中国外汇储备安全管理的评估与预警指标体系（陶士贵、吉莉，2013）。

3. 对正常状态下的外汇储备风险进行分类管理，有针对性地采取风险管理措施

利率风险方面，鉴于当前主要经济体货币政策出现分化，美联储在 2014 年 10 月宣布退出量化宽松政策（QE），并于 2015 年 12 月首次加息，意味着美国市场上预期利率和资金收益率将上升，美元债券市值下跌，一些跨境流动的资金将从外国回流美国。对我国而言，可能意味着资金的流出和外汇储备的下降，应防止外汇储备大幅下降，通过吸引外资、降准等措施缓解资金外流。汇率风险方面，因我国外汇储备长期相对集中于美元资产，须严防美国惯用的货币霸权国特权策略，通过铸币税与“汇率大棒”、规则话语权与“世界警察”、否决权与“金融惩罚”、货币攻击等多种手段并施，进行赤裸裸的金融掠夺的伎俩。当务之急是要借人民币加入特别提款权（SDR）之机，对内大力深化金融和汇率改革，建立流动性较强的资本市场，积极推进人民币国际化和汇率市场化。隐性违约风险方面，由于美债上限提高后长期债务信用风险进一步加大，应在期限结构多层次化的同时减少长期债务，增加短期债务、大宗商品持有量以及对供应商持有的股权，尽可能降低风险。

（三）构建外汇储备冲突与危机应对机制，有效防范国外金融制裁

1. 强化外汇储备应急预案和管理，严密提防国际主要储备货币发行国利用中国巨额外汇储备培植反动力量进行敌对活动乃至颠覆国家政权活动

当前，由于美国政治和军事阻挠的现实存在和持续干扰，多年来一直困扰中国主权和统一大业的台湾问题、南海主权争端等敏感问题，在美国的操纵和炒作下，不可排除会演化为一定程度的政治危机乃至局部军事冲突。我国更应提起高度警觉的是，美国可能勾结日本等国，以种种借口联合冻结中国巨额的海外资产，并培植和资助反政府力量进行敌对活动乃至从事颠覆国家政权活动。因此，要站在国家安全的战略高度，及早摸清、掌握和把控对方的干扰及颠覆图谋，在各类纠纷和冲突中争取积极主动，未雨绸缪，防患于未然。为减少所持外汇储备资产对美元的过度依赖，在一定程度上减持美元资产，并择机增持其他外汇资产，而在调整币种结构的过程中必须审慎选择。同时，作为配套措施，可借鉴俄罗斯的做法，对中央、政府及各部委办局有决策权的高级官员除需要海外资产登记并限期调回外，对高级别官员在海外读书的子女及家属也须进行登记，在极端情况下要及时回国，以免受制于人。

2. 从地缘政治角度出发，综合考量外汇储备中美国及其盟国货币结构

首先，介于英国与日本和美国的军事同盟关系以及种种敏感微妙的国际关系，对日元和英镑的投资必须三思而后行；其次，2008 年的美国次贷危机与其后发生的欧洲主权债务

危机已经证明了美国与欧洲在经济金融领域具有千丝万缕的联系，再加上欧债危机后欧元的脆弱和不稳定性，对欧元的增持更须保持谨慎和适量；最后，加大对 SDR 及周边国家自由兑换货币的投资力度，切实推动外汇储备多元化进程。

3. 适时增持黄金储备，并限期将留存海外的黄金储备调回国内

尽管牙买加货币体系实行黄金“非货币化”，黄金本身具有流动性和收益率偏低、持有黄金的机会成本较高的特点，但不可否认的是，黄金是最可靠的保值手段，在出现国际政治经济动荡时，黄金更是最理想的财富化身；黄金储备完全是一国主权范围内的事情，可自动控制，不受任何超国家权力的干预；其他货币储备具有“内在不稳定性”，须受承诺国家或金融机构的信用和偿付能力的影响，债权国往往处于被动地位，远不如黄金储备可靠（裴平等，2006）。因而，在权衡各种因素的情况下，可将一部分外汇储备置换为黄金储备，以实现风险对冲的目的，防止受制于储备货币的发行国。同时，借鉴国外的经验和做法，将一部分留存在美国等海外的黄金储备运回国内保管，以确保国家资产的安全。

4. 适时实施反制裁，以最大限度保护中国海外资产

在外汇储备币种分散化、储备资产分散化、存放地点分散化的同时，还应变被动为主动，采取一些积极的防御措施。改革开放 40 年来，许多发达国家通过持续不断的外商直接投资，在我国积累了巨额的存量资产。在军事冲突等特殊时期，我国可以将这些存量资产作为增加敌对国冻结我国外汇储备的一种“反制措施”，从而增加其冻结我国外汇储备的成本，促使其民间对政府的这种政策进行抵制（姜波克等，2006），从而最大限度保护中方的利益和主权。我国还可采取市场化手段，将持有的美元通过国内民族企业购买在华的美国公司，相当于以美元资产“置换”美国在我国公司的资产。据专家测算，外资企业在华投资收益大约 3 万亿美元，若能转换其中 50% 的部分，则可非常显著地降低或抵消外汇储备因美联储超发美元及操纵汇率等手段而带来外储缩水，以及外资未来可能大规模从我国撤离的风险，进而改善中资企业经营环境，培育和壮大民族经济，提升国家安全（江涌，2011）

5. 建立健全我国金融制裁的法律体系和机构体系

美国的金融制裁程序烦琐，手段专业。美国为金融制裁构建了一套法律体系，该体系囊括了成文法、总统决议及财政部规章。2011 年 10 月 29 日全国人大常委会通过的《关于加强反恐怖工作有关问题的决定》，授权国务院公安部门和国务院反洗钱行政主管部门对恐怖活动组织和恐怖活动个人的资金或其他资产采取冻结措施，从而创建了我国的资产冻结行政制裁制度。在此基础上，可借鉴美国的经验，进一步补充和完善行政冻结制度，在适当时机考虑通过立法程序授权国务院主管机关，为维护国家安全和其他核心利益或为履

行相关国际义务，颁布行政命令以冻结特定个人和实体在我国境内的资产，采取公开、透明和法制的方式针对外国金融制裁宣示和运用反制措施，以起到威慑的效果。另外，充分发挥我国作为安理会常任理事国的作用，努力限制金融制裁的滥用，避免将对一国政府资产和企业法人及个人的资产冻结逐步演变为安理会的常态化制裁措施，进而影响国际经济与金融交往及正常秩序。

（四）改革国际货币体系，削弱美元霸权

1. 充分发挥国际金融组织特别是国际货币基金组织的作用，修改和完善国际货币基金组织的职能、基金份额和投票权等规则

因应国际经济金融发展潮流，中国应不失时机地参与和推进货币体系多元化，有效规避国际金融市场波动带来的风险，更为重要的是，对削弱美元霸权和“货币陷阱”有着重要的现实意义。一是以国家战略利益为准绳，积极推动国际货币基金组织和世界银行改革。当前要以 G20 机制为主要平台，积极推动国际金融体系改革，进一步提高我国在两个国际金融组织中的份额和话语权，努力创造有利于我国及广大发展中国家平稳发展的良好国际经济金融环境。当前要抓住人民币加入 SDR 篮子的有利时机，扩大在国际货币基金组织（IMF）的影响力和话语权，争取包括中国在内的发展中国家的权益。二是创造条件，扩大 SDR 在国际间计价结算、市场交易和外汇储备中的地位和作用，逐步形成超国家主权的单一全球货币，提高整个国际货币体系资金运行的效益和效率，改变个别国家独享货币霸权的局面。三是以金融稳定理事会、巴塞尔银行监管委员会等国际金融组织为平台，全面参与国际金融标准和规则的制定。在通过上述国际金融组织发出“中国声音”，为有关国际金融准则的形成做出积极贡献的同时，充分借鉴国际金融改革成果，通过推进实施国际标准促进国内金融改革，提升我国金融业稳健标准。四是以亚洲基础设施投资银行和金砖国家开发银行为契机，为提升国际金融话语权提供强有力支撑。上述事件不仅能增强金砖国家在国际金融事务上的话语权，亦能从另一个侧面进一步推动世界银行和 IMF 的改革。中国应进一步促进与相关国家间的相互结算与金融互动，加强相互之间的协同与合作，减少对美元“货币陷阱”的依赖，提升新兴市场在国际金融体系中的话语权和自身的金融软实力。

2. 培育扶持民族信用评级机构，确保我国在国际金融市场上的话语权

我国应将加快发展民族信用评级机构作为国策，并纳入国民经济与金融发展规划，促进社会信用体系发展，使国家信用评级业与我国经济社会发展同步。中国是美国国债的最大债权国，也是世界第二大净债权国，如果没有评级话语权，我国巨额海外资产的安全就

会受到不利影响，也很难拥有人民币国际化进程中的市场定价权。因此，争取国际评级话语权是保护国家核心利益的需要。对此，我国应制定特殊的政策和措施，扶持民族信用评级机构成长壮大，具体可选择二至三家有发展潜质的民族评级机构，给予重点扶持，使其发展成为有国际影响力的评级机构，本国的资产由本国的评级机构评定，从而改变受制于人的格局。

（五）大力推进人民币国际化，掌握国际金融市场的主动权

逐步推动人民币成为国际计价结算货币、国际投资交易货币和国际储备货币，已成为国家战略。这也是提升我国在国际金融市场话语权、防范国外金融制裁的重要环节。当前，人民币国际化既面临良好的机遇，也面临诸多挑战，需客观看待、冷静分析、稳妥推进。首先，要审时度势，充分利用好人民币国际化面临的难得机遇。从国际层面看，当前国际货币体系已经暴露出危机频发、国际收支严重失衡、汇率失调等系列问题，改革现有以美元为主导的国际货币体系、消除美元“货币陷阱”的呼声日渐高涨（陶士贵等，2015）。目前欧洲多国已经或正在寻求使用除美元以外的其他货币进行交易和结算，美元一家独大的地位因此受到了一定程度的挑战，而这种挑战可能会进一步持续扩大。从国内层面看，中国多年的经济发展积累了支撑人民币国际化的相应实力。中国已上升为全球第二大经济体，尽管经济下行，但仍能维持相对于其他国家较高的经济增速。人民币逐步成为受国际社会欢迎的货币，在国际货币市场交易日趋活跃，成为全球第二大的贸易融资货币、全球第五大结算货币。立足亚太区，率先实现人民币在亚洲区域内的崛起，在最大限度节约成本的前提下积累经验，为走向国际货币打下坚实基础。同时，要清醒地认识到人民币国际化还面临美元“货币陷阱”等诸多挑战。当前人民币国际化面临的挑战主要来自国际层面。一是发达经济体相继开展的经济与政治联盟给人民币国际化带来影响。美国试图建立美国、欧盟、日本等国的零关税区，甚至谋求创建自由贸易区。二是美、欧、日、英、加及瑞士六大国际央行于2013年达成的长期多边货币互换协议，也不可避免地形成对正在崛起的人民币的“掣肘”效应。三是当前国际经济形势纷繁复杂，美联储正处于“紧缩”通道，而日欧等主要经济体则仍然实施量化宽松政策，国际货币政策严重分化，使人民币国际化进程面临更多困扰。

为此，在推进人民币国际化进程中，必须遵循“既不失时机，又积极稳妥”的原则，稳步推进人民币跨境交易和结算、适时扩大货币互换。逐步完善人民币跨境交易系统，扩大范围和影响力。抓住“一带一路”、亚洲基础设施投资银行、丝路基金等建设时机，在国际大宗商品如石油、天然气、铁矿石交易中使用人民币。进而削弱美元霸权地位（陶士贵等，2016），争取更多的主动权，防范和主动应对国外的金融制裁和攻击。

20 世纪后期日本应对贸易战策略及其对我国的镜鉴

杨静[①]

（中国社会科学院）

一、不同阶段日本应对贸易战的策略梳理

（一）贸易战的轻工业阶段：美方通过国内法对日施压，日本被迫进行产业转型

20 世纪 50 年代末，美日爆发战后首次贸易冲突。本轮冲突主要集中在纺织品行业，美方动用包括多边贸易与双边谈判手段，利用 1956 年《农业调整法》24 条、《对敌国贸易法》第 232 条协定等国内法对日本进行施压，要求日本纺织企业削减对美出口数量。这一阶段，战后首度遭遇制裁威胁的日本要求美方通过多边会谈，在关税及贸易总协定（GATT）框架内解决纺织品问题；在提出自愿限制出口的同时，扩大对外开放，将纺织品生产和出口方向转移到东南亚地区（后期转向中国），以规避美国制裁。而且，日本变挑战为机遇，加速自身产业转型升级，用附加值较高的制造业取代附加值较低的纺织业作为支柱产业。经过 1957 年、1962 年、1963 年几个过渡性质的纺织品协议后，两国在 1972 年最终达成美日纺织品贸易协定。美国的贸易制裁并没有对日本的纺织品出口产生决定性影响，1964 年，日本纺织品出口重新超过 1959 年的高点，对美出口也恢复到 1959 年的水平。

（二）贸易战的重工业阶段：美方动用 301 条款对日施压，日本“自愿”限制出口

20 世纪 60 年代末到 70 年代，美日贸易冲突进入第二阶段——重工业阶段。本轮冲

① 杨静，中国社科院马克思主义研究院研究员。

突包括彩电战、钢铁战和汽车战。在这一阶段，美方动用多种手段对日本施加压力：在彩电战中，美国通过国际贸易委员会做出不利于日本的裁定，对日本生产的彩电进行反倾销反补贴调查；在钢铁战中，美国于 1977 年对日产钢铁进行反倾销起诉，甚至动用 301 条款对日本施压，使得日本承诺自愿限制出口；在汽车战中，美国于 1980 年通过卡特汽车行业救济政策，对从日本进口的汽车加以惩罚性关税，要求日本一方面自愿限制出口，另一方面放开汽车进口的种种限制。

面对美国的制裁，日本的应对策略相对而言比较单一和简单，在谈判中承诺自愿限制出口成为最主流的应对措施。而赴美建厂，帮助美国增加就业机会，成为汽车战中日本的另一个谈判筹码。这一方面反映了日本国内对于美国发动贸易战的相关认识不统一，另一方面也反映了日本作为“二战”战败国，对于美国的经济制裁应对方式缺乏选择余地，无法以强硬的态度或方法逼迫美国让步，只能选择妥协以适应美国的规则。

1977 年美日签订彩电贸易协议，日本被迫主动限制对美彩电出口，1968 年到 1978 年，美日之间签订四项关于钢铁领域的贸易协定，1981 年美日最终达成汽车及零部件协议。日本出口增长势头遭遇重大挫折，但随着行业内的技术升级，出口量在几年后开始恢复，甚至超越制裁前的数量。总体而言，这一阶段，美国的制裁并没有达到理想的效果，日本的汽车出口经历了短期波动后迅速回到上升轨道。

（三）贸易战的高新科技产业阶段：美国限制日方相关企业在美投资，日本被迫接受电信领域的市场开放

20 世纪 80 年代后期，美日爆发第三轮贸易冲突。本轮冲突集中在半导体和电信行业，美国除了继续打贸易制裁性关税牌、301 条款牌和反倾销诉讼牌外，还禁止日资对美国的半导体公司进行投资并购，从而防止日本企业获取美国的先进技术；同时，美国总统里根派出特使，要求日本在电信行业进行系统性的行业开放，借此帮助美国打开日本电信市场，从而降低日本电信企业的国内盈利水平，削弱日本电信企业的盈利能力。

对于上述制裁，日本在谈判最后阶段妥协，表示愿意接受第三国出口价格管制，将对美出口的半导体产品进行价格控制，同时让出日本半导体市场份额的 20% 给美国企业。而对于电信产业，日本几乎通盘接受了美方的要求，承诺在电信领域进行系统性全行业的市场开放。1987 年，日美签订半导体协议。快速增长的日本半导体行业出口遭遇重大打击。同时，为继续加大对日本半导体行业的打击，美国还利用 IBM 和 Intel 等公司对韩国半导体工业进行技术扶持，1986 年已经亏损了 3 亿美元的三星半导体生产的 256k DRAM 销量大增，1987 年，三星电子成功实现盈利。这也成为日本半导体行业被韩国逐渐赶上甚至超越的转折点。

（四）贸易战的全方位结构性冲突阶段：美方动用超级 301 条款，日本在制裁最终期限前让步

当前，国内大部分研究将美日贸易战全方位结构性冲突的开始时间认定为 20 世纪 80 年代后期，与美日之间在汇率问题上的摩擦相独立。这种将金融领域与实体经济相割裂的看法是值得商榷的。事实上，由于汇率问题关系到日本全行业的出口环境，将 1985 年美日之间关于汇率问题的谈判视为美日贸易战全方位结构性冲突的开始更有说服力。从 20 世纪 80 年代开始，沃尔克领导下的美联储加息政策导致美元急剧升值，美日贸易逆差持续扩大，美国多次要求日元升值以试图缩小美日之间的贸易逆差。

在日本国内，美方诉求与日本央行想法不谋而合。日本国内一直存在对美元可能出现报复性下跌、美元资产大幅贬值的担忧。出于提前释放美元贬值压力的考虑，以及为了降低美国施加的贸易压力，日本央行采取主动出击的方式干预汇率市场，迎合美方诉求，促进日元升值。1985 年，美国、日本、联邦德国、法国以及英国的财政部部长和中央银行行长在纽约签订“广场协定”。该协定旨在诱导美元对主要货币的汇率有秩序地贬值，以解决美国巨额贸易赤字问题。

由于日元升值速度太快，对日本出口造成巨大压力，日本央行先后五次下调利率以防止通缩风险，反而在房地产市场和股票市场酿成巨大泡沫。与此同时，日本企业也利用日元升值的契机疯狂在海外购买资产。1989 年 10 月，日本三菱地所以 8.46 亿美元的价格购买了洛克菲勒集团 51% 的股权，从而取得了洛克菲勒中心的控股权。这一事件成为这一时间段日本收购海外资产的标志性事件。

但是，这种海外疯狂并购蕴藏着两项重大风险，首先是收购资产能否给企业带来足够收益的问题。然而三菱、三井等公司的海外并购一直亏损，并不能给公司带来收益，反而每年给企业带来巨大的成本负担。其次是日本的疯狂海外并购给美国人带来了巨大的心理冲击，对此，美国国内基本上形成了统一的认识。共和党总统里根执政时期，民主党在众议院内居主导地位，双方矛盾分歧巨大以至于这一时期美国出现 8 次 1～3 天的政府完全停摆。但是在对日政策上，总统和国会保持出奇的一致性。1985 年 2 月，美国参议院以 92:0 全票通过了要求对日本实施报复的美日贸易共同法议案，众议院的民主党议员们更迫不及待地提出要对日本所有进口产品征收 25% 的惩罚性关税。

20 世纪 80 年代后期，美日贸易摩擦的焦点转向结构性因素。1989 年美国贸易代表发布了 1989 年国家贸易评估报告，认为日本在计算机、卫星、林产品方面封闭市场，并以此为理由首次启动超级 301 条款逼迫日本进行谈判。美国国务院、财政部和贸易代表办公室分别出击，通过多种方式方法层层施加压力，希望日本同意美国提出的各项条款。

受制于美国巨大的谈判压力，最终在制裁期限之前的 1994 年 5 月，日本让步并同意签署美日结构性障碍协议，承诺 10 年投入 430 万亿日元的公共投资、审查土地税收体系、修正《大店法》、增强反垄断法、修改专利法、修改不利于外资投资的相关法律、调查商品价格并控制公共用品价格。伴随房地产市场和股票市场的巨大泡沫而来的是日本要素生产率的不断递减，国内市场被美国甚至韩国企业蚕食，海外投资年年亏损，日本公司损失惨重。最终，“1989—1990 年日本央行开始紧缩货币政策，将利率由 2% 一度加至 4.25%”的决策拉响了最后的警报，人们纷纷卖出手里的股票和地产，导致资产价格泡沫瞬间破裂，日本国内经济矛盾彻底爆发，日本陷入衰退的十年。

总体而言，日本应对贸易战的策略可归纳为六点，具体见表 1。

表 1 日本应对贸易战的策略

日本应对方式	应用阶段	美方施压方式	涉及行业	结果
自愿限制出口	轻工业阶段；重工业阶段	对敌国贸易法；反倾销、反补贴调查；301 条款等	纺织品；钢铁、彩电、汽车	未对日本上述行业造成毁灭性打击；行业经历贸易制裁期间的短暂性波动后重新恢复增长
产业转型升级与海外布局	轻工业阶段；重工业阶段	对敌国贸易法；反倾销、反补贴调查；301 条款等	纺织品；钢铁、彩电、汽车	客观上加速了日本主导产业由轻工业向重工业、重工业向高新科技产业的转型升级
增加进口及开放市场	重工业阶段；高新科技产业阶段	301 条款；反倾销诉讼；贸易代表谈判等	汽车零部件；半导体；电信	日本扩大进口的承诺并没有换来美国的停战，效果主要体现在延缓美国制裁措施的推出上
赴美投资建厂	重工业阶段	1980 年卡特汽车行业救济政策等	汽车	日企北美工厂生产数量逐年增加，海外生产汽车数量逐渐超越本国生产的用于出口的汽车数量
对美出口价格管制	高新科技产业阶段	301 条款；反倾销诉讼；禁止日资在美投资与并购等	半导体	日本半导体产业出口增长势头短期遭到遏制，长期来看面临了来自韩国、中国的全方位挑战
全盘主动/被动接受美国建议	全方位结构性冲突阶段	央行行长间对话；1989 年国家贸易评估报告；超级 301 条款等	全行业	日本获得了国内启动改革的契机，日元升值，先松后紧的货币政策不利于企业利润的增长，最终导致国内经济矛盾激化，带来“失去的十年”

二、日本应对贸易战策略的特点及得失

综合上述策略不难得出，日本应对贸易战的策略存在以下三个特点：

第一，日本应对贸易战的策略体现出日本的现实主义考量。这种现实主义考量首先体现在应对的总体策略上，其次体现在具体谈判选择的方式中，最后体现在配套方式的应用上。在总体策略上，日本的战略选择具有极强的现实主义考量。

在谈判内容上，日本谈判代表也同样具有较强的现实主义考量。日本代表试图竭尽可能用美国所接受的方式来缓解美日之间因贸易逆差带来的矛盾与冲突，同时尽力调整国内政策以规避负面影响。

第二，日本应对贸易战的策略在一定程度上具有妥协倾向。这种妥协倾向主要体现在应对手段和应对结果中。

第三，日本应对贸易战的策略不全面。这方面主要体现在处理美国提出的各项贸易要求时采取的策略不太全面，选择应对可能出现问题的政策组合也不太全面。

从贸易战伊始，日本方面就没有将贸易战视为一个长期的过程。轻工业和重工业阶段的贸易冲突更多地被视为“摩擦”，而当全行业的冲突爆发时，人们才高呼“贸易战来了”。当美国国务院、财政部、贸易代表办公室与美国国会参众两院轮番出阵与日方进行谈判时，日方也缺乏一个整体规划，没有意识到主要矛盾。与此同时，日本采取的政策也不太全面——当日元汇率上升时，日本政府选择降低利率防止因出口受挫带来的经济增速下滑，而当利率降低后资产价格泡沫膨胀时，又选择高位加息，强行刺破泡沫，最终带来经济的硬着陆。政策实施生硬而缺乏配套政策，这种根据短期目标决定经济政策取向的方式，显然最终扩大了日本因贸易战而遭受的损失。

综上，我们不难总结出来，日本应对贸易战的策略的得与失。

首先，自愿限制出口、增加进口、赴美投资建厂等措施，都只能起到暂时性的“停火”作用，无法从根本上消除美国发动贸易战的威胁。

其次，产业转型升级与海外布局等措施，是在较长时期内成功应对贸易战的关键。在贸易战的每一个阶段中，美方通过采取关税措施，对日本当时的主导产业产生影响，客观上也降低了该部分既得利益者在国内的经济实力。随着贸易制裁的到来，原有主导产业中部分企业停产裁员，会为升级后的新兴产业提供更多的资金和人才支持；随着资金的积累，对于国外先进技术的引进也就有了可能，资金、人才、技术相结合，就更加有助于产业的转型升级。但长期来看，随着新兴产业崛起，也面临着贸易战扩大到新兴产业和升级的风险。

最后，日本应对政策本身更多考虑短期利益，如日本主动使日元升值、出口价格管制

等政策，在客观上会给经济长期发展带来难以预料的副作用，甚至可能成为国内经济矛盾激化的导火索，给经济社会带来重大损失。

三、日本应对贸易战策略对我国的镜鉴

（一）要树立全局意识

首先，应对贸易战带来的挑战，必须统筹处理国内国外两个大局。我们应当坚定推行供给侧结构性改革，坚持市场化改革取向，让资源在市场的配置下得到更为合理有效的配置。同时，出于防止挤出效应的考虑，应当在稳健的货币政策基础上，与以减税为核心的财政政策相配合，通过削减企业所得税，降低企业负担，通过减轻对按生产要素获取的报酬部分的税收，鼓励刺激人们通过贡献自己的生产要素获取收入，从而增加居民收入，拉动消费经济增长，提高全要素生产率。在处理国内问题的同时，要统筹国际大局，联合国际上对美国贸易政策不满的其他国家，共同应对美国贸易政策给国际经济发展带来的不确定性。

其次，应对贸易战应统筹当前未来的时间大局。一方面要统筹国内产业调整的时间规划，一方面要统筹美国国内政治随着时间的变化。

当前，国内正是经济调整转型的关键时期，原有的传统产业去产能接近告一段落，但新的产业尚未支撑起就业发展，在谈判中，我们应统筹国内产业调整的时间规划，尽可能延缓新兴产业受到冲击的时间，让高科技产业发展得到一定的时间缓冲。另外，随着美国2020大选临近，当前美国国内政治呈现出极端复杂的局面。为此，我国应当早日做好准备，针对未来五年与特朗普的谈判提前统筹规划。

（二）要秉持更加务实的态度

美日贸易战中日本的几次阶段性胜利告诉我们，在贸易战中要秉持更加务实的态度：一是要以更务实的态度看待贸易战问题，二是要以更务实的态度处理贸易战问题。

我们应当以更务实的态度看待贸易战问题，认清贸易战的本质是中美两种不同社会不同道路之间的冲突。同时，我们应当以更务实的态度处理贸易战问题。在目前我国核心技术尚未完成突破、全面建成小康社会进入攻坚克难阶段的情况下，在中美两国国内低调处理贸易战、加快产业转型升级是更为现实的选择。在我国国内，应警惕民粹主义思潮和全盘西化思潮从不同方向对贸易战走向进行影响。在国际上，针对复杂多变的国际局势，要一定程度放缓国内企业走出去的步伐，避免大规模投资因他国政局变动而遭受损失。

（三）要采取更加理性灵活的方式

日本在贸易战前期与后期应对结局的不同告诉我们，除了应当坚持全局意识、树立务实态度外，还应当采取更加理性的方式处理贸易战问题。一是在谈判时采取理性灵活的方式方法削弱来自美国的压力，二是在国内采取更加理性灵活的方式应对来自美方的压力。在谈判时，不妨采取主动出击的态度，从侧面寻找问题的解决方式。谈判不仅可以同美国政府进行宏观谈判，更可以同美国各大实体企业进行微观谈判，通过这些谈判侧面施压，可能比正面的反制更有效果。

国内随着贸易战引起的情绪逐渐释放，减税降费等政策不断推出，二级市场在不断复苏，各大市场信心也在逐渐恢复。此时，通过政策刺激经济已不再是当务之急，而通过宣传形成强大的改革预期并不断推进包括国企、社保等多领域的经济体制改革，是当前对整体经济最好的强心剂。通过改革，激发各类社会主体的活力，从而在全社会形成强大的合力，推动全要素生产率的提高，助力我国早日摆脱中美贸易战的阴影。

更多的冲突还是更大的和平？

——基于中美贸易关系的研究

宋宇[①]　苏志伟[②]

（中国海洋大学）

一、理论基础

自由主义和现实主义的缺点在于它们过于静态，无法从动态的角度预测人们对贸易与冲突的看法何时会发生变化。Copeland（1996）提供了一种新的理论，称为“贸易预期理论”，以帮助克服当前自由主义和现实主义对该问题看法的一些理论和实证缺陷。贸易预期理论在其内部结构中是动态的：它引入了一个新的因果变量，即“未来贸易的预期”，它在理论逻辑中融入了一个行动者对未来趋势和可能性的期望。战争的发生与否取决于贸易期望，也就是说，不同国家之间国际贸易环境的期望将直接决定世界能否继续维持未来的和平局面。

同时考虑相互依赖程度和对未来贸易的期望导致了新的预期。正如自由主义者所坚持的那样，即使当前的贸易很少或根本不存在，高度相互依赖也可以引起和平，对未来贸易的积极预期将为贸易产生积极的预期价值，从而促进持续的和平。但是，如果一个国家对未来贸易环境的预期是负面的，它认为将来无法与外国进行贸易或者贸易和投资很快就会被其他国家打断，那么现实主义的逻辑就会起作用。这些国家倾向于认为，如果不能获得关键的原材料和投资，它们的经济将不会健康发展，并且与更具抵抗力的国家相比将开始衰退。如果该国预计会出现严重的经济衰退，其领导人会认为冲突是一个合理的选择。简而言之，高度的相互依赖可以引起和平或引发冲突，这取决于未来贸易的预期。

总体来看，贸易预期理论同时接受自由主义观点（双边贸易可以给国家带来利益，避免冲突的发生）和现实主义观点（不对称贸易使国家变得脆弱，可能导致冲突）。

---

① 宋宇，中国海洋大学经济学院硕士研究生。

② 苏志伟，中国海洋大学经济学院教授，经济学博士。

二、方法介绍

（一）bootstrap 全样本因果关系检验

运用基于二元向量自回归（VAR）的格兰杰全样本因果关系检验，研究中美政治冲突与双边贸易的因果关系。Shukur 和 Mantalos（2000）指出，在没有协整的情况下，所有不使用基于残差 bootstrap 的方法都是不准确的，特别是在小样本中。因此，为了分析政治冲突与双边贸易之间的因果关系，基于残差 bootstrap 的方法，两个变量的 VAR 过程可以表示为：

$$T_t = \phi_0 + \phi_1 Y_{t-1} + \cdots + \phi_p Y_{t-p} + \varepsilon_{t,}\ t = 1, 2, \cdots, T \tag{1}$$

其中 $\varepsilon_t = (\varepsilon_{1t}, \varepsilon_{2t})'$ 服从一个零均值、独立和白噪声过程的非奇异协方差矩阵。通过将 Y_t 分解为两个子向量，$y_t = (y_{1t}, y_{2t})'$ 可将上述方程改写为：

$$\begin{bmatrix} PC_{1t} \\ BT_{2t} \end{bmatrix} = \begin{bmatrix} \phi_{10} \\ \phi_{20} \end{bmatrix} + \begin{bmatrix} \phi_{11}(L)\phi_{12}(L) \\ \phi_{21}(L)\phi_{22}(L) \end{bmatrix} \begin{bmatrix} PC_{1t} \\ BT_{2t} \end{bmatrix} + \begin{bmatrix} \varepsilon_{1t} \\ \varepsilon_{2t} \end{bmatrix} \tag{2}$$

其中 PC 和 BT 分别表示政治冲突和双边贸易。$\phi_{ij}(L) = \sum_{k=1}^{p+1} \phi_{ij,k} L^k$，$i, j = 1, 2$。$L$ 是定义为 $L^k x_t = x_{t-k}$ 的滞后因子。

我们检验了政治冲突不会通过对 $\phi_{12,k} = 0$ 施加限制而导致双边贸易的假设。同样，通过 $\phi_{12,k} = 0$ 检验了反向因果假设。如果政治冲突对双边贸易产生影响，这些假设将被拒绝，反之亦然。

（二）参数稳定性试验

格兰杰全样本因果关系检验的一个假设是，VAR 模型的参数是稳定的。如果全样本时间序列中出现结构突变，这种假设可能不正确。因此，本研究使用 Mean－F、Exp－F 和 Sup－F 检验来测试短期参数的稳定性。然而，当基础变量被协整时，除非允许误差修正，否则，VAR 模型的一阶差分将是错误的。因此，我们检验了协整与参数稳定性的长期关系。我们应用 Phillips 和 Hansen（1990）提出的完全修正的一般最小二乘（FM－OLS）估计量来估计协整回归的参数。然后，我们使用 Nyblom（1989）和 Hansen（2002）的 Lc 检验来估计长期参数的稳定性。

（三）bootstrap 子样本滚动窗口因果检验

为了克服参数不稳定和避免检验偏差，本研究考虑基于修正的 bootstrap 子样本滚动窗口格兰杰因果检验。通过计算 $t-l$ 子样本滚动 bootstrap P 值，可以捕捉政治冲突和双边贸易之间因果关系的时变特点。

政治冲突对双边贸易的影响定义为根据公式 $N_b^{-1}\sum_{k-1}^{p}\hat{\phi}_{21,k}^{*}$ 得出的所有 bootstrap 估计值的平均值，N_b 代表 bootstrap 重复次数。同样，双边贸易对政治冲突的影响也是从 $N_b^{-1}\sum_{k-1}^{p}\hat{\phi}_{12,k}^{*}$ 中得到的。$\hat{\phi}_{21,k}^{*}$ 和 $\hat{\phi}_{12,k}^{*}$ 都是从等式（2）中的 VAR 模型中进行的 bootstrap 估计。采用 90% 的置信区间，其中下界和上界分别与第 5 和第 95 分位数相同。在设置滚动窗口宽度 l 时，应考虑精度和代表性。Pesaran 和 Timmermann（2005）认为，为了平衡准确性和代表性，当存在结构性突变时，窗口宽度不应小于 20。

三、数据介绍

本文采用 1995 年 1 月—2018 年 5 月数据，以检验中美政治冲突与双边贸易的相互关系。由于进出口总量主要取决于关税水平和宏观经济总量等因素，本文采用中美贸易（进口加出口）增长率作为衡量双边贸易的指标（郎平，2006；庄宗明和蔡洁，2008）。我们还分别检验单边贸易流量，即中国进口（美国出口）和中国出口（美国进口）的增长率，并检验两种情况下的推论是否相同。与此同时，采用人民币兑美元的实际有效汇率作为控制变量。以上数据来源于海关总署和 WIND 数据库。

表 1 进行了数据描述性统计。政治冲突和双边贸易的均值表明它们的序列分别集中在 0.746 和 0.147 水平。在政治冲突和双边贸易方面，偏度都是负的。然而，峰度显示相反的结果证明了凸峰和肥尾的特征。进口标准差大于出口标准差，表明进口增长率的波动大于出口增长率。此外，Jarque - Bera 检验证明所有变量都是非正态分布的，表明传统方法不适合格兰杰因果关系分析。当变量不是正态分布时，全样本检验在估计参数的过程中会失去准确性（Chunchachinda et al.，1997）。因此，我们采用 bootstrap 子样本滚动窗口检验，它能够捕捉政治冲突和双边贸易的时变因果关系。

表 1 政治冲突、双边贸易、进口和出口的描述性统计

	政治冲突	双边贸易	进口	出口
均值	0.746	0.147	0.134	0.157
中位数	0.800	0.141	0.155	0.146
最大值	3.300	0.480	0.757	0.760
最小值	-3.600	-0.174	-0.299	-0.173
标准差	1.154	0.129	0.163	0.143
偏度	-0.577	-0.386	0.087	-0.029

续表

	政治冲突	双边贸易	进口	出口
峰度	3.799	3.104	3.260	3.409
Jarque – Bera 检验	23.068 ***	7.104 **	11.150 **	9.245 **

注：＊＊＊和＊＊分别代表1%和5%的显著水平。

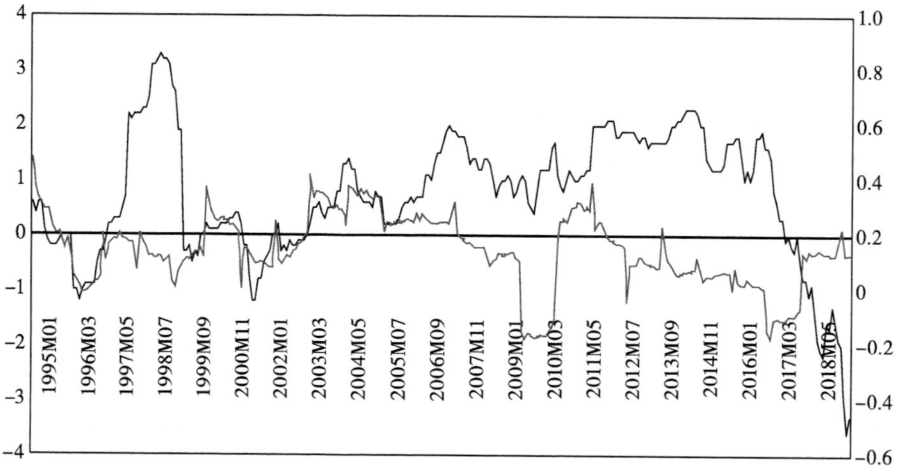

图 1　中美政治冲突和双边贸易的变化趋势

图 1 显示了中美政治冲突和双边贸易的变化趋势。1995 年至 1996 年期间，中美在人权和领土主权问题上的严重冲突导致两国政治关系和双边贸易急剧下降。1998 年，克林顿总统访华，中美关系明显改善。然而，受 1997 年亚洲金融危机影响，双边贸易短暂下降。随着 1999 年美军轰炸中国驻南斯拉夫大使馆、2001 年南海军用飞机相撞，中美关系急剧下降，相应的，双边贸易也急剧下降。2001—2007 年，由于中国加入世界贸易组织，双边贸易保持在较高水平，这一时期的中美政治关系相对稳定。2008 年，由于全球金融危机，世界经济萎缩，中美贸易迅速下滑至最低点。从 2010 年到 2016 年，中美政治关系相对稳定，然而，这一时期的双边贸易下降。2010 年，美国对中国公司进行了 301 调查，这削弱了双边贸易。2016 年，美国拒绝承认中国的市场经济地位，双边贸易增长率下降至 2008 年金融危机期间的水平。自 2016 年以来，中国的供给侧结构性改革促使国内经济复苏，中美贸易逐步增加。但是，中国和美国在南海问题上一直存在分歧。此外，特朗普总统就职后的一系列美国政策，特别是自 2018 年以来对中国的贸易制裁，使中美关系跌至建交以来的最低点。我们发现，中美政治冲突并不总能减少双边贸易。最明显的证据是，自 2016 年以来政治关系恶化，但双边贸易逐渐增加。总的来说，政治冲突与双边贸易之间的关系是复杂的。

四、实证结果

为了检验数据的平稳性，我们进行了 ADF 检验、PP 检验和 KPSS 检验。表 2 显示了单位根检验的结果。ADF 和 PP 统计值接受了政治冲突、双边贸易、进口和出口的非平稳性的零假设。此外，KPSS 统计数据拒绝了平稳性的零假设。但是，所有变量在一阶差分后都是平稳的，这表明两者都是一阶单整。表 3 显示了全样本因果关系检验的结果。根据 bootstrap P 值，我们注意到政治冲突与双边贸易之间的关系并不明显。政治冲突不是引起双边贸易的格兰杰原因，反之亦然。考虑到单边贸易，进口是政治冲突的原因，但反之则不成立。出口对政治冲突没有影响，但冲突是出口的格兰杰原因。

表 2　单位根检验

变量	原数据			一阶差分		
	ADF	PP	KPSS	ADF	PP	KPSS
政治冲突	-1.555 (2)	-1.223 [6]	0.586 [13]**	-9.445 (1)***	-15.180 [6]***	0.229 [6]
双边贸易	-1.343 (1)	-1.215 [8]	0.486 [13]**	-19.924 (0)***	-19.884 [5]***	0.070 [4]
进口	-1.967 (1)	-1.364 [6]	0.535 [14]***	-12.354 (1)***	-11.345 [7]***	0.175 [5]
出口	-1.564 (2)	-1.435 [7]	0.424 [12]***	-18.345 (2)***	-16.343 [8]***	0.093 [6]

注：＊＊＊和＊＊分别代表 1% 和 5% 的显著水平。

由于结构突变，全样本估计中的参数将随时间而变化。中美政治冲突与双边贸易之间的因果关系可能不稳定。为此，检验参数稳定性以确定是否存在结构突变是十分必要的。如前所述，我们进行了 Mean - F、Exp - F、Sup - F 和 Lcb 检验以观察上述 VAR 模型参数的短期稳定性，这些参数由中美政治冲突和双边贸易构成。相关结果见表 4 的 Mean - F 和 Exp - F 检验表明，政治冲突、双边贸易、进口、出口和 VAR 系统的方程可能会逐渐演变。Sup - F 检验表明，中美政治冲突在 5% 的水平上突然发生转变，双边贸易、进口、出口和 VAR 系统的这种转变都在 1% 的水平。总之，参数稳定性检验表明参数非常不稳定。由于结构突变，bootstrap 全样本因果关系检验的结果是不可靠的。

表 3　全样本因果关系检验

	Bootstrap 检验	
	统计值	P 值
双边贸易不是政治冲突的格兰杰原因	0.994	0.372
政治冲突不是双边贸易的格兰杰原因	1.857	0.158
进口不是政治冲突的格兰杰原因	2.250	0.083*
政治冲突不是进口的格兰杰原因	0.481	0.696
出口不是政治冲突的格兰杰原因	0.951	0.416
政治冲突不是出口的格兰杰原因	2.600	0.053*

注：＊代表 10% 的显著水平。

表 4　参数稳定性检验

检验	政治冲突方程统计值	双边贸易方程统计值	进口方程统计值	出口方程统计值	VAR 系统统计值
Sup - F	78. 648 **	86. 468 ***	95. 355 ***	88. 256 ***	98. 636 ***
Mean - F	57. 345 **	47. 743 ***	56. 355 ***	44. 846 ***	68. 648 ***
Exp - F	26. 676 ***	41. 765 ***	45. 355 ***	51. 467 ***	58. 766 ***
L_{cb}					5. 879 ***

注：1. 我们使用 10000 次 bootstrap 抽样来计算 P 值；

2. ＊＊＊和＊＊分别代表 1% 和 5% 的显著水平。

我们转而使用 bootstrap 子样本滚动窗口因果关系检验来重新审视政治冲突与双边贸易之间的关系。当允许固定窗口滚动时，可以检验随时间变化的因果关系和结构变化，政治冲突与不同子样本中双边贸易之间的因果关系反映了某些经济背景下具体关系的变化，这与现有文献中的估计不同。通过这种方法，我们可以评估政治冲突是否对双边贸易产生重要影响以及这种影响是暂时的还是永久性的。通过设置 24 个月的窗宽，实证估计变成 1997 年 1 月—2018 年 5 月。此外，我们还计算了 VAR 模型的相应系数，以研究政治冲突对双边贸易（或双边贸易对政治冲突）的影响是积极的还是消极的。

（一）双边贸易 → 政治冲突

图 2 显示了双边贸易不是政治冲突的格兰杰原因的零假设，2002 年 2 月—2004 年 3 月和 2008 年 6 月—2010 年 1 月期间拒绝了零假设。图 3 显示了影响系数的总和。在 2002 年 2 月—2004 年 3 月期间，双边贸易对政治冲突产生了负面影响，而在 2008 年 6 月—2010 年 1 月，双边贸易对政治冲突产生了积极影响。

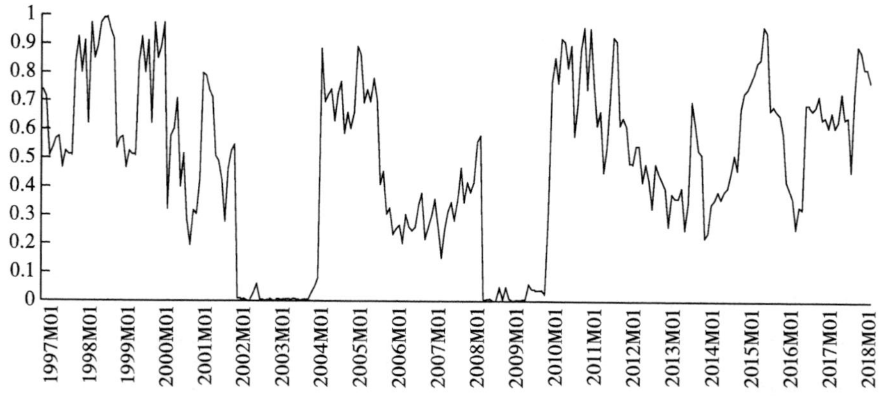

图 2　滚动检验统计量的 Bootstrap P 值（双边贸易不是政治冲突的格兰杰原因）

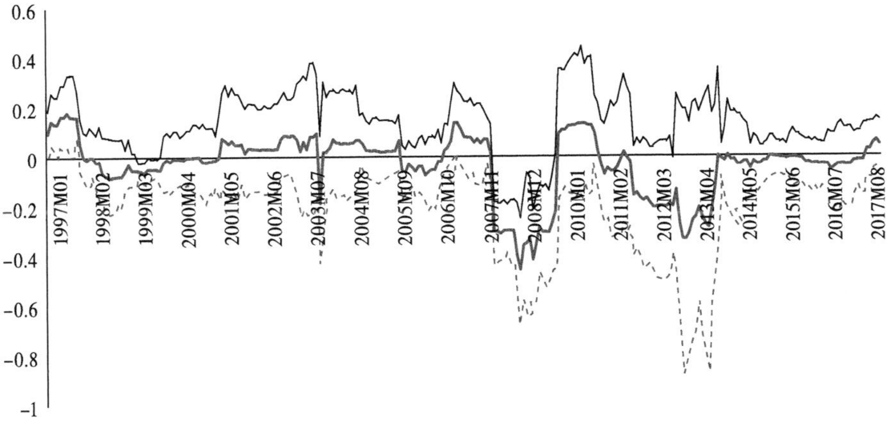

图 3　双边贸易对政治冲突影响的滚动窗口系数之和的 Bootstrap 估计

2001 年 11 月 21 日中国加入世界贸易组织后，中美两国有着共同利益。一方面，2002 年 2 月—2004 年 3 月，经济相互依存增加了政治冲突的机会成本，从而鼓励国家领导人采取更多的合作外交政策（郎平，2006）。另一方面，在此期间，中国和美国是重要的贸易伙伴，高度的共同利益导致政府和企业过于害怕政治干预经济。预期的商业压力将促使政府与贸易伙伴建立和平的政治关系。在中美双边贸易不断扩大的背景下，布什总统于 2002 年 2 月访华。同年 10 月，江泽民主席访美，两国关系明显改善。

2008 年 6 月—2010 年 1 月，中美双边贸易的增加加剧了政治冲突。双边贸易对若干子样本中的政治冲突产生正面和负面影响，这些影响主要取决于对未来贸易的预期。2002 年 2 月—2004 年 3 月，中国刚刚加入 WTO 并开放了市场。中美双边贸易的增长对双方都产生了积极影响。两国对未来贸易有积极的期望，因此双边贸易促进了更大的合作。但是，2008 年 6 月—2010 年 1 月，全球金融危机严重破坏了美国经济，造成了广泛的失业。与此同时，贸易逆差继续扩大，美国对未来的贸易预期持消极态度。中美政治冲突与双边贸易之间的关系基本符合 Copeland（1996）的贸易预期理论。总之，我们不能简单地把中美政治冲突与双边贸易的关系视为消极或积极，应该把这种关系与中美关系的实际情况结合起来。

（二）单边贸易（进出口）→ 政治冲突

由于中美贸易严重失衡，我们还比较了单边贸易流动对政治冲突的影响。图 4 显示，在几个子样本期间，包括 1997 年 1 月—1997 年 9 月、2001 年 4 月—2003 年 12 月、2005 年 2 月—2007 年 5 月、2008 年 5 月—2009 年 6 月和 2014 年 4 月—2015 年 3 月，在 10% 显著性水平下，进口不是政治冲突的格兰杰原因的零假设被拒绝。图 5 显示，在 1997 年 1

月—1997 年 9 月、2001 年 4 月—2003 年 12 月、2005 年 2 月—2007 年 5 月和 2008 年 5 月—2009 年 6 月期间，进口对政治冲突产生了负面影响，而在 2014 年 4 月—2015 年 3 月，进口对政治冲突产生了积极影响。同样，图 6 给出了出口不会引起政治冲突的零假设，1997 年 1 月—1997 年 10 月、1999 年 5 月—2014 年 1 月、2006 年 1 月—2007 年 1 月、2007 年 8 月—2012 年 2 月 和 2013 年 10 月—2014 年 1 月拒绝了零假设。图 7 显示了出口影响的系数之和。在 1997 年 1 月—1997 年 10 月和 2006 年 1 月—2007 年 1 月，出口对政治冲突产生了负面影响，而在 1999 年 5 月—2014 年 1 月、2007 年 8 月—2012 年 2 月和 2013 年 10 月—2014 年 1 月，出口对政治冲突产生了积极影响。

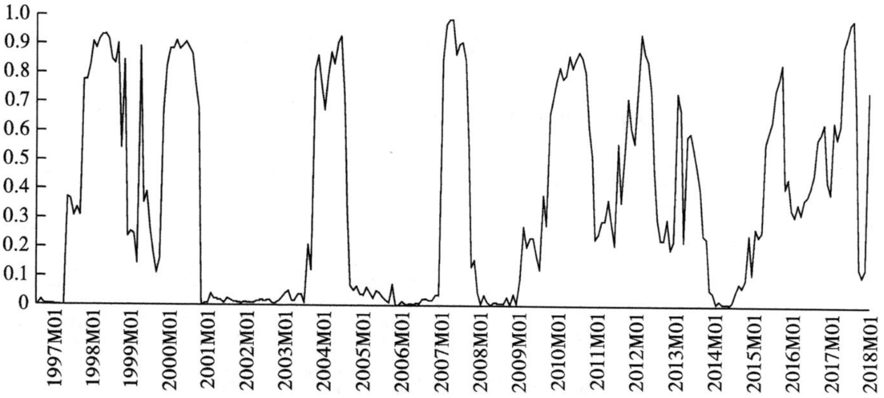

图 4　滚动检验统计量的 Bootstrap P 值（进口不是政治冲突的格兰杰原因）

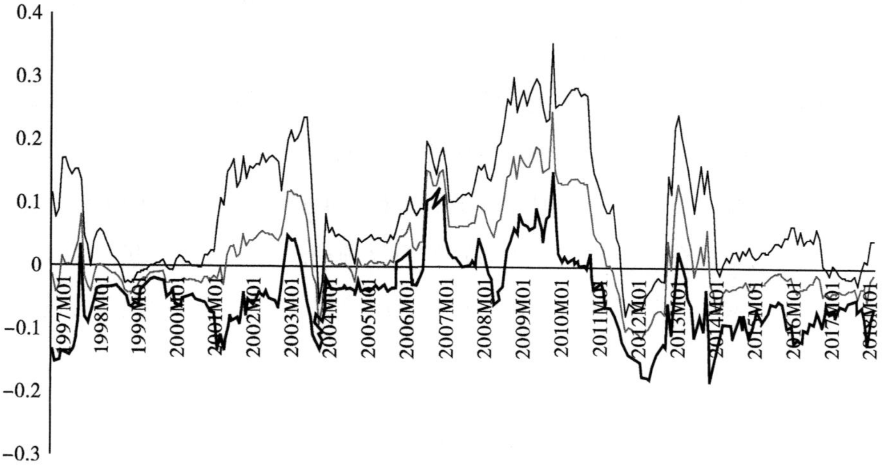

图 5　进口对政治冲突影响的滚动窗口系数之和的 Bootstrap 估计

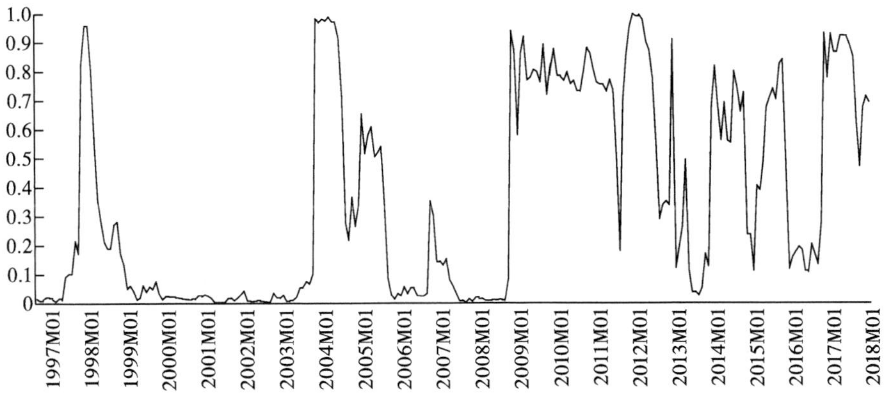

图 6 滚动检验统计量的 Bootstrap P 值（出口不是政治冲突的格兰杰原因）

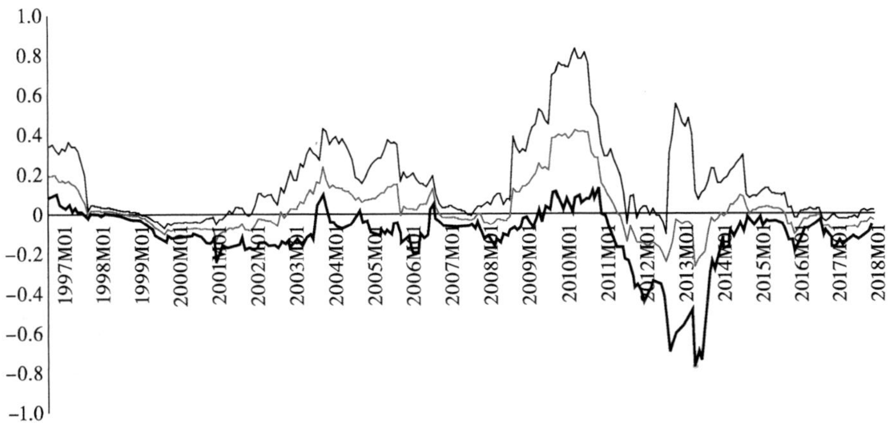

图 7 出口对政治冲突影响的滚动窗口系数之和的 Bootstrap 估计

与双边贸易相似，中国对美国的进口或出口在几个子阶段对政治冲突产生正面和负面影响。但是，考虑到具体时间，我们可以发现，在大多数情况下，进口会抑制冲突，而出口会导致冲突。中国 2017 年的进口总额为 1303.7 亿美元，高于 1990 年的 50 亿美元。2015 年，中国首次超过加拿大，成为美国最大的贸易伙伴。同时，中美双边贸易逆差从 1990 年的 110 亿美元增加到 2017 年的 3752.3 亿美元。两国之间的贸易不平衡程度日益严重。中国对美出口的增加将加剧贸易逆差，因此美国对贸易持负面预期，导致政治冲突加剧。同样，中国对美国的进口将促进合作。

（三）政治冲突 → 双边贸易

我们研究了政治冲突对双边贸易的影响，图 8 揭示了政治冲突导致双边贸易的变化，主要集中在 1999 年 4 月—2003 年 12 月、2008 年 5 月—2009 年 4 月和 2013 年 4 月—2014 年 7 月。图 9 显示政治冲突对双边贸易产生负面影响。

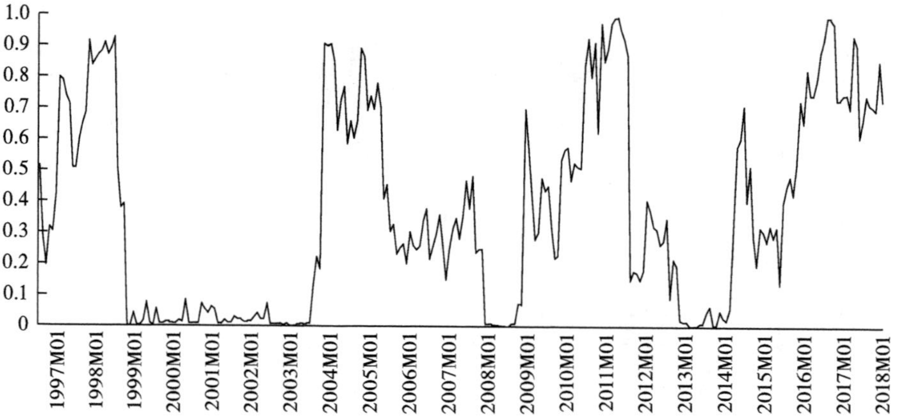

图 8　滚动检验统计量的 Bootstrap P 值（政治冲突不是双边贸易的格兰杰原因）

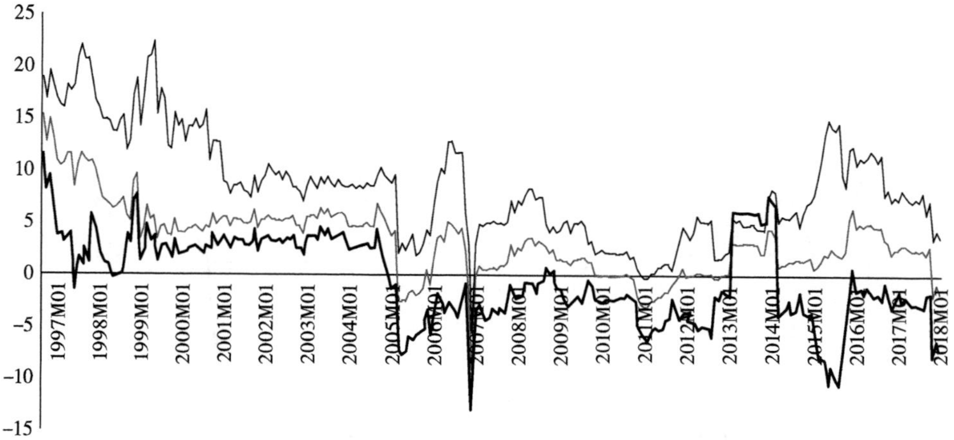

图 9　政治冲突对双边贸易影响的滚动窗口系数之和的 Bootstrap 估计

1999 年 4 月—2003 年 12 月，负面影响意味着一旦国家陷入严重的政治冲突，中美双边贸易将暂停或迅速减少。根据海关总署的统计，1999 年 5—10 月，中美之间的进出口增长率为负。2008 年 5 月—2009 年 4 月，冲突也减少了贸易。反过来，日益加剧的政治冲突使双边贸易进一步恶化。然而，2013 年 4 月—2014 年 7 月，虽然系数也是负数，但与前两个子样本相比，这意味着政治冲突的减少改善了双边贸易。中美关系现阶段保持稳定，2013 年 6 月，习近平主席应邀会见奥巴马总统，并就建立“大国关系新模式”达成了重要共识。同年，第五轮战略与经济对话和第四轮高层人文交流成功举行，中美双边投资协定谈判进入实质性阶段。尽管 2013 年 4 月—2014 年 7 月中美双边贸易增长率不高，但与前几年的快速下降相比，已显著放缓。

（四）政治冲突 → 单边贸易（进出口）

我们还检验了政治冲突对单边贸易流动的影响。图 10 显示，政治冲突不是进口的格兰杰原因的零假设在 1999 年 9 月—2000 年 8 月被拒绝。图 11 显示政治冲突对进口产生负面影响。类似的，图 12 给出了零假设，即政治冲突不会导致出口，2004 年 12 月—2006 年 5 月和 2011 年 2 月—2012 年 12 月两个阶段拒绝了零假设。图 13 表明政治冲突对出口产生了积极影响。

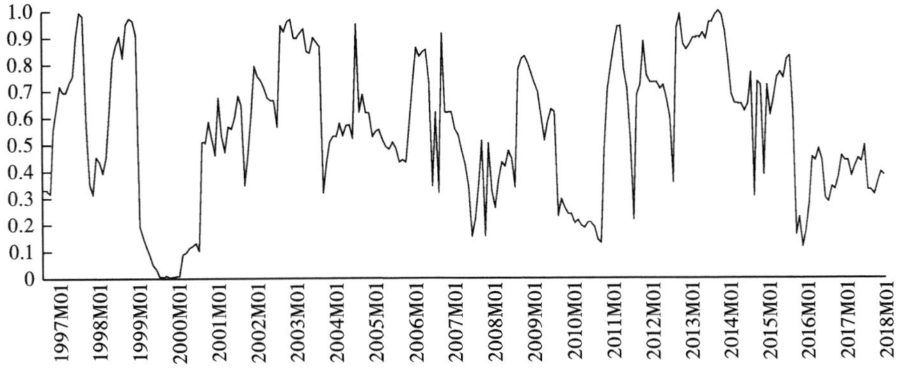

图 10　滚动检验统计量的 Bootstrap P 值（政治冲突不是进口的格兰杰原因）

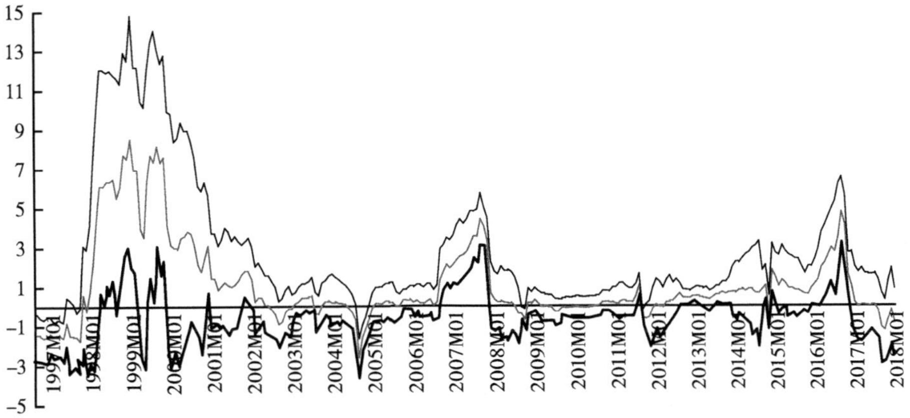

图 11　政治冲突对进口影响的滚动窗口系数之和的 Bootstrap 估计

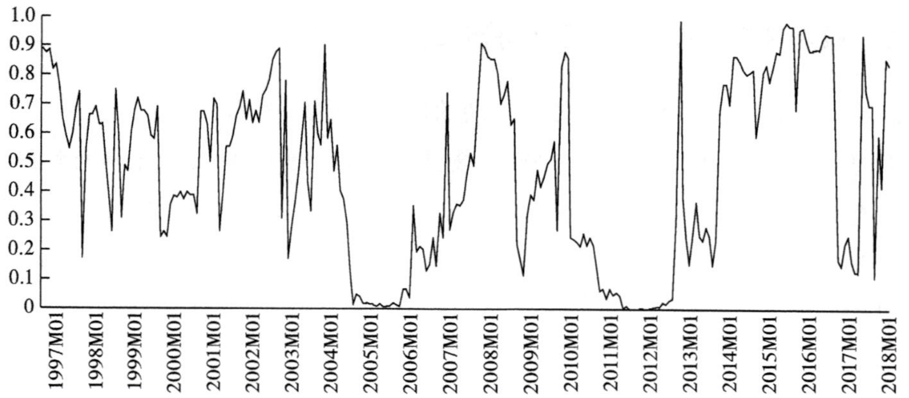

图 12　滚动检验统计量的 Bootstrap P 值（政治冲突不是出口的格兰杰原因）

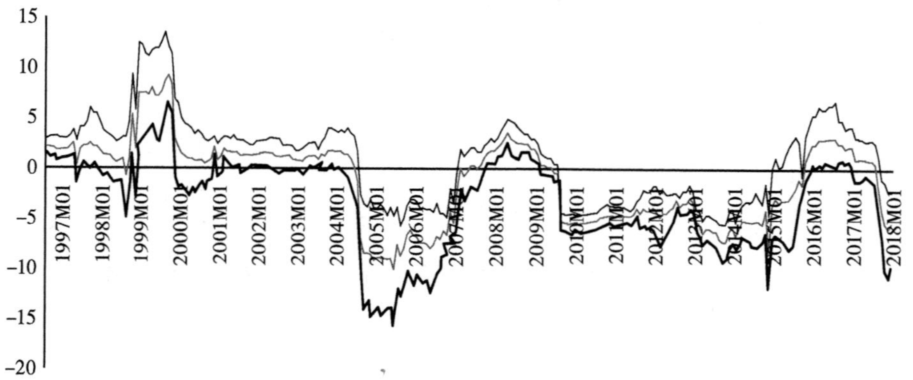

图 13　政治冲突对出口影响的滚动窗口系数之和的 Bootstrap 估计

虽然政治冲突可能损害双边贸易，但结果与进口或出口不一致。政治冲突的爆发将减少中国对美国的进口，但似乎并未影响中国产品的出口。一方面，发达国家的工业是资本密集型的，其产品在国际上处于竞争中。中美政治冲突可能导致中国将进口转移到其他发达国家。另一方面，中国对美国的大部分出口都是劳动密集型的，附加值低。中国创造就业机会的劳动密集型产业需要美国市场，反过来，美国需要中国生产的廉价产品来维持高生活水平（林毅夫，2019）。因此，基于福利最大化的视角，政治冲突几乎不会影响中国的出口。

法国调节学派劳动关系理论及其视角下的“黄马甲”运动透视

张嘉昕[①]　于珊[②]

（吉林大学）

一、调节学派劳动关系理论的逻辑构成

马克思主义和各种社会主义思潮在法国具有广泛的社会基础，1968 年“五月风暴”中广大青年学生和工人阶级的斗争行动促进了马克思主义的复兴。法国调节学派就是在这一背景下创立的，它深受马克思经济学的影响并直接继承了马克思主义学说的核心命题：生产力和生产关系、社会再生产规律、剩余价值、平均利润率规律、阶级分析等。例如，生产力对应着技术范式，而生产关系对应着调节和积累模式。在学派创立之初，这些思想家就围绕劳动关系问题展开研究，随着资本主义的发展，他们从中观层次即调节模式入手，借鉴唯物史观将资本主义的劳动关系沿革划分为以下四种形态：竞争性劳动关系、泰勒主义劳动关系、福特主义劳动关系和金融主导性劳动关系。

（一）竞争性劳动关系

自 14 世纪欧洲文艺复兴开始，工厂主开始雇佣具有劳动技能的手工业者，资本主义萌芽产生。在经历了初期的缓慢发展后，至 18 世纪 60 年代，机器生产开始替代手工劳动，法国发生第一次工业革命。调节学派指出，在机器化生产尚不充分和不普及的年代，资本主义生产主要以手工劳动为主，完整的生产过程由工人主导，工人拥有自主权并控制着生产节奏。工具只是工人劳作和生产过程中的“附属品”。工人具有不同的劳动技能，在不同的劳动中，每个工人都发挥着不同的作用，此时资本家对于工人的依赖程度很大；

---

① 张嘉昕，吉林大学经济学院教授、博士生导师，吉林大学—吉林省总工会劳动关系研究中心副主任。

② 于珊，吉林大学经济学院博士研究生。

与此同时，工人具有较强的阶级斗争能力和意识，工人自我认知程度高、反抗意识强。这就是所谓的竞争性劳动关系，在这种状态下，资本和劳动之间互相制约，双方总体态势均衡。资本家和工人有着共同的目标，即顺利地进行生产从而各自获得利润和工资。尔后，伴随着科学技术的发展，大量机器运用到生产中，竞争性劳动关系逐渐瓦解并被新型劳动关系所替代。

（二）泰勒主义劳动关系

资本主义世界的第二次工业革兴起于19世纪60年代末，至19世纪末，资本主义生产方式已发生翻天覆地的变化，机械化大生产代替手工劳作，工人不再是手工工厂模式下使用工具的主人，而是大机器工厂的附属物乃至一颗螺丝钉。工人的工作内容丧失了自主性，他们被置于严密监督和控制之下，在既定方案中重复劳作。在这一趋势下，大机器生产方式对工人群体进行整合，从而形成完整的流水线作业模式和新的资本主义劳动关系，这就是泰勒主义劳动关系模式。

泰勒主义制的劳动模式以工作团队的组织形式呈现，为了降低机器开启和关闭所产生的耗损，资本家规定只在周末才停止生产，管理层规定了详细的劳动时间，工人在机械化大生产中处于从属地位。这种劳动模式的本质目的是为资产阶级迅速的资本积累而服务，即推动大生产运行又不提高工人工资，最终会导致社会消费总量不足和生产绝对过剩的矛盾。总之，在泰勒主义劳动关系形态下，工人阶级的收入和生活水平没有提高，即相对于暴富的资产阶级来说工人正走向普遍贫苦。社会总供求的失衡导致严重的经济危机，在“一战”结束后，泰勒主义劳动关系日益衰败，最终被福特主义劳动关系取代。这主要表现为资产阶级为实现获取利润的长治久安，着手对生产和工资进行全面管制，而工人阶层则团结起来进行抗争，这催生出劳资双方的集体谈判制。

（三）福特主义劳动关系

“二战”后，资本主义进入黄金时期，工业产出能力进一步提升，资本主义劳动关系发生了新的变化。调节学派对此进行研究后，将其概括为福特主义劳动关系。这一新型劳动关系模式呈现出以下特征：生产和分配的决定权发生分离，这是因为工会的实力增强，能够在劳资谈判当中为劳动者发声，而雇主方为了继续保持稳定的大规模生产以获得高利润也选择接受劳资双方的集体谈判制，从而增加工人收入和促进社会消费。调节学派将这种状态称为“大量生产，大量消费”模式。在这一背景下，全社会范围内的长期雇佣合同比例上升，有利于缓解劳资矛盾和促进劳动关系稳定。与此同时，资本主义世界的国际合作与分工趋势也更加明显。

尽管工人在分配领域的境遇有所改善，但他们在生产领域的处境却进一步恶化。福特主义劳动关系模式下的劳动过程体现为流水线作业，最早是在消费品的生产环节，而后延伸到全部制造业乃至具体机器零件生产。机械化大生产提高了工作强度，促进了脑力和体力劳动的分离，工人的个性被进一步压制甚至抽象掉，一切生产运作都按既定规则进行，这在管理学上被称为泰勒主义或科学管理原理。工人被钉死在具体岗位，劳动力由科学管理原理严格配置和控制，个体工人已经失去了对自己工作节奏的控制权。工作自治已完全消失，工人无法对雇主不断加码的生产规定进行抵制。当福特主义或泰勒主义发展到极致时，实际工作越发艰苦和枯燥，被招聘的工人很多不再有机会获得长期合同，而是经过培训后即上岗劳动，获得计件工资，这使得劳资双方的收入差距加大。与此同时，机械化生产的周期长且不易调整，导致产品越发固定和单一，无法满足消费者日益追求的差异化需求，这导致总需求下降，引发经济危机。消极怠工、罢工和对抗运动愈演愈烈，劳资矛盾难以调节，福特主义劳动关系在20世纪70年代的“滞胀”危机中崩溃。

（四）金融主导性劳动关系

20世纪80年代起，为了应对“滞胀”危机和追求资本积累速度的提升，资本主义的调节模式发生变化。由于股票、债券产生了很大收益，股东的作用和地位上升，资本主义的经济运行由福特主义积累体制转变为金融主导性积累体制。在新的积累体制下，社会经济越发受到金融市场的绑架，企业之间来自金融市场的竞争压力加大，金融全球化导致通货膨胀或通货紧缩时有发生，美国成为世界经济的金融中心。调节学派将这种积累体制下的劳资状态称为金融主导性劳动关系，它的主要特征为：长期的稳定雇佣合同减少，企业更倾向于劳动合同工、短期临时工、兼职等更为灵活、弹性和碎片化的就业形式，工人的自由度提高，当然也失去了长期合同制所带来的诸多福利保障。例如：美国兼职就业人数从约为1600万（1980年）上升至约2600万（2008年）。[①] 在经济全球化背景下，企业开始放弃对国内市场的妥协而转向国际市场，沃尔玛主义兴起，即雇主方反对组建工会或与工会接触，不再选择劳资谈判。同时，金融市场的过度发展也冲击了工会组织，很多工人选择通过持有股票和不动产来提高收入水平，也不再热衷于参与劳资集体谈判。

发达资本主义国家不仅在劳动关系领域潜藏巨大危机，在社会经济运行方面也矛盾重重。随着金融部门的过度扩张，房地产价格虚高，工人持有股票而实际货币量减少，这使得金融与实体经济脱钩，经济泡沫越来越大，2008年美国股票交易总额与GDP之比达到320.99%，为历史之最。同时，金融市场规则不健全，缺乏有效的调控机制。2007年发生于

① 数据来源：Trading Economics。

美国的次贷危机很快演变为全球资本主义的金融危机，导致金融主导性积累体制走向崩溃。

总之，伴随着资本主义调节模式的变迁，资本主义社会的劳动关系也发生了相应变化。劳资矛盾也从最初的单纯工资问题演变为雇佣制、生产方式、劳动过程、工会组织、产品需求等多方面复杂矛盾叠加。按照调节学派的逻辑，资本主义社会形态的演进产生了不同的冲突和矛盾，需要相应的劳动关系进行调节以改善社会运行。这就先后产生了竞争性劳动关系、泰勒主义劳动关系、福特主义劳动关系和金融主导性劳动关系，由于资本主义的新变化和社会矛盾日益加深，具体劳动关系调节模式的更替速度也越发加快。

二、调节学派与马克思经济学的劳动关系理论比较

法国调节学派自产生伊始就深受马克思主义学说的影响，借鉴了马克思经济学的研究方法，代表人物米歇尔·阿格里埃塔（Michel Aglietta）和阿兰·利比兹（Alain Lipietz）等均明确指出自己的理论基础来源于马克思经济学，其劳动关系理论与马克思的劳动关系理论具有紧密联系。

（一）劳动关系是最基本的社会和生产关系

法国调节学派和马克思都认为劳动关系作为生产关系的重要组成部分，是最重要的社会关系之一。两者从工人阶级的利益出发，以工人为主体对象对资本主义社会的运转和演进展开研究，通过剖析资本主义的劳资斗争与矛盾提出有关资本主义发展规律的理论学说。调节学派的劳动关系理论来源于马克思经济学，这是该学派内部的共识。不过，在调节学派的部分学者看来，马克思的再生产理论过于抽象，他们在马克思关于资本主义生产关系和生产方式论述的基础上，提出了调节模式和工资关系的概念，旨在深化对当代资本主义雇佣制度和劳资对立的研究，并提出不同时期的资本主义劳动关系形态。

（二）对资本主义劳动关系的本质认识存在差异

马克思明确指出，在资本主义社会劳资关系是根本对立的，其劳资冲突与矛盾根本无法调节，这是因为在劳动成为商品后，由于存在资本家与劳动者之间的竞争以及劳动者之间的竞争，劳动力价格不断降低是必然趋势，资本主义的生产方式无论如何调整也摆脱不了走向灭亡的命运。马克思系统阐述了在资本主义劳动关系演进中，劳动始终从属于资本的事实。在早期资本主义劳动对资本表现为形式上的从属，当资本主义走向成熟时劳动日益体现为对资本实际上的从属。这说明资本主义愈发展，劳资双方的利益关系就愈紧张。劳资冲突发轫于工作场所，随之将扩展至整个社会经济运行体系，引发工人运动乃至无产阶级革命。

调节学派则指出，资本主义社会的劳资矛盾仅是一种经验性的客观存在，是一种目的

明确的简单政治斗争，即工人阶级为了争取更高的工资等福利待遇而进行的权力争取活动。可见，资本主义劳资矛盾的根源不在于生产资料私有制问题，因而没有必要针对所有制问题展开集中分析，这使得调节学派走向了历史经验论。他们认为，劳动者利益和社会生产行为是在整个社会结构中发生的，资本主义的劳资矛盾可以通过采取不同的劳动关系调节模式来缓和，从而缓和阶级对立和保证生产的顺利进行。总之，调节学派的劳动关系理论没有揭示出资本主义劳动关系的本质问题。不过，他们在关于工会组织、三方协调、劳动维权等具体调节方法上对现代资本主义劳动关系协调问题进行了诸多探讨。

三、调节学派劳动关系理论视角下的“黄马甲”运动

法国作为老牌资本主义国家，不仅有调节学派这样重要的国外马克思主义学派，在劳资关系的现实领域也是热点频发，如发生于法国并席卷欧洲的“黄马甲”运动（Yellow Vest Revolution）备受关注。近年来，发达国家由于劳动关系利益失衡所引发的各种社会问题屡见不鲜，给经济复苏带来阴霾。就欧洲而言，自 2018 年 11 月 17 日起在法国出现并很快蔓延开来的“黄马甲”运动，已成为法国乃至西欧地区自 1968 年“五月风暴”之后半个世纪以来规模最大、影响广泛的社会动荡事件。马克龙政府宣布于 2019 年上调燃油税的消息马上引起了法国民众的不满，大量民众身穿黄马甲走上巴黎街头抗议。当局对此的反应是冷淡甚至是轻蔑的，这使得抗议活动迅速蔓延到法国全境，即所谓“黄马甲”运动。面对严峻的现实，当局于 2018 年 12 月 5 日宣布取消此政策，然而，民众似乎对此并不买账，相反更多的群众团体加入进来。他们抗议近年来持续降低的收入水平和生活保障水平，提出各项改革要求。自抗议活动的第三周起，广大劳动人民将斗争的矛头直接指向了标榜金融家精英主义色彩的马克龙政府，他们的目标已不仅仅是一项税收政策而是要求社会劳动关系的变革。目前，这场运动已历时 30 多周，其参与人数之多、历时时间之长非常罕见（见表 1）。

表 1　历次抗议游行活动法国全境参与人数①

上街抗议时间	参与人数（万人）
2018 年 11 月 17 日	28
2018 年 11 月 24 日	10
2018 年 12 月 8 日	12
2019 年 2 月 2 日	5.8
2019 年 2 月 23 日	4.6

① 数据来源：根据网络整理。

续表

上街抗议时间	参与人数（万人）
2019 年 3 月 9 日	2.9
2019 年 4 月 20 日	2.8
2019 年 5 月 4 日	1.89

早在 1981 年，当左翼联盟在大选中获胜后，调节学派撰文发声，希望政府能够采纳调节学派的经济理论，通过政府积极作为来推动集体协商以促进劳资调和。然而，当局却选择了新自由主义的自由放任政策，这使国民经济出现问题，1981—2018 年法国 GDP 年均增长率几乎都低于全球平均水平（见图 1），近年来法国基尼指数已达 0.33。马克龙执政后，力主改革劳工法和缓解日益尖锐的劳资利益对立局面，但恶化的国民经济形势使得劳动人民的福利水平进一步下降。劳动法改革的一个重要措施是将劳动者在企业内的三个代表机构企业委员会（CE）、员工代表（DP）和卫生、安全及劳动条件委员会（CHSCT）合并，旨在通过机构精简来提升沟通效率，但工会认为这实际上限制了工会的权力和活动空间。新的劳动法赋予企业更多权力，如强化了企业的解雇权，小范围的合法延长工作时间等。此外，新的劳动法给“劳资法庭”经济赔偿进行封顶，企业解雇老员工不再顾虑重重，赔偿金额按照员工在企业的年限计算经济赔偿，20 年以上的职工获得的经济赔偿最多不得超过 15 个月。新法案的实施使得大批企业出现“解聘潮”，严重损害了劳动者的切身利益。“黄马甲”运动的爆发正是法国当前严峻劳资矛盾的一种集中体现。据法国国家统计与经济研究所 2015 年数据显示，占总人口 10% 的穷人阶层的年收入不到 7319 欧元，平均月收入 601 欧元。而 10% 的富裕阶层年收入至少 45223 欧元，平均月收入 3768 欧元。全国总收入的 7% 集中在 1% 的富豪手中，总收入的 28% 集中于 10% 的富裕阶层。

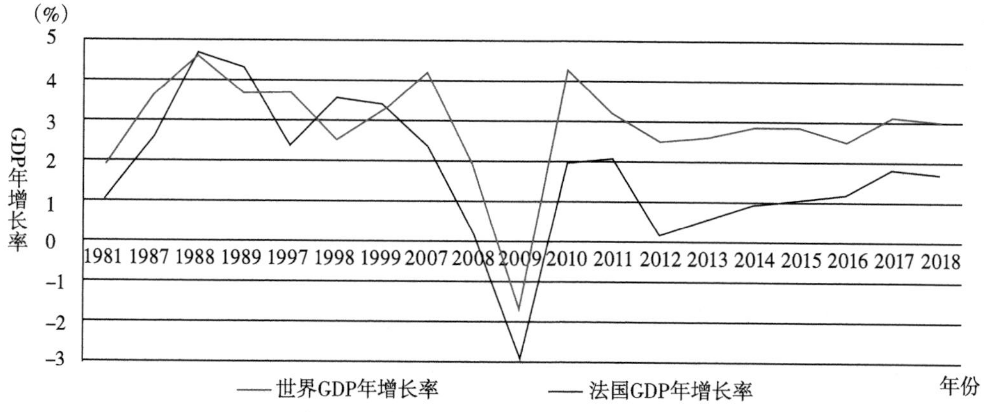

图 1　1981—2018 法国/世界 GDP 年增长率变化图

资料来源：根据世界银行网站整理。

调节学派指出，当局在 20 世纪 80 年代推行新自由主义的劳动力市场开放政策使法国工人阶级遭到了外来低廉劳动力的直接竞争，同时，制造业也在全球一体化进程中遭受打击。法国制造业在 1981 年占 GDP 比重为 18%，而目前仅有 10%。2008 年发达国家金融危机的叠加效应使法国失业率大幅上升（如图 2）。正如调节学派所说，资本的全球性带来了虚假繁荣，发达国家的社会贫富差距进一步拉大，金融资本则获得了前所未有的自由度。然而，法国没有像美国那样成为全球金融中心，通过吸引各国资本获利。相反，法国工人阶级成为牺牲品，尤其是三、四线城市和乡村地区既无法有效开展第三产业，制造业就业岗位也不断缩减，出现社会经济衰败。“黄马甲”运动最初的主力军正来自上述区域，那里公共交通设施不发达，出行主要依赖于汽车，提高燃油税必然直接提高其生活成本，使本就捉襟见肘的生活雪上加霜。

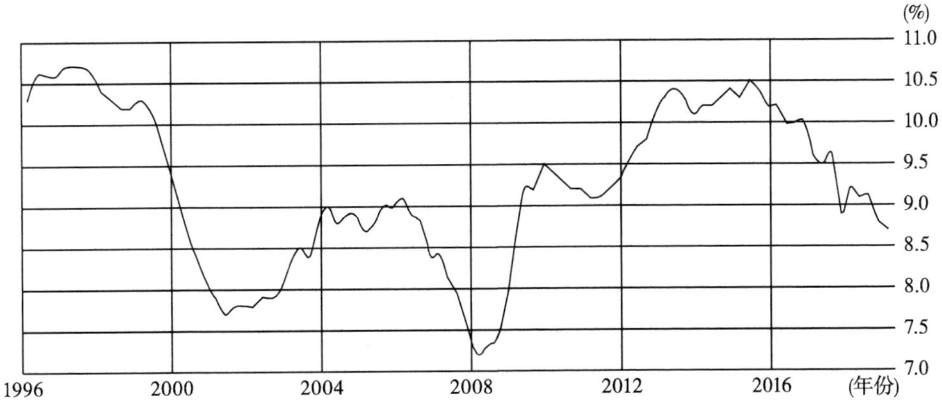

图 2　1996—2019 年法国失业率

资料来源：根据 Trading Economics 网站整理。

总之，随着社会各界群众团体先后加入“黄马甲”运动，它已经由一场游行抗议升级为群众政治运动，劳动关系失衡是这次运动的基本原因。全国各行业的广大劳动者普遍感觉缺乏安全感和受到不公平待遇。例如，2018 年 12 月 18 日，警察队伍向政府提出了对以往加班时间进行补偿的诉求；2019 年 3 月 9 日，示威者呼吁维护女性劳动者权益等。调节学派指出，首先，在金融主导性积累体制下的现代资本主义雇佣劳动发生了深刻变革，工人阶级进一步成为金融资本主义的附庸，灵活多变的工作形式导致工资弹性无节制，收入不稳使工人阶级缺乏安全感，任何增加生活成本的新政策都可能引发民众恐慌。其次，“黄马甲”运动反映出金融主导性劳动关系的协调机制不健全。“黄马甲”运动至今，参与团体不断增加且诉求纷繁复杂甚至没有重点，而法国政府则缺乏有效的劳资矛盾沟通和化解措施。随之而来的大规模游行示威和罢工怠工越发表现出无组织、无纪律的特征，政府对于解决问题无所适从，引发了广泛的社会问题。目前参与“黄马甲”运动的劳动人民群体逐渐减少，“黄马甲”更多的是与“打砸抢”“纵火焚烧”等暴力词语联系在一起。据法国《费加罗报》2019 年 2 月 14 日报道，一项民意调查显示，有 56% 的受访者希望“黄马甲”运动停止，同比上升 11 个百分点；同时，支持率同比下降 5 个百分点。这使得旨在改变自身处境和扭转劳资利益失衡的“黄马甲”运动发生变质，难以实现初衷。

总之，按照调节学派的逻辑体系，一旦社会劳资矛盾发生激烈冲突，就要以推出新的劳动关系调节模式来缓和矛盾从而维持资本主义生产进行。“黄马甲”运动折射出法国劳资对立已经蔓延至社会的方方面面，由此导致了社会动荡和参与民众甚至越过了雇主集团将怒火直接对准执政当局，这说明了当前金融主导性积累体制下劳动关系调节模式的所处窘境，可能会引发更激烈的社会经济危机。

四、结论

法国调节学派运用历史的研究方法对特定的时期、国家和地区的资本主义危机问题进行解释，以不同的资本积累方式为切入点，从普通工人的劳动状态和生活境遇剖析资本主义的演进。调节学派推进了马克思劳动关系理论的时代视野，丰富和发展了国外马克思主义理论。当然，调节学派劳动关系理论主要着眼于资本主义社会中观层面的调节功能，其具体的劳动关系协调适应于不同的资本积累体制，一旦二者不相匹配就会引发经济危机，因此，要不断调整劳动关系协调模式来稳定资本主义社会运转。与马克思相比，调节学派对劳资双方关系的认知没有抓住事物的本质。调节学派的主张是工人阶级如何与资产阶级进行妥协，以继续维护资产阶级的资本积累方式，而没有认识到资本主义剥削工人的实质。随着时代变迁、科技发展和金融扩张，资本主义固有的矛盾越发严重，引发劳资关系冲突频发和愈演愈烈。随着金融主导性劳动关系在 2008 年发达国家的金融危机爆发后失去调节劳资矛盾的功效，资本主义世界的罢工、游行甚至暴力活动频发，“黄马甲”运动只是总体矛盾的一个集中缩影。

正如习近平总书记所指出的，中国共产党人在新时代要学习马克思，学习和实践马克思主义。并且，要密切关注和研究国外马克思主义研究新成果，来推动马克思主义的发展。法国调节学派作为当前活跃的国外马克思主义学派，它的劳动关系理论值得研究。从国外马克思主义的视角来分析法国“黄马甲”运动，有利于开拓我们的研究视野和获取有益启示，同时，注重通过比较研究来认识调节学派劳动关系理论的缺陷和不足。我们要思考如何构建与当前社会经济形势相匹配的劳动关系协调模式，提升工人阶级的主人翁地位，这有利于促进劳动关系和谐，从而为新时代经济高质量发展提供稳定的社会基础和保障。

利率双轨制下我国对外开放对利率政策的效应研究

刘义圣[①]　叶颉[②]
（泉州师范学院）

一、引言

习近平主席在博鳌亚洲论坛 2018 年年会开幕式上指出，“过去 40 年中国经济发展是在开放条件下取得的，未来中国经济实现高质量发展也必须在更加开放条件下进行”，同时提出在服务业特别是金融业方面要加大开放力度。同年中国人民银行行长易纲在博鳌亚洲论坛上指出，中国仍存在一些利率双轨制，一是在存贷款方面仍有基准利率，二是货币市场利率是完全由市场决定的，最佳策略是让这两个轨道的利率逐渐统一。2019 年中国人民银行工作会议提出，将稳妥推进利率“两轨并一轨”，完善市场化的利率形成、调控和传导机制。虽然我国利率市场化改革自 1996 年放开全国银行间同业拆借利率以来已推行 20 多年，但存贷款利率依然是在 2013 年成立的全国市场利率定价自律机制约束下以行业自律形式规定上限之下浮动，我国利率体系呈现出典型的双轨制特征。在目前利率双轨制背景下，利率传导机制不畅导致央行利率政策调控不能通过市场利率体系之间的有效联动传导至整个经济体系，不利于利率政策目标的实现；同时，金融市场产品的定价不能及时有效准确反映市场利率水平，不利于金融机构资金支持实体经济发展，从而影响金融市场资源配置效率。因此，推进利率并轨势在必行。在利率双轨制逐步合一轨的过程中，对外开放是影响利率政策不可忽略的一个因素，也是理解我国利率政策框架及其调控效应的关键。为了应对对外开放所产生的外部风险与补偿对外开放所带来的不确定性对国民造成的福利损失，中国人民银行对利率政策进行调整的频率明显加快，意图通过调整利率政策以适应货币政策对宏观经济进行有效的调控。因此，在利率双轨制背景下，对外开放如何影

---

① 刘义圣，泉州师范学院商学院教授，博士生导师，主要从事宏观经济政策与金融创新研究。
② 叶颉，泉州师范学院商学院讲师，博士，硕士生导师，主要从事宏观经济政策与金融创新研究。

响我国的利率政策效应，对其进行全面深入的研究既有助于利率政策的合理制定，也有利于进一步推进利率并轨和利率市场化改革。

二、实证分析模型与估计结果

（一）计量模型方程设定

对外开放条件下，一方面，利率变动导致国内外利率失衡，引起国际资本流动，影响投资对经济增长作用的发挥，这涉及利率政策对经济增长的促进作用有多大，进而影响利率政策的产出效应；另一方面，货币市场供求均衡必然有 $M/P = ky - hR$，在名义货币供给量 M 外生给定和产出水平 y 稳定下，利率 R 的变动必定影响到价格水平 P，这涉及利率政策对物价水平的稳定作用有多大，进而影响利率政策的价格效应。因此，对外开放对利率政策效应的影响也体现在利率政策产出效应和利率政策价格效应两方面，这也与政府制定宏观经济政策所欲达到的“经济增长与物价稳定”双重目标相一致。

Mundell - Fleming 模型、Dornbusch 超调模型以及新开放经济宏观经济学模型主要从定性角度研究对外开放条件下货币政策、财政政策等宏观经济政策的有效性问题，而较少从定量角度对其进行实证研究。Karras（1999）则开创性地建立了对外开放对货币政策效果影响的实证定量分析模型。他通过构建经济增长率与通货膨胀率模型研究了对外开放度对货币政策效果的影响。由于央行经常根据货币政策实施需要，适时运用利率政策对利率水平与结构进行调整，以此影响社会资金供求关系，从而实现货币政策既定目标；同时，利率政策是货币政策实施的重要手段，也是货币政策的主要组成部分。因此，本文借鉴 Karras 的实证定量分析模型，构建利率双轨制下对外开放度对利率政策效应影响的实证计量模型。

我们可先构建利率政策的产出效应模型与价格效应模型：

$$\Delta Y_{it} = \gamma_0 + \sum_{j=1}^{M} \gamma_j^Y \Delta Y_{i,t-j} + \sum_{j=0}^{N} \gamma_j^r \Delta R_{i,t-j} + u_{it}^Y \tag{1}$$

$$\Delta P_{it} = \delta_0 + \sum_{j=1}^{M} \delta_j^P \Delta P_{i,t-j} + \sum_{j=0}^{N} \delta_j^r \Delta R_{i,t-j} + u_{it}^P \tag{2}$$

其中，式（1）表示利率政策的产出效应模型方程；式（2）u_{it}^P 为利率政策的价格效应模型方程；ΔY 为产出增长率；ΔP 为价格变化率；ΔR 是利率变动率；u_{it}^Y 与 u_{it}^P 均表示随机扰动项；i 表示第 i 个国家或地区；t 表示第 t 期；γ、δ 表示待估计参数；j、M、N 分别表示各变量最大滞后期数。

进一步地，通过利用 Karras 方法将利率变量系数变换成：

$$\gamma_j^r = \alpha_j^r + \alpha_j^{Open} \times Open_{it} \tag{3}$$

$$\delta_j^r = \beta_j^r + \beta_j^{Open} \times Open_{it} \tag{4}$$

其中，$Open_{it}$表示某国或地区 i 在第 t 时期的对外开放度。将式（3）代入式（1）、式（4）代入式（2）可以得出产出效应模型与价格效应模型的方程式：

$$\Delta Y_{it} = \gamma_0 + \sum_{j=1}^{M} \gamma_j^Y \Delta Y_{i,t-j} + \sum_{j=0}^{N} (\alpha_j^r \Delta R_{i,t-j} + \alpha_j^{Open} \times Open_{ij} \times \Delta R_{i,t-j}) + \mu_{it}^Y \tag{5}$$

$$\Delta P_{it} = \delta_0 + \sum_{j=1}^{M} \delta_j^P \Delta P_{i,t-j} + \sum_{j=0}^{N} (\beta_j^r \Delta R_{i,t-j} + \beta_j^{Open} \times Open_{ij} \times \Delta R_{i,t-j}) + \mu_{it}^P \tag{6}$$

其中，式（5）表示对外开放条件下的产出效应模型方程，式（6）表示对外开放条件下的价格效应模型方程。利率变量系数 α_j^{Open}、β_j^{Open} 揭示了对外开放度对利率政策效应的影响：如果 α_j^{Open} 的值小于零，意味着随着对外开放度的提高，利率政策的产出效应趋于削弱，反之则趋于强化；如果β_j^{Open} 的值大于零，意味着随着对外开放度的提高，利率政策的价格效应处于放大状态，反之则处于减弱状态。

根据上述实证计量模型，产出增长率可用国内生产总值 GDP 来表示，价格水平增长率可用居民消费价格指数来表示，对外开放度可用中国进出口总额与国内生产总值 GDP 的比值来表示，计划轨利率水平变动率可用一年期存款基准利率（R_{BASIC}）来表示。由于全国银行间同业拆借利率（*CHIBOR*）是中国货币市场上最早的市场化利率，市场轨利率水平变动率可用全国银行间 7 天同业拆借利率（R_{CHIBOR}）来表示。由于中国货币市场上最早市场化的 *CHIBOR* 利率是从 1996 年开始执行的，故数据样本区间是 1996—2018 年，数据来自 1996—2019 年的《中国统计年鉴》、国家统计局官网以及中国人民银行官网。一年期基准利率水平数据经过天数加权平均得到，全国银行间 7 天同业拆借利率水平数据经过月度加权平均得到。

为克服“伪回归”现象所产生的估计参数误差问题，可以对时序变量采用扩展的迪基—富勒检验（Augmented Dickey - Fuller，ADF）来进行平稳性单位根检验，以提高所构建模型估计结果的有效性与无偏性。通过 ADF 检验回归方程变量的平稳性，其检验结果见表 1。

表 1　ADF 单位根检验结果

变量	检验形式（C，T，L）	ADF 检验统计量	P 值	结论
ΔY	（1，0，1）	-2.385***	0.0086	平稳
ΔP	（1，1，1）	-4.196***	0.0000	平稳
ΔR_{BASIC}	（1，1，4）	-1.351*	0.0883	平稳
ΔR_{CHIBOR}	（1，1，1）	-3.254***	0.0006	平稳

续表

变量	检验形式（C，T，L）	ADF 检验统计量	P 值	结论
$Open\times\Delta R_{BASIC}$	（1，1，1）	-3.990***	0.0000	平稳
$Open\times\Delta R_{CHIBOR}$	（1，1，1）	-3.433***	0.0003	平稳

注：①检验形式（C，T，L）中的 C、T、L 分别表示为常数项、时间趋势项、滞后项期数，其中，C 和 T 的值为 1 表示包含常数项和时间趋势项，C 和 T 的值为 0 表示不包含常数项和时间趋势项；②各变量名前的"Δ"表示该变量的一阶差分形式；③＊＊＊表示显著性水平在 1% 下平稳，＊表示显著性水平在 10% 下平稳。

通过表 1 可以看出，ΔY、ΔP、ΔR_{CHIBOR}、$Open\times\Delta R_{BASIC}$和 $Open\times\Delta R_{CHIBOR}$在 1% 的水平下显著，$\Delta R_{BASIC}$变量在 10% 的水平下显著，这表明这些变量均拒绝接受具有单位根的假设，说明这些变量都是平稳序列。

（二）实证分析结果

1. 对外开放度、利率双轨制与利率政策产出效应

表 2 和表 3 分别是计量模型滞后 1、2 期时利率政策的产出效应，从表中的估计结果可以看出，无论是滞后 1 期还是滞后 2 期，一年期存款基准利率中 $Open\times\Delta R_{BASIC}$（-1）的系数估计值均为负数且显著，这说明对外开放度提高对我国滞后一年的利率政策产出效应产生了明显的削弱影响。全国银行间 7 天同业拆借利率中 $Open\times\Delta R_{CHIBOR}$（-2）的系数估计值只在滞后 2 期时显著为负，这表明对外开放度提高对我国滞后两年的利率政策产出效应也产生了显著的削弱作用，但这种削弱作用明显低于且滞后于一年期存款基准利率。一年期存款基准利率中 ΔR_{BASIC}（-1）的系数估计值在滞后 1 期和滞后 2 期均显著为正，而全国银行间 7 天同业拆借利率中 ΔR_{CHIBOR}（-2）只在滞后 2 期显著为正，表明一年期存款基准利率中利率水平对经济增长产生显著正向影响明显要快于全国银行间 7 天同业拆借利率，出现这种现象可能是在计划经济中利率政策的决策时滞和执行时滞要短于市场经济，政府强而有力的宏观调控促进了利率政策作用的充分发挥。ΔY（-1）的系数估计值在一年期存款基准利率和全国银行间 7 天同业拆借利率中均显著为正，说明上一年的经济增长会对当年的经济增长有明显的推升作用。

表 2　利率政策的产出效应（滞后 1 期）

	被解释变量：利率 r	
	R_{BASIC}	R_{CHIBOR}
ΔY（-1）	1.210777*** [5.162709] (0.0001)	0.914706*** [5.570137] (0.0001)

续表

	被解释变量：利率 r	
	R_{BASIC}	R_{CHIBOR}
ΔR	-0. 001625 [-0. 023897] (0. 9812)	-0. 015639 [-0. 318611] (0. 7544)
ΔR (-1)	0. 158882 ** [2. 235681] (0. 0410)	0. 050762 [1. 045069] (0. 3125)
Open×ΔR	-0. 000224 [-0. 142971] (0. 8882)	0. 000550 [0. 515172] (0. 6139)
Open×ΔR (-1)	-0. 004324 ** [-2. 657783] (0. 0179)	-0. 001494 [-1. 409487] (0. 1791)
常数项	-1. 570314 [-0. 762470] (0. 0576)	0. 781046 [0. 536087] (0. 5998)
观测值	21	21
R^2	0. 7746	0. 742949
D. W.	1. 8478	2. 4688

注：①***表示显著性水平在1%下平稳，**表示显著性水平在5%下平稳；②[ ] 内的数据为t统计量，( ) 内的数据为P值。

表3　利率政策的产出效应（滞后2期）

	被解释变量：利率 r	
	R_{BASIC}	R_{CHIBOR}
ΔY (-1)	1. 314188 ** [3. 024293] (0. 0116)	0. 712691 ** [3. 034904] (0. 0113)
ΔY (-2)	-0. 058611 [-0. 121995] (0. 9051)	0. 365148 [1. 379192] (0. 1952)
ΔR	-0. 043873 [-0. 564622] (0. 5837)	0. 013821 [0. 270815] (0. 7915)
ΔR (-1)	0. 178650 * [2. 161779] (0. 0535)	0. 047119 [1. 127264] (0. 2836)
ΔR (-2)	-0. 036474 [-0. 404699] (0. 6935)	0. 121391 ** [2. 400848] (0. 0352)

续表

	被解释变量：利率 r	
	R_{BASIC}	R_{CHIBOR}
$Open \times \Delta R$	0. 000555 [0. 321675] (0. 7537)	-0. 000300 [-0. 272008] (0. 7907)
$Open \times \Delta R$（-1）	-0. 004814 ** [-2. 600386] (0. 0247)	-0. 001404 [-1. 547430] (0. 1500)
$Open \times \Delta R$（-2）	0. 000882 [0. 406748] (0. 6920)	-0. 003003 ** [-2. 639453] (0. 0230)
常数项	-2. 077591 [-0. 741524] (0. 4739)	-0. 123511 [-0. 089684] (0. 9302)
观测值	20	20
R^2	0. 8230	0. 8698
D. W.	1. 9813	1. 8948

注：①**表示显著性水平在5%下平稳，*表示显著性水平在10%下平稳；②[ ] 内的数据为t统计量，( ) 内的数据为P值。

2. 对外开放度、利率双轨制与利率政策价格效应

表4和表5分别是计量模型滞后1、2期时利率政策的价格效应，从表中的估计结果可以看出，在对外开放度与利率水平变动率的交叉乘积项中，无论是滞后1期还是滞后2期，一年期存款基准利率中的系数估计值均不显著，且 $Open \times \Delta R_{BASIC}$ 与 $Open \times \Delta R_{BASIC}$（-1）的系数估计值都为正数，$Open \times \Delta R_{BASIC}$（-2）的系数估计值为负数。这表明对外开放度提高对当年和滞后一年的利率政策的价格效应具有放大作用，而对滞后两年的利率政策的价格效应存在负面影响，但都不具有显著性。在全国银行间7天同业拆借利率中，滞后1期的 $Open \times \Delta R_{CHIBOR}$（-1）的估计系数大于零且显著，说明滞后一年的利率政策价格效应随对外开放度提高而存在明显的放大效应。但这种放大效应只是短期的且不具有持续性，在滞后2期的 $Open \times \Delta R_{CHIBOR}$、$Open \times \Delta R_{CHIBOR}$（-1）与 $Open \times \Delta R_{CHIBOR}$（-2）的系数估计值均不显著，也表明利率政策价格效应随对外开放度提高而趋于不明显。不管是一年期存款基准利率还是全国银行间7天同业拆借利率，ΔR、ΔR（-1）和 ΔR（-2）的估计系数表明对外开放条件下利率政策对价格效应具有此消彼长的时滞影响，ΔP（-1）的系数估计说明通货膨胀率在一定程度上具有惯性，ΔP（-2）的系数估计值表明前两年的价格水平会降低当年价格水平，但均不具有显著性。

表 4　利率政策的价格效应（滞后 1 期）

	被解释变量：利率 r	
	R_{BASIC}	R_{CHIBOR}
ΔP（-1）	0.121217 [0.525275] (0.6071)	0.170471 [0.832071] (0.4184)
ΔR	0.045957 [0.622356] (0.5431)	0.072557 [1.450596] (0.1675)
ΔR（-1）	-0.041279 [-0.537813] (0.5986)	-0.072236 [-1.373398] (0.1898)
$Open \times \Delta R$	0.000568 [0.354320] (0.7280)	-0.000761 [-0.700510] (0.4943)
$Open \times \Delta R$（-1）	0.000967 [0.575534] (0.5735)	0.001947 * [1.793422] (0.0931)
常数项	1.740743 ** [2.742733] (0.0151)	1.379436 ** [2.489068] (0.0250)
观测值	21	21
R^2	0.7073	0.7171
D. W.	1.7912	1.8672

注：①＊＊表示显著性水平在 5% 下平稳，＊表示显著性水平在 10% 下平稳；②［ ］内的数据为 t 统计量，（ ）内的数据为 P 值。

表 5　利率政策的价格效应（滞后 2 期）

	被解释变量：利率 r	
	R_{BASIC}	R_{CHIBOR}
ΔP（-1）	0.198269 [0.782590] (0.4504)	0.321186 [1.070306] (0.3074)
ΔP（-2）	-0.061759 [-0.262982] (0.7974)	-0.354098 [-1.118832] (0.2870)
ΔR	0.046988 [0.600973] (0.5600)	0.018756 [0.253588] (0.8045)
ΔR（-1）	-0.092269 [-1.147915] (0.2754)	-0.068818 [-1.162470] (0.2696)

续表

	被解释变量：利率 r	
	R_{BASIC}	R_{CHIBOR}
ΔR（-2）	0.110805 [1.390041] (0.1920)	0.073467 [1.032092] (0.3242)
$Open \times \Delta R$	0.000522 [0.309525] (0.7627)	0.000456 [0.274495] (0.7888)
$Open \times \Delta R$（-1）	0.001734 [0.998555] (0.3395)	0.001620 [1.277582] (0.2277)
$Open \times \Delta R$（-2）	-0.001965 [-1.132794] (0.2814)	-0.001227 [-0.812889] (0.4335)
常数项	2.041701** [2.463547] (0.0315)	1.955175** [2.549116] (0.0270)
观测值	20	20
R^2	0.7758	0.7408
D. W.	2.0934	2.2637

注：①**表示显著性水平在5%下平稳；②[ ]内的数据为t统计量，( )内的数据为P值。

综上分析，对外开放度提高在短期内对一年期存款基准利率的产出效应具有显著的削弱影响，对全国银行间7天同业拆借利率的价格效应具有明显的放大效应。

根据宏观经济理论，工资和价格存在黏性是宏观经济政策效应的前提条件。利率政策作为货币政策的重要组成部分，利率政策效应的大小也取决于工资和价格的黏性程度。如果工资和价格的变化或调整速度比较缓慢，即工资和价格黏性程度较大时，利率政策的合理调整有助于经济增长，利率政策将表现出较强的产出效应；反之，利率政策对经济增长的作用有限，其产出效应较小。对外开放主要通过对外贸易和外商直接投资两个渠道对劳动力供求关系产生影响。对外贸易水平的不断提高，一方面会大幅度增加进出口部门对剩余劳动力的吸收能力，直接增加就业水平；另一方面会迅速拉动开放国家或地区的经济增长，大幅度提升其城市化水平，促使劳动力向城市转移。外商直接投资会导致劳动力的跨区域跨部门流动，外资企业的进入会直接创造出更多的用工需求，其产业集聚效应推动了企业产业链集中和工业化进程，进一步催生了对劳动力的更大需求。因此，对外开放引起了剩余劳动力的转移，改变了劳动力供求关系，随着对外开放度的提高，劳动力供求将加快调整，工资也将随之不断调整，其黏性程度也将越来越小。由于工资的黏性基础遭到削弱，计划轨利率政策的产出效应也将变得更小。同时，在对外开放条件下，本国或地区产品的价格还将受到其他国家或地区产品价格的影响，产品价格对国外市场供求的变化变得更加敏感，产品价格的波动也变得愈加频繁，因此，价格的黏性程度伴随对外开放度的提高而不断降低，利率政策的产出效应也随之下降。总之，随着对外开放水平的提高，工资和价格的黏性基础遭到削弱，政府制定的利率政策效应会降低，从而计划轨利率政策的产出效应趋于减弱。

在金融对外开放条件下，由于金融创新步伐逐步加快、境内外金融机构业务日益拓展与金融业务综合化水平不断提高等因素的综合作用，利率管制不利于金融机构业务创新能力的提高和系统性风险的防范，必须推进利率市场化（钱小安，2003）。万解秋和孙文基（2004）认为对外开放背景下，利率成为实现经济稳定的重要渠道，利率管制会影响国内资金的充分利用和国内外均衡目标的实现，管制利率会变得无效，要发挥利率对经济的稳定和自动调节功能，必须实行利率市场化。因此，随着对外开放程度的提高，对利率市场化程度的要求也越高。Mckinnon（1973）、Shaw（1973）系统阐述了利率市场化的重要意义，指出放松利率管制和实行利率市场化会引起市场利率上升。美、日、韩、拉美等国家或地区在利率市场化过程中，由于利率长期处于政府管制状态并低于市场均衡水平，市场利率总体水平均有不同程度上升。根据国际经验，随着我国对外开放度的提高，利率市场化程度也在不断提高，市场利率伴随利率管制解除也面临着上升压力。当利率市场化引起市场利率上升导致巨大的生产成本压力时，国有企业凭借垄断地位将通过调整价格来转移成本压力，形成对民营企业的挤出效应，从而产生了成本推动型通货膨胀（李腊生等，2014）。齐杨和柳欣（2011）也从成本渠道传导机制的角度解释了利率上升会引起通货膨胀率上升。许多学者（Christiano 等，2005；Rabanal，2007）的研究也支持了利率与通货膨胀之间的正相关关系。因此，对外开放度的提高扩大了利率市场化程度，从而引起市场利率的上升，进而导致通货膨胀率的上升。

因此，在利率双轨制背景下，短期内，一方面政府应根据对外开放程度和国内经济发展形势对计划轨利率水平进行合理调整，促进计划轨利率政策的产出效应，从而实现经济增长目标；另一方面市场轨利率的价格效应可能会导致我国物价水平持续上升，治理通货膨胀问题将成为政府实施利率政策的主要目标之一。

三、结论与政策建议

本文通过构建对外开放条件下的利率政策产出效应和价格效应模型，考察了对外开放度、利率双轨制与利率政策效应之间的关系。基于我国 1997—2018 年年度数据的实证分析结果表明：在计划轨利率中，对外开放度提高对滞后一年的利率政策的产出水平存在显著的削弱作用，对价格效应的影响无论是短期内还是长期内都随着对外开放度的提高而趋于不明显。在市场轨利率中，对外开放度提高对利率政策的产出水平的削弱作用明显低于且滞后于计划轨利率，但对价格效应的影响短期内随对外开放度提高而存在明显的放大效应，长期内这种放大效应不具有持续性，并随对外开放度提高而趋于不明显。

本文的研究结论也有一定的现实意义。第一，在目前利率双轨制客观存在的条件下，政府应避免计划轨利率对经济增长所产生的削弱作用，对管制利率进行合理调整，促进利率政策的产出效应，增加就业，以减少对外开放对宏观经济所带来的外部性冲击。应理性看待对外开放条件下外部冲击对我国经济发展的影响，在提高自身经济抗风险能力和发展韧性的同时，通过扩大内需来促进经济增长，促进形成强大的国内市场，持续释放内需的潜力。对外开放与扩大内需互为促进，通过扩大内需来吸引外资，进而拉动经济发展，形成自主式发展路径。采取有效措施从国内和国外两个层面发力形成强大的内需市场，进一步开拓国际市场空间，增加对“一带一路”沿线国家或地区出口，坚持“引进来”和“走出去”战略相结合，鼓励国内外企业公平自由平等竞争，促进我国经济高质量发展。第二，由于市场轨利率在短期内对价格效应的影响随对外开放度提高而存在明显的放大效应，政府在制定利率政策时短期内要抑制市场轨利率对价格所产生的放大效应，突出物价稳定目标。对物价水平变动范围进行预期管理，重视利率政策对经济主体通货膨胀预期的影响，保持通货膨胀预期的稳定性，采用具有前瞻性的利率政策，正确引导人们的通货膨胀预期，防止通货膨胀的发生。这也揭示了通货膨胀率水平较低时是推进利率市场化、实现利率并轨的有利时点，在我国经济通货膨胀压力不大时应积极推动利率“两轨并一轨”工作，避免价格效应的放大对经济发展产生负面影响。同时，政府应关注世界经济形势与流动性环境，以及国外商品和劳务的价格波动水平及需求变化趋势，以提高利率政策制定的可预见性。第三，由利率双轨向利率并轨是进一步提升对外开放水平和全面深化改革的必然要求。分步骤稳妥推进利率并轨，短期内不能贸然完全取消存款、贷款基准利率。可采取放宽存贷款基准利率上浮限制与市场利率适当下降的策略来缩小双轨制下存贷款基准利率与货币市场利率之间的差距，缓解银行系统与非银行市场融资成本差异过大问题，进而降低企业的融资成本。在商业银行定价能力的培育过程中逐渐取消存贷款基准利率，并逐步健全市场利率与利率政策体系。目前，利率并轨的关键点在于贷款利率的市场化，我国贷款市场报价利率（LPR）的市场化程度相对较高，更能够反映市场资金供求状况，可作为金融机构贷款利率的“锚”，从而有利于市场利率机制传导的疏通和实际利率的降低。但贷款市场报价利率推行时间较短，对商业银行的影响有限，在信贷业务规模中所占份额不高，与贷款基准利率变化趋势基本相似。因此，必须增强贷款市场报价利率的市场认可度，完善贷款市场报价利率形成机制，逐步成为贷款利率定价的重要参考。第四，在进一步扩大金融业对外开放背景下，我国进一步深化利率市场化改革和“两轨并一轨”的重点在于培育市场高度认同的央行基准利率。当前市场对上海银行间同业拆放利率（Shibor）、公开市场操作（OMO）和中期借贷便利（MLF）等利率较敏感，它们的预期变化都会引起市场对央行货币政策的高度关注。因此，央行需进一步加快市场基准利率的培育，推进金融市场基准利率体系建设，为金融市场产品的定价提供重要参考依据。完善利率政策调控体系，积极推进货币政策调控框架从数量型调控向价格型调控转型，探索实施货币政策价格型调控及其预期管理，丰富公开市场操作品种，减少公开市场操作频次，完善公开市场操作常态化机制。探索建立利率走廊机制，充分发挥常备借贷便利利率（SLF）作为利率走廊的预期引导作用。加快国内金融供给侧结构性改革，充分发挥利率政策的有效性。

有中国特色的人民币国际化战略问题探析[①]

——马克思主义经济学视角

刘伟[②]

（东莞理工学院）

一、马克思货币理论与货币国际化

利用西方经济学的研究方法，只是从现象入手研究人民币国际化的问题，并没有全面、深入地涉及人民币国际化的本质，其研究路径和方法也存在偏差。唯有马克思主义经济学，才能从根本上看清楚货币国际化的本质以及人民币国际化问题，从而对人民币国际化应该采取什么样的战略有一个清晰的认识。

马克思对货币的分析是从商品入手的。正如马克思所说的，“只要理解了货币的起源在于商品本身，货币分析上的主要困难就克服了”。

从商品体的属性出发，货币源自商品，是商品的奴仆或帮手。这种根源性决定于作为商品体的使用价值和价值的对立。在社会分工和专业化的情况下，资本主义的生产方式使得商品对于其所有者来说是价值，而对于其非所有者来说则是使用价值。使用价值和价值在同一商品内部的对立通过交换转让商品使用价值的同时，使其价值在另一个对立的商品中得以存在，这样，使用价值和价值的内部对立转变成了商品和商品的外部对立。当所有的商品对这个对立的商品全面采取行动从而将这个对立的商品从商品世界中分离出来表现其他一切商品价值的时候，这个对立的商品就变成了一般等价物。随着价值形式由简单的、个别的或偶然的价值形式，经由总和的或扩大的价值形式、一般价值形式和货币的价值形式的演变，这种等价物最终定格在货币上。正如马克思所说，“只有在那些从货币的完成的形态出发而从后往前分析商品的人看来，‘货币是商品’才是一种发现”。这样，作为交换过程中形成的商品价值的结晶，货币利用自身的使用价值表现其他一切商品的价

---

① 本论文为2018年国家社科基金项目“马克思主义经济学视角的人民币国际化战略选择”（18BJL018）的阶段性成果。

② 刘伟，经济学博士，副教授，东莞理工学院继续教育学院院长，东莞市金融投资研究中心主任，研究方向：货币理论。

值，使得商品使用价值和价值的内部对立表现为商品和货币的外部对立，成功地解决了商品内部所固有的矛盾。从这个意义上说来，货币是商品的奴仆或帮手。

货币是商品的奴仆或帮手主要表现在货币的各种职能性规定上。首先，作为价值尺度，货币的主要职能是衡量商品价值大小，之所以能够衡量其他商品价值大小，是因为一定量的商品和货币含有等量的劳动时间。正如马克思认为的“因为一切商品都按照一定量金和一定量商品含有等量劳动时间的比例用金来计量自己的交换价值，金就成了价值尺度”[①]。其次，充当流通手段职能的货币充当商品交换的媒介，是“商品的仅仅转瞬即逝的货币存在”，它的存在使得商品的价值得以实现，使用价值得以让渡。最后，贮藏手段主要是由于商品只卖不买使货币暂时退出流通领域，但货币却发挥着确保商品顺利流通的蓄水池作用。当商品的售卖和价格的给付在时间上不一致的时候就赋予了货币支付手段的职能。但应该看到，不管时间怎样不一致，货币最终还是要支付，还是要充当表现商品价值的尺度和在流通中的购买手段的，还是要为商品服务的。货币在充当上述这些职能的时候，虽然采取的形式不同，所起的作用也不一样，但都贯穿于一个理念，即货币源自商品，是商品的奴仆或帮手，是为商品服务的。

从货币是商品的奴仆或帮手中可以发现：首先，货币之所以成为货币，是因为商品需要它来表现自身的价值。有商品才有货币，商品是货币存在的物质基础。其次，源自商品的货币虽然可以像纸蝴蝶一样在空中飞舞，但是却有一条看不见的脐带将货币和其母体连接在一起[②]。从流通领域中货币和商品的关系可以看到，货币流通源自商品的流通，流通中需要的商品量决定着所需要的货币量。两者之间存在着一个内在的比例关系，只有符合这一比例关系，货币才能够作为商品价值的物质承担者，并随时按照稳定的比例转换成商品。超过或者低于这一比例关系到一定程度，货币也就在一定程度上失去作为价值物质承担者的性质。完全脱离这一比例关系的时候，货币也就完全失去了作为基质物质承担者的性质，也就失去了作为货币的意义。

如果说从商品体的属性出发，货币是商品的奴仆，那么从货币商品所具有的社会性质看，货币是商品的上帝。作为一般等价物的货币具有不同于其他一切商品的社会性质。货币可以直接用私人劳动去表现其他一切商品的社会劳动。其他一切商品生产者的私人劳动必须作为能够满足社会需要的有用劳动，从而证明是总劳动的一部分。同时也只有证明是总劳动的一部分，生产者的私人劳动才能满足生产者本人的多种需要。证明的过程就是使生产者的商品成功地转化为货币，然后用货币去购买商品生产者自己所需要的商品。而作

① 《马克思恩格斯全集》第31卷，人民出版社，1998年版，第460页。

② 方兴起：《市场经济宏观分析》，中国经济出版社，1997年版。

为等价物商品的货币则不需要这种转化，它本身的具体劳动作为无差别的人类劳动的表现，已经具有与其他别种劳动中包含的劳动等同的形式。因此，尽管生产货币的劳动也是私人劳动，但终究是直接社会形式上的劳动，可以直接同其他一切商品交换，表现其他一切商品的价值。故此，得到货币的数量越多，商品生产者通过货币换取其他为自己所用的商品数量就越多，从而获得的支配其他商品的能力就越强，所拥有的社会权力也就越大。货币所独具的社会性质，使得货币成为财富的唯一社会形态，使人与人之间的社会关系转化成了商品与货币之间的社会关系，使得毫不相干的个人之间的相互依赖关系转向了对货币的全面依赖。这样，人们就将货币当作神物一样崇拜，货币也因此从商品的奴仆或者帮手一下子演变成了商品的上帝。

当货币突破国内流通领域进入世界流通领域，用以平衡国际贸易差额、纠正各国间的物质变换平衡以及充当财富的绝对化身从一国转移到另一个国家时，货币就成为世界货币。与国内货币相同，世界货币也是一种异化的社会关系，不过世界货币是在世界范围内实现了人与人之间的社会关系转化成了物的社会关系，使得世界范围内的毫不相干的个人之间的相互依赖关系转向了对物的全面依赖，即对世界货币的依赖。如果说，在国内，货币还可以具有各种各样不同的民族特性，那么作为世界货币就应该抛弃其作为国内流通货币所具有的民族属性的货币。这个时候，正如马克思所说的，“货币一越出国内流通领域，便失去了在这一领域内获得的铸币、辅币、价值标准和价值符号等地方形式，又恢复到原来的条块的形式”。

综上所述，在世界范围内，源自国内货币和商品的双向关系则转变成世界货币和世界商品的双向关系，即世界货币是世界商品的奴仆，而世界货币又是世界商品的上帝。必须要看到，能够成为世界货币，变成世界商品的上帝，是以世界货币为世界商品服务，成为世界商品的帮手为基础的。因此作为国际货币必须要满足以下三个条件：①世界货币应该是世界主义的，而非民族主义的。同时，为了便于比较世界商品的价值，同时得到世界各国的认可，世界货币应该具有使用价值和价值，即②世界货币应该具有商品属性。最后，世界货币只有满足世界商品流通的需要，其世界货币的地位才能得以承认，即③世界货币的供应量或者发行量应该能够满足世界经济发展的需求。

根据马克思有关世界货币的论述，可以发现，主权货币不适合充当完全国际化的国际货币，国际货币应该是满足世界需求的、具有商品属性的、非主权的货币。这就为人民币国际化战略提供了指导性方向。

二、人民币国际化原则

除了马克思主义经济学指导外，人民币国际化道路选择还应该考虑我国的国情，在渐进式改革中走有中国特色的人民币国际化道路。

第一，中国特殊国情决定了人民币国际化道路是漫长的，需要不断试错。我国仍处于并将长期处于社会主义初级阶段的基本国情决定了我们的很多改革之路包括人民币国际化都是没有经验可循的。虽然强大的经济实力、平稳的宏观环境以及稳定的币值为人民币国际化提供了先决条件，我国启动货币国际化的时机已经成熟，但是在多个领域特别是资本开放和国内金融市场的深度和广度等方面还需要进行改革和长期不懈的努力。中国的特殊国情决定了我们在人民币国际化方面没有经验可循，只能摸着石头过河，不断试错。

第二，人民币国际化要处理好改革、发展和稳定之间的关系。中国特色社会主义市场经济改革的主要特点之一就是很好地处理了改革、发展和稳定之间的关系。人民币国际化必须要处理好这三者之间的关系，而这种关系反映在人民币国际化上就是推进人民币国际化改革、保证人民币汇率的稳定，促进我国经济顺利发展。

第三，人民币国际化一定是在增量改革中渐进发展。从货币职能角度出发，货币的国际化涉及三个层面，一是计价手段，二是结算手段，三是价值储备手段。当人民币在国际市场上发挥计价、结算和价值储备职能时，人民币就完全国际化了。但是这个过程必然涉及我国资本项目的开放，涉及国外热钱在我国境内外自由流动，这在我国金融市场不发达、金融调控手段不完备的情况下无疑会对我国经济形成较大的冲击。因此，人民币国际化改革步伐不能迈得太快，不仅要充分考虑和资本项目开放及国内金融市场发展程度的关系，还要考虑国际环境的影响，应该在计价、结算手段等增量上寻求突破，在渐进中求发展。

三、人民币国际化战略选择：不完全国际化

根据货币理论，货币国际化分为完全国际化和不完全国际化。其中，完全国际化的货币是指在国际事务交往中既充当计价手段、结算手段，还是国际储备货币。美元就是完全国际化货币。而不完全国际化则是指一国货币在国际经济事务中仅充当计价、结算等有限手段，并不充当国际储备货币。人民币国际化应该在马克思主义经济学指导下，立足我国的国情，并考虑世界政治经济的环境，走不完全国际化的道路，即让人民币在国际事务中充分发挥计价和结算职能，但不充当国际储备货币。

第一，人民币不完全国际化是对世界经济的长期负责。考察英镑、美元作为国际货币的历史，我们发现主权货币充当世界货币虽然解决了贵金属货币充当世界货币时不能满足世界贸易发展需要的弊端，但是主权货币却将作为主权货币特有的“民族主义”和作为世界货币的“世界主义”融为一体了。民族主义要求主权货币的发行必须满足本国经济发展的需要，世界主义则要求主权货币的发行必须考虑世界各国经济发展的需要。民族主义和

世界主义是对立的，这种对立性的解决终归还是看主权货币发行国的经济实力和商品生产能力。如果主权货币发行国拥有强大的经济实力和商品生产能力，其所生产的商品为世界各国所需，这样国际货币就可以既满足主权货币发行国发展本国经济的民族主义的需求，也满足世界各国发展本国经济的要求，此时的民族主义和世界主义就达成了一致，世界经济就会得到发展。但是，主权货币充当世界货币最大的弊端就是容易受到货币发行国经济实力的影响。当主权货币发行国经济实力衰退，而此时主权货币所代表的民族主义和世界货币所代表的世界主义的冲突开始凸显出来。世界主义开始让位于民族主义。为了本国经济的发展，主权货币发行国不惜牺牲其他国家利益，通过主权货币作为世界货币的特殊地位，向世界各国转嫁危机，在造成世界经济危机或者衰退的同时，充当世界货币的主权货币也终将走下神坛。经济实力强大的英国和美国，其主权货币英镑和美元在充当国际货币的时候带动着世界的发展，但是随着英美经济实力的衰落，它们不仅不能承担化解国际经济与金融问题的责任，反而成为国际金融与经济问题日趋恶化的根源。1929—1933 年的大萧条以及 2008 年金融海啸对世界经济造成的影响就是很好的明证。

马克思货币理论以及英镑、美元等国际货币的历史演变已经表明，主权货币不适宜长期充当国际中心货币。人民币作为我国的主权货币，不适合完全国际化成为国际中心货币，这是一个大国对世界的长期责任。

第二，人民币不完全国际化可以保障我国在国际经济事务中的正当权益免受损失。在当前的国际货币体系下，美国凭借着美元特殊国际货币地位，在国际贸易中使得包括中国在内的新兴市场经济国家陷入不平等贸易的怪圈。具体如图 1 所示。

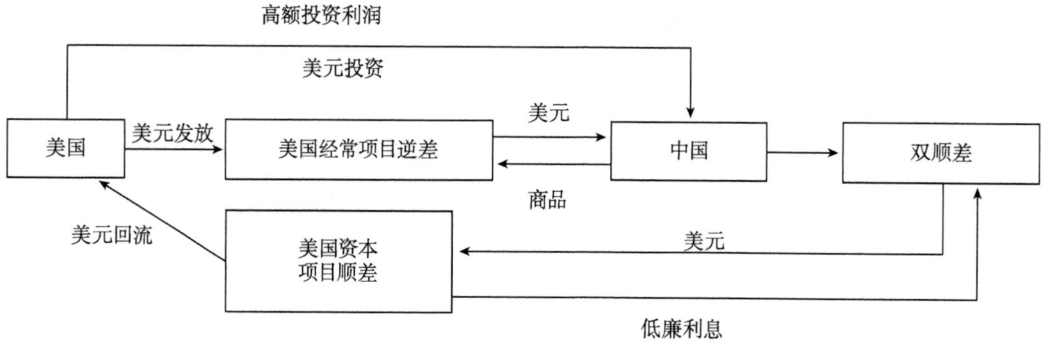

图 1　当前国际货币体系下中美贸易循环图

从上图可以看到，在中美国际贸易中，美国凭借着美元特殊地位，只需要发行美元就能够既可以获得美国人消费需要的商品，还可以赚取高额的利润。而这个循环图之所以能够发生，根本原因还是在于美元是国际货币，全球 60% 的商品计价和结算都需要使用美元。在这种情况下，推行人民币不完全国际化，在与其他国家进行国际贸易的过程中，更多地使用人民币进行计价、结算，可以使我国摆脱当前国际货币体系下不公平贸易循环的怪圈。同时，可以避免美元计价、结算带来的汇率风险。

第三，人民币不完全国际化有利于防范金融风险。不完全国际化可以使想投机人民币的热钱难以筹集巨额的人民币标的物。同时，在与各国贸易中使用人民币进行计价、结算，能够很好地增强货币政策效果，进而抵御外来资本对我国经济的冲击，防范金融风险。而且，在贸易、金融计价结算过程中使用人民币，还有利于减少我国外汇储备中的美元资产，摆脱美元波动对我国外汇储备的影响，防止外汇储备的进一步缩水。

四、人民币国际化的战略举措

在马克思主义经济学的指导下，作为我国的主权货币的人民币应该走不完全国际化的道路，具体举措可以从短期和长期两个方面进行分析。

短期内，进一步发挥完善人民币计价和结算手段，保持汇率稳定。①进一步扩大和完善我国人民币与其他国家货币实行货币互换。在国际贸易往来中尽可能地使用人民币计价结算，使得货币互换成为兼顾金融稳定和便利贸易投资的政策工具。②参照“真实票据”理论来完善人民币回流机制。当人民币用于各种商品和服务出口结算流出后，应该鼓励境外居民以进口中国商品的方式实现人民币回流，即以经常项目中贸易和服务进出口为基础形成人民币回流机制。这样不仅能够防止短期资本流动进行人民币投机行为，同时也能够达到防范汇率风险的目的。

长期内，以石油期货和黄金期货为商品锚，实行人民币与世界其他国际货币挂钩、人民币与石油期货和黄金期货挂钩的双挂钩机制，而将国际储备货币的职能仍然留给美元。这既符合马克思货币理论所要求的国际货币应该具有非主权的商品属性，同时也没有冲击美元国际储备货币的地位，有利于人民币国际化的顺利开展。

认清民主社会主义的经济制度

——以瑞典为例

席至琪[①]

（中国社会科学院大学）

一、民主社会主义的经济制度是资本主义的经济制度

民主社会主义本质上维护的是资产阶级的利益，而不是广大劳动人民的根本利益。从阶级立场上就可以看出，民主社会主义不是科学社会主义，它的实质是改良的资本主义。

（一）民主社会主义的指导思想和经济制度

从历史上看，随着资本主义的三次历史转变，民主社会主义的指导思想和经济制度也一度发生转变，一步步成为资本主义既定制度的总体维护者和局部改良者。19 世纪 90 年代以前，民主社会主义名称为社会民主主义，以马克思主义为主导思想，主张消灭资本主义私有制、建立社会主义公有制。随着资本主义的变化和马克思、恩格斯的相继去世，伯恩施坦右倾机会主义和改良主义亮出旗帜，提出和平长入社会主义。“二战”后，1959 年，德国社会民主党的哥德斯堡纲领提出了民主社会主义以基督教伦理学、人道主义和古典哲学为指导思想，经济上主张半公半私的混合经济制度。20 世纪 70 年代末，资本主义世界中新自由主义取代了凯恩斯主义，私有化进程加快，工会权利和社会福利受到限制。民主社会主义国家为变革以求生存，提出介于民主社会主义和新自由主义之间的“第三条道路”，名称改为社会民主主义。社会民主主义不再强调所有制的重要性，放弃了公有制的原则，主张以多种私有制占主体的混合经济制度，反对传统福利国家的高税收、高福利政策；主张生产、分配和消费由市场来调节；主张建立权利和责任相统一的所谓“积极的”福利国家，出现了新自由主义的倾向。

由此可以得出，民主社会主义的经济制度的指导思想来源于凯恩斯主义、福利经济

① 席至琪，中国社会科学院大学马克思主义研究系博士生。

学、自由市场经济学等经济理论，是为资产阶级服务的经济学理论。民主社会主义所追求的经济目标是经济快速增长和平等地分享经济成果，不断扩大自由市场，从而消灭剥削。民主社会主义认为生产资料所有制并不是社会生产关系中具有决定作用的因素，社会主义的核心问题也不是变革所有制的问题。它所主张的所有制实际上就是在资本主义私有制的基础上，实行多种所有制并存的混合经济体制。他们认为，所有制要通过分配来实现，只要把大部分剩余价值分配给社会，就等于生产资料归社会公有。他们说，“社会主义就是将剩余价值的大部分收归社会，然后向全体居民提供社会保障，通过社会保障便使剩余价值为社会所占有。所以说，社会主义就是社会保障主义”。

这些观点都违背了客观的经济规律，与马克思主义相对立，而与拉萨尔的机会主义观点一脉相承。马克思在《〈哥达纲领〉批判》中指出，拉萨尔主义在经济纲领上的根本错误就是放弃了消灭生产资料私有制这个无产阶级在社会经济关系变革中最根本、最具决定意义的要求，而只是在收入分配上兜圈子，要求全体社会成员获得“不折不扣的劳动所得”，以实现社会“公平”的分配。

（二）瑞典经济模式和经济现状

瑞典曾是民主社会主义国家中的典型代表。1932 年瑞典社会民主党执政，推行了民主社会主义的经济模式，即实行生产资料的资本主义私有制与国家分享部分收入分配权力融为一体的混合经济，是以私人垄断资本主义为基础的发达资本主义的经济制度。

瑞典对于企业的生产经营坚持市场竞争的原则，国家主要是通过财税政策调控经济，既鼓励经济竞争，必要时又对经济进行合理的干预。瑞典实行以所得税、增值税和社会保障税为主，直接税和间接税并重的税收制度，税收收入以直接税为主。所得税税率较高，在 20 世纪 80 年代税制改革之前，个人所得最高边际税率曾经高达 88%，企业所得税税率高达 57%，但是高税率也抑制了资本和劳动的供给，降低了瑞典的国际竞争力。其后，瑞典对税制进行了改革，逐渐降低了所得税的最高边际税率。

“瑞典模式”在“二战”后经历了大繁荣的阶段，实现了经济高速发展，获得了巨大成就。然而，在 20 世纪 60—70 年代的经济危机时期，同样没能抵抗住经济危机的影响，出现了经济萎缩、失业率剧增、难民问题增加等重重问题。2008 年金融危机中，瑞典也受到了很大影响，至今没有恢复到危机之前的水平。近些年，瑞典民主党获得越来越多的席位，瑞典社会民主党的地位受到了很大的影响。民粹主义盛行，社会民主党的政策出现右转，越来越倾向于新自由主义政策。

“瑞典模式”曾经获得了巨大成就。而今，瑞典经济和社会问题频频暴露。瑞典经济曾经的快速发展源于什么？当今又暴露了哪些重大问题？

二、瑞典经济一度迅速发展的主要原因

（一）瑞典拥有得天独厚的历史和文化背景

第一，在历史上，瑞典人口少而同质。由于瑞典从未有过封建时期，并且政府一贯允许某种形式的民众代表参与政治，这使得他们对于政府有着高度的信任。拥有土地的农民习惯了把当局和政府更多地看作人民和社会的一部分，而不是对立面。第二，历史上的公务员制度廉洁高效。第三，瑞典人所信仰的新教的伦理以及来自家庭、朋友和邻居的强大社会压力使他们即使在税收增加、社会福利支出扩大的情况下，也会努力工作。第四，瑞典受过良好教育的大众消费和强大的出口部门，使这种经济制度非常有成效。有学者提出，如果福利国家模式不能在瑞典取得成就，那么它就不会在任何地方取得成就。

（二）鼓励大型工业的发展

从 19 世纪末开始，瑞典经历了一场走向自由市场和自由贸易的政治转变。瑞典贸易商可以出口钢铁和木材，企业家创建了创新型工业公司，经济发展一举跻身世界前列。1860—1910 年，工人的实际工资每 10 年增长约 25%，而中小企业的公共支出占 GDP 的比例并未超过 10%。

社会民主党急于大搞工业建设，不允许社会议程干扰经济发展。经济发展一直遵循自由贸易规则。已经出台的法规大肆鼓励大型工业，例如保持工资平等的目的就是使大公司工人的工资保持在较低水平，而小型公司和生产率较低的公司则被迫停业。工会对资本主义的创造性破坏持相对积极的态度，只要能创造新的就业机会，他们就能够接受农业、航运和纺织等旧行业的衰退。

（三）未参加两次世界大战

瑞典没有参加两次世界大战是其经济取得惊人成果的重要原因之一。根据经济合作与发展组织（OECD）的统计数据，1970 年瑞典的人均收入位居世界第四。但在这一阶段，社会民主党开始变得激进起来，大企业装满了金库，社会福利支出扩大，劳动力市场受到严格监管。1960—1980 年，公共支出几乎翻了一番，占 GDP 的比例从 31% 升至 60%。

三、“瑞典模式”频频暴露问题

从 1975 年到 2000 年，美国的人均收入增长了 72%，西欧增长了 64%，而瑞典的增长

不超过43%。到2000年，瑞典在经济合作与发展组织的人均收入排名中跌至第14位。2002年，瑞典社会民主党财政部部长博斯·林霍尔姆说，瑞典的经济增长率将与经济合作与发展组织自1970年以来的平均增长率相同，共同资源将大得多，每个家庭每月将多发放2万瑞典克朗（合2500美元）的贷款。

长期以来，瑞典模式一直是社会民主的典范，但它的问题逐渐从内部暴露出来。具有讽刺意味的是，瑞典独特的社会和经济基础曾是其他国家难以效仿的榜样，现在正在严重衰退。瑞典模式面临着严峻和根本的挑战。

（一）贫富分化程度扩大

瑞典民主社会主义主张以资本主义私有制为主体的混合经济体制，因此实现“公平”分配的目标并非源于经济制度内在机制，而是靠外在的国家干预，即通过高税收、高福利政策人为地产生，这就不能从根本上消除资本主义的贫富分化现象。根据瑞典官方数据，瑞典贫困阶层占全国人口的比例，1984年为14.4%，1985年为14%，1986年为16%。估计目前也不会低于15%。因为在20世纪90年代，瑞典执政当局为摆脱高福利沉重负担的困境，曾不断采取紧缩福利政策，这必然会扩大贫富差别。

（二）依赖少数大型公司

瑞典模式依赖于少数大型工业公司，但是那些帮助大公司的政策造成了中小企业的赤字。同时现存公司增长停滞，部分原因是高负担的就业规定导致风险和成本上升。事实上，如今最重要的瑞典公司是那些在第一次世界大战前的自由经济时期诞生的公司，只有50家代表性公司成立于1970年后。与此同时，教育和医疗等对私营企业有增长潜力的行业被政府垄断和资助，不受国际市场力量和投资的影响，而这些力量和投资本可以使它们成为成功的生产性企业。

（三）高税收、高福利政策产生了“瑞典病”

瑞典的高税收、高福利经济政策，割断了人们的收入水平与劳动的联系，产生了被称为“瑞典病”的一系列消极的经济后果。

1. 全社会的过度消费削弱了社会资本形成的能力

庞大的社会福利支出形成全社会的过度消费，从而严重削弱了社会资本形成的能力。据分析统计，瑞典在1981年全社会用于消费的资金占GNP的81.8%，留作资本形成供下年再生产的部分还不到20%，明显低于西方国家一般占比22%，或者更高的水平。

2. 高税收抑制了个人的工作积极性和企业投资积极性

在民主社会主义体制下，过度的高税收抑制了个人的工作积极性和企业投资积极性。特别是在当前经济日益全球化的形势下，瑞典一些公司或其一部分为逃避高税收已迁至国外。瑞典政府健康与福利局的高级官员莫恩·罗塞担心地说："如果现在人们失去了对福利体系的信心，再也不愿交税，再也不愿为福利政策作贡献，那才是福利体系的真正危机。"①

3. 财政赤字和通货膨胀严重

瑞典通过建立社会保障体系，成为中产阶级的一员，为那些工资高的人提供最多的养老金、失业、产假和病假福利。"二战"后，瑞典福利支出的绝对额及其占 GNP 比重不断增加，1950—1981 年由 3% 上升到 12%，大大超过了欧美发达国家的这一比例。尽管高福利有高税收的支持，仍入不敷出。巨额财政赤字必然带来严重的通货膨胀。据统计，瑞典通货膨胀率 1971 年、1972 年、1974 年和 1975 年分别达到 11.4%、10%、13.7% 和 12.1%。执政长达 44 年之久的社会民主党因此于 1976 年竞选失败下台。

4. 失业率升高，缺勤现象严重

在 20 世纪 90 年代初的经济衰退期间，瑞典的失业率约为 12%。此后，官方的旷工率已减半，但其他形式的旷工率大幅上升，抵消了这种差别。例如，公开失业的工人有 24.4 万人，总人口 900 万。但这并不包括在劳动力市场项目中工作的 12.6 万人（这类项目旨在帮助人们获得就业技能，但大多不成功），也不包括正在接受某种形式教育的 8.9 万名求职者。此外，还有 11.1 万人处于"潜在的失业状态"，他们不是劳动力的一部分，但能够而且愿意工作。如果把所有这些工人都计算在内，瑞典的实际失业率仍然是 12%。此外，失业率并没有反映出另一个隐藏的劳工问题：猖獗的旷工现象。

5. 经济增长，但不创造就业机会

20 世纪 90 年代初，严重的经济衰退迫使瑞典放弃了 20 世纪 70 年代和 80 年代的许多过度行为。原有的税率降低了，中央银行独立了，公共养老金被削减了，部分私有化了，教育券被引进了，医疗保健领域也欢迎私人提供者。一些市场放松了管制，比如能源、邮局、交通电视，最重要的是电信，这为爱立信等公司的成功开辟了道路。但瑞典保留了世界上最高的税收、慷慨的社会保障体系和严格监管的劳动力市场，这导致经济的分裂：瑞典非常擅长生产商品，但不擅长创造就业。

① 《马克思恩格斯文集》第 1 卷，人民出版社，2009 年版，第 505 页。

（四）移民问题

1. 移民发展沿革

1960 年，外国出生的人口只占瑞典人口的 4%，其中一半以上是来自芬兰、丹麦和挪威的移民。此外，这些移民中难民的比例相对较小。到 20 世纪 70 年代末和 80 年代初，移民模式发生了巨大变化，寻求庇护的人数直线上升。到 20 世纪 90 年代中期，超过 10% 的瑞典居民是在外国出生的，13% 的人要么是在外国出生，要么是父母都是在外国出生的瑞典人。至 2006 年移民已经成为一种全国性的现象。

2. 种族隔离现象严重

一些城市内外的种族隔离现象十分严重，有很大一部分外国人和外国出生的人居住在郊区的贫民区，如斯德哥尔摩的林克比或马尔默的罗塞加尔德。2007 年，几乎所有的移民来到瑞典寻求庇护或家庭团聚（瑞典移民委员会，2007a，b）。根据联合国难民事务高级专员公署统计，2006 年，伊拉克在欧洲申请庇护的所有人中有 40% 以上去了瑞典，据统计瑞典有 91%，即 9500 名伊拉克人获得了居留许可。2007 年，寻求庇护的总人数比前一年翻了一番，超过 3. 6 万人。2013 年，移民占总人口的 16%；另外 12% 的人是瑞典出生的移民后代，他们的父母中至少有一人出生在国外（www. scb. se）。

3. 移民失业率高

瑞典是发达国家中劳动市场参与率差异最大的国家之一。许多移民家庭因缺乏就业前景而灰心丧气，最后只能靠救济度日。失业问题反过来又加剧了种族隔离。自由市场自由党在 2002 年大选前发布的一份报告显示，瑞典 5% 以上的选区的就业率低于 60%，犯罪率和教育成绩远高于其他地区。这些区域大多位于郊区，所以外人很少能看到它们。种族隔离区的数目在持续增加。当瑞典人看到如此多的移民靠政府生活时，他们对为这个体系做出贡献的兴趣就会消退。

4. 移民犯罪率和离婚率高

移民地区的隔离导致了犯罪，在某些情况下，还导致了激进主义。一些移民群体的家庭变动率相对较高，他们的结婚率、离婚率和再婚率都很高。瑞典的离婚风险在 20 世纪 80 年代和 90 年代继续以温和的速度增长。大约 30% 的瑞典出生的女性在婚后 15 年就离婚了。几乎所有在瑞典结婚的移民妇女群体的婚姻破裂率都较高。

在资本主义制度下实行高税收、高福利政策，只能是向资产阶级的利益妥协，不仅不能从根本上解决贫富分化问题和切实提高人民的生活水平，而且打击了个人的工作积极性，制造了一大批社会的拖累者，甚至加剧了犯罪、离婚等社会问题。民主社会主义制度并非像一些民主社会主义者所说的欣欣向荣，反而暴露了严重的问题。

正是中国的改革开放坚持了科学社会主义的经济原则，即坚持以公有制为主体、多种所有制共同发展的基本经济制度，和以按劳分配为主体、多种分配方式并存的分配制度，才迎来了今天中国特色社会主义的繁荣发展。在庆祝改革开放 40 周年大会上，习近平总书记强调，必须坚持走中国特色社会主义道路，不断坚持和发展中国特色社会主义。我们要认清民主社会主义的本质和暴露的问题，避免受民主社会主义错误思潮的误导，始终坚持科学社会主义原则，坚持走中国特色社会主义道路。

/第二部分/

中国经济问题研究

中国正处于世界经济体系的“准中心”地位

——确立“中心—准中心—半外围—外围”新理论

程恩富　翟婵[①]

（中国社会科学院）

在国际政治经济学领域，马克思主义政治经济学流派中以中心外围理论解释资本主义经济体系发展和各国之间的经济关系，产生了较为深远的理论影响。同样的，在全球治理体系中，也存在着这样一种中心外围的结构，发达的中心国家凭借经济上的绝对优势，长期主导全球治理体系的规则制定，左右不发达的外围国家的经济发展方向，这种治理和被治理的关系根源于经济上的剥削和被剥削的关系，体现了世界政治经济发展不平衡和富国穷国再生产分配关系固化的不合理发展现象。但近几十年来，新兴市场和发展中国家经历了前所未有的经济增长，全球经济结构也发生了一系列的变革。全球金融危机的爆发不仅加快了全球经济结构变革的进程，还引起了许多新的挑战和问题。危机效应的阴魂不散导致世界经济动力已经发生变化。与此同时，全球经济治理的土壤已经发生变化，全球治理体系也不可避免地发生了转变。基于此原因，关于世界经济体系中，新兴市场和发展中国家的地位研究就显得尤为重要。

中国近年来经济发展取得了举世瞩目的成就，其在全球经济体系中的地位和作用发生了翻天覆地的变化，对全球经济治理的参与度和贡献度也越来越高，从经济体系的追随者、融入者向重要的参与者和改革的积极倡导者转变，正如习近平总书记在庆祝改革开放40周年大会上的讲话中指出的那样：“我国日益走近世界舞台中央，成为国际社会公认的世界和平的建设者、全球发展的贡献者、国际秩序的维护者！”[②] 但是中国日益走向世界舞台中心的过程中，有很多非常重要的议题需要引起学界的高度关注和深入研究，这些问题主要包括中国在融入、参与全球经济治理的过程中做出了哪些努力和贡献，中国在这一过程中自我身份的

① 翟婵，中国社会科学院研究生院马克思主义研究系博士生，荷兰莱顿大学联合培养博士生，研究方向：马克思主义政治经济学、国际政治经济学。

② 习近平：《在庆祝改革开放40周年大会上的讲话》，新华网，2018年12月18日，http://www.xinhuanet.com/2018-12/18/c_1123872025.htm。

定位是什么，中国在参与全球经济治理中的核心理念是什么，中国应该如何处理好与西方国家和新兴经济体的利益关系及权力分配。为了回答以上问题，本文首先需要厘清全球经济治理的概念和传统治理框架，并解释中国在这一治理体系中的作用和影响，最后本文将阐明中国在未来继续参与全球经济治理、推动体系变革时的治理前景以及应坚持的核心策略。

一、全球经济治理的概念及“中心—外围”治理结构的缺陷

“全球经济治理”的概念是一个主要由西方主导的术语，比如美国国际战略研究中心指出，全球经济治理就是在经济权力扩散的时代对布雷顿森林体系的兴旺、发展轨迹和效力进行评价。从这一定义不难看出，全球经济治理体系是以布雷顿森林体系为版图构建的，核心目的在于在全球经济权力不断离散的背景下，竭力确保和维护美国所主导的全球经济秩序和经济利益。前欧洲中央银行行长让—克劳德·特里赫（Jean – Claude Trichet，2010）认为，至少在经济领域，一系列超国家的组织和法律以及对跨境经济和金融交易产生影响的各国之间的国际关系都属于全球经济治理的范畴。特里赫的观点表明，国际组织和法律的作用以及各国之间由经济引起的各种关系是全球经济治理的核心内容。但是这一定义却无法反映出不同国家在全球经济治理中所持有的不同立场以及所扮演的不同角色。

以上两种理念在一定程度上反映的是西方发达国家对于全球经济治理的理解，这也直接导致了全球经济治理的规则和框架围绕西方中心国家的核心利益构建。作为全球经济治理的传统框架的布雷顿森林体系以及附属的国际经济组织，如世界银行、国际货币基金组织、世界贸易组织等在“二战”结束后对于各国汇率的稳定、贸易的开展起到了一定的促进作用，并为全球经济治理塑造了一套较为完整的规则和机制，但是随着世界经济形势不断发生变化，特别是在金融危机后，全球经济增长乏力，危机效应长期阴魂不散，一方面经济治理的规则和框架没能积极有效地应对各种问题；另一方面一些发展中国家经济的强劲增长对于参与经济治理的意愿和能力提升，使得既有的全球经济治理体系面临着诸如“治理赤字”“发展赤字”等问题。在这一现实背景下，许多学者都对全球经济治理进行了反思并提出了新的见解。

比如，雅各布（Jacobs，2002）强调全球经济治理是指用来管理全球经济的一系列的规则和机构，它涉及四个类型的行为主体：政府间组织、国家、非政府组织以及各种企业。其中，南方国家和非政府组织最希望反映穷人的利益，提出改革提案来改变并增加南方国家的权力，尤其是在政府间组织内提高自身相对于北方国家的权力，以及增加非政府组织在政府间组织中的影响。①

---

① Jacobs D. “Democratizing Global Economic Governance”. presented at the Alternatives to Neoliberalism Conference sponsored by the New Rules for Global Finance Coalition, May 23 – 24, 2002, p. 1.

海格特（Higgott，2012）指出全球金融危机及其余波已经导致一些观察者开始怀疑在布雷顿森林体系时代下发展起来的国际经济组织是否还能应对当今时代的挑战：如果这些组织已经无法阻止不断反复的危机，甚至也无法通过较为完整的长期经济集体行动促进问题的解决，那它们就失去了存在的意义。不过海格特认为，在经济依存度越来越高的当今时代，相对于较为发达的全球经济来说，全球经济治理仍然是不完善、欠发达的，这也就导致了各经济组织无法应对各种各样的挑战。如果全球治理要取得更大发展的话，多边主义必须成为这一进程中的关键因素之一。

肯尼迪（Kennedy S.，2017）则认为全球经济治理既包括设置规则，如峰会以及其他协商谈判，也包括在全球范围和一国范围内就相关跨境经济活动使用并执行这些规则的过程。①他的这一论点特别强调了峰会作为现行经济治理体系中协商谈判的重要且常态化的平台作用。峰会论坛是随着世界经济发展变化应运而生的新机制，由于它的历史渊源较短，在改革创新方面受到的传统阻力也相对小一些，因此反而有希望反映更广泛的利益和立场。

国内学者在对全球经济治理进行批判研究时，大都认为当代的全球经济治理体系中西方发达国家作为治理主体，是体系的中心，发展中国家作为被治理的对象，处于体系的外围。该治理体系以华盛顿共识、布雷顿森林体系为框架，以美国为首的西方国家利益的实现为目标。治理体系的中心外围二元结构形成的根源在于在全球经济发展的体系中业已形成的中心外围的生产发展循环。最鲜明的例证就是金融危机爆发后，国际货币基金组织对东南亚国家实施援助附加的诸如包括开放市场、紧缩财政以及国内治理措施等新自由主义改革的条件，使受援国的经济深陷危机陷阱。对此，庞中英（2011）指出，世界经济的治理主要是由国家政府主导的。而在众多国家政府中，美国处于治理体系的中心，发展中国家作为治理体系中的被动协调和合作者，但是需要注意的是，以“华盛顿共识”为核心的美国治理体系也在不断受到来自发展中国家和新兴国家的挑战和质疑。②盛斌、马斌（2018）更加鲜明地指出，“二战”后的全球金融治理框架结构是典型的中心—外围模式：美国处于主导地位，日本和西欧处于核心地位，亚非拉广大发展中国家处于边缘地位。③钮菊生、刘敏（2019）认为全球规制中，最主要的是以国家为中心的治理模式，因为主权国家是基本治理主体，在涉及共同利益问题上主要靠主权国家间的协商、谈判和合作。但这是以大国协调为中心、中小国家共同参与的治理模式。④

以上种种观点表明，全球经济治理的问题主要是由治理体系中权力结构的不平衡和中

① Kennedy S.（ed.），“Global Governance and China：the Dragon's Learning Curve”. London：Routledge，2017，p. 2.
② 庞中英：《1945 以来的全球经济治理及其教训》，《国际观察》，2011 年第 2 期，第 2 页。
③ 盛斌、马斌：《全球金融治理改革与中国的角色》，《社会科学》，2018 年第 8 期，第 19 页。
④ 钮菊生、刘敏：《中国引领全球治理的问题与对策》，《东北亚论坛》，2019 年第 2 期，总第 142 期，第 35 页。

心国家对于自身利益的过分追逐所导致的。要想解决结构性失衡问题，就必须充分理解权力结构的动态变化，把握和反映变化趋势，从而做出科学的调整和改革。

此外，多数文献对中国参与世界经济治理体系的过程进行了较为全面的分析，他们从历史的角度分析了中国从改革开放后争取各大经济组织的会员国身份到积极参与全球经济事务的处理。如肯尼迪（Kennedy S.，2017）指出，中国参与世界经济治理经历了从局外人到融入者的过程，2008 年的世界贸易组织的多哈会合使得中国从真正意义上改变了局外人的角色，特别是 2012 年习近平当选总书记后，对于中国在世界舞台上影响力和领导力的定位更加清晰，因此中国越发积极地参与全球经济治理。[①]杨娜（2018）指出新中国参与全球治理的历史进程经历了“站起来”“富起来”“强起来”三个阶段。[②]这一分析从理性的视角分析了中国对于全球治理所带来的积极变化和影响，但关于当前中国在经济治理这一复杂且专业的体系中角色定位的研究还不够深入和细致，因此，本文将单独对中国在当代经济治理体系中的角色进行分析和评价，并阐述中国未来参与和推动全球经济治理体系改革时应采取的核心策略。

二、中国在当代经济治理体系中的“准中心”角色及其表现

事实上，作为全球经济治理结构中最活跃的权力主体——国家自身的经济力量变化以及与其他国家之间的经济实力的动态对比，是导致治理体系变革的最深刻的动因。在经济全球化的浪潮中，全球经济的强国即权力中心历经更迭，从原来的西班牙、葡萄牙到英国、德国，再到美国，不变的是处于中心位置的国家对于其他国家的治理和领导。在当今世界经济体系中，美国虽然仍是不可撼动的中心，但是从整体上来说，世界经济权力的结构已发生了深刻变化，从原来单一的“中心—外围”二元结构向多层次化转变。王正毅（2018）指出世界体系下中心国家和边缘国家特征各异，但是中国却具有双重特征，即中国相对于非洲、拉美是核心国家，相对欧美则是边缘国家。[③]庞中英（2018）也持类似观点，他认为，今天的世界经济体由三类国家组成，第一类是七国集团和经济合作与发展组织代表的发达经济体（“富国”）；第二类是广大发展中国家（“穷国”）；第三类则是介于“穷国”和“富国”之间的，以中国、印度、巴西等为代表的“新兴经济体”。这三类国家反映了世界经济的多样性。[④]但这里有一个值得商榷的问题，那就是中国与印度、巴西等

① Kennedy, S. (ed.),“Global Governance and China: the Dragon's Learning Curve”, London: Routledge, 2017, p3.

② 杨娜:《改革开放 40 年:中国参与全球治理的特点及启示》,《教学与研究》,2018 年第 8 期,第 39－41 页。

③ 聚焦中国与世界关系“改革开放四十周年系列论坛”在复旦大学举行，2018 年 11 月 21 日，http://www.sirpa.fudan.edu.cn/? p = 12412.

④ 庞中英:《中国与世贸组织改革:积极参与制定全球经济新规则》,《当代世界》,2018 年第 9 期，第 7 页。

其他新兴经济体之间在自身经济规模、全球经济影响力等方面的区别应该如何准确界定。鉴于中国作为世界第二大经济体，但又与美国等第一梯队国家在核心技术等经济主导产业方面存在现实差距，中国当前在世界经济体系中的地位可以用“准中心”概念来定义，相当于在“三类国家”的基础上，又细分出一个层次来。相对来说，这一观点更加客观地反映了中国的当代角色。

一般来说，经济的体量和规模在很大程度上决定了一个国家在世界经济体系和全球经济治理中的话语权，或者说后者与前者是一种对照的关系。既然全球经济结构朝向多层次化发展，那么治理层面的中心外围二元结构也理应被打破。然而，从数据（见表1、图1）来看，历史上美国经济的不断增长已然使其成世界经济体系的绝对中心，但是中国经济发展曾经辉煌而后衰落再度崛起，其在经济体系中的话语权并没有在现实中得到充分的反映。这一现状印证了郭树勇（2017）的观点：从已有的多数历史经验看，即使国家实力达到了世界第一，并不自然地拥有世界领导权，需要较长时间的国际政治实践并积累相当的外交技巧①。不过作为全球经济体系中一个明显区别于其他发展中国家和新兴经济体的超级增长极，经济上的成功的确赋予了中国引领全球治理的最大机遇。中国在积极参与全球治理的过程中，已逐渐地从世界经济治理的局外人转变为治理体系中仅次于美国等西方发达国家的准中心。这一“准中心”角色主要体现在中国在传统治理体系中的有效参与以及中国在新兴多边框架中的探索创新两个大的方面。

表1　全球经济——预计相对规模（1990年国际元）②　（%）

年份	中国	印度	中国+印度	英国	日本	美国
1400	30.0	25.0	55.0	1.0	3.0	无
1500	24.9	24.4	49.3	1.1	3.1	无
1700	22.3	24.5	46.8	2.9	4.1	0.1
1900	11.1	8.6	19.7	9.4	2.6	15.8
1930	7.5	6.4	13.9	6.7	3.4	21.8
1950	3.8	4.1	7.9	6.4	3.0	26.8
1970	4.2	3.1	7.3	4.0	6.7	20.4
1990	5.5	3.7	9.2	3.2	7.8	19.4
2000	9.1	5.2	14.3	3.3	7.1	22.2
2015	17.1	9.0	26.1	2.6	4.8	17.5

① 郭树勇：《全球治理领导权问题与中国的角色定位》，《人民论坛—学术前沿》，2017年7月下，第34页。

② Holodny E. "The Rise and Fall and Comeback of the Chinese Economy over the past, 800 years". Business Insider. https://www.businessinsider.nl/history-of-chinese-economy-1200-2017-2017-1/? international=true&r=US.

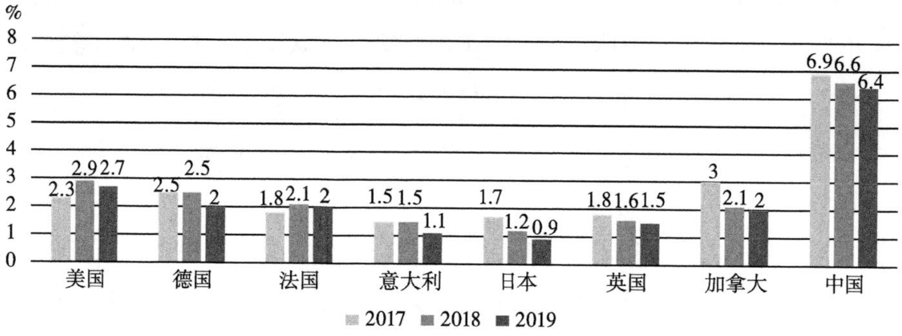

图 1　世界货币基金组织最新经济增长预测①（百分比变化）

（一）在传统的治理体系中的积极参与

1. 中国在世界贸易组织中的有效参与

中国在世界贸易组织（以下简称 WTO）中的积极作为主要开始于 2008 年 WTO 多哈回合谈判，更多地参与到各领域的协商中。2005 年 2 月中国仅仅提交了 10 个相关的提案，而到了 2008 年 7 月，这一数据增加到了 100 多个。此后，中国在 2013 年 WTO 第九届巴厘部长级会议上继续扮演了积极主动的角色，特别是在巴厘一揽子计划——这一多哈回合的早期成果的达成中起到了决定性的作用。2014 年，中国还和 WTO13 个成员国一起发起了环境产品协议，降低一系列环境产品的关税。2017 年 12 月，在阿根廷布宜诺斯艾利斯举行的第 11 届部长级会议上，中国和印度一道提交了取消发达国家成员体内损害贸易的国内农业补贴作为农业谈判前提的草案，立即获得了非洲、加勒比地区 100 多个国家的支持。令人遗憾的是，由于美国等发达国家的反对，该提案并没有得以通过。不过在本次会议上中国仍然在促进投资、加强电子商务对话方面做出了积极努力，并且在起草部长宣言、重申多边机制的核心问题上发挥了关键作用。②

中国在接受和遵守 WTO 争端解决机制的同时，也积极运用该机制去处理相关问题，一方面中国在诸如贸易救济案件中取得了越来越多的成功，另一方面中国也通过实际行动捍卫了 WTO 和争端解决机制的合法性，特别是在美国一再绕过 WTO 采取单边行动的局面下。具体来说，中国积极配合 WTO 针对其采取的一系列措施和规则的实施，并为此做出了巨大的努力，始终坚持遵守 WTO 为其设定的时间期限，必要时还会适度修正自身法规。与此形成鲜明对照的是，美国一再拖延 WTO 有关版权法案的规则实施，这项法案是由欧

---

① 国际货币基金组织，《世界经济展望》，2018 年 4 月，国际货币基金组织中文主页，http://www.imf.org/zh/Publications/WEO/Issues/2018/03/20/world－economic－outlook－april－2018。

② Harpaz M. D. China and the WTO: On a path to leadership? in Ka Zeng's Handbook on the International Political Economy of China. Cheltenham & Northampton: Edward Elgar Publishing, 2019: 268－269.

洲共同体于1999年提出的，而直到2017年WTO仍然需要督促美国尽快落实。与美国同WTO一些规则背道而驰的做法截然不同，中国向来把遵循WTO解决争端的规则当作是惯例来执行。[①]由此可以看出，中国近年来在WTO的参与是卓有成效的，对于加强WTO的有效性具有积极意义。

2. 中国在国际货币基金组织中不断加强的作用

2008年金融危机后，美国在国际货币基金组织（以下简称IMF）中的绝对主导地位随着中国等新兴国家的积极参与而动摇。中国在积极接受IMF的技术援助和政策建议的同时，也主动寻求增加自身在整个机构中的决策权。

Jue Wang（2019：316）指出，一国在IMF的正式决策权的来源主要是该国在IMF的核心管理机构——董事会的相对投票份额。作为IMF董事会的8个成员体之一，中国为在IMF董事会的话语权奋斗了数十年，经历了2006年、2008年、2010年三次IMF机构改革，直到2016年1月，中国在IMF成员体的投票份额才从3.8%增加到6.1%，成为继美国、日本之后的拥有第三大投票份额的成员体。其中2010年的份额改革标志了该组织对新兴经济体和发展中国家历史性的权力转移，然而这次改革因为美国国会迟迟不肯批准，而推迟到2016年才得以落实。[②]

除了中国在IMF投票份额的增加，中国和其他金砖国家在2008年金融危机后，还都质疑了美元主导世界货币体系的合法性和可持续性。2008年时任国家主席的胡锦涛在出席二十国集团（以下简称G20）华盛顿峰会时指出，应当将更多货币吸纳为主要的国际流通货币。2009年，中国人民银行原行长周小川发表了题为《关于改革国际货币体系的思考》的文章，提出要避免美国在国际流通管理中谋求自身利益，增加IMF特别提款权的使用作为一种超主权的储备货币，应该将更多的货币，特别是人民币，纳入特别提款权的篮子。在提案几个月后，IMF就采取了一系列加强特别提款权作用的措施。在2015年11月30日，IMF董事会最终决定将人民币纳入特别提款权篮子，使其成为继美元、欧元、日元、英镑之后的第5种货币，该决议于2016年10月1日开始生效，不仅标志着人民币国际化取得重大突破，也意味着中国在国际货币治理中日益增长的重要角色的合法化。这是中国积极参与全球金融和货币体系治理的有效成果。

---

① Harpaz M. D. China and the WTO: On a path to leadership? in Ka Zeng's Handbook on the International Political Economy of China. Cheltenham & Northampton: Edward Elgar Publishing, 2019, p. 272.

② Wang J. The rise of a constrained power in international financial governance: An analysis of China – IMF collaboration. in Ka Zeng's Handbook on the International Political Economy of China. Cheltenham & Northampton: Edward Elgar Publishing, 2019, p. 316.

3. 中国在世界银行改革中日益重要的影响

中国是世界银行的创始成员国之一，但由于历史原因，中国直到1980年才恢复了在世界银行的合法席位。在20世纪90年代，中国连续三年成为世界银行的最大借款国，世界银行的贷款也帮助中国在环保、节能、扶贫等项目上取得了重大突破。随着中国经济的发展，中国逐渐从最大的受援国成为重要的捐助国。中国为了支持世界银行应对金融危机，于2009年购买了15亿美元私募债券，用于支持发展中国家的贸易融资，对加强南南合作，共同应对国际金融危机发挥了积极作用。①

除了融资方面对世界银行的支持合作，中国在世界银行的投票权份额也随着世界银行机构改革而逐步增加。2010年4月25日，世界银行通过了投票权改革的方案，就投票权从发达国家向发展中国家和转轨国家转移3.13个百分点达成一致。中国的投票权由2.77%增加到4.42%，跃升为继美国、日本之后的第三大股东国，这在一定程度上反映了中国在世界银行中影响力的提升。② 2018年4月21日，世界银行宣布130亿美元的增资获股东压倒性支持计划，此次增资之后，中国在世界银行的投票权继续上升达到5.71%（尽管美国和日本的投票份额略有缩水，但仍是第一、第二大股东国）。彭博社评论认为，投票权的提高说明中国已经落座世界银行的“成人桌”，这也意味着中国在世界银行的地位将会更加重要，而且中国也已经对在美国主导的体系中扮演更重要的角色感到适应和从容。③

（二）在新兴的多边框架中的探索创新

中国在努力参与现有经济治理体系改革的同时，还积极探索新兴的多边机制以促进全球经济发展。这些探索包括中国积极参与由发达国家发起的二十国集团峰会、达沃斯世界经济论坛以及自身主动发起和倡议的金砖五国、上海经济合作组织、“一带一路”、亚洲基础设施投资银行（以下简称“亚投行”）等。这些积极作为使得中国在世界经济治理的过程中不仅成为治理体系的有效参与者，更由于代表广大发展中国家积极倡导体系改革，而站在了具有引领作用的准中心位置。特别是在G20峰会、达沃斯经济论坛、金砖五国、新开发银行、“一带一路”、亚投行等平台上发挥着区别于缺乏话语权的一般新兴经济体、广大发展中国家，又有别于专注于自身利益实现的西方发达国家的领导作用，这一角色可以

① 中国与世界银行合作三十周年：平等合作 互利共赢，2010年9月14日，原载于新华社中央政府门户网站：http://www.gov.cn/jrzg/2010-09/14/content_1702394.htm。

② Wroughton L. China gains clout in World Bank vote shift, April 25, 2021, 路透社 https://www.reuters.com/article/us-worldbank/china-gains-clout-in-world-bank-vote-shift-idUSTRE63O1RQ20100425.

③ Moss D. At World Bank, China Moves to the Grown-up Table, May 6, 2018, https://www.bloomberg.com/opinion/articles/2018-05-06/at-world-bank-china-moves-to-the-grown-up-table.

用“准中心”来定义。本文将重点阐述中国在参与由发达国家发起的 G20，以及自身发起的“一带一路”建设和亚投行中发挥的准中心领导力及对全球贸易、投资、金融治理做出的贡献。

1. 中国在 G20 中的准中心领导力及对全球贸易投资治理的贡献

由于 G7、G8 在经济治理方面，仅仅反映了西方发达国家的诉求，代表世界少数人口（G7：10%；G8：14%）的诉求，发展中国家的意愿被排除在外，1999 年西雅图 、2001 年热亚那抗议等事件表明将发展中国家纳入经济治理平台势在必行。因此，为了接纳新兴经济体参与经济治理，共同商讨解决经济危机的方案，G20 应运而生。中国作为新兴市场的代表被邀请加入，随着 2009 年 G20 匹兹堡峰会上将 G20 确定为全球首要的永久性的国际经济合作论坛，也确立了该治理机制的合法性、持久性和广泛性。

实际上，中国从 1999 年 G20 财长会议开始，就逐步在这个全球经济治理的平台上发挥着越来越重要的作用。特别是在 2016 年杭州峰会上，中国利用主场外交的优势，通过推动全球金融治理、国际贸易和投资、包容和联动式发展等问题的对话协商，对促进全球贸易的增长、支持多边贸易体制等产生了积极影响。杭州峰会也因此成为“促进世界经济增长、加强国际经济合作、推动 G20 发展”的历史性会议。此次峰会取得的重大成果包括大会联合 WTO 发布了全球贸易景气指数、全球贸易增长战略以及全球首份《全球投资指导原则》等。《全球投资指导原则》的重大历史意义在于从发展的维度出发，强调不同利益的差异性，主张对各利益相关方进行平衡，协调各政策目标。这份原则区别于发达国家投资原则（2012 年《欧美共同投资原则》），强调东道国对于合理公共利益的监管权，以及东道国的责任，①彰显了中国积极参与全球经济治理的能力和决心。同时，习近平主席还在 G20 杭州峰会上首次阐述了中国“以平等为基础、以开放为导向、以合作为动力、以共享为目标的全球经济治理观，强调人类命运共同体的核心理念。对于中国在 G20 中扮演的角色，柯顿（Kirton，2016：131）这样评价：“自 1999 年二十国集团成立以来，中国就向这个俱乐部贡献了一种小心翼翼的、不断增加的领导力，而这个俱乐部已经成为全球化时代世界多元峰会治理体系的中心机构。中国已经持续地向二十国集团提供了越来越多的制度领导力、物质领导力和政策领导力。”②张海冰（2017）也认为，G20 推动中国从全球治理的边缘走向中心，并催生了中国特色的全球治理观。③由此可以发现，G20 虽然是由发达的中心国家发起的新的经济治理平台，但中国自从得到邀请，参与进来后就逐渐贡献了准

① 盛斌：《G20 杭州峰会：开启全球贸易投资合作新时代》，《国际商务》，2016 年第 9 期，第 46 – 47 页。

② Kirton J. China's G20 Leadership. Abingdon & New York：Routledge，2016，p. 131.

③ 张海冰：《全球治理视角下的中国与 G20》，《同济大学学报（社会科学版）》，2017 年 4 月，第 28 卷第 2 期，第 38 页。

中心的领导力。

2. 中国通过“一带一路”倡议合作框架对世界贸易治理和提供全球公共产品的贡献

继古代丝绸之路之后，中国倡导的“一带一路”框架已经成为众多国家和地区开展平等互利的经济合作典范，具有重塑全球经济贸易格局的潜力。中国所发起的“一带一路”倡议合作框架涵盖了中亚、南亚、西亚、欧洲以及非洲的60多个国家，这些国家的总人口数超过世界人口的60%。正如王芊霖、程大为（2017）指出的那样，“一带一路”沿线大部分国家属于发展中国家，少数高收入国家则属于资源型国家。这些国家多属于美国主导全球化时代的边缘国家，或处于全球价值链的低附加值位置，或被排挤在全球价值链外。“一带一路”的使命就是将这些国家带入到全球化的进程中，享受全球化的好处，实现经济发展。从全球治理角度来看，“一带一路”倡议已经为全球贸易治理做出了贡献。这不仅体现在中国以实际行动引导和推动发达国家和发展中国家齐心协力开展更深层次、更高水平的全方位合作，而且反映在中国实行的差异化制度构建路径，即中国作为核心积极倡导经济水平差异巨大的各国加入“一带一路”，而非通过谈判、采取“一刀切”标准吸纳各国加入。[①]世界银行的研究文章指出，“一带一路”建设通过加强和改善交通基础设施建设，关注沿线国家贸易动能不足的需求，帮助尼泊尔、坦桑尼亚、埃塞俄比亚、阿富汗等发展中国家建设铁路、港口、公路、电网等。中国在“一带一路”沿线国家提供的这些公共产品，满足了许多国家的迫切需求，弥补了美国等中心国家在金融危机后由于经济发展低迷而导致提供全球公共产品的意愿和能力大大削弱的空缺，成功帮助沿线国家增加了对外贸易的机会，降低了对外贸易成本，以解决发展问题。[②]由此可以看出，中国积极推进“一带一路”建设，成为推进全球贸易结构和治理体系改革的准中心支点。

3. 中国在亚洲基础设施投资银行的准中心作用及对全球投资、金融治理的影响

习近平主席在2013年10月2日对印度尼西亚访问时，提出筹建亚洲基础设施投资银行的倡议，是基于这样一种现实和考虑：亚洲的诸多国家虽然经济发展取得了不小的成就，但是仍然面临着一些融资难的问题，对于外国资本的依赖，导致长期投资，特别是基础设施建设方面投资面临难题，而由西方中心国家主导的世界银行和日本主导的亚洲开发银行等金融机构，无法也无意于满足亚洲国家发展实体经济的需求。盛斌具体指出，根据世界银行估算，目前全球每年在基础设施建设投资方面的资金总需求约为1万亿美元，而

---

① 王芊霖、程大为：《一带一路倡议对全球贸易治理的贡献》，《政治经济学评论》，2017年5月，第8卷第3期，第221－222页。

② 吴乐珺、王慧：《世行评价“一带一路”：将使全球实际收入增长0.7%－2.9%》，原载于人民日报，2019年4月20日，转载中国一带一路网，https://www.yidaiyilu.gov.cn/xwzx/hwxw/86418.htm。

世界银行仅能够提供600亿美元，再加上私营部门的投资也只有约1500亿美元，投资的供需缺口非常巨大。目前，单就中国国家开发银行与进出口银行向其他发展中国家发放的贷款就已经超过了世界银行。[①]而亚投行从2015年12月成立到2019年4月，不到四年的时间内，就在亚洲地区贷款79.4亿美元，[②]这充分表明中国在弥补国际金融机构治理缺口、提供全球公共产品方面的能力和行动力，这也是普通发展中国家和新兴经济体乃至大多数中心国家所无法企及的。与此同时，虽然亚投行成员国以发展中国家为核心，但是也涵盖了除美日之外的广大G7、G20以及OECD国家，体现了更强的开放性和包容性。更重要的是，尽管中国作为第一大股东，却没有致力于拥有一票否决权。亚投行通过基本投票权、股份投票权以及创始投票权的合理分配，保证发展中国家和新兴国家75%的股权持有，确保了中小国家的代表性和话语权，并在很大程度上推动了世界银行、亚洲开发银行、IMF改革，大大提升了全球金融治理的有效性。[③]虽然亚投行不会取代美国主导的世界银行，但积极探索新的金融治理平台，推动国际金融机构改革正是中国在世界经济治理体系的“准中心”的重要体现。

综上，近年来中国通过有效参与传统治理体系改革，探索创新多边合作框架，关注全球发展问题，重视发展中国家的多样诉求，同时积极参与金融危机的治理，已逐渐成为全球经济治理体系中的“准中心”。

三、中国作为全球经济治理体系准中心的治理前景与核心策略

从中国积极参与全球经济治理的作为来看，中国的自我身份定位已从世界体系的边缘者转为世界新秩序的引领者和贡献者，日益成为新体系的准中心，最明显的变化就是党的十八大以后，中国的认知开始全方位调整，从和平崛起开始转向全球融合，强调人类命运共同体、新兴大国关系等具有全球眼光的中国理念。在经历了对全球治理体系的积极融入之后，我国已经具有一定的经验和能力来应对一些较为棘手的问题和挑战。特别是在习近平总书记的带领下中国在国际舞台上的奋发有为，已经赢得了世界的认可，美国在诸多经济治理领域都要寻求与中国的合作，那么这是否意味着中国要挑战或推翻美国的核心领导呢？中国对此的回答是立场坚定且态度明确的。习近平总书记在党的十九大报告中强调：“中国始终做世界和平的建设者、全球发展的贡献者、国际秩序的维护者。”中国成为全球经济治理体系的“准中心”，并非推翻美国主导的现有经济治理体系，或要求建立美

---

① 盛斌、黎峰：《世界格局变迁中的金融体系改革》，《人民论坛—学术前沿》，2015年第16期，第58页。

② 中国一带一路网：政策环境—丝路百科—亚投行 https://www.yidaiyilu.gov.cn/info/iList.jsp? tm_id=126&cat_id=10030&info_id=958。

③ 张伟：《亚投行对国际金融治理的贡献、挑战与发展建议》，《国外理论动态》，2016年第11期，第98页。

国和中国的 G2 俱乐部，而是呼吁这两个国家和其他国家的政府、企业、非政府组织等在国内、双边、区域和多边的几个不同层次上共同构建领导力。中国不谋求推翻和重新建立全球经济秩序，一来因为中国是现有秩序的融入者，在很大程度上也是受益者，一些现行规则还是可以加以利用的；二来全球经济治理涵盖方方面面，问题错综复杂，牵扯多方利益，推倒重来的难度和代价都太大。从根本上来说，中国融入世界经济体系、参与全球经济治理的经验表明对现有秩序进行改革相对实际有效（Ren，2017：112）。[①]况且，对未来全球经济治理前景进行展望时，会发现未来的治理中尚存在诸多难题，比如大国合作的势头消退、多元治理主体缺乏协同、治理对象模糊不清、治理机制存在缺陷，[②]中国需要做的不是推翻现存体系，而是采取正确的策略对现有规则制度进行改革和完善。

郭树勇指出，2030 年前后中国对全球经济治理的领导，是以准全球性大国身份、以责任为取向的跨越式引领。[③] 这种跨越式的领导主要体现在通过“共商共建共享”的治理理念来促进各国共同利益的实现，并针对习近平主席 2019 年 3 月 26 日在巴黎出席中法全球治理论坛闭幕式时指出的全球治理面临和平赤字、治理赤字、发展赤字、信任赤字的四大赤字[④]提出负责任的治理策略和方案，推动全球经济治理结构改革以反映全球经济中权力的结构性变化。为此，中国应该从以下三个方面着手，着力破解全球经济治理体系中的治理赤字、发展赤字以及信任赤字。

（一）进一步推进经济治理体系改革，坚持公正合理，破解治理赤字

在现有全球经济治理体系中，以美国为代表的西方发达国家通过世界贸易组织、世界银行以及国际货币基金组织等国际组织主导着世界经济贸易、金融的发展，美元则在货币体系中处于霸主地位，这些都对全球经济体系的公平性、合理性产生了消极效应，并形成了巨大的治理赤字。为了解决诸如“外围”国家在国际经济、金融组织中的代表性不足等问题，就必须继续大力推进体系改革，降低治理赤字。首先，在世界银行、国际货币基金组织的治理框架中，必须深化份额制改革，通过增加“外围”国家的理事名额等改革国际货币基金组织和世界银行的代表机制和表决权，改变少数“中心”国家对重大决策拥有否决权的现状。其次，制定更有效的金融规则和危机处理机制，加强对全球资本流动的监管；应改革世界贸易组织及其规则，保证发展中国家更多地参与决策并从中受益，确保贸易活动不损害民族利益

---

① Ren X. China and the G20 : A reform – minded status quo power in Kennedy, S. （ed. ）, Global Governance and China: the Dragon's Learning Curve. London: Routledge, 2017, p. 112.

② 王鸿刚：《中国参与全球治理：新时代的机遇与方向》，《外交评论》，2017 年第 6 期，第 3 – 9 页。

③ 郭树勇：《全球治理领导权问题与中国的角色定位》，《人民论坛学术前沿》，2017 年 7 月下，第 34 页。

④ 《习近平倡导破解 4 大“赤字”：为全球治理提供中国方案》，人民网，2019 年 3 月 27 日，http://theory.people.com.cn/n1/2019/0327/c40531 – 30998300.html。

和劳工权益。① 最后，要加快人民币国际化进程，促进更多发展中国家在双边贸易往来时使用人民币结算。更重要的是，中国还应确立人力资源优先的理论和战略，加快建立国际经济组织管理人才体系，使得更多的中国外交官和高级专家逐步在国际经济组织中担任重要管理职务，并大力推动高校毕业生前往国际经济组织实习并任职，提升话语权。只有扮演引导者角色的中国积极推动现有体系的改革，才能最大限度地破解治理赤字。

（二）深化“一带一路”倡议合作，坚持互利共赢，破解发展赤字

发展赤字的形成主要是由于中心国家对外围国家的剥削和占有，导致发展不平衡，中心国家和外围国家贫富差距过大，外围国家的贸易发展严重依赖中心国家。遭受危机后，经济恢复缓慢，深陷发展瓶颈之中。

虽然中国在世界经济体系中处于仅次于美国的准中心地位，但是正如薛晓芃（2018）强调的那样，中国参与全球治理进程的身份定位非常明确，既是新兴国家代表，又是广大发展中国家代表；既代表经济高速发展的经济体，又代表面临发展问题的欠发达国家。因此，中国参与并引领全球治理绝非要接过西方发达国家的治理大权，而是要引领一种新的全球治理的理念，既能合作解决全球问题，又力争推进国际社会的公平与民主。②赵穗生指出，虽然中国没有替代，在短时间内也无法替代美国重新塑造“二战”后的世界秩序，但中国在全球治理的很多方面发挥着比美国还要积极正面的作用，特别是在区域合作方面。③近年来，以中国倡导的金砖五国和亚投行为代表的国际性金融合作组织，以及通过“一带一路”等经济发展合作框架，吸引和影响了越来越多的国家和地区，引领世界金融、贸易、投资和援助的新制度构建，成为世界经济治理体系改革的创新探索。世界银行的研究表明，“一带一路”建设将使沿线国家和地区的实际收入增长 1.2% ~3.4%，全球实际收入增长 0.7% ~2.9%，从而促进实现共同繁荣。④ 中国因而应该进一步推进“一带一路”倡议合作，从贸易结构、贸易竞争力等全方面提升与沿线国家的合作，通过加强区域合作，使得更多的国家和地区能够搭乘中国经济发展的快车，实现互利共赢，只有作为世界经济体系中的“准中心”的中国大力推动国际经济合作制度新模式的建设，才能最大限度地破解发展赤字。

---

① 程恩富:《构建联合国主导型治理框架》,《社会科学报》理论前沿,2010 年 4 月 8 日。

② 薛晓芃:《全球治理转型与中国的责任定位:基于全球问题属性的研究》,《东北亚论坛》,2018 年第 6 期,第 59 页。

③ 世界秩序的重塑:中国是现存国际秩序的维护及受益者，人民网,2017 年 8 月 1 日,http://world.people.com.cn/n1/2017/0801/c1002-29442402.html。

④ 吴乐珺、王慧:《世行评价“一带一路”:将使全球实际收入增长 0.7% -2.9%》,原载于人民日报,2019 年 4 月 20 日,转载中国一带一路网,https://www.yidaiyilu.gov.cn/xwzx/hwxw/86418.htm。

（三）扩展高层对话协商机制，坚持互商互谅，破解信任赤字

在当今世界经济交往中，各种贸易摩擦、贸易保护主义都是信任危机的表现。当代信任赤字最突出的表现就是中美之间的贸易摩擦。巨大的信任赤字成为阻碍中美贸易健康发展的最大绊脚石。美国对于中国的不信任主要是由于其感到自身世界话语权或全球治理方案主导权受到了挑战。虽然约翰·米尔斯海默认为，中美一战不可避免，因为权力大国都对世界霸权有着执着的追求，中国也不会例外，但中国在各种安全组织里的积极参与和有力合作用事实证明了中国仍然处于现存的权力体系之中，也称作“现状”权力。只不过“现状”权力并不意味着对现存国际规则和结构的全盘接受。正如巴里·布赞（Barry Buzan）指出的那样，和平崛起意味着崛起国要适应国际社会的规则和结构，但同时也要求其他国家通过适应权力和地位的重新部署来迎合国际体系中规则和结构的变化。而且中国以边缘者的身份遵守规则、融入世界经济治理体系后，发现了一些不公平、不合理现象，通过协商、谈判等方式和其他中心国家达成共识，寻求改变一些不合理的制度是自然而然的行为。更重要的是，中国始终坚持与其他边缘国家合作，以多边的方式开展对话，而非采取单边行动，[①] 这就足以说明中国是一个负责任的正义国家，决不会谋求所谓的霸权，追求凌驾于他国之上的利益。

为了赢得更多的理解和信任，中国需要与其他国家，特别是美国展开高层互访协商机制，进行文明对话，加强与西方中心国家、各发展中国家的全方位对话，尤其是政治、经济、文化的交流，使其能够理解中国的发展动机和发展目标。理解是信任的基础，沟通是信任的桥梁，通过各种形式的对话和交流，加强中美互信，争取美国的理解，打消“冷战”争霸顾虑，是破解全球经济治理信任赤字的有效手段。只有作为世界经济治理体系“准中心”的中国，诚意开展高层对话协商，凝聚共识，坚持与美国和其他国家构建互利互惠、互商互谅的合作伙伴关系，不搞唯我独尊，不搞自我封闭，不搞一家独大，[②]才能最大限度地破解信任赤字。

---

① Ren X. China and the G20 : A reform – minded status quo power in Kennedy, S. (ed.), Global Governance and China: the Dragon's Learning Curve. London: Routledge, 2017, p. 110, 112.

② 徐言:《如何破解国际关系中的信任赤字》,求是网,2019 年 4 月 1 日,http://www. qstheory. cn/wp/2019 – 04/01/c_1124310202. htm。

国有企业并购民营企业是洪水猛兽吗？

——基于混合所有制企业国有股权转让动机的分析

董梅生[①]　洪功翔[②]　王董[③]

（江苏大学）

一、问题的提出

在国企改革 40 年的历程中，发生过多次国有股权转让的行为，其转让的动机是什么？是为了提高企业效率，还是为了减轻政府财政负担？是为了国家战略调整，还是为了获得控制权私利？股权转让以后，目标有没有达成？尤其在当前混合所有制改革的背景下，被视为洪水猛兽的国有企业并购民营企业，是不是表现就比民营企业并购国有企业更为糟糕？为回答这些问题，作者收集了上市公司国有股转让的最新数据进行实证检验，以批评一些否定、怀疑民营经济的言论，为“坚持两个毫不动摇的基本经济制度”提供经验支撑。

二、混合所有制企业国有股权转让动机的实证分析

建立模型：

$$y_t = \alpha_0 + \alpha_1 x_{1t-1} + \alpha_2 x_{2t-1} + \beta D_t$$

其中 y_t 代表 t 期的因变量，x_{1t-1} 代表 $t-1$ 期的核心变量，x_{2t-1} 代表 $t-1$ 期的控制变量，D_t 代表 t 期的虚拟变量。

（一）事前转让动机的实证研究

以国有企业民营化（1 类）为基准，采用多分类回归方法对国有股权事前转让动机进行实证。表 1 显示，在 *type* =2 中，只有 *tax* 系数通过了显著性检验，其他指标都不显著，

---

① 董梅生，江苏大学财经学院副教授、硕导通讯作者。

② 洪功翔，安徽工业大学商学院教授、博士生导师。

③ 王董，重庆大学经济与工商管理学院学生。

且系数为0.808，说明随着 *tax* 的增加，1 类转 2 类的概率在提高，表明所得税率越高，越容易发生国有企业并购民营企业，其动机是“财政论”；在 *type* = 3 中，只有 *roa*、*roe* 和 *occ*2 通过了显著性检验，且系数分别为 -15.71、-0.883 和 -0.007，说明 1 类转 3 类概率在下降，即效率越高，侵占行为越严重，越容易发生国有股权民营化事件，符合“效率论”中的靓女先嫁论和“侵占论”。

表 1　国有股权事前转让动机的多分类回归结果

	type = 2	type = 2	type = 2	type = 2	type = 2	type = 2	type = 2	type = 2	type = 2	type = 2
prov	0.642**	0.557*	0.627**	0.623*	0.621*	0.623**	0.623**	0.625**	0.610*	0.603*
	(2.65)	(2.3)	(2.6)	(2.57)	(2.57)	(2.58)	(2.58)	(2.59)	(2.52)	(2.5)
jygm	-0.0134	-0.0146	-0.0141	-0.0137	-0.0141	-0.013	-0.0137	-0.0136	-0.0139	-0.0133
	(-1.49)	(-1.62)	(-1.57)	(-1.53)	(-1.56)	(-1.45)	(-1.54)	(-1.52)	(-1.55)	(-1.48)
sepr	-0.10***	-0.10***	-0.10***	-0.11***	-0.10***	-0.10***	-0.10***	-0.10***	-0.10***	-0.10***
	(-5.61)	(-5.70)	(-5.65)	(-5.78)	(-5.62)	(-5.62)	(-5.64)	(-5.60)	(-5.62)	(-5.63)
seco	-0.635**	-0.696**	-0.680**	-0.659**	-0.639**	-0.643**	-0.645**	-0.653**	-0.644**	-0.620**
	(-2.67)	(-2.91)	(-2.84)	(-2.76)	(-2.69)	(-2.71)	(-2.70)	(-2.74)	(-2.71)	(-2.60)
asset	0.72***	0.73***	0.73***	0.69***	0.73***	0.71***	0.72***	0.71***	0.68***	0.72***
	(5.5)	(5.72)	(5.71)	(5.34)	(5.7)	(5.61)	(5.59)	(5.56)	(5.06)	(5.53)
mark	-0.147	-0.135	-0.153	-0.172	-0.149	-0.154	-0.159	-0.156	-0.145	-0.141
	(-1.42)	(-1.32)	(-1.49)	(-1.67)	(-1.45)	(-1.50)	(-1.54)	(-1.52)	(-1.41)	(-1.36)
area	控制	控制	控制	控制	控制	控制	控制	控制	控制	控制
year	-2.97***	-2.69***	-2.99***	-2.86***	-2.87***	-2.96***	-2.98***	-2.92***	-2.99***	-3.01**
	(-5.22)	(-4.62)	(-5.28)	(-5.04)	(-4.62)	(-5.23)	(-5.26)	(-5.11)	(-5.29)	(-5.30)
转让动机	*roa*	*roe*	*turn*	*tax*	*lnco*	*valu*	*stra*	*em*	*occ*1	*occ*2
	-2.099	-0.419	-0.221	0.808*	-0.0927	0	0.0969	0.146	-0.00581	-0.00259
	(-0.33)	(-1.27)	(-1.16)	(1.98)	(-0.48)	(0)	(0.29)	(0.61)	(-0.69)	(-0.80)
_ *cons*	-13.4***	-13.7***	-13.4***	-12.7***	-13.2***	-13.2***	-13.3***	-13.2***	-12.6***	-13.4***
	(-4.76)	(-4.99)	(-4.93)	(-4.59)	(-4.65)	(-4.86)	(-4.84)	(-4.83)	(-4.37)	(-4.84)
	type = 3	*type* = 3	*type* = 3	*type* = 3	*type* = 3	*type* = 3	*type* = 3	*type* = 3	*type* = 3	*type* = 3
prov	1.48***	1.26***	1.42***	1.42***	1.41***	1.42***	1.41***	1.42***	1.41***	1.37***
	(6.24)	(5.33)	(6.05)	(6.07)	(6)	(6.06)	(6.01)	(6.06)	(6)	(5.83)
jygm	0.02*	0.02*	0.02**	0.02*	0.02**	0.02**	0.02*	0.02**	0.02*	0.02*
	(2.46)	(2.33)	(2.58)	(2.53)	(2.65)	(2.67)	(2.52)	(2.6)	(2.54)	(2.54)
sepr	-0.05***	-0.06***	-0.05***	-0.05***	-0.05***	-0.05***	-0.05***	-0.05***	-0.05***	-0.05***
	(-3.38)	(-3.81)	(-3.40)	(-3.41)	(-3.38)	(-3.47)	(-3.34)	(-3.42)	(-3.37)	(-3.46)
seco	-0.224	-0.34	-0.271	-0.276	-0.257	-0.257	-0.303	-0.269	-0.27	-0.199
	(-0.96)	(-1.45)	(-1.17)	(-1.20)	(-1.11)	(-1.11)	(-1.31)	(-1.16)	(-1.17)	(-0.85)

续表

	type = 3	type = 3	type = 3	type = 3	type = 3	type = 3	type = 3	type = 3	type = 3	type = 3
asset	0.68 ***	0.66 ***	0.62 ***	0.61 ***	0.60 ***	0.62 ***	0.61 ***	0.62 ***	0.60 ***	0.65 ***
	(5.51)	(5.45)	(5.25)	(5.15)	(5.11)	(5.21)	(5.14)	(5.24)	(4.98)	(5.38)
mark	-0.34 ***	-0.34 ***	-0.38 ***	-0.38 ***	-0.36 ***	-0.39 ***	-0.40 ***	-0.38 ***	-0.37 ***	-0.36 ***
	(-3.42)	(-3.44)	(-3.97)	(-3.94)	(-3.72)	(-4.01)	(-4.11)	(-3.91)	(-3.87)	(-3.69)
area	控制	控制	控制	控制	控制	控制	控制	控制	控制	控制
year	0.432	0.715 *	0.558	0.561	0.208	0.590 *	0.552	0.538	0.541	0.465
	(1.45)	(2.4)	(1.91)	(1.89)	(0.53)	(2.01)	(1.89)	(1.8)	(1.83)	(1.58)
转让动机	*roa*	*roe*	*turn*	*tax*	*lnco*	*valu*	*stra*	*em*	*occ1*	*occ2*
	-15.71 *	-0.883 **	0.0239	0.0306	0.239	0.0881	0.525	-0.0711	-0.00293	-0.007 *
	(-2.23)	(-2.64)	(0.15)	(0.08)	(1.32)	(1.43)	(1.73)	(-0.29)	(-0.34)	(-2.24)
_cons	-12.9 ***	-12.2 ***	-11.2 ***	-11.1 ***	-12.3 ***	-11.2 ***	-10.9 ***	-11.2 ***	-10.8 ***	-11.9 ***
	(-4.74)	(-4.66)	(-4.39)	(-4.31)	(-4.51)	(-4.36)	(-4.25)	(-4.38)	(-4.14)	(-4.59)
pseudo R-sq	0.186	0.193	0.183	0.185	0.184	0.184	0.184	0.182	0.182	0.186
ll	-499.4	-495	-501.2	-500.2	-500.5	-501	-500.5	-501.7	-501.8	-499.3
chi2	228.6	237.4	224.9	226.8	226.2	225.4	226.3	223.8	223.7	228.8

注：表1、表2、表4和表5括号内表示的是z统计量，* p<0.05，** p<0.01，*** p<0.001。

以受让对象是国有企业为基准，采用 logistics 二分类法进行实证分析，结果见表2。因为只有 roe 通过了显著性检验，且系数为 -0.798，说明降低了受让给国有企业的概率，反过来，效率越高，越容易发生国有股权民营化现象，符合“效率论”中的靓女先嫁理论。

表2 国有股权事前转让动机的二分类回归结果

	yes = 0	yes = 0	yes = 0	yes = 0	yes = 0	yes = 0	yes = 0	yes = 0	yes = 0	yes = 0
prov	1.11 ***	0.93 ***	1.07 ***	1.07 ***	1.06 ***	1.07 ***	1.06 ***	1.07 ***	1.05 ***	1.03 ***
	(5.44)	(4.62)	(5.35)	(5.36)	(5.31)	(5.34)	(5.32)	(5.34)	(5.27)	(5.17)
jygm	0.00524	0.00373	0.00594	0.00562	0.00635	0.00644	0.00561	0.0058	0.00562	0.00573
	(0.75)	(0.52)	(0.85)	(0.80)	(0.91)	(0.92)	(0.80)	(0.82)	(0.80)	(0.81)
sepr	-0.07 ***	-0.08 ***	-0.07 ***	-0.07 ***	-0.07 ***	-0.07 ***	-0.07 ***	-0.07 ***	-0.07 ***	-0.07 ***
	(-5.52)	(-5.92)	(-5.57)	(-5.63)	(-5.57)	(-5.6)	(-5.52)	(-5.54)	(-5.51)	(-5.58)
seco	-0.446 *	-0.541 **	-0.474 *	-0.472 *	-0.451 *	-0.456 *	-0.479 *	-0.463 *	-0.458 *	-0.414 *
	(-2.28)	(-2.73)	(-2.41)	(-2.41)	(-2.31)	(-2.34)	(-2.45)	(-2.37)	(-2.35)	(-2.11)
asset	0.69 ***	0.70 ***	0.67 ***	0.64 ***	0.66 ***	0.66 ***	0.65 ***	0.66 ***	0.64 ***	0.67 ***
	(6.51)	(6.57)	(6.39)	(6.17)	(6.32)	(6.37)	(6.28)	(6.36)	(5.96)	(6.35)
mark	-0.25 **	-0.23 **	-0.27 **	-0.28 ***	-0.27 **	-0.28 ***	-0.29 ***	-0.27 ***	-0.27 **	-0.25 **
	(-3.01)	(-2.78)	(-3.28)	(-3.32)	(-3.21)	(-3.33)	(-3.44)	(-3.3)	(-3.2)	(-3.04)

续表

	yes = 0	yes = 0	yes = 0	yes = 0	yes = 0	yes = 0	yes = 0	yes = 0	yes = 0	yes = 0
area	控制	控制	控制	控制	控制	控制	控制	控制	控制	控制
year1	-0.63 *	-0.33	-0.56 *	-0.503	-0.720 *	-0.546 *	-0.563 *	-0.539 *	-0.581 *	-0.626 *
	(-2.37)	(-1.21)	(-2.14)	(-1.9)	(-2.07)	(-2.09)	(-2.15)	(-2.01)	(-2.22)	(-2.38)
转让动机	*roa*	*roe*	*turn*	*tax*	*lnco*	*valu*	*stra*	*em*	*occ1*	*occ2*
	-8.239	-0.798 **	-0.0761	0.345	0.111	0.0483	0.375	0.0644	-0.0047	-0.0050
	(-1.48)	(-2.99)	(-0.53)	(1.12)	(0.71)	(0.88)	(1.40)	(0.32)	(-0.71)	(-1.9)
_cons	-12.2 ***	-12.3 ***	-11.4 ***	-11.0 ***	-12.0 ***	-11.4 ***	-11.2 ***	-11.4 ***	-10.9 ***	-11.7 ***
	(-5.29)	(-5.4)	(-5.13)	(-4.93)	(-5.05)	(-5.12)	(-4.99)	(-5.11)	(-4.75)	(-5.17)
pseudo	0.167	0.186	0.164	0.165	0.165	0.165	0.166	0.164	0.165	0.169
ll	-327.1	-319.8	-328.2	-327.7	-328.1	-327.9	-327.3	-328.3	-328	-326.2
chi2	131.1	145.7	129	130	129.2	129.5	130.7	128.8	129.3	132.9

（二）事后转让动机的反推

本文利用同一批数据，反推国有股权转让动机，其指标、计算公式和统计量见表3。

表3　事后转让动机指标及基本统计量

	指标	计算公式	符号	mean	sd	skewness	kurtosis	chisq
效率论	总资产净利润率变化	Σ转移后3年roa - Σ转移前3年roa	droa3	1.14	27.22	23.75	566.57	12.338 ***
		Σ转移后2年roa - Σ转移前2年roa	droa2	1.14	27.14	23.79	567.94	6.749 **
	净资产收益率变化	Σ转移后3年roe - Σ转移前3年roe	droe3	2.58	25.92	-11.26	266.24	6.074 ***
		Σ转移后2年roe - Σ转移前2年roe	droe2	2.48	25.9	-12.62	316.76	14.32 ***
	总资产周转率变化	Σ转移后3年turn - Σ转移前3年turn	dturn3	1.55	10.77	-1.87	34.4	0.79
		Σ转移后2年turn - Σ转移前2年turn	dturn2	0.97	5.69	-3.08	36.78	1.029
财政论	所得税率变化	Σ转移后3年tax - Σ转移前3年tax	dtax3	1.59	12.93	-8.46	157.51	0.045 *
		Σ转移后2年tax - Σ转移前2年tax	dtax2	0.8	6.23	-2.18	31.34	0.45

续表

	指标	计算公式	符号	mean	sd	skewness	kurtosis	chisq
政治论	资本保增值率变化	Σ转移后 3 年 valu − Σ转移前 3 年 valu	dvalu3	14.02	114.39	5.31	32.63	7.219 **
		Σ转移后 2 年 valu − Σ转移前 2 年 valu	dvalu2	6.54	113.07	11.78	181.47	8.253 **
	总资产增长率变化	Σ转移后 3 年 assrate − Σ转移前 3 年 assrate	dass3	1.21	14.79	4.4	45.52	3.47
		Σ转移后 2 年 assrate − Σ转移前 2 年 assrate	dass2	0.82	14.21	10.47	165.27	6.302 **

注：考虑到“侵占论”指标很难测定，这里没有考虑 em、occ1、occ2 前后绩效的变化。

表 3 显示各指标的均值都为正值，说明国有股权转移以后效率在提升，所得税率在增加，资本保值增值率和总资产增长率在提高，反推国有股权转让动机可能符合“效率论”“财政论”和“政治论”。

以国有企业民营化（1 类）为基准，采用多分类回归方法对国有股权转让后的效率变化进行实证，结果见表 4。因为 type = 2 时，droe3、droe2、dturn3、dturn2 系数显著为正，说明效率变化提升了国有企业并购民营企业的概率，即预测企业未来效率好，越容易发生国有企业并购民营企业事件，符合“效率论”。type = 3 时，droe3、droe2 系数显著为正，说明效率变化提升了国有企业与国有企业合并的概率，即预测企业未来效率高，越容易发生国有企业合并国有企业的事件，符合“效率论”。

表 4　不同国有股权转让类型效率变化的多分类回归结果

指标	type = 2											
	droa3	droa2	droe3	droe2	dturn3	dturn2	dtax3	dtax2	dvalu3	dvalu2	dass3	dass2
效率变化	0.24	0.27	0.45 **	0.87 **	0.175 *	0.30 *	0.06	0.18	−0.01	0.02	0.04	−0.21
	(1.20)	(1.00)	(2.90)	(3.20)	(2.00)	(2.20)	(0.90)	(1.20)	(−1.00)	(0.80)	(0.30)	(−0.82)
prov	0.65 **	0.65 **	0.58 *	0.55 *	0.63 **	0.63 **	0.63 **	0.61 *	0.61 *	0.62 **	0.61 *	0.64 **
	(2.70)	(2.70)	(2.40)	(2.30)	(2.60)	(2.60)	(2.60)	(2.50)	(2.50)	(2.60)	(2.60)	(2.60)
jygm	−0.02	−0.02	−0.02	−0.02	−0.01	−0.01	−0.01	−0.01	−0.01	−0.01	−0.01	−0.01
	(−1.78)	(−1.79)	(−1.72)	(−1.81)	(−1.50)	(−1.48)	(−1.48)	(−1.50)	(−1.60)	(−1.42)	(−1.44)	(−1.45)
sepr	−0.1 ***	−0.1 ***	−0.1 ***	−0.1 ***	−0.1 ***	−0.1 ***	−0.1 ***	−0.1 ***	−0.1 ***	−0.1 ***	−0.1 ***	−0.1 ***
	(−5.57)	(−5.57)	(−5.73)	(−5.79)	(−5.79)	(−5.81)	(−5.65)	(−5.63)	(−5.70)	(−5.61)	(−5.63)	(−5.61)
seco	−0.6 **	−0.6 **	−0.7 **	−0.7 **	−0.7 **	−0.7 **	−0.6 **	−0.6 **	−0.7 **	−0.6 **	−0.6 **	−0.7 **
	(−2.66)	(−2.67)	(−2.75)	(−2.76)	(−2.87)	(−2.91)	(−2.66)	(−2.63)	(−2.81)	(−2.74)	(−2.63)	(−2.78)
asset	0.8 ***	0.8 ***	0.8 ***	0.8 ***	0.7 ***	0.7 ***	0.7 ***	0.7 ***	0.7 ***	0.7 ***	0.7 ***	0.7 ***
	(6.00)	(6.00)	(6.00)	(6.00)	(5.70)	(5.70)	(5.60)	(5.70)	(5.60)	(5.60)	(5.50)	(5.50)

续表

指标	type = 2											
	droa3	droa2	droe3	droe2	dturn3	dturn2	dtax3	dtax2	dvalu3	dvalu2	dass3	dass2
mark	-0.17	-0.17	-0.14	-0.13	-0.17	-0.17	-0.16	-0.16	-0.16	-0.14	-0.16	-0.15
	(-1.60)	(-1.60)	(-1.31)	(-1.23)	(-1.66)	(-1.66)	(-1.53)	(-1.55)	(-1.56)	(-1.36)	(-1.53)	(-1.47)
area	控制	控制	控制	控制	控制	控制	控制	控制	控制	控制	控制	控制
year	-3***	-3***	-3***	-3***	-3***	-3***	-3***	-3***	-3***	-3***	-3***	-3***
	(-5.34)	(-5.34)	(-4.58)	(-4.48)	(-5.19)	(-5.17)	(-5.28)	(-5.30)	(-4.77)	(-5.28)	(-5.23)	(-5.23)
cons	-15***	-15***	-15***	-15***	-13***	-13***	-13***	-13***	-13***	-14***	-14***	-13***
	(-5.23)	(-5.24)	(-5.29)	(-5.35)	(-4.89)	(-4.91)	(-4.89)	(-4.88)	(-4.77)	(-4.92)	(-4.80)	(-4.78)
	type = 3											
指标	droa3	droa2	droe3	droe2	dturn3	dturn2	dtax3	dtax2	dvalu3	dvalu2	dass3	dass2
效率变化	-0.86	-2.17	0.41**	0.81**	0.11	0.20	0.07	0.15	-0.01	0.04	0.17	0.14
	(-0.47)	(-0.74)	(2.80)	(3.10)	(1.50)	(1.70)	(1.10)	(1.10)	(-0.93)	(1.60)	(1.70)	(1.10)
prov	1.4***	1.4***	1.3***	1.3***	1.4***	1.4***	1.4***	1.4***	1.4***	1.4***	1.4***	1.4***
	(6.00)	(6.00)	(5.60)	(5.40)	(6.10)	(6.10)	(6.10)	(6.00)	(6.00)	(6.10)	(6.00)	(6.00)
jygm	0.02*	0.02*	0.02*	0.02*	0.02**	0.02**	0.02**	0.02**	0.02*	0.02**	0.02**	0.02**
	(2.40)	(2.40)	(2.20)	(2.10)	(2.60)	(2.70)	(2.60)	(2.60)	(2.40)	(2.70)	(2.60)	(2.60)
sepr	-0.1***	-0.1***	-0.1***	-0.1***	-0.1***	-0.1***	-0.1***	-0.1***	-0.1***	-0.1***	-0.1***	-0.1***
	(-3.33)	(-3.34)	(-3.63)	(-3.76)	(-3.52)	(-3.56)	(-3.40)	(-3.37)	(-3.49)	(-3.43)	(-3.41)	(-3.39)
seco	-0.28	-0.28	-0.33	-0.35	-0.31	-0.32	-0.26	-0.25	-0.30	-0.29	-0.21	-0.24
	(-1.19)	(-1.20)	(-1.40)	(-1.48)	(-1.34)	(-1.39)	(-1.11)	(-1.10)	(-1.29)	(-1.24)	(-0.88)	(-1.05)
asset	0.6***	0.6***	0.7***	0.7***	0.6***	0.6***	0.6***	0.6***	0.6***	0.6***	0.7***	0.6***
	(5.30)	(5.30)	(5.50)	(5.60)	(5.40)	(5.40)	(5.30)	(5.30)	(5.30)	(5.30)	(5.50)	(5.40)
mark	-0.4***	-0.4***	-0.4***	-0.3***	-0.4***	-0.4***	-0.4***	-0.4***	-0.4***	-0.4***	-0.4***	-0.4***
	(-3.99)	(-4.03)	(-3.58)	(-3.48)	(-3.96)	(-3.95)	(-3.99)	(-4.00)	(-3.96)	(-3.63)	(-4.05)	(-4.00)
area	控制	控制	控制	控制	控制	控制	控制	控制	控制	控制	控制	控制
year	0.55	0.55	0.72*	0.75*	0.57	0.57	0.54	0.53	0.61*	0.52	0.49	0.55
	(1.90)	(1.90)	(2.40)	(2.50)	(2.00)	(2.00)	(1.80)	(1.80)	(2.10)	(1.80)	(1.70)	(1.90)
cons	-12***	-12***	-13***	-13***	-12***	-12***	-11***	-11***	-11***	-12***	-12***	-12***
	(-4.42)	(-4.41)	(-4.73)	(-4.82)	(-4.48)	(-4.49)	(-4.41)	(-4.40)	(-4.37)	(-4.55)	(-4.65)	(-4.50)
pseudo R-sq	0.20	0.20	0.20	0.20	0.20	0.20	0.20	0.20	0.20	0.20	0.20	0.20
ll	-499.0	-498.70	-493.70	-489.80	-499.50	-498.70	-501.50	-501.20	-501.30	-500.20	-500.40	-500.60
chi2	229.20	229.90	239.90	247.70	228.40	229.90	224.40	224.90	224.70	226.80	226.50	226.00

表5报告的是国有股不同受让对象的二分类回归结果，因为droe3、droe2、dturn3、dturn2系数显著为正，说明效率变化越高，提升了国有企业转让给国有企业的概率，即预

测企业未来效率越好，越容易将国有股权转让给国有企业，符合“效率论”。

表 5　国有股不同受让对象效率变化的二分类回归结果

指标	yes = 0											
	droa3	droa2	droe3	droe2	dturn3	dturn2	dtax3	dtax2	dvalu3	dvalu2	dass3	dass2
效率变化	0.18	0.20	0.48***	0.91***	0.13*	0.25*	0.06	0.15	-0.01	0.03	0.12	0.06
	(1.09)	(0.97)	(3.37)	(3.51)	(2.14)	(2.40)	(1.10)	(1.19)	(-1.80)	(1.37)	(1.30)	(0.54)
prov	1.09***	1.09***	0.98***	0.95***	1.07***	1.07***	1.07***	1.06***	1.04***	1.07***	1.05***	1.06***
	(5.44)	(5.44)	(4.78)	(4.64)	(5.35)	(5.35)	(5.35)	(5.30)	(5.19)	(5.34)	(5.26)	(5.29)
jygm	0.00	0.00	0.00	0.00	0.01	0.01	0.01	0.01	0.00	0.01	0.01	0.01
	(0.65)	(0.64)	(0.47)	(0.33)	(0.93)	(0.96)	(0.88)	(0.88)	(0.61)	(0.97)	(0.90)	(0.87)
sepr	-0.07***	-0.07***	-0.08***	-0.08***	-0.07***	-0.07***	-0.07***	-0.07***	-0.07***	-0.07***	-0.07***	-0.07***
	(-5.47)	(-5.46)	(-5.76)	(-5.86)	(-5.70)	(-5.74)	(-5.56)	(-5.53)	(-5.69)	(-5.54)	(-5.57)	(-5.56)
seco	-0.447*	-0.448*	-0.513**	-0.530**	-0.501*	-0.513**	-0.446*	-0.442*	-0.501*	-0.470*	-0.422*	-0.451*
	(-2.28)	(-2.29)	(-2.58)	(-2.64)	(-2.54)	(-2.60)	(-2.28)	(-2.26)	(-2.54)	(-2.40)	(-2.14)	(-2.31)
asset	0.701***	0.701***	0.728***	0.739***	0.676***	0.679***	0.667***	0.667***	0.665***	0.672***	0.698***	0.669***
	(6.57)	(6.57)	(6.68)	(6.75)	(6.53)	(6.55)	(6.41)	(6.41)	(6.39)	(6.46)	(6.48)	(6.38)
mark	-0.28***	-0.28***	-0.24**	-0.23**	-0.28***	-0.28***	-0.28***	-0.28***	-0.28***	-0.25**	-0.28***	-0.28***
	(-3.36)	(-3.36)	(-2.85)	(-2.75)	(-3.36)	(-3.35)	(-3.34)	(-3.36)	(-3.33)	(-3.01)	(-3.35)	(-3.31)
area	控制	控制	控制	控制	控制	控制	控制	控制	控制	控制	控制	控制
year	-0.579*	-0.579*	-0.30	-0.26	-0.532*	-0.526*	-0.576*	-0.580*	-0.44	-0.587*	-0.610*	-0.565*
	(-2.21)	(-2.21)	(-1.09)	(-0.96)	(-2.03)	(-2.00)	(-2.20)	(-2.22)	(-1.65)	(-2.24)	(-2.31)	(-2.17)
cons	-12.2***	-12.2***	-12.9***	-13.2***	-11.6***	-11.7***	-11.5***	-11.5***	-11.3***	-11.8***	-12.1***	-11.5***
	(-5.34)	(-5.35)	(-5.56)	(-5.65)	(-5.24)	(-5.26)	(-5.15)	(-5.14)	(-5.08)	(-5.27)	(-5.28)	(-5.15)
pseudo R-sq	0.17	0.17	0.19	0.20	0.17	0.17	0.17	0.17	0.17	0.17	0.17	0.16
ll	-326.60	-326.50	-317.80	-313.60	-325.90	-325.10	-327.80	-327.60	-326.60	-326.80	-327.40	-328.20
chi2	132.20	132.40	149.80	158.10	133.50	135.10	129.80	130.20	132.10	131.70	130.50	129.00

另外，在控制变量中，结合表 1、表 2、表 4 和表 5 可知，同属管辖（prov）和企业规模（asset）显著提升了转让为 2 类和 3 类的概率，提高了受让方是国企的概率，表明在同辖管理的地方政府干预下，无论是国有企业并购民营企业，还是国有企业之间的合并，都考虑了企业规模，这是因为党的十八届三中全会以后，“做大做强做优”成为国有企业改革目标，其中并购重组是实现国有企业规模快速放大的有效手段。交易规模（jygm）只能显著提高国有企业并购国有企业（3 类）的概率，这是因为在当前反腐形势严峻和项目责任终身追究制的形势下，为避免承担国有资产流失的罪名，以及国有企业资产保值增值的需要，国有股权转让交易份额越大，“肉烂在锅里”式的转移给国有企业就越安全，所以

提高了 3 类概率。两权分离度（sepr）、第二大股东是积极股东（seco）、市场化指数（mark）和 year 都显著降低了转让为 2 类和 3 类的概率，显著降低了受让对象是国企的概率，这说明党的十八届三中全会以后，在集中的股权结构和第二大股东积极监督下，市场在资源配置中优先选择了将国有股权转让给民营企业。

总之，事前分析发现所得税率越高，越容易发生国有企业并购民营企业事件，符合“财政论”；效率越高，侵占行为越严重，越容易将国有股转让给民营企业，符合“效率论”中的“靓女先嫁论”和“侵占论”。事后分析发现，如果转移后企业效率越来越好，越容易发生国有企业并购民营企业、国有企业合并国有企业和转让给国有企业的事件，符合“效率论”。然而，党的十八届三中全会以后，对国企的考核指标变为国企战略布局和资本保值增值的“政治论”，在实证模型中都没有得到验证，相反，“政治论”只能从控制变量同属管辖、企业规模和交易规模中得以体现。

由此可见，事前效率高（靓女先嫁）的企业将国有股权优先转给了民营企业，留下效率低的企业将国有股权转让给了国有企业，但是事后发现无论是转让给谁，都显著提高了企业效率，并且预测到企业未来效率越来越好时，越容易发生国有企业并购民营企业、国有企业合并国有企业和转让给国有企业的事件，这说明事前效率低的国有股权转移后效率在提升，这不是我们期待的市场经济对资源的优化配置吗？为什么社会对国有企业并购民营企业多有诟病，而将其视为洪水猛兽，甚至引发了民营企业家对“国进民退”和“被挤压生存空间”的担忧？下面对国有企业并购民营企业做进一步分析。

三、对国有企业并购民营企业的进一步分析

（一）国企并购民企的机制分析

混合所有制改革的目标就是实现国有资本与非国有资本的有效融合，本文实证发现事前效率低的民营企业，被国有企业并购后效率在提升，说明实现了资源的优化配置，其机制是异质股东之间共生关系的建立。洪功翔等用生物学中的共生理论阐释了国有经济与民营经济之间寄生、偏利共生、互惠共生三种模式的均衡解及其稳定条件，利用 2000—2015 年中国 30 个省级的宏观数据，证实它们之间存在非对称性互惠的共生发展关系。很显然，宏观上的共生关系需要通过微观企业反映，本文认为资源基础理论可以解释异质股东之间的共生关系。资源基础理论认为，企业是各种资源的集合体，不同的企业具有不同的有形和无形资源，它形成企业独特的竞争优势。国企并购民企后，必定带来新的股东资源，引入了新的财务资本和非财务资源（如新的社会资本、人力资本和技术资源等）。现有研究偏重于考察异质股东之间的财务资本，即按照财务出资的股权大小，探索如何平衡大股东与中小股东之间

的关系，忽视了非财务资源同样能发挥异质性优势。杨松令等认为异质性股东之间的大股东对中小股东利益侵占的对立关系不是主流，共生发展才是本质。在混合所有制企业，其共生发展的驱动路径是企业陷入发展困境后，倒逼异质性股东融合后的共生发展。2008 年世界金融危机以后，中国企业发展面临国际和国内的双重压力，尤其是民营企业，规模较小、抗风险能力更低，迫切需要增加外援联合抵抗风险。调查发现，目前被国有资本并购的民企不仅存在股权质押、强制清仓的直接风险，还存在资不抵债、拖欠银行贷款等连带的深层隐患。民企加入国资平台以后，利用国企的资金和技术优势，再发挥自身管理的灵活优势，可缓解自身债务压力、化解股权质押风险，又可使民营企业补充资金、扩大再生产，持续经营下去，因此国企并购民企后必须建立共生发展关系。

（二）国企并购民企效率改善的原因剖析

1. 从并购动机看，国企并购民企是理性选择

表 3 表明国有企业并购民营企业的动机是“财政论”，即所得税率（tax）越高，越容易发生国有企业并购民营企业事件。表 6 显示预测企业未来效率越高（droe3、droe2、dturn3、dturn2），越容易发生国有企业并购民营企业事件，符合“效率论”，所以重点解剖所得税率和效率变化对国企并购民企的影响。

表 6　各转让类型的所得税率和效率变化比较

type	variable	N	mean	p50	sd	min	max	skewness	kurtosis	chisq
1	tax	253	0.1	0	0.3	-2.5	0.9	-3.9	41.5	7.387**
2	tax	155	0.1	0.1	0.4	-3.2	2.1	-3.8	47.6	
3	tax	164	0.1	0	0.5	-1.1	4.2	6.7	56.5	
1	droe3	253	-0.5	0	3.4	-50.2	4.5	-12.3	176	12.338***
2	droe3	155	0.2	0	2.2	-6.7	25.9	10.5	127.7	
3	droe3	164	0.1	0	0.6	-2.6	3.1	2	17.7	
1	droe2	253	-0.4	0	3.3	-50.2	4.6	-13.8	208.6	6.75**
2	droe2	155	0.2	0	2.1	-0.4	25.9	12	148.2	
3	droe2	164	0.1	0	0.5	-2.3	3.1	3.1	23.5	
1	dturn3	253	0.1	0.1	2	-11.9	10.8	-2.4	27.7	6.075**
2	dturn3	155	0.3	0.1	0.9	-1	6.6	3.3	19.2	
3	dturn3	164	0.2	0.1	1.3	-5.3	6.6	1.1	12.3	
1	dturn2	253	0	0	1.2	-7.8	5.7	-3.5	29.6	14.32***
2	dturn2	155	0.2	0.1	0.6	-1	3.5	2.6	13.9	
3	dturn2	164	0.1	0.1	0.8	-4.3	3.7	0.4	13.5	

从表6的chisq检验结果看，tax、droe3、droe2、dturn3、dturn2都存在显著性差异，且中位数显示国有企业收购民营企业（2类）的各项指标都是最高、国企民营化（1类）的各指标都是最低、国有企业并购国有企业（3类）居中，验证了表3和表6的结论，即所得税率高和效率变化高的企业，越容易发生国有企业并购民营企业事件，符合“财政论”和“效率论”。这是因为2008年世界金融危机以后，世界经济艰难复苏，我国经济增长也面临下行压力，尤其是最近几年，逆全球化现象和民粹主义盛行，爆发了中美贸易大战，国内进行供给侧结构性改革和严查企业环保，地方政府债务和投资压力很大，企业发展也面临较大的困难，当然这是从高速增长向高质量发展过程中的转型阵痛，国企和民企都无法逃避。如果没有核心技术，没有创新力，过剩行业、低附加值、粗放发展的企业将会倒下一大批。实际上，被国有资本接盘的民企在自身资产大幅折损的同时，还面临股权质押、强制清仓的直接风险，甚至还面临资不抵债、拖欠银行贷款等连带的深层隐患。民企加入国资平台以后，既可缓解自身债务压力、化解股权质押风险，又可使民营企业补充资金、扩大再生产，持续经营下去，确保社会财富免遭更大损失和发生大面积的工人失业潮，因此民企被国企收购是民企的理性行为，是市场优胜劣汰的结果，不是洪水猛兽。但是，国有企业也不能“捡到筐里就是菜”，需要有甄别地选出税收较高、将来融合效益较好的民营企业进行合并，这样既有利于增加地方财政收入，也有利于企业发展，从而实现资源优化配置。

2. 从异质性股东共生关系角度看，并购后减少了大股东利益侵占行为

在金字塔式股权结构中，大股东以较少的现金流权获得了较大的企业控制权，实现了两权分离。国企并购民企后，会直接降低终极控股股东的现金流权，如果不影响终极股东的控制权，这样会扩大控制权与现金流权的分离度，增加终极股东对中小股东的利益侵占；如果影响终极股东的控制权，会减小控制权与现金流权的分离度，会减少大股东的利益侵占行为。而本文定义的type =2明显是发生了终极控制权变化，这样会减少大股东的利益侵占行为。我们令kz =0（if sepr≤0），其余为1，检验其与国有股权转让类型（type）的关系，发现chi2 =80.1826***，gamma = −0.4457*，Kendall's tau − b = −0.2735**，表明两权分离度对国有股权转让类型有重要影响。再考虑在type =2的情况下，两权分离度与“侵占论”的关系，见表7。表7显示，除了em不存在显著性差异以外，两权分离度高（kz =1）的组occ1和occ2显著大于两权分离度低（kz =0）的组，所以国企并购民企以后，会直接降低终极控股股东的现金流权和两权分离度，从而减少大股东利益侵占行为，说明异质性股东之间建立了共生发展关系，出现国企并购民企后效率改善的现象，从而提高了资源配置效率。

表 7　两权分离度与“侵占论”的关系

kz	variable	N	mean	p50	sd	min	max	skewness	kurtosis	chisq
0	em	114	0.6	1	0.5	0	1	-0.4	1.1	0.274
1	em	41	0.3	0	0.4	0	1	1	2.1	
0	occ1	114	5.8	2.5	10.7	0	75.1	4.9	31.1	4*
1	occ1	41	8.6	4.1	10.4	0.1	34.6	1.5	4.3	
0	occ2	114	-0.7	-4.2	20.8	-101	49.9	-0.5	7.1	12.228***
1	occ2	41	3.7	-1.3	28	-42.2	65.6	0.6	3.3	

四、主要结论

混合所有制企业指国有资本与非国有资本混合的企业，其终极控制人有国有资本和非国有资本两类。现有文献忽略了混合所有制企业中以民营企业为终极控制人的国有股权转让行为。本文创新地从终极控制人是否变化的角度，将国有股转让类型分为国有企业民营化（1 类）、国有企业并购民营企业（2 类）、国有企业并购国有企业（3 类），以讨论目前争议较大的国有企业并购民营企业现象。本文利用国泰安 CSMAR4.0 里 2003—2016 年 572 条国有股权转让数据，采用分类回归后发现 1 类国有股权转让的动机是“效率论”中的靓女先嫁论和“侵占论”；2 类国有股权转让的动机是“财政论”和“效率论”；3 类国有股权转让的动机是“效率论”；“政治论”没有得到验证，但可以从同属管辖、企业规模和交易规模中得以体现。

实证分析发现效率低的民营企业将国有股权转让给了国有企业，事后都显著提高了企业效率，这种资源的优化配置说明国有企业并购民营企业是一种理性行为，不该将其视为洪水猛兽。效率改善的原因是民营企业陷入发展困境后，主动寻求与国有企业的混合，倒逼异质性股东之间建立共生发展关系，而不是对立关系。结论揭示国有企业并购民营上市公司并未挤压民营企业的生存空间，也不是“国进民退”，所以应该消除这些杂音，积极发展混合所有制经济，坚持“两个毫不动摇”的基本经济制度。

政治影响、市场准入与地区经济增长

邹薇　陈亮恒　熊俊柯
（武汉大学）

一、理论模型

（一）李嘉图贸易模型

首先假定商品 j 是在区间［0，1］之间的连续型变量，区域总数为 N，商品生产地记为 o，商品交易发生地记为 d。假设每个区域的生产函数都满足 Cobb－Douglas 的函数形式，生产要素包括土地（L）、劳动（H）和可移动的资本（K）。即：

$$X_o(j) = z_o(j) L_o^{\alpha}(j) H_o^{\gamma}(j) K_o^{1-\alpha-\gamma}(j) \tag{1}$$

其中 z_o（j）表示外生的生产率。由此可得生产商品 j 的边际成本为：

$$MC_o(j) = \frac{q_o^{\alpha} w_o^{\gamma} r_o^{1-\alpha-\gamma}}{z_o(j)} \tag{2}$$

其中 q_o表示区域 o 的土地租金率，w_o表示工资，r_o表示利率。

初始地区 o 与目的地区域 d 之间的贸易成本使用“冰山成本”假设表示：如果希望运输单位商品到达终点区域 d，那么从区域 o 开始运输的商品数量就应该是 τ_{od}（$\tau_{od} > 1$），在此过程中损失的商品（$\tau_{od} - 1$）即为运输成本。假定市场是完全竞争的，则在区域 o 生产的商品 j 的价格等于其边际成本，即：

$$P_{oo}(j) = MC_o(j) = \frac{c_o(j)}{z_o(j)} \tag{3}$$

区域 o 生产的商品 j 在运输到区域 d 后的价格为：

$$P_{od}(j) = \tau_{od} \frac{c_o(j)}{z_o(j)} = \tau_{od} P_{oo}(j) \tag{4}$$

对于消费者而言，为了使自己的效用达到最大化，将会在可贸易的商品中选择价格最低的商品，故其价格分布将受制于生产力分布。Eaton 和 Kortum（2002）得出价格指数满足如下关系式：

$$P_d^{-\theta} = k1 \sum^{No} To(\tau_{od} q_o{}^a w_o{}^r)^{-\theta} \equiv CMA_d \tag{5}$$

把上述公式定义为“消费者市场准入”（Consumer Market Access，CMA），即区域 d 的消费者获得价格低廉商品的容易程度，当商品生产成本、贸易成本比较低时，消费者可以买到较便宜的商品，满意度会更高。式（5）表明价格与消费者市场准入之间是负相关的，消费者市场准入提高时商品的销售价格就会降低。

（二）贸易流与市场准入

根据 Eaton 和 Kortum（2002）的分析，区域 d 对来自区域 o 的支出份额就等于区域 d 的消费者购买生产源自区域 o 的商品的概率：

$$\frac{X_{od}}{X_d} = \pi_{od} = \frac{T_o(c_o\tau_{od})^{-\theta}}{\phi_d} = \frac{T_o(c_o\tau_{od})^{-\theta}}{\sum_o^N T_o(c_o\tau_{od})^{-\theta}} \tag{6}$$

假设每个地区的总支出都等于总收入（$X_d = Y_d$），结合上式有：

$$X_{od} = \frac{K_1 T_o}{q_o^{\alpha\theta} w_o^{\gamma\theta} \tau_{od}^{\theta}} \times \frac{Y_d}{CMA_d} \tag{7}$$

该式被称为引力方程，简化了空间一般均衡问题，同时从实证角度该方程也能较好地拟合贸易流数据（Anderson & Van Wincoop，2003；Head & Mayer，2014）。该式表明，贸易量随初始地的生产力、目的地收入的提高而增加，是正向的关系；而与贸易成本、生产成本和目的地消费者市场准入成反向关系。完全竞争市场在均衡状态下市场出清，基于式（7）对所有目的地加总，可得初始区域 o 的总收入。

结合式（5）、式（7），发现在贸易成本对称的情况下，企业市场准入与消费者市场准入之间存在线性关系，即有 $FMA_o = \rho CMA_o$，其中 $\rho > 0$。为此，通过适当的变化，可以将企业市场准入和消费者市场准入统一起来，记为市场准入（Market Access，MA）且满足 $MA_o \equiv FMA_o = \rho CMA_o$，从而有如下的关系式：

$$MA_o = \rho \sum_d \frac{Y_d}{\tau_{od}^{\theta} MA_d} \tag{8}$$

该式能够捕获由交通基础设施变化引起的一般均衡效应，这是因为市场准入这个指标是交通系统内各地区的加总，一个地区交通基础设施的改善都能带来各个地区市场准入的变化。如地区 d 交通基础设施改善带来的贸易成本下降使得地区 d 的市场准入提高，而通过式（8）对地区 o 的市场准入 MA_o 产生影响。从而收入可表示为：

$$Y_o = \frac{K_1 T_o}{q_o^{\alpha\theta} w_o^{\gamma\theta}} \times MA_o \tag{9}$$

式（8）和式（9）表明贸易成本对收入产生作用。具体而言，式（8）表示市场准入与贸易成本的关系，由交通基础设施改善带来的贸易成本变化会引起市场准入的变化；式（9）表明收入与市场准入之间是线性关系，收入随市场准入的变化而变化。式（8）和式（9）结合一起表示交通基础设施改善带来贸易成本变化是通过市场准入这一渠道对收入产生效应。

假定实际收入用 Y_d 表示，则满足 $Y_d = Y_d^r \times P_d$，相应地市场准入转化为：

$$MA_o = \rho^{\frac{1+\theta}{\theta}} \sum_d r_{od}^{-\theta} MA_d^{-\frac{1+\theta}{\theta}}, Y_d^{\gamma} \tag{10}$$

为计算简便，采用式（10）的一阶近似计算 MA①：

$$MAo \approx \sum \tau_{od}{}^{-\theta} Ydr \tag{11}$$

将式（9）中工资、租金率等用要素收入份额替代，得到如下的关系：

$$Y_o^r = (k_2 T_o)^{\frac{1}{1+\theta\alpha+\theta\gamma}} \left(\frac{\alpha}{L_o}\right)^{\frac{-\theta\alpha}{1+\theta\alpha+\theta\gamma}} \left(\frac{\gamma}{H_o}\right)^{\frac{-\theta\gamma}{1+\theta\alpha+\theta\gamma}} MA_o^{\frac{1+\theta(1+\alpha+\gamma)}{\theta(1+\theta\alpha+\theta\gamma)}} \tag{12}$$

其中 $K_2 = K_1 \rho^{-\frac{1+\theta\alpha+\theta\gamma}{\theta}}$，式（10）表示交通基础设施改善带来市场准入的变化，而式（12）表明实际收入与市场准入之间存在线性关系。式（10）和式（12）共同说明交通基础设施的改善通过市场准入对实际收入产生影响。

（三）政治准入与市场准入

政府官员如何影响地方的经济增长？一般认为这是地方官员和中央官员结合的产物。首先，中国的基本制度下地方官员升迁与经济增长呈正相关。本文借鉴 Alder 和 Kondo（2018）的测度政治势力的方法并进行扩展，考虑官员等级差异所带来的影响力差异，对正国级、副国级、正部级、副部级、正厅级、副厅级分别赋予 6 到 1 的权重（影响力因子）加以区分，由此构成测度"政治准入"（Political Access，PA）的指标如下：

$$PA_0 = \sum_{i=1}^{6} \omega_i \times Num_{i,0} \tag{15}$$

其中，ω_i 为官员级别的影响力因子，$Num_{i,0}$ 为 o 地区级别为 i 的官员数量。

鉴于高速铁路是由中央主导、地方政府辅助修建，结合上述文献的研究结论，本文假定政府资源将会对高速铁路走线、设站、建设顺序等规划产生影响，进而影响各地市场准入。

---

① Donaldson 和 Hornbeck（2016）比较从模型直接得出和一阶近似计算的 MA，发现结果是相似的。由于式（11）包含 Y_o^r，为避免内生性问题，实证分析中删去当地加总 $MA_o \approx \sum_{d\neq o} \tau$ od − θY dr。

由此设定如下的关系式：

$$MA = \alpha + \beta \times PA + \epsilon \tag{14}$$

二、实证策略和数据

基于上述理论分析，本部分将介绍实证分析时采用的方程设定、估计方法、数据来源及处理，为实证分析提供技术方法和数据支撑。首先，基于空间一般均衡贸易模型推导出的市场准入与实际经济增长的理论关系，设定两者之间的计量模型；其次，基于已有文献研究并结合中国的实际，探究政治准入、市场准入与地区经济增长的关系。

（一）市场准入与经济增长

本文的理论模型部分推导出了市场准入与实际收入之间关系的表达式（12），该式表示交通基础设施通过市场准入渠道影响经济增长。为了将理论模型和实际数据连接起来，本部分将对式（12）取对数并考虑随时间变化，得到如下的关系式：

$$\ln(Y^r_{0,t}) = -\frac{\theta}{1+\theta\alpha+\theta\gamma}(\alpha\ln(\frac{\alpha}{L_0}) + \gamma\ln(\frac{\gamma}{H_0})) + \frac{1}{1+\theta\alpha+\theta\gamma}\ln(k_{2,t}) + \frac{1}{1+\theta\alpha+\theta\gamma}\ln(T_{0,t}) + \frac{1+\theta(1+\alpha+\gamma)}{\theta(1+\theta\alpha+\theta\gamma)}\ln(MA_{0,t}) \tag{15}$$

该式表示市场准入与实际收入之间存在一对一的对数线性关系，其对应的面板固定效应设定为：

$$\ln(Y_{or,t}) = a_o + \delta_{s,t} + \beta\ln(MA_{0,t}) + \epsilon_{0,s,t} \tag{16}$$

其中 a_o 代表不随时间变化的常量，$\delta_{s,t}$ 代表“区域—年”固定效应，$\epsilon_{0,s,t}$ 是随机变量。式（15）的第一行为不随时间变化的要素禀赋和参数，由固定效应吸收。第二行的利率和各地区的生产率由“区域—年”固定效应吸收。最后一行为市场准入对实际收入的效应。

评估交通基础设施的经济效应时可能面临遗漏变量、反向因果等引起的内生性问题。为解决这一担忧，本文在计算市场准入时将收入固定在 2006 年的状态，从而使得市场准入与收入之间的关系是由于交通基础设施变化带来的贸易成本变化导致。于是式（10）变为：

$$MA_0 = \rho^{\frac{1+\theta}{\theta}} \sum_d \tau_{od}{}^{-\theta} MA_d{}^{-\frac{1+\theta}{\theta}} Y^r_{d,2006} \tag{17}$$

类似的，同样采用一阶近似计算的方法计算式（17）的市场准入。

（二）政治准入、市场准入与地方经济增长

根据上述理论模型可知，交通基础设施改善带来的市场准入变化会影响地方收入的变化。而已有文献发现政治力量对交通基础设施投资有显著影响，本文探究政治力量是否通

过影响交通基础设施投资进而影响地方经济增长。为达到这一目的，本文将采用中介效应模型研究政治准入、市场准入与地方经济增长的关系。中介效应的程序如图 1 所示：

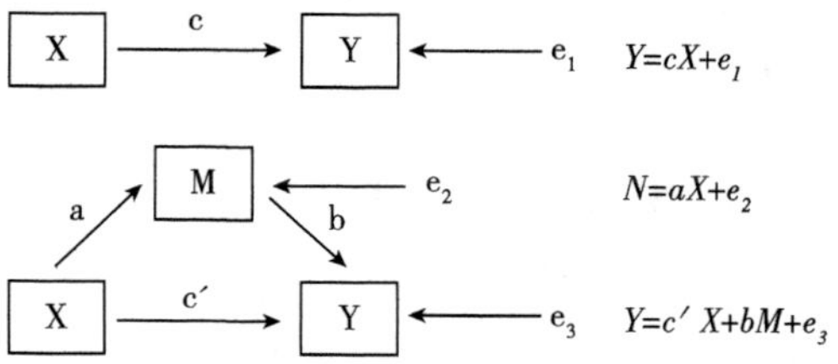

图1　中介变量程序图

该图表示在考察自变量 X 对因变量 Y 的影响时，如果 X 通过影响变量 M 来影响 Y，则称 M 为中介变量。类似图 1 的程序，本文的中介效应模型设定如下：

$$\ln(Y_o^r) = c \times \ln(PA_o) + e_1 \tag{18}$$

$$\ln(MA_o) = a \times \ln(PA_o) + e_2 \tag{19}$$

$$\ln(Y_0^r) = c' \times \ln(PA_0) + b \times \ln(MA_0) = e_3 \tag{20}$$

式（18）考察政治准入对地区实际收入的影响，式（19）验证政治准入对市场准入是否产生影响，在式（20）中加入市场准入，如果发现该变量的系数 b 显著为正，同时发现政治准入的系数 c' 显著，且比式（18）中的 c 小，则说明政治准入是通过影响市场准入，进而来影响地区经济增长的。

三、实证分析

（一）市场准入与地区经济增长

作为实证分析的起点，本部分首先分析交通基础设施变化带来的市场准入变化对经济增长的影响，实证设定如式（16）。表 1 第 1 列未加入控制变量，采用固定效应方法估计实际收入对市场准入的弹性，估计系数表示市场准入每增加 1%，实际 GDP 增加 0. 123%。表明中国高速铁路开通带来市场准入的提高对地区经济增长有显著的效应，这也与各地积极争取高速铁路通过的现实比较一致。为避免可能的遗漏变量对结果的干扰，第 2 列加入区域控制变量，以控制不同区域增长趋势的差异，可以发现第 2 列的估计系数值与第 1 列同样显著，且数值的大小差不多。此外本文进一步选择高速铁路开通前（2001—2006 年）各省年均经济增长率捕获各省的增长趋势，同时更早时期 2001 年的经济规模、各省第二产业和第三产业的占比以控制各省的初始情况差异，结果第 3、第 4、第 5 行中市场准入的系数都显著，且数值差异不大。第 6 列把省级层面的控制变量都加入，与加入区域控制变量的第 2 列相比，估计系数从 0. 124 变为 0. 123，表明不论控制区域或是控制省份的经济趋势，市场准入对地区经济增长的影响的实证结果都是显著的和相似的。

表 1　市场准入与经济增长

	FE	Region		Province	Control	
	lngdp	lngdp	lngdp	lngdp	lngdp	lngdp
lnma	0.123 *** (22.56)	0.124 *** (7.35)	0.125 *** (7.30)	0.123 *** (7.47)	0.124 *** (7.33)	0.123 *** (7.42)
Central		-0.669 *** (-4.83)				
West		-0.465 * (-1.88)				
gr_ r			0.001 (0.04)			0.018 (0.69)
lngdp01				0.812 *** (10.49)		0.780 *** (5.34)
d2					0.047 *** (5.35)	-0.004 (-0.28)
d3					0.109 *** (8.68)	0.025 (1.22)
_ cons	7.268 *** (885.99)	7.588 *** (72.23)	7.254 *** (19.96)	2.142 *** (4.37)	1.063 (1.51)	1.377 * (2.30)
N	1386	1386	1386	1386	1386	1386
R^2	0.1691	0.2705	0.1689	0.4639	0.3693	0.4777

注：市场准入采用固定收入（2006）计算。括号内为 t 统计值。* * *、* *、* 分别代表 1%、5%、10% 的显著性水平。

（二）市场准入的中介效应分析

政治准入可能影响省会城市修建高铁的顺序或者对省会城市之间高速铁路的走线产生影响，进而影响地方的经济增长。本部分使用中介效应模型［式（18）、式（19）、式（20）］验证这一机制，得出政治准入的影响是间接的，市场机制在决定资源配置、影响经济增长中起更大的作用。

表 2　政治准入、市场准入与地区增长：中介效应

	基准		中介
	lngdp	lnma	lngdp
lnpa	0. 239 *** （6. 34）	0. 390 * * （2. 38）	0. 192 *** （5. 97）
lnma			0. 123 *** （22. 08）
cons	6. 392 *** （52. 33）	－2. 042 *** （－3. 86）	6. 643 *** （63. 84）
控制变量	Y	Y	Y
N	1386	1386	1386
R^2	0. 3400	0. 0526	0. 3672

注：括号内为 t 统计值。＊＊＊、＊＊、＊ 分别代表 1%、5%、10% 的显著性水平。

（三）城市间双边贸易成本的中介效应

表 2 的中介效应分析已经表明，政治准入通过市场准入这一渠道影响地方的经济增长。在市场准入的公式（11）中，双边贸易成本是测度市场准入变量的核心，而双边贸易成本又是由于高速铁路开通导致变化的，故此，我们探究双边贸易成本的中介作用，以进一步检测政治准入通过对市场贸易成本的影响，进而影响经济增长的传导机制。由此可见，地方拥有政治资源能够促进高速铁路的开通，降低城市间双边贸易成本，从而促进劳动等资源的流动和要素空间配置，进而推动地区经济增长。

表 3　双边贸易成本的中介效应

	基准		中介
	lngdp	ln（1/tau）	lngdp
lnpa	0. 239 *** （6. 34）	0. 067 * （1. 76）	0. 190 *** （7. 52）
ln（1/tau）			0. 742 *** （39. 13）
cons	6. 392 *** （52. 33）	－4. 334 *** （－35. 35）	9. 608 *** （82. 97）
控制变量	Y	Y	Y
N	1386	1386	1386
R^2	0. 3400	0. 0280	0. 3203

注：括号内为 t 统计值。＊＊＊、＊＊、＊ 分别代表 1%、5%、10% 的显著性水平。

四、结论

本文将中国高速铁路这一重大交通基础设施视为一项准自然实验，基于空间一般均衡模型、政治准入的构造并结合中介效应模型，不仅研究政治准入、市场准入与地区经济增长的关系，而且从高铁建设和运营的视角，揭示政治准入究竟通过怎样的机制来影响地区经济增长。

本文实证结果发现：其一，各地区的政治准入正向地影响市场准入，其估计系数表示政治准入每增加 1%，市场准入增加 0.39%，表明政治因素对高速铁路的走线，进而对城市间贸易水平和市场化程度有积极的影响。其二，市场准入的提高能够提高地区的经济增长，估计系数表明市场准入每提高 1%，实际 GDP 收入增加 0.124%（控制区域）或 0.123%（控制省级），表明高铁的开通促进了劳动等要素的流动，提高资源配置和经济运行效率，进而促进经济增长。其三，根据中介效应模型，当加入中介变量市场准入时，政治准入的系数从 0.239 下降到 0.192，表明政治准入通过市场准入影响地方经济增长的效应确实存在。以上结论经稳健性检验，依然成立。

本文从高铁基础设施的视角，为我国渐进式市场化改革的成功提供了支撑。同时，本文还发现相比于直辖市和省会大城市，非省会的中小城市受政治因素的影响更明显，而在中小城市中政治准入对经济增长的直接效应比通过市场准入而产生影响的间接效应更明显。这恰好说明我国的市场化改革具有顶层设计和渐进性的特征，在改革开放的 40 年中，政治因素对经济活动的直接影响已经逐渐减少。我国现阶段的“政治影响”并非简单直接地分配经济资源，而是更多地通过高铁等交通基础设施投资提高地区市场准入，进而达到推动经济增长的目的，这在直辖市和省会大城市更为明显。而在中小城市，由于高铁接入是逐渐展开的，高铁的网络效应还有待发挥，市场准入和市场化发育的水平还不够高，因而对政府直接配置资源还存在一些诉求。因此，随着高铁建设的继续展开，将全国更多的城市、县纳入高铁网络体系中，高铁的网络效应会更加充分地发挥出来，城市间双向贸易成本会进一步下降，市场准入会进一步提高，政治因素对经济活动的直接影响将进一步削弱，市场机制在要素流动和资源配置中的决定性作用进一步发挥，市场化改革促进经济高质量发展的成效会更加显著。

从全要素生产率视角对中国跨越“中等收入陷阱”的研究

刘文[①] 李凯丽[②]
（山东大学商学院）

一、问题的提出

“二战”之后，以日本和“亚洲四小龙”为代表的东亚经济，在20世纪下半叶保持经济高速增长，从低收入阶段顺利进入高收入阶段，成功跨越“中等收入陷阱”，被称为“东亚奇迹”，引起世界极大的关注。

日本和“亚洲四小龙”在20世纪六七十年代先后进入中等收入阶段，经过25年左右的时间，成功进入高收入阶段，并且始终保持较高的经济增长速度。拉美国家同样在20世纪60年代前后陆续进入中等收入阶段，但随之出现了经济发展停滞甚至后退的现象，截至2018年，部分拉美国家仍然在中上与高收入阶段徘徊。19世纪中叶，拉美国家发展势头良好，进入发展转型期，但恰逢第一次世界大战，导致转型成功延迟了近25年；第二次转型期错过了20世纪50—70年代的第一次石油危机期间良好的国际贸易环境，导致第二次转型成功延迟了近45年。

表1 典型国家（地区）收入阶段特征

国家（地区）	中低收入阶段	中高收入阶段	高收入阶段	2018年GDP增长率（%）	中高收入阶段持续时间（年）	MIT
巴西		1960—2018年		1.1	59+	是
阿根廷		1960—2017年	2018年	-2.5	58+	是
墨西哥		1960—2018年		2.0	59+	是
乌拉圭		1960—2010年	2011—2018年	1.6	51+	否

① 刘文，山东大学商学院教授，博士生导师。
② 李凯丽，山东大学商学院硕士生。

续表

国家（地区）	中低收入阶段	中高收入阶段	高收入阶段	2018 年 GDP 增长率（%）	中高收入阶段持续时间（年）	MIT
西班牙		1960—1968 年	1969—2018 年	2.6	9 +	否
葡萄牙		1960—1979 年	1980—2018 年	2.1	20 +	否
希腊		1960—1968 年	1969—2018 年	1.9	9 +	否
以色列		1960—1968 年	1969—2018 年	3.3	9 +	否
日本		1960—1964 年	1965—2018 年	0.8	5 +	否
韩国	1960—1978 年	1979—1995 年	1996—2018 年	2.7	17	否
新加坡	1960—1965 年	1966—1979 年	1980—2018 年	3.1	14	否
中国香港	1960—1962 年	1963—1983 年	1984—2018 年	3.0	21	否

注：MIT 表示 Middle Income Trap，“是”表示陷入处于中等收入陷阱，“否”表示已跨越中等收入陷阱。

虽然 2018 年阿根廷进入高收入阶段，但是阿根廷经济发展停滞，人均 GDP 在高收入标准线上徘徊，在此仍将其算入中高收入阶段。

资料来源：根据世界银行资料整理，https：//datacatalog. worldbank. org/。

中国作为一个发展中大国，区域经济发展不均衡，各地进入和跨越“中等收入陷阱”体现出不同特点。本文试图做出探索，基于世界银行的划分标准，对中国 30 个省份的经济收入进行分类，运用面板二值选择模型进行实证研究，检验 TFP 对我国各省份 GDP 的影响，为各省跨越“中等收入陷阱”提出针对性建议。

二、中国各省份跨越“中等收入陷阱”的发展图谱

根据世界银行 2017 年划分经济体不同发展阶段的标准①，对我国内地 31 个省份的实际 GDP② 进行分类：处于高收入阶段的省份有天津市、上海市、北京市和江苏省；其余的 27 个省份均处于中上等收入阶段。我国人均实际 GDP③ 最高的省份为天津市，接近 12 万元人民币；最低的省份是甘肃，人均实际 GDP 约 2.74 万元人民币，比中上等收入线仅高 400 元。我国地区间收入差距较大，天津市人均实际 GDP 是甘肃省人均实际 GDP 的 4.5 倍。4 个直辖市人均实际 GDP 优势明显，5 个自治区人均实际 GDP 差距较大。人均实际 GDP 最高的是内蒙古自治区，排在全国第 5 位；最低的是西藏自治区，排在第 28 位。东部沿海地区人均实际 GDP 明显高于中部地区，中部地区人均实际 GDP 明显高于西部地区，

① 根据世界银行 2017 年公布的收入水平标准，人均国民收入低于 1005 美元的经济体处于低收入阶段，1006 ~ 3955 美元的经济体处于中等偏下收入阶段，3956 ~ 12235 美元的经济体处于中等偏上收入阶段，12235 美元以上的经济体处于高收入阶段。

② 以 2008 年价格为基期，计算 2008—2017 年的实际 GDP。

③ 人均 GDP 与人均 GNI 在测算结果上相差不多，基于数据可得性，一般多用人均 GDP 代替人均 GNI。

出现明显的分层现象（见表2）。

本文将我国31个省份按照人均实际GDP进一步划分，人均实际GDP在8.26万元以上的为高收入阶段，人均GDP在6万~8.26万元的省份为准高收入阶段，人均实际GDP在4.5万~6万元的省份为高等中高收入阶段，人均实际GDP在3.5万~4.5万元的省份为中等中高收入阶段，人均GDP低于3万元的省份为低等中高收入阶段省份。按照这一标准，我国处于高收入阶段的省份有4个，处于准高收入阶段的省份有5个，处于高等中高收入阶段的省份有6个，处于中等中高收入阶段的省份有11个，处于低等中高收入阶段的省份有5个。

表2　2017年我国31个省份人均GDP及所处阶段

地区	名义GDP（万元）	实际GDP（万元）	人均实际GDP（万元）	标准1	标准2
天津市	18549.19	18609.92	11.95	高收入阶段	高收入
上海市	30632.99	27495.45	11.37	高收入阶段	高收入
北京市	28014.94	22143.02	10.20	高收入阶段	高收入
江苏省	85869.76	71646.19	8.92	高收入阶段	高收入
内蒙古自治区	16096.21	20537.49	8.12	中高收入阶段	准高收入
浙江省	51768.26	44904.17	7.94	中高收入阶段	准高收入
广东省	89705.23	78829.91	7.06	中高收入阶段	准高收入
山东省	72634.15	70568.82	7.05	中高收入阶段	准高收入
福建省	32182.09	26984.76	6.86	中高收入阶段	准高收入
辽宁省	23409.24	26102.61	5.97	中高收入阶段	高等中高收入
重庆市	19424.73	17241.03	5.61	中高收入阶段	高等中高收入
吉林省	14944.53	14613.21	5.38	中高收入阶段	高等中高收入
陕西省	21898.81	18696.36	4.88	中高收入阶段	高等中高收入
湖北省	35478.09	28656.95	4.86	中高收入阶段	高等中高收入
黑龙江省	15902.68	17548.12	4.63	中高收入阶段	高等中高收入
河北省	34016.32	33776.34	4.49	中高收入阶段	中等中高收入
河南省	44552.83	41490.45	4.34	中高收入阶段	中等中高收入
湖南省	33902.96	28840.18	4.20	中高收入阶段	中等中高收入
宁夏回族自治区	3443.56	2852.32	4.18	中高收入阶段	中等中高收入
青海省	2624.83	2500.45	4.18	中高收入阶段	中等中高收入
新疆维吾尔自治区	10881.96	9649.30	3.95	中高收入阶段	中等中高收入
山西省	15528.42	14402.44	3.89	中高收入阶段	中等中高收入
四川省	36980.22	32271.44	3.89	中高收入阶段	中等中高收入
海南省	4462.54	3518.59	3.80	中高收入阶段	中等中高收入

续表

地区	名义 GDP（万元）	实际 GDP（万元）	人均实际 GDP（万元）	标准 1	标准 2
江西省	20006.31	17539.42	3.79	中高收入阶段	中等中高收入
安徽省	27018	22520.88	3.60	中高收入阶段	中等中高收入
广西壮族自治区	18523.26	16954.69	3.47	中高收入阶段	低等中高收入
西藏自治区	1310.92	1048.56	3.11	中高收入阶段	低等中高收入
云南省	16376.34	14434.54	3.01	中高收入阶段	低等中高收入
贵州省	13540.83	9824.14	2.74	中高收入阶段	低等中高收入
甘肃省	7459.9	7192.78	2.74	中高收入阶段	低等中高收入

注：标准 1 为世界银行 2017 年收入水平标准，标准 2 为本文分类标准。

资料来源：根据中国统计局网站数据整理。

三、各省份全要素生产率与跨越“中等收入陷阱”的关系检验

（一）模型构建

为检验全要素生产率（TFP）对于跨越中等收入陷阱的影响，本文利用面板二值选择模型。Y 取值为 1 表示该省已经成功“跨越中等收入陷阱”进入高收入阶段，Y 取值为 0 表示该省处于中等收入阶段即尚未跨越“中等收入陷阱”。由于被解释变量为虚拟变量，因此我们采用面板二值选择 xtlogit 模型。

面板二值选择模型的基本形式如下：

$$y_{it}^{*} = \beta^{T}X_{it} + u_{it} \tag{1}$$

y_{it}^{*} 为不可观测的潜变量，X 为自变量，β 为待估参数，u_{it} 为随机误差项。个体的选择规则为：

$$y_{it}{}^{*} = \begin{cases} 1 & 若\ y_{it}^{*} > 0 \\ 0 & 若\ y_{it}{}^{*} \leqslant 0 \end{cases} \tag{2}$$

将面板二值选择模型与跨越中等收入陷阱及其影响因素进行结合，构建计量检验方程具体如下：

$$P(Y_{it}/X_{it}) = \Phi\begin{pmatrix} \beta_1 tfp_{it} + \beta_2 old_{it} + \beta_3 ind_{it} + \beta_4 ser_{it} + \beta_5 tech_{it} + \beta_6 edu_{it} \\ + \beta_7 owner_{it} + \beta_8 urban_{it} \end{pmatrix} \tag{3}$$

tfp_{it}为经济体的全要素生产率水平，是模型的解释变量；old_{it}、ind_{it}、ser_{it}、$tech_{it}$、edu_{it}、$owner_{it}$、$urban_{it}$分别为老龄化率、第二产业比重、第三产业比重、政府科技支出、教育支出、工业所有制结构和城镇化率，是模型的控制变量。老龄化率对于经济发展和全要素生产率具

有较大影响；第二、第三产业比重可以反映我国当前的产业结构，体现了全要素生产率中经济结构的影响；政府科技支出作为衡量创新能力的重要指标，反映了全要素生产率中科技创新的影响；教育经费作为培养人力资源的必要投资，体现了全要素生产率中人才环境的影响；非国有控股企业比重可以反映我国工业所有制结构，体现当前社会的改革进程；城镇化率作为衡量国家基础设施建设情况的重要指标，反映了当前社会的现代化进程。

（二）样本选择和数据来源

1. 样本选择

世界银行根据当年世界经济发展状况公布该年的收入标准，2011—2016 年全球经济形势良好，高收入阶段的门槛较高，2016—2018 年公布的高收入阶段标准较 2015 年的标准降低了近 700 美元。本文根据 2017 年世界银行公布的收入标准，对全国 30 个省份（除西藏自治区）2008—2017 年的收入阶段特征进行分析。如表 3 所示。

表 3　我国 30 个省份 2008—2017 年所处阶段的具体特征

地区	中下收入阶段	中上收入阶段	高收入阶段	中低收入阶段（年）持续时间	中高收入阶段（年）持续时间
北京市		2008—2013 年	2014—2017 年		6 +
上海市		2008—2012 年	2013—2017 年		5 +
天津市		2008—2011 年	2012—2017 年		4 +
江苏省		2008—2015 年	2016—2017 年		8 +
浙江省		2008—2017 年			10 +
福建省		2008—2017 年			10 +
广东省		2008—2017 年			10 +
山东省		2008—2017 年			10 +
内蒙古自治区		2008—2017 年			10 +
重庆市	2008—2009 年	2010—2017 年		2 +	8 +
湖北省	2008—2010 年	2011—2017 年		3 +	7 +
陕西省	2008—2010 年	2011—2017 年		3 +	7 +
吉林省	2008—2009 年	2010—2017 年		2 +	8 +
辽宁省		2008—2017 年			10 +
宁夏回族自治区	2008—2011 年	2012—2017 年		4 +	6 +
湖南省	2008—2011 年	2012—2017 年		4 +	6 +
海南省	2008—2012 年	2013—2017 年		5 +	5 +
河南省	2008—2011 年	2012—2017 年		4 +	6 +
河北省	2008—2009 年	2010—2017 年		2 +	8 +

续表

地区	中下收入阶段	中上收入阶段	高收入阶段	中低收入阶段持（年）续时间	中高收入阶段（年）持续时间
四川省	2008—2012 年	2013—2017 年		5 +	5 +
新疆维吾尔自治区	2008—2011 年	2012—2017 年		4 +	6 +
青海省	2008—2011 年	2012—2017 年		4 +	6 +
江西省	2008—2012 年	2013—2017 年		5 +	5 +
安徽省	2008—2013 年	2014—2017 年		6 +	4 +
黑龙江省	2008—2009 年	2010—2017 年		2 +	8 +
山西省	2008—2012 年	2013—2017 年		5 +	5 +
广西壮族自治区	2008—2013 年	2014—2017 年		6 +	4 +
贵州省	2008—2016 年	2017 年		9 +	1 +
云南省	2008—2015 年	2016—2017 年		8 +	2 +
甘肃省	2008—2016 年	2017 年		9 +	1 +

注：由于西藏地区部分数据缺失，暂不进行统计。

资料来源：根据中国统计局网站数据整理。

2. 数据来源

控制变量老龄化率采用65岁以上人口占该省总人口的比重；第二产业比重采用第二产业产值占该省GDP的比重；第三产业比重采用第三产业产值占该省GDP的比重；科技支出采用地方政府财政科技支出指标；教育经费采用地方政府财政教育支出指标；工业所有制结构采用“1-国有控股工业企业产值占工业总产值比重”；城镇化率采用城镇人口占该省总人口的比重；人均GDP采用人均国民生产总值的指标。这些数据均来源于中国统计局（见表4）。本文将各省2007—2017年的GDP作为产出项，各省2007—2017年的年末就业人口作为劳动人数投入项，通过永续盘存法计算2008—2017年各省的资本存量①。运用DEAP软件，采用数据包络分析（DEA）法，计算各省的全要素生产率（见表5）。

表4　主要变量的描述性统计

变量名称	缩写	单位	均值	标准差	最大值	最小值
人均GDP	GDP	万元	4.4362	2.3502	12.904	0.99
全要素生产率	TFP	—	1.008	0.0818	1.584	0.76
老龄化率	OLD	%	9.63	0.0189	14.28	5.47
第二产业比重	IND	%	43.53	0.0929	80.56	28.302
第三产业比重	SER	%	46.15	0.0826	59.045	19.014
科技支出	TECH	亿元	84.436	105.52	823.89	3.76

① $K_{it} = K_{it-1}(1-\delta_{it}) + I_{it} \div P_{it}$，$\delta$为折旧率，采取固定值9.6%，$I$为固定总额，$P$为投资品价格指数。

续表

变量名称	缩写	单位	均值	标准差	最大值	最小值
教育经费	EDU	亿元	625.096	418.82	2575.52	48.81
工业所有制结构	OWNER	%	92.05	0.069	108.13	60.28
城镇化率	URBAN	%	54.72	0.132	89.61	29.12

表5　2008—2017年我国30个省份的全要素生产率均值

地区	effch	techch	pech	sech	tpfch
北京市	1.005	1.031	1.003	1.002	1.037
天津市	1.010	1.054	1.009	1.001	1.064
河北省	1.001	0.990	1.003	0.998	0.992
山西省	1.033	0.994	1.036	0.998	1.027
内蒙古自治区	1.007	1.052	1.005	1.001	1.059
辽宁省	1.039	1.010	1.040	0.999	1.050
吉林省	1.017	1.023	1.014	1.003	1.040
黑龙江省	0.981	0.990	0.979	1.002	0.971
上海市	1.000	1.032	1.000	1.000	1.032
江苏省	1.027	0.996	1.020	1.006	1.022
浙江省	1.019	0.997	1.022	0.997	1.016
安徽省	1.011	0.990	1.007	1.003	1.001
福建省	1.004	0.999	1.003	1.001	1.003
江西省	1.025	0.990	1.023	1.002	1.015
山东省	1.019	0.993	1.006	1.013	1.011
河南省	0.995	0.990	1.000	0.996	0.986
湖北省	1.000	0.990	1.001	0.999	0.991
湖南省	1.010	0.990	1.009	1.001	1.000
广东省	0.990	0.999	1.000	0.990	0.988
广西壮族自治区	1.028	0.990	1.026	1.002	1.018
海南省	0.991	0.990	1.000	0.991	0.982
重庆市	1.026	0.990	1.022	1.004	1.016
四川省	1.022	0.990	1.022	1.000	1.012
贵州省	0.985	0.990	0.976	1.009	0.975
云南省	0.945	0.990	0.937	1.009	0.936
陕西省	1.011	0.990	1.008	1.003	1.001
甘肃省	1.014	0.990	1.022	0.992	1.004
青海省	0.960	1.015	1.000	0.960	0.974
宁夏回族自治区	0.991	1.029	1.010	0.982	1.020

续表

地区	effch	techch	pech	sech	tpfch
新疆维吾尔自治区	0.962	0.998	0.950	1.013	0.960

注：由于 DEAP 软件不显示第一年数据，因此全要素生产率计算 2008—2017 年。

（三）实证结果分析

对于面板二值选择模型，存在固定效应模型、随机效应模型和混合回归模型三种估计方法。首先，通过豪斯曼检验来确定是采用固定效应估计方法还是随机效应估计方法，结果显示接受原假设①，即研究数据更适合建立面板随机效应模型。然后，进行 LR 检验来确定采用随机效应还是混合回归模型，结果显示，在 1% 的显著性水平上拒绝原假设，即随机效应优于混合回归。因此，本文采用随机效应估计方法进行估计（如表 6 所示）。

表 6　面板随机效应模型估计结果

变量	(1) y	变量	(2) y
TFP	188.556 * (111.24)	TECH	-0.3522 ** (0.172)
OLD	1350.213 *** (427.1)	EDU	0.224 ** (0.1)
IND	4247.5 ** (1808.14)	OWNER	-92.102 (60.91)
SER	4236.47 ** (1866.81)	URBAN	349.696 ** (164.31)
_cons	-4814.326 ** (2115.17)	lnsig2u	5.5623 (0.8344)
LR test of rho = 0：chibar2 (01) = 13.17　　Prob > = chibar2 = 0.000			

注：***、**、* 分别表示在 1%、5%、10% 水平上是显著的，括号内是标准误。

表 6 的回归结果显示，变量全要素生产率 TFP、老龄化率 OLD、第二产业比重 IND、第三产业比重 SER、科技支出 TECH、教育经费 EDU 和城镇化率 URBAN 均通过了显著性检验，所有制结构 OWNER 未通过显著性检验。全要素生产率在 10% 的水平上显著，但系数较大；老龄化率在 1% 的水平上显著且符号为正；第二、第三产业比重，教育经费和城镇化率的系数在 5% 的水平上显著且符号为正；科技支出在 5% 的水平显著，符号为负但系数较小，仅具有统计意义。研究结果表明，全要素生产率的提升、老龄化水平的提高、

① 豪斯曼检验结果：$chi2(4) = (b-B)'[(V\_b-V\_B)\hat{}(-1)](b-B) = 0.00$　$Prob > chi2 = 1.0000$。

第二和第三产业比重的增加、教育经费的增加、城镇化率的提高均有助于中国各省份跨越“中等收入陷阱”。

四、结论

（一）我国各省份均处于中等偏上收入阶段，但各省份发展不均衡

根据联合国公布的2017年经济体收入阶段标准，我国内地31个省份的人均GDP均高于3955美元，处于中等偏上收入阶段。其中，北京市、上海市、天津市、江苏省已经进入高等收入阶段，这些省份均在15年内成功跨越中等收入阶段，并未陷入中等收入陷阱。福建省、广东省、浙江省和山东省的人均GDP在1万美元上下，即将进入高等收入阶段，这四个省份在中等收入阶段停留的时间较长，平均为18年。内蒙古自治区、重庆市、湖北省和陕西省发展势头强劲，这四个省份起点较低，进入中等收入阶段时间较晚，但发展较为迅速，平均在中等收入阶段停留了14年。吉林省、辽宁省、河北省、新疆维吾尔自治区和黑龙江省发展速度放缓、发展动力不足，这五个省份起点较高，在2001年前后已经进入中等收入阶段，但是后续发展势头不足，平均在中等收入阶段停留了16年，甚至会更久。其余的14个省份起点较低，平均在2005年前后进入中等收入阶段，发展速度平缓，大部分在中等收入阶段停留了12年左右。

（二）全要素生产率推动着中国经济发展

本文实证结果显示，TFP对我国经济发展起到重要的正向作用，即全要素生产率推动了我国经济发展，有助于中国各省份跨域“中等收入陷阱”。全要素生产率、制度改革、经济结构调整等因素对中国经济发展起到了重要的促进作用。随着中国改革开放的不断深化，经济从高速增长转为高质量增长的关键是提高全要素生产率。老龄化率与各省份经济发展呈现正向相关关系，即老龄化比重提高是各省份经济发展的一般结果；第二产业比重提高对于我国经济发展起到重要的正向作用，第二产业具有扩大就业、增加出口，为人们生产生活提供产品的作用；第三产业比重提高对于我国经济发展起到重要的正向作用，第三产业具有优化产业结构、扩宽经济发展空间，推动第一、第二产业发展的作用；教育经费增加对于我国经济发展具有重要的正向作用，加大教育投入有利于增强师资力量，改善教学环境，提高办学水平，培养一批高素质人才；城镇化率提高对于我国经济发展具有重要的正向作用，城镇化水平提高有利于改善人们生活水平，提高人们生活质量，促进社会和谐稳定。

中国“核心消费”对供给有效性的机理关系决定

——供给侧改革的辩证唯物主义与整体主义思考

龙斧[①]　傅征[②]

(武汉大学)

一、西方供给侧理论的逻辑链条与政策核心

供给侧改革是中国“十三五”时期经济发展模式的一个重要转型，其任务之一就是提高经济结构中的供给有效性。“供给侧”概念和理论都源于西方经济学。中国今天面临的供给侧问题与西方供给侧理论所针对的问题相同吗？这个供给侧改革应由西方理论来指导吗？中国供给有效性仅仅是供给侧本身的问题，还是与需求侧也有内在联系？它与中国经济结构中长期存在的“消费内需不足”又有什么关系？不从辩证唯物主义、整体主义角度对这些问题加以分析、理解，不抓住中国供给有效性低下的结构性原因，不揭示出中国消费需求结构与供给有效性的机理关系，简单套用西方供给侧理论与政策，不仅会使中国供给侧改革无的放矢，而且供给有效性的提高也只能是南辕北辙。

很显然，西方供给侧经济学及其理论只不过是解决资本主义经济“周期性”问题的一个权宜性、历史性产物而已，而依靠资本和市场的决定作用来解决这种决定作用本身所产生、制造和引发的问题，本身在逻辑上就是一个悖论。既然西方供给侧理论连自身经济结构中的市场均衡问题都无法解决，它又怎能成为解决中国经济发展模式及其供给有效性问题的灵丹妙药呢？

二、中国供给侧改革与西方供给侧理论的差异性

中国供给侧问题不仅与美国20世纪80年代的问题性质和领域不同，而且作用因素和条件也不相同。简单套用、引用西方供给侧经济学来解决或解释中国经济结构中的供给问

---

① 龙斧(英文名:Frank Long,美籍),武汉大学战略决策研究中心主任、教授、博士生导师,杜克昆山大学经济管理学教授。

② 傅征,武汉大学政治与公共管理学院副教授,经济学博士,本文通讯作者。

题无异于刻舟求剑、缘木求鱼。

（一）理论差异性

中国的供给侧改革思想与西方供给侧理论在内涵和逻辑结构上具有本质差异性。西方供给侧理论针对其投资疲软、经济滞胀，强调供给决定需求、决定发展、决定均衡，强调这个决定要依靠供给侧一端资本的不断市场投资来实现，并因此认为政府要降低税收、减少福利、放开市场、去掉社会（政府）对资本的任何限制。而中国的供给侧改革，从其“三降一补”政策看，主要针对的是投资过剩、积累过多、发展过热的“供给有效性”问题。显然，西方供给侧理论不仅无法解释中国“供给有效性”或其他供给结构性问题，也丝毫没有针对或解决中国经济结构中“供给有效性”的初衷。甚至可以说，它所针对的经济学问题与中国供给侧改革所针对的经济学问题恰恰相反。后者正是要解决西方供给侧经济学所强调的资本（投资、供给）决定市场、决定资源配置在经济结构中所带来的恶性循环问题。这样看来，简单套用西方理论解释中国供给（侧）问题甚至来指导其供给侧改革只能是削足适履，而套用其政策手段解决中国供给侧问题更是引足救经。

（二）投资与消费问题差异性

中国提出供给侧改革后，不少研究从西方供给侧理论出发，不仅提出中国用高投资拉动经济增长，而且认为加大投资就可以解决中国消费内需不足（林毅夫，2016，2014，2012），强调加大投资就能增加就业，增加就业就能刺激消费，似乎投资、就业与消费需求之间只有简单线性关系。然而，“以投资拉动增长、拉动内需”是西方国家刺激需求的一个典型发展模式并在一定条件下产生了效应，为什么在中国却总是同源异流呢？中国投资率长期高于世界平均水平，1998 年后又多次提出“以投资拉动内需”并以加强信贷、宽松货币等为主要手段。尤其是 2008 年国际金融危机后，中国更是提出投资四万亿元以拉动内需的举措①。然而，这种投资产生的就业增加和购买力无非引起消费总量的简单增加，对解决 GDP 中消费率低下（内需不足）本身不起丝毫作用。如果不改变中国现有“核心消费”市场作用下的家庭消费方式和消费结构，这个消费总量的简单增加充其量只是加大中国“消费内需不足”的经济规模从而使其更加凸显和严重。

（以下数理和计量推证分析省略）

显然，用增加投资、提高就业数量解决中国消费内需不足（消费率低下）并非因事为

---

① 实际商业投资增加额高达 15 万亿元，详见：《保经济增长 全国多个地方继续加码投资力度》，《上海证券报》，2008－11－20（007）。

制；以“投资拉动内需”来解决中国供给侧结构性问题（如投资过热、存量过多）或消费内需不足犹如扬汤止沸甚至抱薪救火。

（三）针对问题差异性

中国供给侧改革提出的“三去一降”，无不针对供给结构中投资过剩、过多和资本形成率过高、过快问题。从“去产能”看，中国钢铁、水泥、煤炭、汽车、纺织、电力等诸多行业的产能过剩，集中反映供给（侧）一端投资过剩特征。从“去库存”看，库存过剩无一不与资本投资的盲目性、逐利性以及利益驱使的流动性、集中性紧密相关。显然，在经济发展模式中如果把资本的杠杆作用推向极端，把市场（投资）决定推向极端，把“激活货币存量”推向极端，资本形成率过高过快就在所难免，供给投资成本高、供给有效性低就在所难免，而供给与需求的失衡就更是在所难免。

（以下差异性分析省略）

三、中国投资与消费的结构性机理关系

从方法论科学性和理论实践性看，如果说中美供给侧问题具有各自特殊性因而一方不能简单使用另一方的解决方法，那么供给侧与需求侧之间的结构与辩证关系则往往具有普遍性。而这个带有普遍性的辩证关系正是西方供给侧经济学所“忽略”的。

（一）（供给侧）投资与（需求侧）消费的结构性辩证关系

首先，从整体主义、辩证唯物主义方法论看，投资和消费的比例合理性蕴含相互作用的辩证关系。

其次，造成上述中国供给有效性问题的“过热”“过高”“过快”“过剩”到底是相对什么而言的呢？这些“过”又以什么为衡量依据呢？当然是需求。无疑，投资只有通过需求（侧）有效作用才能转化为价值实现，如果投资产生的生产价值无法通过有效、合理消费需求转化为经济效益，供给一方的这些“过”是必然结果，有效性无从谈起。因此可以说，中国供给（侧）的有效性与需求（侧）的合理性具有不可忽视的内在辩证关系，而这个关系是供给（侧）有效性的最根本衡量。这样看来，只有从辩证唯物主义、整体主义、结构主义来分析这个关系，才能揭示中国“内需不足”的根本性原因及其对供给（侧）有效性的机理性影响。

（以下数理和计量推证分析省略）

（二）GDP、家庭收入、储蓄、消费需求与供给侧的结构性辩证关系

改革开放40年来，中国经济持续增长、家庭收入不断提高与消费内需不足的长期并存已构成其发展模式中一个常态化特征。从需求侧看，是什么结构性关系产生了家庭收入增长—消费下降—储蓄率上升这个“三合一”效应呢？从供给侧看，这个效应又怎样对中国供给有效性产生机理性影响呢？

给定经济发展、家庭收入、就业水平、物价指数、投资规模等条件因素，无论是凯恩斯的绝对收入理论还是杜森贝利的相对收入理论，无论是贝里罗、扎德斯预防性储蓄假说还是霍尔随机假说，对这个具有中国特色的“消费内需不足”都难以准确、全面加以解释。可以说，这种投资不断扩大、GDP持续增长、物价相对稳定、收入直线提高、储蓄不断上升与消费长期不足的同时发生，已构成中国经济发展模式中的一个结构性常态，对供给有效性产生影响。

（以下SE机理关系构建的数理和计量推证省略）

对此，本研究基于凯恩斯“消费函数”理论和“核心消费决定论”（见下文）框架，检验在核心消费作用下家庭消费类型、比例对供给侧的约束关系，GDP增长、投资与消费需求的机理关系，核心消费与日常、边际消费的制约关系，以及核心消费与家庭收入—支出—储蓄的机理关系，揭示这四大关系不仅导致供给侧、需求侧结构性的恶性循环，而且对“供给有效性”产生影响和决定作用。

四、中国供给（侧）有效性的投资与消费机理关系决定

（一）消费类型、比例和约束关系对供给有效性的决定

根据“核心消费决定论”和莱宾斯坦“功能和非功能需求理论”以及中国消费需求结构与特征，从宏观经济看，家庭消费需求受制于收入等市场机制作用；而从市场学和消费行为学看，它又受制于消费习惯、方式、种类、频率、重要性、价格等。这些因素之间又相互影响、交叉作用，不同种类消费品之间可因价格、偏好、需要等因素而存在互补或替代关系。但核心消费的出现降低甚至有时取代市场机制的作用，形成了新的结构性消费需求约束关系。

（以下SE决定的数理和计量推证分析省略）

（二）投资上升、GDP增长与消费需求机理关系对供给有效性的决定

近30年来，西方许多国家在住房、教育、医疗、社保领域的公益化、事业化和社会

保障化趋势不断加强（龙斧、傅征，2017）。与此对应，中国这些原来的社会公益、事业、保障领域向私有化、资本化、商业化、市场化、产业化迅速转型，形成一个新的巨大私有、商业资本投资领域。

（以下 SE 决定的数理和计量推证分析省略）

（三）核心消费价格与日常、边际消费价格机理关系对供给有效性的决定

1. 价格双重决定

由于核心消费的必要、必须、必然消费性质、不可替代性质和消费行为无差异性性质，其价格的持续上升、超高和坚挺对日常、边际消费直接产生挤出效应。前者价格越高、坚挺越长、上升越快，这个挤出效应就越大、供给有效性就越低。无论 GDP 怎样增长、家庭收入怎样上升、CPI 怎样控制，都无法抵消这个挤出效应，除非家庭收入的增长绝对值（而非增长率①）高于住房、教育、医疗、社保价格的集合增长绝对值（而非增长率）。鉴于此，我们设核心消费价格为 P_1，日常、边际消费价格分别为 P_2、P_3。这里，核心消费价格对日常、边际消费产生两大结构性决定：①核心消费价格越高，日常、边际消费就越低；②核心消费价格越高，日常、边际消费的价格也就越高，这又反过来影响日常、边际消费，形成核心消费价格对日常、边际消费的双重决定。

（以下 SE 决定的数理和计量推证分析省略）

2. 价格刚性决定

日常、边际消费品价格的变动本应对其消费数量、种类、频率和消费者偏好产生影响。比如，消费品生产成本的降低、数量和种类的增加、供给的上升，本应通过市场机制作用引起日常、边际消费价格的相对下降，即供给通过价格弹性（如物价降低）作用于日常、边际消费数量需求（如消费率上升）。然而由于核心消费价格的超高（相对中国普通居民实际可支配收入）以及上升后的向下刚性，这一效应极大丧失。即使日常、边际消费品生产成本下降、供给增加，其价格也不相应下降。

（以下 SE 决定的数理和计量推证分析省略）

3. 价格的消费行为决定

由于核心消费价格持续上升或坚挺，即便日常、边际消费价格的相对下降也不带来消费频率、种类、数量的上升。毕竟，这个下降幅度根本无法抵消核心消费所造成的消费压

---

① 当前有些研究以平均家庭工资收入增长率高于房价平均增长率来说明消费者实际不存在买不起商品房的论点存在合理性问题。首先，它忽略了增长率与绝对增长值的不同；其次，它忽略了房价与工资基数差异性及其带来的增长绝对值的差异性，以及收入—支出比变化衡量上的量纲差异性。

力和消费心理、行为效应（这也部分解释了为什么中国消费商品琳琅满目、品种众多，有些甚至价格降低，也未能使消费上升）。

（以下 SE 决定的数理和计量推证分析省略）

4. 价格的几何效应决定

核心消费价格（如房价）的一般上涨都会引起日常、边际消费品价格的成倍数上涨。这样，核心消费价格一方面对日常、边际消费程度、数量、种类、频率等产生挤出效应，另一方面又通过市场机制对后者价格产生这种具有“几何效应”的影响，即核心消费价格的一般上涨会导致日常、边际消费价格的倍数（δ）上涨从而对日常、边际消费再次产生挤出效应。

（以下 SE 决定的数理和计量推证分析省略）

上述核心消费价格四个方面产生的多元、交叉决定形成了对中国需求（侧）与供给（侧）结构及其市场供求关系的第三个扭曲，在其作用下，投资不断加大、消费持续疲软的综合征无疑对以消费需求为衡量的供给有效性产生直接影响。

（四）核心消费与收入—支出—储蓄机理关系对供给有效性的决定

根据一般消费函数理论，家庭收入与日常、边际消费种类、数量、频率成正向关系，即市场机制通过收入弹性作用于消费需求。然而，一方面，由于核心消费在家庭收入支出中超比例上升，收入持续增长并未带来相对应的需求效应。毕竟，家庭收入的年增率、年增值在核心消费面前都微不足道。另一方面，由于核心消费占家庭收入支出比例上升，家庭收入增加部分里的储蓄也因此超比例、非正常上升，形成对收入与储蓄正常比例关系的影响。可以说，把收入增长部分的绝大部分甚至全部储蓄起来以应对具有必须、必要、必然性质的核心消费压力已经成为中国最广大消费者的一个规范性经济行为，而这个规范性正是核心消费结构性常态作用的结果。核心消费对家庭收入—支出—储蓄关系的上述双重效应形成对中国需求（侧）与供给（侧）结构及其市场供求关系的第四个扭曲，而这个扭曲对供给（侧）有效性产生直接影响。

（以下 SE 决定的数理和计量推证分析省略）

五、供给侧改革要坚持整体主义和唯物主义方法论指导

（一）中国“供给（侧）”问题与西方问题的不同与相同

本文表明，中国供给侧改革强调要提高供给有效性，与西方供给侧理论所针对的问题

性质不同。实际上，中国与西方不仅供给侧问题不同，供给侧、需求侧结构不同，供给侧结构性问题的性质不仅不同而且恰恰相反。西方供给侧问题在于投资疲软、失业上升、发展滞缓。而中国供给侧问题从表面上看是投资过剩、生产过剩，但由于这个供给过剩只能是相对于需求而言，因此中国供给有效性问题的一个本质特征就是 GDP 不断增长、就业不断增加、收入不断上升条件下产生的供给过剩、需求不足。

（以下理论分析省略）

（二）供给有效性四大决定的中国特色

（以下理论分析省略）

（三）供给有效性的政治经济学本质

（以下理论分析省略）

国家粮食安全问题探析

陈燕①
（福建省社科院）

一、新时代中国粮食安全的特殊意义

新时代粮食安全关乎社会主要矛盾新变化的新方位。我国农业领域由过去的粮食供给总量不足转为粮食供给和需求的结构性矛盾。农业主要矛盾的变化要求我们在继续推进粮食供求总量平衡的基础上，着力解决好质量效益增长和结构性矛盾，从数量安全向质量安全转变。新时代粮食安全关乎全面深化改革的成败，扎实推进全面深化改革工作，需要将粮食安全问题置于首要地位。粮食产业是稳民心安天下的产业，粮食不出大的问题，国家就不会乱。

新时代粮食安全关乎人民对美好幸福生活的新向往。以生产粮食为主体的农业贯穿整个国民经济中的产业链条最长的基础产业。马克思揭示了物质生产力是全部社会生活的物质基础，是最活跃最革命的因素，是社会发展的最终决定力量。物质的丰裕和充盈是美好生活向往得以实现的物质基础。唯有粮食安全，才能为人民对美好生活的向往提供品质安全的农产品供给保障、品质安全的食物保障和健康安全保障。粮食安全越是得到保证，实现人民的幸福感、获得感就越充分，经济社会发展的以人为本属性就越能彰显。

新时代粮食安全关乎中国在百年未有之大变局中的新占位。中国粮食安全新时代，恰逢世界百年未有之大变局。中国的综合国力和国际地位正在迅速提升，以美国为代表的资本主义国家对迅速崛起的中国的恐惧和打压也前所未有。在这场前所未有的中美战争中，对中国农业的打压是最早最激烈最严重的。习近平总书记指出：“对粮食问题，要善于透过现象看本质，我们的立足点、着眼点是，绝不能买饭吃、讨饭吃，饭碗里必须主要装我们自己生产的粮食，我们的饭碗必须牢牢端在自己手里，粮食安全的主动权必须牢牢掌

① 陈燕，经济学博士，福建社会科学院副研究员，福建论坛杂志社经济学编辑，研究方向为政治经济学、经济思想史。

控在自己手里。”

二、新时代中国粮食安全的新挑战

（一）粮食安全缺口越来越大的挑战

我国人口已接近14亿，我国每年需要消费的粮食总量不少于7亿吨，而我国每年的全国粮食总产量已经并将长期徘徊在6亿吨的水平线上。据统计，2017年，在粮食播种面积比上年减少124.1万公顷、减幅1%的情况下，粮食总产量达66160.7万吨，仍比上年增加117.2万吨，增幅0.2%。① 2018年，在粮食播种面积比上年减少1428万亩、下降0.8%的情况下，粮食产量小幅下降，粮食总产量65789万吨，比上年减少371万吨，下降0.6%，但全国粮食产量仍属于丰收年景。2018年是2004年以来的增产周期中的第四个高水平，也是连续第四年稳定在65000万吨以上水平。② 在粮食生产结束“连增”的同时，粮食进口开始了“连增”，2015年我国各大宗农产品进口量及与2014年相比的增幅如下：玉米为473万吨，增长82%；小麦为297万吨，增长0.05%；大米为335万吨，增长31%；大豆为8169万吨，增长14.42%；大麦为创纪录的1070万吨，增长98%；高粱也创纪录达到1069万吨，增长85%；此外，2015年还进口DDGS饲料682万吨，较上年增长6%；进口木薯937万吨，增长8.4%。③ 据中国海关统计数据显示，2016年我国进口谷物类农产品达到2199.7万吨，其中，作为主要粮食的大米、小麦和玉米进口总量超过了1000万吨。此外，还进口了484.6万吨食糖、688.4万吨食用植物油，我国对于食用油籽进口依赖尤其严重，进口总量达到8952.9万吨，大豆占据其中绝大部分，高达8391.33万吨。④ 这些进口粮食大都来源于美国。2018年我国粮食进口继续保持高位，总量合计达到1.085亿吨，我国每年不少于1亿吨的粮食进口已不可逆转。美国还控制着世界四大粮商中的前三个，对美国之外的粮食生产也有绝对的掌控能力。现在中国的粮食进口量越来越大，越来越向美国靠拢。由此可见，新时代中国粮食安全形势不容乐观，我们必须警钟长鸣。

（二）资源约束刚性越来越硬的挑战

影响粮食消费有两大主要因素，一方面是人口因素，我国人口数量在今后一段时期内

---

① 国家粮食和物资储备局主编：《2018中国粮食发展报告》，经济管理出版社，2018年版，第4页。

② 李经谋主编：《2019中国粮食市场发展报告》，中国财经出版传媒集团，中国财政经济出版社，2019年版，第3－4页。

③ 丁声俊：《以“供给侧”为重点推进粮食“两侧”结构改革的思考》，《中州学刊》，2016年第3期。

④ 毛学峰、孔祥智：《重塑中国粮食安全观》，《南京农业大学学报》（社会科学版），2019年第1期。

还将保持增长态势。另一方面是收入因素，收入的增长会促进消费升级，消费升级又会带来粮食需求结构的变化。收入增长的城镇人口数量在大幅度增加，导致消费结构迅速升级。新时代的中国粮食安全所面临的挑战是，粮食等主要农产品的需求增长是刚性的，资源约束是硬性的，粮食等主要农产品供求的紧平衡状态包含两个方面，总量紧平衡和结构紧平衡。然而，随着粮食产量增速的放缓以及人民生活水平快速提升带来的消费升级加快，形成了较大的粮食缺口。据测算，我国到2020年的粮食需求将达到1.4亿斤左右。从粮食供需结构来看，以往作为调剂进口的品种缺口问题较为突出，并有进一步扩大的趋势。2016年农业供给侧结构性改革中的“增加大豆，调减玉米”，即解决玉米生产过多而大豆生产过少的问题。然而在有限的资源约束下，增加大豆的种植面积必然会挤压其他作物的种植，而需求总量却在刚性的增长，这种供需之间的结构性矛盾在短期内很难得到有效解决。需求刚性增长、资源硬性约束与结构性矛盾三股力量扭在一起，相互交织，盘根错节，共同挑战未来中国粮食安全。

（三）制约因素越来越多元的挑战

影响和制约粮食安全的因素是多元的。一是居高不下的粮食生产成本的制约。当价格一定时，成本高，效益就低，生产者就没有积极性。为了提高农户的种粮积极性，政府采取了一系列强农惠农富农政策。然而，这种农业补贴政策难以完全抵消农业种植成本上升、效益降低的局面。从收益角度来看，农户种植效益偏低，并呈现下降的态势。而我国农业规模化和机械化程度都相对偏弱，在成本偏高的情况下还难以卖出好价钱。在成本不断上涨的背景下，收购价格却在走低，在种粮收益下降的同时也挫伤了广大农民种粮的积极性。二是农村人口结构变动带来的劳动力短缺的制约。城镇化进程的推进使大量农村劳动力向非农产业转移，使得从事农业生产经营活动的农村劳动力不断减少。2018年我国农民工总数达到2.88亿人，一些农村地区的劳动力外出务工率高达七至八成，留下务农的劳动力平均年龄超过55岁，劳动力的质量和数量堪忧，未来这种结构性短缺问题将日益突出。三是农业基础设施薄弱对农业生产的制约。农业基础设施建设投入不足，很多水利设施面临设备老化、年久失修的问题，农业灌溉设施配套不全，致使抵抗自然灾害的能力也不强。四是气象灾害频发的制约。我国平均每年因自然灾害损失粮食800多亿斤，因此，气候变化问题必须引起我们的高度重视。

三、新时代中国粮食安全的新战略

（一）要登高望远，充分认识粮食安全的战略重要性

粮食是一种非常特殊的生活必需品，是人们从事一切精神生产和物质生产的必要前提。党的十八大以来，习近平总书记坚持把保障国家粮食安全置于治国理政的战略高度，视为全党工作的重中之重，他强调指出："对粮食问题，要善于透过现象看本质。在我们这样一个十三亿多人口的大国，粮食多了是问题，少了也是问题，但这是两种不同性质的问题。多了是库存压力，是财政压力；少了是社会压力，是整个大局的压力。对粮食问题，要从战略上看，看得深一点、远一点。"① 我们要深刻领会习近平总书记讲话的精髓深意，在粮食安全问题上，要站在历史的高度上看未来，要从以人民为中心的视角谋发展，要时时刻刻绷紧粮食安全这根弦，守住"天下粮仓"，始终牢牢守住中国人的饭碗。粮食安全事关一个国家的粮食主权和国家主权。这是因为"我国有十三亿人口，如果粮食出了问题谁也救不了我们，只有把饭碗牢牢端在自己手里才能保持社会大局稳定。因此，我们决不能因为连年丰收而对农业有丝毫忽视和放松"。"我国耕地就那么多，潜力就那么大，在粮食问题上不可能长期出现高枕无忧的局面。因此，任何时候都不能放松粮食生产和对农业的支持。恰恰相反，我们要不断加大对农业的支持力度"。②

（二）要坚持底线思维理念，严守耕地保护红线

保障粮食安全，根本在耕地。严守 18 亿亩耕地红线，确保耕地实有面积基本稳定，合理调整土地利用总体规划，严格划定城市开发边界、永久基本农田和生态保护红线。永久保护基本农田，任何单位和个人不得擅自占用或改变用途。

充分认识传统农业生产方式的高代价性，加快转变农业发展方式，由追求产量向追求质量转变，走产出高效、产品安全、资源节约、环境友好的现代高效农业发展道路。坚持保护与治理并重，加快推进土壤重金属污染治理修复、流域面源污染治理等工作，不断优化农业生产生态环境，建设资源节约与环境友好的农业生产方式。面对耕地持续锐减、质量严重退化、土壤污染加剧、生态调节功能减退、基础地力后劲不足的严峻形势③，我们必须站在历史和全局的高度，坚决实行最严格的耕地保护制度，坚决守住耕地保护的"警戒线"，确保耕地在数量和质量上保持稳定。要依法依规做好占补平衡，坚决防止占多补

---

① 中共中央党史和文献研究院编：《习近平关于"三农"工作论述摘编》，中央文献出版社，2019 年版，第 87 页。
② 中共中央党史和文献研究院编：《习近平关于"三农"工作论述摘编》，中央文献出版社，2019 年版，第 67 页。
③ 中共中央党史和文献研究院编：《习近平关于"三农"工作论述摘编》，中央文献出版社，2019 年版，第 74 页。

少、占优补劣、占水田补旱田；坚持规范有序地推进农村土地“三权分置”和合理有序流转，坚决防止一些人以改革之名行占用耕地之实。切实明晰并保障农民的利益诉求，尊重农民意愿，维护农民的财产性权利，扎实有效落实支农强农惠农政策，切实降低各项农业补贴政策的兑现成本，积极降低农民生产粮食的成本，确保农民种粮有实实在在的好的收益，提高农民种粮的积极性、主动性和创造性。

（三）坚持战略定力，牢牢掌控国家粮食安全的主动权

尽管我们处在全面奔小康的道路上，粮食问题表面上看着已经不成问题了，然而我们仍不能有侥幸和懈怠之心，一旦出现粮食安全问题，将会面临非常被动的局面，势必会引发一系列连锁反应，从而动摇经济社会发展的根基。所以，习近平总书记反复强调，粮食安全既是经济问题，更是政治问题，事关国运民生，是治国理政的“定海神针”。有了这个“定海神针”，我们就有了战略定力。坚持战略定力，我们就能够抵御惊涛骇浪，保障天下太平；坚持战略定力，不管形势如何变化，中国人的饭碗都能够牢牢端在自己的手上，中国人的饭碗都能够装中国粮；坚持战略定力，在国际环境和国际贸易环境复杂多变的情势下，我们都能够牢牢把握和全面落实国家粮食安全战略不动摇；坚定战略定力，牢牢把握粮食安全的战略重点、战略方向和战略道路不动摇；坚定战略定力，切实做到稳大局、稳方向、稳道路、稳安全不动摇；坚持战略定力，担当作为，攻坚克难，破解瓶颈，久久为功。历史经验告诉我们，“手中有粮，心中不慌”。要始终树立粮食安全是经济社会发展大局基础的意识，确保粮食安全放在首位，体现的正是居安思危的忧患意识和驾驭全局的战略视野。没有粮食安全，就难言国家的安定团结，只有粮食安全有保障，国家的发展才有保障。粮食安全这根弦，任何时候都不能放松。

四、实现中国粮食产业的高质量发展

（一）实现粮食产业的高质量发展

粮食产业要实现从规模扩张向品质提升转变。第一，实施农业标准化生产，全面提升粮食综合生产能力。要全面推行粮食标准化生产模式，全程把控生产质量的各个环节，促进产地环境、生产过程、产品质量、包装标识等全流程标准化。第二，建立和完善粮食产业质量标准和监管体系。第三，推进绿色、优质农产品的发展。以市场为导向，加大研发投入，着力在粮食精深加工产品和功能性粮食产品方面提高供给水平。

粮食产业要加快转型升级，提升产业附加值。首先，要延伸粮食产业链。走市场化改革和科技创新之路，通过发挥市场在资源配置中的决定性作用，引导粮食产业走科技创新

发展之路，从而实现粮食产业结构的调整和优化，提高全要素生产率，促进“减本增效”。其次，重点要大力发展粮食服务产业体系。要推动粮食行业走细化、精品化、专业化发展方向，创新粮食产业发展新业态，探索粮食文化和旅游市场，推动一、二、三产业融合发展的模式。最后，大力推进粮食品牌化建设。不断改造提升“老字号”，深度开发“原字号”，努力打造一批国际知名的粮食品牌。同时，也要注重挖掘新品牌，特别是要注重推进区域公共品牌建设。

全面提升粮食治理现代化水平。促进粮食行政管理现代化。重视党政人才队伍建设，加强行业教育培训，锻造高素质人才队伍，提高粮食部门行业治理能力。管理机构需要理顺各自职责，提高粮食治理效率。与粮食相关的各类行政机关和事业单位在制度建设上要形成上下互通、左右衔接，在设计上要体现制度的严密性和科学性，注重发挥制度的合力，从而达到行政管理现代化的效果。

（二）构建高水平的国家粮食安全保障体系

构建更高层次的国家粮食安全保障体系。创新并完善粮食宏观调控，构建更加顺畅的粮食调控机制，不断在各级储备分工协同、吞吐联动上做出适当性的强化，保证市场信息的透明性，以公正公开的形式推进市场业务。进一步强化粮食质量监管，切实提升粮食供给质量。不断创新粮食质量安全措施与保障机制，借助信息化手段建立起更加完善的粮油产品质量安全追溯系统及查询系统，做好粮食质量档案管理相关工作，以便起到质量安全问题标本兼治的效果。进一步加强产销衔接，积极促进有效供给。通过和生产者签署产销合同来培养并提升粮食生产者的热情；以补贴、政策扶持的做法鼓励企业开展粮食产销协作工作；加大对粮食产销平台构建的重视程度，鼓励建立多种平台，依据引进优良、高产粮源，并帮助生产者打开销路的做法来提升粮食的供给平稳性。

构建更高质量的国家粮食安全保障体系。对外构建保障我国粮食安全的国际贸易体系。要注意对国内外“两种资源、两个市场”加以充分考虑，掌控好粮食进口的尺度，坚实做好食品质量控制工作。通过引进优质粮食种子并赋予科学种植方法的方式来进行增收。完善现有粮食产业相关法律制度体系，投资条约中要充分考虑到保障性投资规则，进而为粮食安全稳定发展提供制度保障。积极参与到世界范围内农产品贸易相关国际规则的制定过程中，积极参与到区域农产品贸易合作相关政策推动及谈判中。对内加快构建粮食产业链，重点控制好产业链关键节点。

构建更有效率的国家粮食安全保障体系。第一，适度扩大农业生产经营规模。要注重内部规模经济，也要注重外部规模经济，在粮食生产策略上做出实时调整，为粮食增产、提质提供必要支持。第二，建立顺畅高效的粮食流通机制。提升粮食流通设施现代化水

平，以现代化的发展思维对粮食物流网络体系进行优化，对物流节点进行科学布局，保证散粮运输渠道的畅通。第三，加快建设粮食物流枢纽和通道。夯实市场配置全国粮食资源的根基，积极着手信息化交易平台的构建，要充分了解消费者线上线下需求。大力推动“智慧粮食”计划的推展进程，竭力打造出符合现代社会发展的智能化粮库。积极建设各级粮食管理平台，强调网络连接和数据分享，有效增加系统信息间的互联和互通能力。

构建更可持续的国家粮食安全保障体系。第一，要以可持续发展的思维和方式来确保国家粮食安全。一是从“粮食安全”观念向“食物安全”观念转变；二是从“粮食安全”观念向“口粮安全”观念转变；三是粮食安全目标由“单一”化向“多层次周期性”的转变。第二，及时健全完善制度，建立一套完备高效的监管机制。应健全相关法律法规，确保高质量发展的可持续性。第三，突出绿色、生态、循环可持续发展模式。一方面必须确保粮食种植环境的安全系数，另一方面要坚持绿色、循环可持续发展。加快构建绿色农业生产体系，提高非转基因、绿色有机等高质量农产品的供给比例，推进农业产业走优质化、绿色化、特色化、品牌化发展之路。

宏观审慎监管指标体系：国外探索与中国实践

王春丽[①]

（福建社会科学院）

宏观审慎概念早在20世纪70年代就被提及，但一直处于前期摸索的阶段，并没有引起学术界的特别关注，其中关于宏观审慎监管的实施措施或手段，较长时间都没有具体论述。直至2000年，国际货币基金组织（IMF）在一个金融部门评估项目（FSAPs）中首次提出要采用宏观审慎指标（MPIs）对金融体系的薄弱环节进行评估，并于2006年正式公布了金融稳健指标（FSIs）。至此，作为宏观审慎监管的配套措施之一，宏观审慎监管指标体系开始进入公众视野，对其的探索研究也日益增多。2008年金融危机的爆发，使国际社会愈发认识到金融体系具有自身脆弱性，传统的微观审慎监管无法防范可能发生的系统性风险，随后有关宏观审慎监管的会议讨论和学术论文大量出现，宏观审慎监管理论及其指标体系由此建立起来。

一、宏观审慎监管指标体系的理论内涵

宏观审慎监管，从字面上理解，就是从宏观层面对金融体系乃至整个经济发展进行周密而慎重的监督管理。从内涵上理解，宏观审慎监管是与微观审慎监管相对应的一个概念，其中，微观审慎监管主要涉及银行稳健经营和单个银行对存款人的保护，在微观审慎监管看来，金融风险是外生的，各个金融机构之间不具有风险传导性和相关性，因此，通过实行针对单个金融机构自下而上的审慎控制方法，以确保单个金融机构是稳健的，就能实现由单个金融机构构成的整个金融体系的稳定。客观地说，在金融业发展的较长时期内，微观审慎监管还是能够满足相应的监管要求的。然则，伴随着金融创新步伐的加快，市场发现，即便单个金融机构符合微观审慎监管的要求，但由它们构成的整个金融体系却有可能是不稳定的，系统性风险对金融体系产生的负面效应逐步显现，传统的微观审慎监

① 王春丽，福建社会科学院，经济学博士，副研究员。

管已然无法满足金融体系稳定性发展的要求，宏观审慎监管开始浮出水面。宏观审慎监管最早出现可回溯到20世纪70年代，早期宏观审慎监管还只是作为一个术语或者概念被提及，并没有引起理论界过多的关注，直到2008年国际金融危机之后，理论界才开始全面认识到系统性风险的破坏力，开始开展针对以防范系统性风险为目标的宏观审慎监管研究。与微观审慎监管关注单个金融机构不同，宏观审慎监管关注的是整个金融体系，它认为金融机构的共同行为会产生内生性的系统性风险，这种系统性风险不仅会对金融系统造成损害（如大规模的金融服务中断），还会对宏观经济产生强烈的负面影响（如引发系统性危机），传统的微观审慎监管对这种负面影响巨大的系统性风险没有控制力，而宏观审慎监管实行自上而下的审慎控制方法能够将目标范围扩大到整个系统，增强金融体系的弹性和韧性，以防止风险的不断放大，从而维护金融体系的稳定。就此而论，宏观审慎监管的目标即为防范和化解系统性风险，保持金融稳定，这就要求监管部门要有对系统性风险进行监测和评估的能力。①

二、宏观审慎监管指标体系的国外探索

20世纪90年代末，亚洲金融危机爆发之后，伴随着宏观审慎监管理念在国际上日益受到重视，宏观审慎监管指标体系也得到极大发展。各国中央银行、监管当局以及包括国际货币基金组织（IMF）、国际清算银行（BIS）和金融稳定理事会（FSB）在内的国际和地区组织都试图运用一套指标体系来全面评估金融体系脆弱性。如国际货币基金组织的金融稳健性指标（FSIs）、美国金融研究所的金融稳定监测器（FSM）、新西兰央行的宏观审慎统计指标（MPI）等。

（一）国际货币基金组织的金融稳健性指标（FSIs）

金融稳健性指标（FSIs）是衡量一国金融机构整体以及作为金融机构客户的公司和住户部门的当前金融健康状况和稳健性的指标。它由国际货币基金组织与国际社会共同制定，旨在支持宏观审慎分析，评估金融体系的优势和脆弱性。相较于其他宏观审慎监管指标体系而言，金融稳健性指标起步较早，影响力也较大。该指标体系始建于1999年，正式发布于2006年，并于2013年进行了改进。指标覆盖面也从最初较为单一的金融机构财务指标逐步扩展到包括财务指标、宏观经济指标以及市场指标在内的全面评估指标体系。由于金融稳健指标的编制机构为国际货币基金组织与国际社会，因此，在指标设置过程中就兼顾了各成员国和地区性国际机构的差异性，并鼓励在进行金融稳健指标分析时，考虑

① 占云生:《宏观审慎监测指标与调控工具的选择:理论与实践》,《青海金融》,2017年第2期,第49－54页。

各国的特殊环境。其中，核心指标被认为适用于所有国家，鼓励类指标可以根据各国的具体情况制定。目前该指标体系共有52个指标，其中，核心类指标17个，鼓励类指标35个，两类指标针对的监管目标有所不同。核心类指标主要针对与金融稳定直接相关的存款吸收机构，指标覆盖了资本充足率、资产质量、盈利性、流动性、市场风险敏感度以及房地产市场等六个方面，旨在通过监测存款吸收机构的资本实力、资产的结构和质量以及对金融风险的暴露程度来衡量存款吸收机构的风险和脆弱性；鼓励类指标则针对包括存款吸收机构、其他金融公司、货币市场基金、保险公司、养老基金、非金融企业部门、家庭部门和房地产市场等在内的八类监管目标，每类监管目标的指标设置虽有所不同，但主要监测的内容大体一致，即这八类监管目标的负债和支付到期金融债务的能力，以此来衡量非金融部门和银行部门之间的宏观金融联系及其对金融危机的可能影响。如表1所示。

表1　国际货币基金组织的金融稳健指标（FSIs）

核心类指标		
存款吸收机构	资本充足率	监管资本/风险加权资产；监管一类资本/风险加权资产；一级普通股/风险加权资产；资本/资产；不良贷款减去准备金/资本
	资产质量	不良贷款/全部贷款总额；部门贷款/全部贷款总额；不良贷款条款
	盈利性	资产回报率；股本回报率；利差收入/总收入；非利息支出/总收入
	流动性	流动资产/资产总额；流动资产/短期负债；可用的稳定资金/业务所需的稳定资金
	市场风险敏感度	外汇净敞口头寸/资本
	房地产市场	住房价格同比增长率

资料来源：IMF Board Paper Modifications to the Current List of Financial Soundness Indicators November 13, 2013.

（二）美国金融研究所的金融稳定监测器指标（FSM）

金融稳定监测器（FSM）是美国金融研究所于2013年开发的一个用于系统分析金融稳定状态的指标体系，① 旨在通过衡量金融体系本身的稳健性来识别其潜在的脆弱性，以提防可能发生的金融危机。它的指标构成跨越了不同的地理区域、部门和度量方法，目前该指标体系大约有60个指标，主要划分为5个主要风险类别和18个子类别，5个主要风险类别分别是宏观经济、金融市场、信贷、资金/流动性以及传染性。其中，宏观经济风险主要通过经济活动、主权风险、通货膨胀不确定性和对外部门等子类别加以监测；金融市场风险主要通过波动性、利率风险、位置和资产估值等子类别加以监测；信贷风险主要

① 雷进贤：《中国宏观审慎统计指标体系构建研究》，《西南金融》，2017年第12期，第3－10页。

通过企业部门、家庭、金融部门等几个子类别加以监测；资金/流动性风险主要通过融资条件、市场流动性、资产负债表的流动性和中介等子类别加以监测；传染性风险主要通过共同危难、资产市场和互联性等子类别加以监测。指标监测结果最终被组织成一张热图（Heat Map），指标越接近红端，相对于该系列的范围风险就越高。指标越接近绿端，被测风险就越低。为了说明金融系统风险和脆弱性的变化，美国金融研究所每六个月发布一次监测数据更新，并会随着 FSM 性能测试情况，评估发展新的指标、数据和统计工具。① 如表 2 所示。

表 2　美国金融研究所的金融稳定监测器指标（FSM）

一级指标	二级指标	三级指标
宏观经济	经济活动	金融条件；经合组织主要指标；消费者信心；产出缺口
	主权风险	主权信用风险；基础财政收支；主权债务占 GDP 的比例
	通货膨胀不确定性	通货膨胀突发事件；通货膨胀波动
	对外部门	经常项目收支；外汇储备
金融市场	波动性	市场波动性；波动率平面
	利率风险	持续时间指数
	位置	投资者信心指数；净投机定位；新兴市场基金流
	资产估值	股票市场；商业地产房价；高收益信贷；国债期限溢价；市政信用
信贷	企业部门	企业债券利差；企业利用；非金融债务占国内生产总值（水平）；非金融债务占国内生产总值（变化）
	家庭	抵押贷款拖欠率；家庭债务服务率；家庭债务占国内生产总值（水平）；家庭债务占国内生产总值（变化）；储蓄占收入
	金融部门	贷款标准；银行规定；银行信贷风险；银行健康指数；金融债务占国内生产总值（水平）；金融债务占国内生产总值（变化）
资金/流动性	融资条件	泰德价差；美元资金；市场杠杆；流动性过剩
	市场流动性	金库开/关运行；交易量；未能交付；野村证券美元流动性指数；花旗市场流动性指数；企业债券的营业额
	资产负债表的流动性	公司现金；银行的流动资产
	中介	货币基金资产管理；货币基金价值分析；经销商库存
传染性	共同危难	新加坡股票交易所；COVAR 函数；DIP 融资；对冲基金制度转换
	资产市场	相互依存；资产收益的相关性；金融市场动荡
	互联性	主权银行反馈；美国银行对外宣称；银行甩卖溢出

资料来源：https：//www. financialresearch. gov/financial – stability – monitor/.

① https://www. financialresearch. gov/financial – stability – monitor/.

（三）新西兰央行的宏观审慎指标（MPI）

宏观审慎指标（MPI）是新西兰央行于2014年推出的一个用来评估金融系统风险的指标体系，它是新西兰央行经过一段时期研究探索制定的，旨在通过监测一系列指标，为其提供金融系统风险的评估信息，并协助评估相关政策的部署与反应是否适当。宏观审慎指标体系的评估结果会每季度更新一次，并通过图表的形式展示在公众面前。[①] 从指标监测目标来看，宏观审慎指标与金融稳健性指标、金融稳定监测器指标不同，它评估的并不是金融体系自身的健康状况和稳健性，而是直接监测与识别金融系统可能存在的系统性风险。MPI主要从总体财务风险、房地产风险、其他行业风险等三个方面来监测系统性风险，目前该体系大约有40个指标，其中，总体财务风险主要涉及信贷和资产价格、银行杠杆和风险承担、资金和流动性、金融市场环境等类别指标，涵盖指标数约为15个；房地产风险主要涉及房地产市场失衡、家庭资产负债表拉伸、贷款标准等类别指标，涵盖指标数约为14个；其他行业风险主要涉及农场市场失衡、农场资产负债表拉伸、商业地产失衡、企业资产负债表拉伸等类别指标，涵盖指标数约为11个。如表3所示。

表3 新西兰央行的宏观审慎指标（MPI）

一级指标	二级指标	三级指标
总体财务风险	信贷和资产价格	信贷占GDP缺口和信贷增长；按行业划分的信贷占GDP比率；按行业划分的资产价格增长
	银行杠杆和风险承担	银行资本与杠杆比率；银行的盈利能力；固定期限贷款利差；贷款标准的变化
	资金和流动性	净外债和经常账；信贷和存款增长；银行离岸资金；核心资金比率
	金融市场环境	银行融资利差；标准普尔500指数波动；美国企业债券利差；10年期公债收益率
房地产风险	房地产市场失衡	房价上涨；房价收入比；租金回报率；购房（新西兰）；购房（奥克兰）；房子价格预期；贷款用途承诺
	家庭资产负债表拉伸	家庭债务收入比率；债务还本付息率；抵押贷款总额和净额；抵押贷款和解
	贷款标准	担保品贷放率抵押贷款存量；新承诺的贷放率（平均值中位数以上）；非银行新抵押贷款份额；住房和个人贷款

资料来源：https：//rbnz. govt. nz/financial – stability/macro – prudential – indicators.

① https://rbnz. govt. nz/financial – stability/macro – prudential – indicators.

三、宏观审慎监管指标体系的中国实践

中国目前的宏观审慎监管指标体系是在原有的宏观审慎监管框架基础上发展起来的。为了适应金融市场快速发展和金融机构业务创新，更好地体现宏观审慎监管意图，中国人民银行从 2016 起将原有的宏观审慎监管框架——“差别准备金动态调整和合意贷款管理机制”进行了升级和完善，提出了融合跨部门和逆周期调节思路的宏观审慎监管框架——“宏观审慎评估体系”（Macro Prudential Assessment，MPA），以此来防范系统性风险，为维护金融体系稳定保驾护航。① 与此不同的是，MPA 是央行基于对宏观审慎监管理念深入探索，在借鉴国外金融审慎监管经验的基础上，所推行的一种宏观审慎监管指标体系，它的指标构成不再局限于简单的资本或资产质量情况方面，而是扩大到资本和杠杆情况、资产负债情况、流动性、定价行为、资产质量、跨境融资风险、信贷政策执行等七个维度，共计 16 项具体指标，如表 4 所示。

表 4　MPA 指标体系

一级指标	二级指标
资本和杠杆情况	资本充足率
	杠杆率
	总损失吸收能力
资产负债情况	广义信贷
	委托贷款
	同业负债
流动性	流动性覆盖率
	净稳定资金比例
	遵守准备金制度情况
定价行为	利率定价
资产质量	不良贷款率
	拨备覆盖率
跨境融资风险	跨境融资风险加权资产余额
信贷政策执行	信贷政策评估结果
	信贷政策执行情况
	央行资金运用情况

分析 MPA 在宏观审慎监管思路上的表现，可以归纳为以下几点：

一是加强对金融机构的逆周期调节。在 MPA 指标体系中，与逆周期监管思路相关的

① 尹振涛：《宏观审慎评估体系（MPA）概念之由来》，《金融博览》，2016 年第 2 期，第 36 页。

指标主要有资本充足率、杠杆率、流动性覆盖率、拨备覆盖率等指标。其中，资本充足率是 MPA 中的核心指标，是衡量金融机构风险预防能力的重要指标，对其考核要求是不低于宏观审慎资本充足率。在实际操作中，由于对宏观审慎资本充足率有严格要求，特别是要求商业银行在满足最低资本充足率要求 8% 的基础上，计提留存资本缓冲和逆周期资本缓冲，而逆周期资本缓冲的规模又根据广义信贷/GDP 偏离其长期趋势值的程度进行测算。杠杆率作为资本充足率要求的一种补充监管工具，不仅可以提升监管效率，还可以进行逆周期调节。MPA 中杠杆率的计算公式是金融机构持有的一级资本占调整后表内外资产余额的比率，对其考核要求是不低于 4%，略高于《巴塞尔协议 III》建议的 3% 的最低标准。流动性覆盖率作为银行合格的关键指标，用于度量短期（30 日内）单个银行的流动性状况，其计算公式为优质流动性资产储备与未来 30 日的资金流出量之比，对其考核要求是符合期间监管指标。拨备覆盖率作为抵御信贷风险的重要指标，对信贷资产扩张具有良好的逆周期调节效果，其计算公式为贷款损失准备与不良贷款余额之比，对其考核要求是不低于 150%。

二是加强对金融机构的跨部门跨区域监管。在 MPA 指标体系中，与跨部门跨区域监管思路相关的指标主要体现在对系统重要性金融机构的监管方面，如总损失吸收能力、系统性资本附加要求、净稳定资金比率、跨境融资风险加权资产余额等。其中，总损失吸收能力是对系统重要性金融机构进行资本监管的重要指标，主要通过减记或转股方式来吸收银行损失，以增强银行的风险吸收能力。它的计算公式为成本低于股权资本的各类资本或债务工具的总和，对其考核要求是占风险加权资产的最低比率和最低杠杆率。[①] 系统性资本附加要求也是对系统重要性金融机构进行资本监管的重要指标，在 MPA 中主要内设于资本充足率的指标之内，对其考核要求是增加 1% 的附加资本。净稳定资金比率是《巴塞尔协议Ⅲ》为强化对金融机构的宏观审慎监管，除了流动性覆盖率所引入的另一流动性监管指标，它的计算公式为可用的稳定资金与业务发展所需资金之比，对其考核要求是不低于 100%。跨境融资风险加权资产余额是约束系统重要性金融机构跨境融资风险的一项重要指标，它的考核内容包括外币贸易融资、表外融资（或有负债）和其余各类跨境融资。

三是 MPA 一些其他类型的指标。如广义信贷、委托贷款、同业负债、遵守准备金制度情况、利率定价、不良贷款率、信贷政策评估结果、信贷政策执行情况、央行资金运用情况分别是上述两类指标的有益补充。其中，广义信贷、委托贷款和同业负债三项指标都同时对全国性系统重要性机构、区域性系统重要性机构（一般为各省资产规模最大城商

---

① 鲁政委、王凤岩：《银行业研究：总损失吸收能力（TLAC）的框架及其内容》，www. eastmoney. com，2016 年 11 月 8 日。

行）、普通机构（一般为全国性股份制银行或各省非资产规模最大的机构）等三类金融机构的资产负债进行了增速监管，这中间既蕴含有逆周期调节理念，也融合了跨部门调节的思路。与广义信贷、委托贷款和同业负债三项指标相似，不良贷款率的指标设置也具有同时约束三类金融机构的功能，反映了金融监管部门在原有微观审慎监管框架下，进一步强化对系统重要性金融机构进行监管的理念。而利率定价、信贷政策评估结果、信贷政策执行情况、央行资金运用情况是从制度建设和政策执行层面来加强对金融机构的监管，虽然这几项指标没有直接体现宏观审慎监管的意图，但它们适用于金融监管部门阶段性的制度与政策安排，也是符合中国国情的指标设置。

北京市人口老龄化对房地产市场价格的影响

徐雪　张文馨[①][②]

（首都经济贸易大学）

一、“人口膨胀”、住房改革与房地产市场供求分析

为研究北京市人口老龄化通过何种方式来影响房地产市场的价格水平，本文将从 20 世纪三次人口膨胀开始，探索老龄化的成因，并结合我国房地产市场改革与政府颁布的宏观政策调控，寻求二者之间的联系，构建相关的理论模型。

（一）人口膨胀

新中国成立以来，我国先后出现了三次较为严重的人口膨胀：1949—1958 年、1962—1970 年及 1981—1990 年。其中，前两次人口膨胀主要原因是社会稳定及人口受教育程度较低，直至 20 世纪 70 年代实行计划生育政策后我国的人口增长才逐渐得到控制；而第三次人口膨胀则属于结构性增长，是由第二次人口膨胀群体逐渐进入适婚年龄所致。而在观察北京市的出生率后可以发现，除第一次人口膨胀外，北京市的人口出生率一直低于全国水平，且波动趋势近似，因此可以认为北京市与全国拥有相同的人口膨胀时期。

新中国成立初期，20 世纪 50 年代、60 年代的两次人口膨胀为我国带来了较大的人口红利，推动社会各领域飞速发展，生活质量不断提升。然而，第一批人口膨胀群体现已进入老年期，第二批人口膨胀群体逐渐退出劳动力市场，人口红利消失的同时也意味着整个社会经济增长逐步放缓，进而抑制我国房地产市场的发展。不仅如此，青年人口数量的不断减少同样也会对住房需求产生影响。

---

① 基金项目：北京市教育委员会社科计划重点项目（SZ201810038023）阶段性成果。徐雪，首都经济贸易大学教授，长期从事国民经济学研究。

② 张文馨，首都经济贸易大学经济学院学生。

（二）住房改革

新中国成立后，在计划经济体制下，福利分房政策解决了20世纪大多数人民的住房问题，其中就包括了第一、第二批人口膨胀群体，使社会整体生活质量不断提高，并促进了其他领域的发展。然而，随着计划经济体制的弊端不断显现，我国发生经济体制转轨，伴随着1998年国家颁布的《关于进一步深化城镇住房制度改革加快住房建设的通知》的实施，我国房地产发展终于摆脱了福利分房政策的限制，建立起了适合市场经济的住房体制，推动了住房商品化。

2000年后，我国房地产市场经历了两次较大的宏观政策调控，分别是国务院在2008年出台的扩大内需、促进经济增长的十项措施（简称“国十条”）与2010年出台的抑制城镇住房价格上涨的十项通知（简称“新国十条”）。经历过房改的房地产市场价格在初期虽然没有产生较大的波动，但通过观察北京市的房地产价格变动情况可以看出，“国十条”与“新国十条”的颁布对房价的变动幅度产生了较为显著的影响，尤其是2010年后北京市商品房价格增速忽然放缓。可以说，宏观政策的调整也会改变住房消费者的决策，成为房地产市场波动的因素之一。

（三）北京市人口结构变化与房地产价格之间的关系

结合上述分析，本文将从1998年住房改革开始，分析并预测北京市1998—2008年、2008—2018年及2018—2028年三个时间段中人口结构、房地产宏观政策及福利分房等因素对房地产市场需求、供给的影响，试图得出北京市人口结构变化与房地产价格之间的关系。

1. 第一阶段：1998—2008年

在1998年到2008年期间，北京市房地产市场的需求主体主要集中在20世纪七八十年代的人群。在房地产改革初期，失去了福利分房政策，这些青年作为第一批涌入房地产市场的群体，没有过多的资产储备用于购买投机性住房，抬高房价；同时，作为计划生育政策实施后的第一批新生儿，70年代、80年代人群的人口数量较少，房地产市场不会出现购房需求的迅速增长。因此，在住房改革的最初5年内，北京市住房价格增长较为缓慢。直到2003年，我国再次发布了房改新政，伴随着住房贷款与投资性住房的兴起，购房需求大幅增长，住房价格开始不断上涨。在第一阶段，北京市人口老龄化现象并不突出，且住房消费者较少，证明人口结构对房地产市场的影响较小，且该阶段的主要影响因素为投机性购房。

2. 第二阶段：2008—2018 年

2008 年，国际金融危机爆发，为抵御世界环境对我国经济的冲击，我国颁布“国十条”，并计划投资四万亿元刺激内需，其中保障性住房建设约占四千亿元，通过扩大住房供给来刺激居民在房地产领域的消费。“国十条”颁布初期，城镇居民大多选择投资性购房，房地产市场需求在短时间内迅速增加，最终导致房价上涨。其中，2010 年北京市房地产价格增幅达到 29%，“国十条”刺激我国房地产市场的发展可谓立竿见影。而在 2010 年，国务院为抑制房价上涨过快，立刻出台了住房限购政策，限制了资本积累较多的劳动力群体的购房需求。然而，这一时期的住房需求并没有因为宏观政策变化而大幅度减少，这是因为在 2008—2018 年中，80 年代、90 年代的青年人进入适婚期，作为第三批人口膨胀人群，大量刚性需求不断涌入房地产市场，促进住房需求的增长，使得房价进一步上涨。在第二阶段，“新国十条”中的住房限购政策虽然抑制了投资性住房需求的增加，但 2008 年“国十条”的出台以及第三批人口膨胀群体进入房地产市场依然推动了这一阶段北京市房地产市场价格的上涨。不仅如此，通过观察住房价格走势可以发现，限购令颁布后北京市的住房价格在几年内增速突然放缓，可见我国宏观政策对稳定房地产市场较为有效。

3. 第三阶段：2018—2028 年

2018 年后，“90 年代”“00 年代”人群进入房地产市场。由于人口出生率自第三次人口膨胀后保持下降趋势，此时住房需求较前两个阶段减少，新生人口数的减少将会抑制或降低住房价格。随着 20 世纪 50 年代的第一批人口膨胀人群逐渐离世，他们在 20 世纪福利分房阶段获得的住房将会面临三种情况：出售、传递给子女居住及出租。出售住房将会使房地产市场供给增加，抑制房地产市场价格上涨；受到中国家庭财富代际转移的传统文化影响，老年人群愿意将住房作为遗产传递给子女，而作为独生子女的“90”“00”人群将会成为继承者，其购买新房的需求将会进一步下降，同样也会导致住房价格的下降；针对第三种情况，老年人如若将房产出租给他人，同样也会吸引大部分第三批人口膨胀人群，面对过高的房地产价格水平，没有过多的资产储备的年轻群体愿意选择租赁房屋满足他们的住房需求，因此购房需求也会降低。除此之外，大批人口膨胀群体逐渐步入老龄社会的同时，“人口红利”也在逐渐消失，使得我国房地产的发展逐渐进入萧条期。

通过分析并预测三个阶段的人口结构变化与房地产市场价格，可以认为对于老龄化不断加重的北京，住房价格将会受到人口结构的抑制，并在今后的十年中逐渐下滑。基于我国现状，房地产市场中的住房供给、需求会从不同角度受到人口结构变化的影响，进一步改变住房价格。

二、实证分析

由上述分析可知，人口结构的变化能够影响房地产市场的供给与需求，进而决定住房价格的走势。因此，本文借鉴邹瑾（2015）与况大伟（2012）的理论框架，通过建立理论模型，确定影响房地产价格变动的具体因素，得到一般均衡情况下的房地产市场价格。

建模思路分为三步：第一，基于消费者效用最大化，构建房地产市场的需求模型；第二，基于开发商利润最大化，构建房地产市场的供给模型；第三，联立供求方程，得到影响房地产市场价格的相关因素，并提出本文的假说。

（一）房地产市场需求模型

简单起见，对单个消费者及其行为决策做出如下假定：

（1）人生分为幼年阶段、成年阶段与老年阶段，规定个人仅在成年阶段获得一生可支配收入，幼年、老年阶段仅作为消费者。

（2）理性消费者一生的消费品分为住房与日常消费品，并依据效用最大化原则进行消费决策，效用服从 CES 效用函数形式。

（3）人一生可支配收入全部用于购买住房与日常消费品。

首先，建立房地产市场的单个住房消费者的效用最大化函数。

由上述假设（2）与假设（3）可列出以下单个消费者效用最大化函数：

$$\mathrm{MAX}U = A\,(a_1 H^{\rho} + a_2 C^{\rho})^{\frac{1}{\rho}},(0 \neq \rho < 1)$$

$$\mathrm{s.\,t.}\, I = P_H H + P_c C$$

其中，H、C 分别为消费者一生购买的住房数量与日常消费品数量，P_H 与 P_C 分别为住房与日常消费品的价格，I 为消费者一生可支配收入。联立两式，求解消费者最优消费量即求解在预算约束条件下满足效用最大化的住房与日用品的组合数，即：

$$H = \frac{I}{P_H + (\frac{a_2}{a_1})^{\frac{1}{1-\rho}} P_C^{\frac{\rho}{\rho-1}} P_H^{\frac{1}{1-\rho}}}$$

其次，根据假设（1）建立人均可支配收入表达式：

$$I = \frac{\sum_{t=1}^{A} W_t\,(1 + i_t)^{A-t}(N - Y - O)}{N}$$

$$= \sum_{t=1}^{A} W_t\,(1 + i_t)^{A-t}(1 - y - o)$$

其中，A 是成年阶段的总年限，W_t 为 t 时刻的年工资收入，i_t 为 t 时刻的利率，N、Y、O 分别为社会总人数、年轻人总人数与老年人总人数，y、o 分别为幼年人口比重与老年人口比重。$\sum_{t=1}^{A} W_t (1+i_t)A-t$ 表示单个消费者一生所获得的总收入。

联立两方程，可得到房地产市场的总购房需求，即：

$$D = NH = \frac{\sum_{t=1}^{A} W_t (1+i_t)^{A-t}(1-y-o)N}{P_H + (\frac{a_2}{a_1})^{\frac{1}{1-\rho}} P_C^{\frac{\rho}{\rho-1}} P_H^{\frac{1}{1-\rho}}}$$

(二) 房地产市场供给模型

简单起见，对单个房地产商做出如下假定：

(1) 住房开发周期为 1 年。

(2) 房地产开发商具有理性预期，即预期住房价格与销售价格相等。

参考况大伟（2012）的理论，其假设房地产开发成本是开发量的严格凹函数。由上述假设可以列出单个房地产开发商的利润最大化函数：

$$MAX\ \pi_t = P_H^e h_t - C_t - r_t(FDI_{t-1} + B_{t-1})$$

$$s.t.\ C_t = A_{t-1} + FDI_{t-1} + B_{t-1}$$

$$C_t = c_{t-1} h_{t-1}^2 + F$$

其中，P_H^e 为预期住房价格，C_t 为 t 时刻房地产开发成本，r_t 为 t 时刻房地产贷款利率，FDI_{t-1}、B_{t-1}、A_{t-1} 分别表示 $t-1$ 时刻开发商所获得的外商投资、银行贷款及拥有资本。约束条件 $C_t = A_{t-1} + FDI_{t-1} + B_{t-1}$ 表示开发商在 t 时刻付出的成本为 $t-1$ 时刻所获得的总资本。

求解上式最优解，可得满足单个开发商利润最大化的住房提供量，即：

$$h_t = \frac{P_H}{2(1+r_t)\, c_{t-1}}$$

假设房地产开发商总数为 K，则可得到房地产市场的总购房需求，即：

$$S = F h_t = \frac{P_H K}{2(1+r_t)\, c_{t-1}}$$

(三) 房地产市场局部均衡

联立房地产市场总需求与总供给，可得：

$$D = S$$

$$\frac{\sum_{t=1}^{A} W_t(1+i_t)A-t(1-y-o)N}{P_H+(\frac{a_2}{a_1})^{\frac{1}{1-\rho}}P_C^{\frac{\rho}{\rho-1}}P_H^{\frac{1}{1-\rho}}}=\frac{P_H K}{2(1+r_t)\,c_{t-1}}$$

整理后得：

$$P_H{}^2+(\frac{a_2}{a_1})^{\frac{1}{1-\rho}}P_C^{\frac{\rho}{\rho-1}}P_H^{\frac{1}{1-\rho}+1}=\frac{2\,c_{t-1}(1+r_t)}{K}N\sum_{t=1}^{A}W_t(1+i_t)^{A-t}(1-y-o)$$

通过上式可以得到影响房地产市场价格 P_H 的因素：

$$P_H(o,y,W,i,r,P_C,N,K)$$

根据以上分析可以看出，由于 $0\neq\rho<1$，当老年人口比重 o 增加时，P_H 会减小。

据此，可给出命题：在其他条件不变的情况下，人口老龄化的加剧会对房地产市场价格产生抑制作用。

三、实证结果

（一）计量模型与数据

基于上述理论模型分析及数据的可得性，本课题将商品房销售均价设定为被解释变量，并选用了北京市16个城区2010—2017共8年的住房市场数据，其中16个城区包括东城、西城、朝阳、丰台、石景山、海淀、门头沟、房山、通州、顺义、昌平、大兴、怀柔、平谷、密云、延庆。在参考以往研究文献后，建立以下模型作为实证分析的基础。

$$\ln P_{it}=\beta_0+\beta_1\ln o_{it}+\beta_2\ln y_{it}+\beta_3\ln W_{it}+\beta_4\ln i_{it}+\beta_5\ln r_{it}+$$
$$\beta_6\ln N_{it}+\beta_7\ln C_{it}+\beta_8\ln K_{it}+\beta_9\ln I_{it}+\beta_{10}\ln GDP_{it}+\varepsilon_i$$

其中，i 代表城区，t 代表时间，P_{it} 代表商品房销售均价，o_{it} 代表老年人口占比，y_{it} 代表幼年人口占比，W_{it} 代表平均工资，i_{it} 代表存款利率，r_{it} 代表贷款利率，N_{it} 代表总人口数，C_{it} 代表房地产开发成本，K_{it} 代表房地产开发商数，I_{it} 代表房地产开发投资，GDP_{it} 代表国内生产总值。同时，老年人口占比、幼年人口占比、平均工资、总人口数、房地产开发商数、房地产开发投资、国内生产总值数据来自《北京区域统计年鉴》；存款利率、贷款利率数据来自中国人民银行；商品房销售均价来自北京市房产网统计数据。需要强调的是，由于房地产开发成本无法直接获得，本课题选取房地产市场营业收入、利润以及房地产开发商数，通过计算最终求得单个房地产开发商的开发成本，即：

$$\text{房地产开发成本}=\frac{(\text{房地产总收入}-\text{利润})}{\text{房地产开发商数}}$$

不仅如此，本课题对商品房销售均价、平均工资、存款利率、贷款利率、房地产开发成本、房地产开发投资及国内生产总值都与历年居民消费价格指数进行消涨处理。除此之外，为消除量纲不同所造成的影响，本课题也对部分变量进行对数化处理，使数据之间存在可比性。

本课题主要研究北京市人口老龄化对房地产市场价格的影响，考虑到北京市房地产市场实际情况，不同城区的人口结构、住房平均价格水平及增长幅度相差较大，本课题选用面板数据进行估计。其中，各变量描述性统计见表1。

表1　变量描述性统计

变量名	符号	均值	标准差	最小值	最大值
商品房销售均价对数	$\ln P$	10.118	0.6103441	8.99066	11.65542
老年人口占比对数	$\ln o$	2.308676	0.2187716	1.764706	2.786012
幼年人口占比对数	$\ln y$	2.305416	0.1150883	2.01599	2.489624
平均工资对数	$\ln W$	11.21623	0.3780102	10.40444	12.12467
存款利率	i	2.39953	0.6522236	1.472031	3.077652
贷款利率	r	5.284846	0.6919012	4.268891	5.975379
总人口数对数	$\ln N$	4.577287	0.7883391	3.367296	5.980151
房地产开发成本对数	$\ln C$	0.683894	0.6826908	-.8043947	2.246287
房地产开发商数对数	$\ln K$	5.060446	0.7648038	3.663562	6.577861
房地产开发投资对数	$\ln I$	4.867482	1.1215	1.751542	6.685382
国内生产总值对数	$\ln GDP$	6.372609	1.193812	4.190919	8.671114

（二）数据分析

由于本课题选择的是短面板数据，因此数据平稳性对回归结果影响较小，可直接进行回归估计。首先，对面板数据进行混合回归、固定效应估计、随机效应估计，观察回归结果可以发现面板数据个体效应显著，且F检验、LM检验均显示拒绝混合回归估计结果，证明固定效应模型与随机效应模型优于混合模型。其次，通过豪斯曼（Hausman）检验，得出在5%置信度下固定效应回归优于随机效应回归，因此本课题最终选取固定效应模型进行分析，并得出如下回归结果（见表2）：

表2　面板估计结果

变量	系数	标准差	t统计量	p值
老年人口占比对数	-0.6005336	0.2959706	-2.03	0.045
幼年人口占比对数	0.2752296	0.265755	1.04	0.303
平均工资对数	0.388457	0.2744263	1.42	0.160
存款利率	0.5970144	0.3286603	1.82	0.072

续表

变量	系数	标准差	t 统计量	p 值
贷款利率	-0.6801253	0.3344332	-2.03	0.045
总人口数对数	-0.1016966	0.4297398	-0.24	0.813
房地产开发成本对数	-0.023941	0.1099913	-0.22	0.828
房地产开发商数对数	-0.4620727	0.2591395	-1.78	0.078
房地产开发投资对数	-0.0804065	0.042465	-1.89	0.061
国内生产总值对数	0.8236982	0.3595135	2.29	0.024
截距项	6.637129	2.768253	2.40	0.018
R^2	0.865			

根据固定效应模型回归 $R^2=0.865$ 可认为面板数据回归拟合优度较高。

（三）计量结果分析

基于上述回归结果，具体分析如下：

（1）老年人口数与房价成负相关关系，即老年人口比重的增加会引起房地产市场价格的减小，且作用效果较强：每增加 1 单位的老年人口占比，房地产价格将会减少 0.6005336 个单位。不仅如此，工资水平、北京市生产总值也会对房地产市场价格产生影响，随着工资水平的上升、生产总值的增加，房地产市场的价格也会随之增加，这说明了伴随着社会的不断发展、经济增长与人民支配收入的增加，房地产市场也将越发活跃，购房需求增加，最终表现为住房价格的上升。存款利率与房地产价格成正相关，伴随着存款利率的上升，人们会选择存款以获得更多利润，因此减少购房需求。贷款利率与房地产价格呈负相关，贷款利率的不断上升将会抑制人们的贷款购房的需求，使住房价格下降。同时，房地产市场开发商数量、房地产投资也会对市场价格具有反作用：开发商数量的增加、投资额的增加都会促进房地产供给增加，引起住房价格下降。

（2）根据显著性检验可以得知，幼年人口数对房价的影响效果并不显著。幼年人口主要为消费者，其影响整个社会平均可支配收入的划分，因此对房地产市场价格并不具有直接影响，同时，幼年人口需要经过数十年才具有工作能力，拥有住房购买的需求，因此对房地产价格的影响较小。

（3）通过比较各变量对房价的影响程度可以发现，房地产供给方与需求方都对房地产市场价格造成了较为显著的影响，证明房地产市场价格的变化是受到社会供求双方的共同作用而产生的，与经济学理论中的供求均衡决定价格水平相吻合。

四、结论与启示

北京市作为老龄化较为严重的城市之一，其老龄人口占比与北京房地产市场的价格波动存在密切的联系，且人口老龄化的加剧会抑制住房价格。实证检验给我们如下结论与启示。

（一）建立住房价格波动应对机制，弱化住房市场冲击

由于20世纪第一、第二次人口膨胀人群逐渐进入老龄阶段，老年人口占比增加，伴随着人口出生率的不断下降，北京市人口老龄化现象可能在近几年内持续较高的上升趋势，其对房地产市场价格的抑制作用将会逐渐显现。同时，福利分房政策、“国十条”与限购令等宏观政策的先后颁布，也将影响到住房市场的供给需求情况。可以说，北京市人口老龄化通过不同方面对住房市场产生影响。政府应当建立不同的应对措施，防止人口老龄化对我国经济产生较大冲击，并及时应对可预见的房地产市场波动。

（二）完善北京市人口政策，合理调节人口结构，稳定住房市场价格

北京市老年人口占比增加、出生率逐渐下降，这将会导致十年后北京市房地产市场的需求大幅度减少，引起房地产市场泡沫破碎，对整体社会经济造成严重危害。因此，针对房价水平过高的北京市，政府应当从根源入手，调整北京市人口结构，支持2015年我国出台的全面二孩政策，鼓励适婚人群生育，稳定购房需求，使房价实现平稳着陆。政府应当通过宏观政策手段来调节北京市人口结构，对房地产市场价格进行有效调控，防止房价波动较大对社会经济产生不利影响。

（三）增加住房供给，加快京津冀协同发展，调整住房结构

北京市房地产价格过高的其中一个原因是住房供给大多集中在北京市城区内。北京市现代化城镇建设能够为居民提供较好的公共服务，因此，较发达城区普遍拥有更多的购房需求，导致不同城区的住房价格水平有着较大的差异性。城镇化发展水平是影响房地产市场的重要环境因素。基于这一原因，政府应当从住房供给角度来调控房地产市场价格，通过京津冀协同发展，加快北京周边地区公共服务建设，以缓解北京市较为集中的购房需求，减少各城区住房价格的差异性。

旅游服务出口对北京市经济发展效应的实证分析

——以中介效应模型为基础

刘东升[①]

（对外经济贸易大学）

一、旅游服务出口对经济发展影响的理论分析

因为旅游业具有产业关联度大、就业范围广等特征，所以能够从不同侧面促进区域经济的发展。旅游业的发展既能够通过游客消费直接增加区域经济规模，也能够带动相关产业部门的发展，间接推动经济增长。

“旅游乘数”概念后，旅游业乘数与产业关联效应等就成为旅游效应研究的重点。旅游乘数效应反映的就是在游客旅游消费过程中这种“注入”资金在本国或本地区经济系统内渐次渗透，从而刺激经济活动扩张，提高整体经济水平的过程。按照“注入”渗透的先后顺序，可以将旅游乘数效应的作用过程分为直接效应、间接效应和诱导效应三个阶段。

（一）直接效应阶段

国际游客在接待国或地区的饭店、景点、交通、购物、餐饮等进行的直接旅游消费，首先会成为该国或地区旅游企业的营业收入。对旅游企业在产出、收入、就业等方面造成的影响，称为旅游消费的直接效应。

（二）间接效应阶段

直接效应中的各旅游部门和企业收入增加必然会加速这些企业的再生产和再投资，同时，各级政府把旅游中缴纳的税金投资于其他企事业、福利事业等，使这些关联部门在不断的经济运转中获得收益。随着旅游收入在接待国或地区经济中的渐次渗透，该国或地区的经济产出总量、就业机会和家庭收入便会增加。目前大量的研究表明，旅游消费带来的

---

① 刘东升，对外经济贸易大学国际经济贸易学院教授。

间接效应大大超过其直接效应。

（三）诱导效应阶段

诱导效应是指旅游收入引发的连锁反应。旅游收入通过多次的分配与再分配，对国民经济各部门产生着连锁的经济作用。据有些国家和地区的测算情况表明，诱导效应的增收作用相当于间接效应的3倍。上述间接效应和诱导效应合在一起有时被称为“继发效应”（Secondary Effects），旅游乘数便是用以测定旅游消费（即接待国或地区的旅游收入）所带来的全部经济效应（直接效应+继发效应）大小的系数。

从上述三个阶段可以看出，旅游出口的发展不仅给当地带来了财政收入，提高了当地的就业率，使相对更多的劳动力进入与旅游业有关的服务业，从而有助于调整产业结构。简单来说，旅游出口通过这些中间要素推动了经济发展，但是，究竟有多少效应是直接影响经济发展的，又有多少效应是通过中间要素传导的？下面通过对北京市经济数据进行中介检验，回答这一问题。

二、中介效应模型的运用①

（一）中介变量和其他相关概念的介绍

一般的模型中主要探讨的是因变量 Y 与自变量 X 之间的关系，这是普通的直接效应模型。如果自变量 X 是通过影响一些中间变量 M 来间接影响因变量 Y，则把这种模型叫做中介模型，中间变量 M 称之为中介变量。中介模型中各变量之间的关系可以用下列方程来表示：

$$Y = c \times X + e1 \tag{1}$$

$$M = a \times X + e2 \tag{2}$$

$$Y = c' \times X + b \times M + e3 \tag{3}$$

c 是 X 对 Y 的总效应，$a \times b$ 是经过中介变量 M 的间接效应（也就是中介效应），c'是直接效应，$e1$、$e2$、$e3$ 为随机误差。当只有一个自变量、一个中介变量时，解释变量与中介变量之间的效应有如下关系：

$$c = c' + a \times b \tag{4}$$

假设 Y 与 X 的相关性显著，意味着回归系数 c 显著（即 $H_0: c = 0$ 的假设被拒绝），在这个前提下可以考虑是否有中介变量 M 的存在，如何知道 M 是否真正起到了中介变量的

① 温忠麟等:《中介效应检验程序及其应用》,《心理学报》,2004 年第 5 期,第 614 - 620 页。

作用，或者说中介效应显著呢？目前有三种不同的做法：

第一种是传统的做法，即依次检验回归系数，如果下面两个条件成立，则中介效应显著：（i）自变量显著影响因变量；（ii）在因果链中任一个变量，当控制了它前面的变量（包括自变量）后，它仍能显著影响它的后继变量，则整个过程就是由 Baron 和 Kenny 定义的部分中介过程。如果进一步要求：（iii）在控制了中介变量后，自变量对因变量的影响不显著，该过程就变成了由 Judd 和 Kenny 定义的完全中介效应显著。当只有一个中介变量的情形时，上述条件相当于（见图 1）：（i）系数 c 显著（即 $H_0: c = 0$ 的假设被拒绝）；（ii）系数 a 显著（即 $H_0: a = 0$ 被拒绝），且系数 b 显著（即 $H_0: b = 0$ 被拒绝）。完全中介过程还要加上：（iii）系数 c' 不显著。

第二种做法是检验经过中介变量路径上的回归系数的乘积 ab 是否显著，如果拒绝原假设，则中介效应显著，这种做法其实是将 ab 作为中介效应。

第三种做法是检验 c' 与 c 的差异是否显著，即检验 $H_0: c - c' = 0$，如果拒绝原假设，中介效应显著。

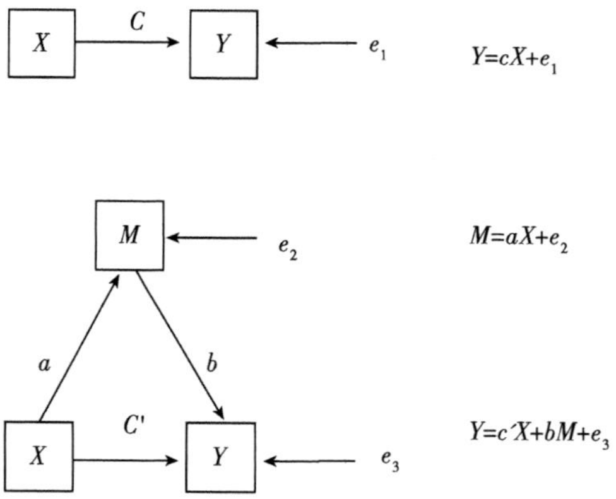

图 1　中介模型原理示意图

（二）中介效应分析方法

中介模型中各个方程的系数 a、b、c、c'、ab 的估计值都可以由计量软件得到，实际上，对模型中系数有效性的检验是该模型要分析的重点。这里应用到的检验方法称为依次回归检验方法，检验程序如下（流程图可见图 2）：

（1）检验回归系数 c 的显著性，如果显著，继续下面的第 2 步；如果 c 不是统计显著的，则说明 X 与 Y 之间的相关性也是不显著的，检验到此结束。

（2）做 Baron 和 Kenny 部分中介检验，即依次检验系数 a、b 的 t 值，如果都显著，意味着 X 对 Y 的影响至少有一部分是通过了中介变量 M 实现的，继续下面第 3 步；如果至少有一个不显著，由于本检验的功效比较低，所以还不能下结论，还要转到第4步进一步讨论。

（3）做 Judd 和 Kenny 定义的完全中介检验中的第三个检验（前两个在上一步已经完成），即检验系数 c'，如果不显著，说明是完全中介过程，即 X 对 Y 的影响都是通过中介变量 M 实现的；如果显著，说明只是部分中介过程，即 X 对 Y 的影响只有一部分是通过模型中用到的中介变量 M 实现的，而 X 对 Y 还有直接效应，检验结束。

（4）做 Sobel 检验，其中 Sobel 检验的原理是：设定一个检验值 z，并令 $z = \hat{a} \times \hat{b} / \sqrt{\hat{a}^2 \times {s_b}^2 + \hat{b}^2 \times {s_a}^2}$，其中 $\hat{a}$、$\hat{b}$ 分别为系数 a、b 的估计值，而 s_a、s_b 分别为系数 a、b 的标准差，如果检验值的计算结果 z > 0.97，说明 Sobel 检验显著，这就意味着 M 的中介效应显著；如果 z < 0.97 则说明中介效应不显著，此时检验结束。

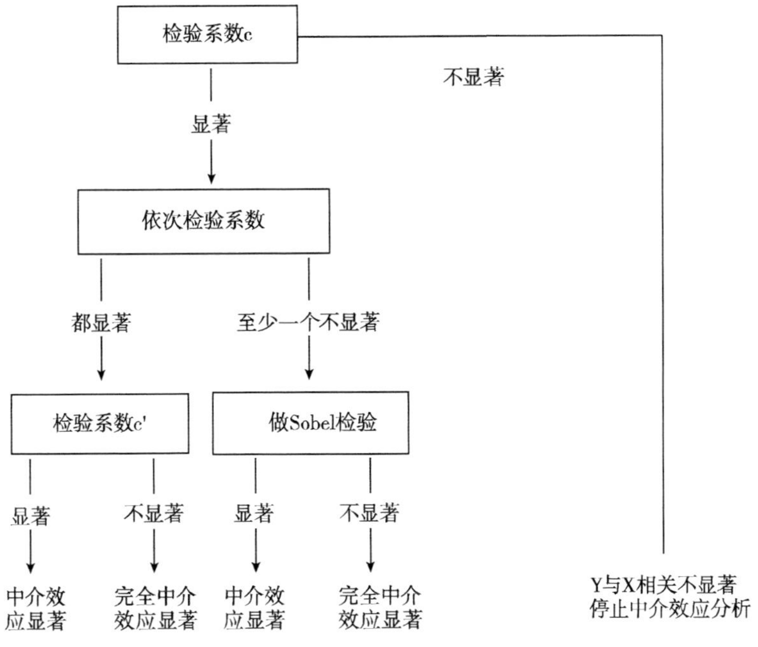

图2　中介模型检验程序流程图

三、北京市旅游出口经济效应实证分析

（一）变量的选取

由于本模型使用的是一系列的时间序列数据，所以在数值处理过程当中，为了消除时间序列中存在的异方差，将各个变量自然对数化。被解释变量为能反映北京市经济发展的要素，按照国际惯例，这里直接使用北京市每年（1980—2016 年）的 GDP（国民生产总

值）代表北京市经济发展，被解释变量的符号用 *Lgdp* 表示。解释变量为旅游出口，用北京市每年的旅游外汇收入来代替，符号为 *Lex*。中介变量有三个，分别是物质资本积累、人力资本积累和产业结构调整。物质资本是指长期存在的生产物资形式，它的度量用北京市的固定资产投资来代替，符号设为 *Linv*。人力资本是指劳动者受到教育、培训、实践经验、迁移、保健等方面的投资而获得的知识和技能的积累，它的度量这里简单地采用由教育所形成的人力资本存量，计算公式为 $Lhu = \ln(\sum N_i S_i)$，其中 i 表示教育的两个阶段分别为高中和大学，N_i 表示第 i 阶段的在校人数，S_i 表示第 i 阶段的受教育年数。产业结构指国民经济各产业部门之间以及各产业部门内部的构成，在本文中，产业结构调整用北京市第三产业就业人数占总劳动力人数的比重表示。

（二）中介模型实证分析

1. 旅游出口对北京市经济发展的直接影响

通过前面的理论分析、变量选取和数据处理，我们首先来检验中介效应模型的第一步，即检验上述各个要素是否对北京市的经济发展起到推动作用，如果检验结果显示解释变量和中介变量对被解释变量的作用是显著的，则接下来进行第二步和第三步；如果检验结果显示这些自变量对被解释变量的作用统计上不是显著的，则后面两步骤不必进行检验了，这些变量之间没有相互作用。使用计量软件 Eviews7.0，利用代表经济发展的被解释变量 Lgdp 分别对各变量回归，得到的结果如表 1 所示。

表 1　经济发展变量 *Lgdp* 分别对其他变量进行回归的结果

	Lex	*Ec*	*Linv*	*Lhu*
系数	1.09	11.82	0.88	2.40
t 值	18.36	24.17	48.59	7.64
R^2	0.92	0.95	0.99	0.67

从表 1 中可以看出，在不考虑其他自变量情况下，所有单个的自变量（包括旅游出口、物质资本积累、人力资本积累和产业结构调整）对 *Lgdp* 回归的系数都是正的，即它们对北京市的经济发展都有促进作用，它们的 t 值都大于 2，说明即使在 1% 的显著性水平上它们都是统计显著的，这说明前面对于经济发展因素的理论分析从实证检验的结果来看是正确的。

2. 旅游出口对中介因素的影响

中介因素模型的第二步检验，是用来验证旅游出口是否对这三个中介变量都有影响，如果检验结果显著，说明旅游出口可能对经济发展有间接作用，通过第三步的检验能确定是否有间接作用；如果检验结果不显著，则说明旅游出口不通过这些中介变量影响经济发展。以各中介变量作为被解释变量，旅游出口作为解释变量，回归后可得到如下结果（见表 2）：

表 2　中介变量对旅游出口进行回归后的结果

	Ec	*Linv*	*Lhu*
系数	9.59	13.10	3.57
t 值	10.99	17.63	9.37
R^2	0.81	0.91	0.75

从表 2 可以看出旅游出口对各中介变量回归的系数都是正的，而且都通过了 1% 的显著性检验，说明旅游出口对各中介变量都有促进作用，这和前面的理论分析相符，接下来进行第三步检验，来确认旅游出口对北京市经济发展是否存在中介效应。

3. 旅游出口对北京市经济发展的中介效应

最后，把旅游出口和三个中介变量作为自变量，对被解释变量 *Lgdp* 进行回归，这一步得到的回归结果将可以看出解释变量对被解释变量的直接与间接作用，回归得到的中介效应检验值如表 3 所示。

表 3　含有四个解释变量的回归结果

	Lex	*Ec*	*Linv*	*Lhu*
系数	-0.05	1.98	0.73	0.21
t 值	-0.54	2.77	6.97	2.69
R^2	0.996			

从表 3 可以看出各中介变量对北京市经济发展的影响都是显著的，其中物质资本积累、人力资本积累和产业结构调整对北京市经济发展为正效应，这与我们前面的理论分析和表 1 中的检验结果是相符的。总结表 1、表 2、表 3 的回归结果得到中介效应模型的整体框架如表 4 所示。

表 4　中介效应检验结果

被解释变量	解释变量	中介变量	原系数	中介效应			直接效应	检验结果	
Y	*X*	*M*	系数 *c*	系数 *a* 的 t 检验	系数 *b* 的 t 检验	Sobel 检验	系数 *c′*	中介效应	直接效应
Lgdp	*Lex*	Ec	***	***	***	/	—	显著	不显著
		Linv		***	***	/		显著	
		Lhu		***	***	/		显著	

注：表中的结果由 Eviews5.1 计算和分析得来，其中“＊＊＊”表示该变量通过 1% 的显著性检验，“—”表示没有通过检验，“/”表示此项不必检验。

通过前面的分析可以看出，旅游出口的t检验值不是统计显著的，但这并不说明它对北京市经济发展没有影响，只不过表明它对经济发展的直接效应不是统计显著的，而从中介变量系数的t检验值可以看出，通过中介变量转移给经济发展的间接效应是统计显著的，即旅游出口通过对相关产业的拉动效应促进了北京市的经济增长。在前面的理论分析中，我们提到在旅游出口对地区经济影响的三个效应中，直接效应作用远远不如间接效应和诱导效应，而这里的实证回归检验结果也正好印证了这一论据。

四、关于北京旅游出口的发展建议

通过前面的分析，我们可以知道北京市的旅游出口对其经济发展的作用主要是通过中介变量表现出来的，这是由于旅游业和其他产业具有极强的关联性，旅游的刺激作用主要是通过为别的产业提供支持而实现。因此，要把旅游业作为北京市的支柱产业来发展，充分发挥出旅游出口对经济增长的促进作用，用前所未有的力度推动旅游业的跨越发展，制定适合北京市实际情况的发展规划。

首先，旅游业是北京建设"国际一流的和谐宜居之都"的支柱产业和京津冀协同发展的纽带产业，北京市政府在"十三五"时期旅游业发展规划中提出了创新发展大旅游产业体系，形成大旅游的发展格局。所谓大旅游，就是要把旅游业作为关系国民经济发展全局的一个综合性大产业，作为与各个行业和产业密切相关的一个产业集群来看待。发展大旅游应当积极引导社会各界的投资，本着"政府引导、市场运作、社会参与"的运作模式，不断创新机制，建立旅游发展项目多元化投资体系，在政府集中财力建设公共服务的同时，对促进旅游业发展的规划项目，可通过市场化运作，吸引社会各界关注并投资旅游建设，实现投融资主体多元化，推行旅游酒店、餐饮、购物以及娱乐等方面的标准化改革。

其次，促进旅游业与信息化等高新技术的不断融合，培育新的旅游出口商业模式的形成。一是旅游业与信息化等高新技术的融合重点在于与相关部门合作，以"互联网+"为基础加速旅游业创业创新；二是适应信息化时代技术与市场发展需求，加强跨境旅游电子商务发展；三是加大对旅游教育的投入，建立旅游与文化、农业、科技教育等产业融合领域人才培养机制，实施"旅游+"复合型人才培养计划，提高旅游业和相关行业服务人员的素质。

再次，加快旅游业机制体制创新，提高旅游服务效率。一是推进旅游管理体制创新，政府引导与市场调节相结合，探索放权于区县、放责于协会、放事于市场的管理体制机制，发挥社会力量在旅游服务中的作用。二是鼓励企业采取资源整合、资产重组等方式整合旅游服务资源，延长旅游服务产业链，提高旅游服务附加值；进一步扩大旅游业开放机制，鼓励外商投资旅游业，参与商业性旅游景区景点开发建设，投资旅游商品和设施等。

在利用外资发展旅游的同时引入外资旅游企业经营模式，开拓国际旅游市场。

最后，还要转变旅游业发展模式，实现旅游业的可持续发展。在促进旅游业真正成为国民经济的战略性支柱产业的过程中，要转变发展方式，将协调作为旅游业可持续发展的内生动力，供给侧改革、消费侧引导协调并重，促进国内外旅游市场协调发展；从数量扩张型向质量效益型转变，从单纯评价型向综合评价型转变，把资源优势转化为产业优势，走内涵式发展道路；推动旅游与文化、商贸、科技、体育等相关产业的融合发展与联动发展，实现旅游业的可持续发展。

人力资本、城镇化与城乡协调发展

张一飞[①]
（江苏科技大学）

一、研究假设

人力资本存量的提高有助于收入的提高已经是学界共识，因此，作为一个理性人，即使在没有政府干预的情况下，为了长远收入的增加，劳动者都愿意进行人力资本投资，提高自身的人力资本存量。Guvenen 和 Kuruscu（2007）指出，在部分情况下，劳动者会自愿以牺牲部分劳动时间为代价进行人力资本投资并最终形成存量。从城乡视角看，由于城市收入比农村地区更高，因此，具备高人力资本的农村劳动者更倾向于向城市转移。据此，本文提出以下假设：

假设 1：在城乡劳动力可以自由流动的前提下，农村人力资本投资短期内将扩大城乡收入差距，但随之而来的人力资本存量的提高将缩小城乡收入差距。但是，在该过程中，由于部分农村劳动力向城市转移所引致的人口城镇化将扩大城乡收入差距。

假设 1 的机制在于，由于劳动者会自愿以牺牲部分劳动时间为代价进行人力资本投资，因此在短期内负向影响其收入水平，但随着投资所引致的人力资本存量的增加能够进一步提高其技能水平和生产效率，因而促使其收入增加。但是，如果在该过程中，具备高人力资本存量的农村劳动者大量向城市转移，意味着其人力资本的投资最终没有作用于农村，相反，进一步增加了城市人力资本存量，因而将扩大城乡收入差距。

假设 2：在城乡劳动力可以自由流动的前提下，城市人力资本投资短期内会降低城乡收入差距，但随之而来的人力资本存量的增加将加剧城乡收入差距，不利于城乡协调发展。

---

① 基金项目：国家社会科学基金重点项目“新型城镇化促进区域协调发展的机制研究”（16AJL008）。江苏高校哲学社会科学研究一般项目“人力资本对城乡收入差距的影响研究——理论依据与政策选择”（2019SJA1927）阶段性成果。
张一飞，博士，江苏科技大学讲师，研究方向：城镇化与城乡收入分配。

假设 2 的机制与农村人力资本投资、积累类似，其不同点在于，城市劳动者不会因人力资本存量提高而向农村地区转移，原因在于其收入高于农村地区。因而，城市人力资本存量的提高最终将扩大城乡收入差距。

二、变量说明与模型设定

（一）变量选取与说明

本文主要研究城乡人力资本在人口城镇化过程中对城乡协调发展所起的作用，故而核心变量为城乡人力资本投资、人力资本存量、人口城镇化以及城乡协调发展，数据区间为 2002—2017 年，地区包含 31 个省（市、自治区）。其中：城乡人力资本投资（包括城镇人力资本投资 *CInv*、农村人力资本投资 *NInv*、城乡人力资本投资差距 *CNInv*）由“健康投资、教育投资和迁移投资”的总和构成，其数据分别来源于历年各地区统计年鉴中的“医疗保健消费支出、文教娱乐消费支出、交通通信消费支出”；人力资本存量（包括城镇人力资本存量 *CSto*、农村人力资本存量 *NSto*、城乡人力资本存量差距 *CNSto*）以居民平均受教育年限衡量，测度方法参照白雪梅（2004）；人口城镇化（*Urb*）采用国家统计局的衡量方法，即城镇人口占总人口比重；城乡协调发展（*Cur*）以城乡收入比衡量。上述数据均来源于历年《中国人口和就业统计年鉴》以及各地区统计年鉴，且城乡人力资本投资和城乡协调发展两个指标均利用城乡居民消费者价格指数来剔除价格波动影响，基期为 2002 年。表 1 报告了各变量的描述性统计。

表 1 各变量描述性统计

变量	样本量	均值	标准差	最小值	最大值
城乡协调发展（*Cur*）	496	3. 0383	0. 6156	1. 8451	5. 5249
城镇人力资本投资（*CInv*）	496	3401. 1	1561. 7	1199. 2	9453. 7
城镇人力资本存量（*CSto*）	496	10. 327	0. 962	4. 88	13. 1
农村人力资本投资（*NInv*）	496	1199. 1	845. 797	82. 7	4238. 7
农村人力资本存量（*NSto*）	496	7. 394	0. 835	3. 741	9. 838
城乡人力资本投资差距（*CNInv*）	496	2202	853. 07	917. 1	5215
城乡人力资本存量差距（*CNSto*）	496	2. 933	0. 581	0. 342	5. 199
人口城镇化（*Urb*）	496	0. 5007	0. 151	0. 2035	0. 896

（二）基准模型设定

本文选用 PVAR（面板向量自回归）模型进行计量分析，原因在于：一是 PVAR 对数据时间跨度的要求不高，只要 $T \geqslant 2p+2$（T 为时间长度，p 为滞后项阶数），即可在稳态下估计滞后项参数；二是 PVAR 能够在一定程度上解决系统内生性问题；三是 PVAR 能够通过对误差项进行正交化，排除其他变量同时造成的影响，更好地反映变量间单独的影响（Love & Zicchino，2006）。

构建 PVAR 模型如下：

$$y_{it} = \alpha_{i0} + \sum_{j=1}^{p} \beta_j y_{i,t-j} + \varphi_t + \alpha_i + \varepsilon_{it}$$

其中，y 代表不同内生变量，β 表示滞后变量待估参数，j 为滞后阶数，i 和 t 分别代表不同省份和年份，φ 反映时间效应，α 反映地区固定效应，ε_{it} 为随机扰动项。

三、实证结果与分析

本文从城镇人力资本、农村人力资本以及城乡人力资本差距 3 个视角进行实证分析。

（一）单位根检验

为避免“伪回归”问题，本文选取 LLC、IPS、ADF－Fisher 和 Breitung 共 4 种方法对所涉及的面板数据进行单位根检验。结果表明在经过对数化处理的基础上，除 ln*Cnsto* 以外所有变量原数据均不平稳，但一阶差分序列平稳，可进行后续分析（见表 2）。

表 2　面板单位根检验

变量	LLC	IPS	ADF－Fisher	Breitung	平稳性
ln*Cur*	1.8391	4.5016	52.3839	0.175	非平稳
ln*CInv*	－2.0084**	6.3756	35.2731	12.1413	非平稳
ln*CSto*	－3.029***	－0.3326	67.2137	2.2935	非平稳
ln*NInv*	2.8941	11.0731	6.2073	13.7231	非平稳
ln*NSto*	－4.33***	0.4734	62.1401	3.7171	非平稳
ln*CNInv*	－4.4347***	0.5514	54.8146	4.2029	非平稳
ln*CNSto*	－3.8572***	－5.1207***	172.9719***	－3.6458***	平稳
ln*Urb*	－9.1925***	－0.713	124.168***	12.409	非平稳
D. ln*Cur*	－6.3895***	－8.0405***	287.5991***	－5.4524***	平稳
D. ln*CInv*	－10.5765***	－10.1948***	458.726***	－10.0527***	平稳
D. ln*CSto*	－15.6045***	－11.4542***	650.081***	－9.927***	平稳
D. ln*NInv*	－9.0975***	－9.031***	363.4295***	－11.852***	平稳
D. ln*NSto*	－12.112***	－11.625***	737.571***	－9.334***	平稳
D. ln*CNInv*	－11.115***	－10.157***	452.5304***	－11.088***	平稳
D. ln*CNSto*	－15.069***	－11.187***	685.176***	－9.521***	平稳

续表

变量	LLC	IPS	ADF - Fisher	Breitung	平稳性
D. ln*Urb*	-6.9558 ***	-8.4998 ***	412.332 ***	-7.397 ***	平稳

注：D. 表示变量的一阶差分。＊＊＊、＊＊、＊分别表示在1%、5%、10%显著性水平上显著。

（二）滞后阶数选取

遵循 $T \geqslant 2P+2$ 的原则，同时兼顾自由度问题，本文选取4为最大滞后阶数，并基于此校验最佳滞后阶数。根据惯例，应选取支持准则最多的为最佳滞后阶数，故此模型Ⅰ、模型Ⅱ和模型Ⅲ都应选择滞后3期（见表3）。

表3 最佳滞后阶数选取

模型	滞后阶数	AIC	BIC	HQIC
模型Ⅰ	1	-13.0403	-11.6511	-12.4904
	2	-13.1528	-11.5094	-12.5002
	3	-14.0755	-12.1427 *	-13.3055 *
	4	-14.1979 *	-11.9319	13.2921
模型Ⅱ	1	-13.4452	-12.056	-12.8952
	2	-13.4984	-11.855	-12.8458
	3	-14.7048 *	-12.772 *	-13.9347 *
	4	-14.7027	-12.4366	-13.7968
模型Ⅲ	1	-9.74237	-8.35316	-9.19239
	2	-9.93542	-8.29201	-9.28278
	3	-10.9071 *	-8.97434 *	-10.1371 *
	4	-10.8979	-8.63183	-9.992

注：①模型Ⅰ表示城镇人力资本、人口城镇化与城乡协调发展；模型Ⅱ表示农村人力资本、人口城镇化与城乡协调发展；模型Ⅲ表示城乡人力资本差距、人口城镇化与城乡协调发展。②＊表示该准则下应选取的最佳滞后阶数。

（三）基于PVAR模型的正交化脉冲响应分析

本文利用 Monte - Carlo 模拟，在使用“前向均值差分”（Helmert 过程）和“横截面均值差分”方法消除个体效应和时间效应的基础上，进行脉冲响应分析，模拟次数设置为500次。鉴于变量顺序会影响脉冲结果，本文将模型Ⅰ和模型Ⅱ的顺序均依次设为城乡协调发展、人力资本投资、人力资本存量、人口城镇化。与本文研究目标有关的主要结果见图1（模型Ⅰ）、图2（模型Ⅱ）、图3（模型Ⅲ）：

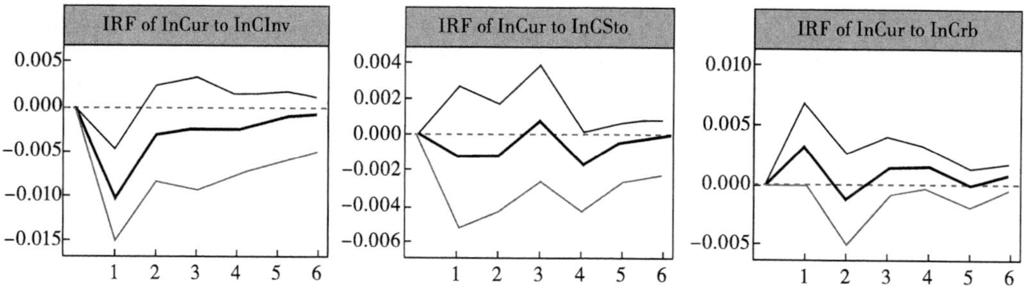

图 1　城镇人力资本、人口城镇化与城乡协调发展的脉冲响应分析

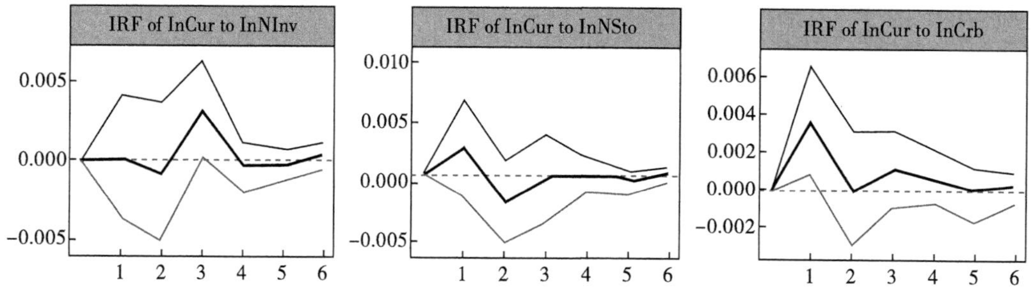

图 2　农村人力资本、人口城镇化与城乡协调发展的脉冲响应分析

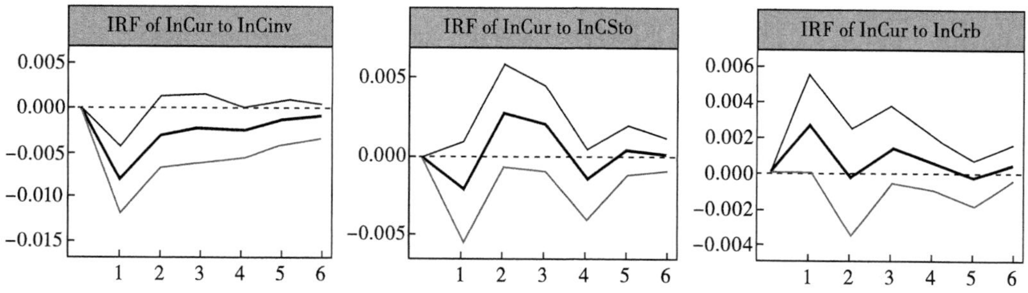

图 3　城乡人力资本差距、人口城镇化与城乡协调发展的脉冲响应分析

图 1 为城镇人力资本、人口城镇化与城乡协调发展的脉冲响应分析。根据脉冲响应结果可知：①给予城镇人力资本投资一个标准差的正向冲击，城乡收入差距呈现缩小趋势，在第 1 期达到负向冲击顶峰，随后逐渐趋于平缓。总体上看，短期内，城镇人力资本投资能缩小城乡收入差距，该结论与理论模型假设基本一致。②给予城镇人力资本存量一个标准差的正向冲击，城乡收入差距呈现先缩小、后扩大、再缩小的趋势，并从第 5 期开始趋于平缓，总体来看，其影响程度不大。③给予人口城镇化一个标准差的正向冲击，城乡收入差距呈现先扩大、后缩小、再扩大的趋势。该现象表明，在当前状况下，以城镇人口比重衡量的城镇化进程对城乡收入差距起到了一定的加剧作用，对城乡协调发展尚未起到积极作用。

图2为农村人力资本、人口城镇化与城乡协调发展的脉冲响应分析。根据脉冲响应结果可知：①给予农村人力资本投资一个标准差的正向冲击，城乡收入差距总体上呈扩大趋势，这与本文理论模型的假设基本一致。②给予农村人力资本存量一个标准差的正向冲击，城乡收入差距呈现先扩大、后缩小的趋势，并从第3期开始趋于稳定，总体来看，能够缩小城乡收入差距，推动城乡协调发展。

图3为城乡人力资本差距、人口城镇化与城乡协调发展的脉冲响应分析。根据脉冲响应结果可知：①给予城乡人力资本投资差异一个标准差的正向冲击，城乡收入差距受负向冲击影响，在第1期达到顶峰，从第5期开始逐渐趋于平缓。②给予城乡人力资本存量差异一个标准差的正向冲击，尽管城乡收入差距在第1期受负向冲击影响，但从第2期开始，呈加剧趋势，且总体上看，将最终扩大城乡收入差距，不利于城乡协调发展。

综合图1、图2、图3，可以进一步得到如下结论：城乡收入差距加剧的主要原因并不是城市居民的人力资本积累和投资，而是主要源于农村人力资本的转移，即城镇化进程中农村人力资本向城市的单方面转移。

四、结论与政策建议

（一）主要结论

本文利用2002—2017年的省级面板数据，基于面板向量自回归模型（PVAR）实证分析人力资本对城乡协调发展的影响，主要结论如下：一是短期内城镇人力资本投资缩小城乡收入差距，而农村人力资本投资则起加剧作用；二是提高农村人力资本存量将有助于缩小城乡收入差距，推动城乡协调发展，而城镇人力资本存量的影响则不大；三是缩小城乡人力资本存量差距能够显著缩小城乡收入差距；四是当前人口城镇化水平尚未达到缩小城乡收入差距、促进城乡协调发展的阶段。

（二）政策建议

第一，加大农村财政性教育经费支持力度，提高农村劳动力受教育水平。当前我国财政性教育经费中大部分用于城镇地区，而与此同时，市场机制的作用又自然会推动优质师资资源向城镇地区流动，双重因素作用下，必然会导致城乡劳动力受教育水平差距日益扩大。因此，为提高农村劳动力受教育水平、弥补市场机制的缺陷，政府应采取强有力的措施提高农村的财政性教育经费，并确保其能落到实处，如：调整财政教育支出结构，发达地区由地方政府主导，落后地区由中央主导；拓宽农村教育融资渠道，吸引社会资本投资；加强监管，对资金落实不到位和虚报编制和学生数的现象予以严厉打击；等等。

第二，完善农村医疗卫生条件，提高农村劳动力健康水平。作为人力资本中重要组成部分，农村健康投资占总人力资本投资比重远超城镇地区，这也在一定程度上制约了农村劳动力其他方面的人力资本投资。因此，政府可以扩大农村医疗公共物品的投入，加强农村医疗从业人员的技能培训；扩大农村医保报销范围，提高报销额度，最大限度防止“因病返贫”现象的发生；等等。

/第三部分/

外国经济理论研究

基于现代货币理论对欧美中的三个预言

贾根良①

（中国人民大学）

一、现代货币理论：从鲜为人知到媒体的宠儿

Modern Monetary Theory（MMT）原先我们翻译为“货币国定论”或国家货币理论，但现在通用名字为“现代货币理论”，是由澳大利亚经济学家、现代货币理论著名的倡导者比尔·米切尔（Bill Mitchell）命名的。该理论一直在美国密苏里大学堪萨斯城分校和巴德学院等学术界的边缘地带默默地发展，只是在国际金融危机爆发后，才开始引起人们的注意。笔者在2010年将李黎力从别的研究领域调过来从事该主题研究，他在2011年撰写了硕士论文《货币国定论：货币理论研究的新进展》。

在2016年的美国大选中，现代货币理论不仅对共和党候选人特朗普的智囊产生了重大影响，而且，作为现代货币理论代表人物之一的斯蒂芬妮·凯尔顿（Stephanie Kelton）还在美国民主党候选人桑德斯的竞选中直接担任经济顾问。一种经济理论同时对美国两党的经济智囊都产生重要影响，这在经济学说史上是相当罕见的，由此可见该理论不同寻常。

2020年3—4月，现代货币理论在美国媒体上刷屏：科尔特斯声称现代货币理论能为其资金来源提供理论基础，从而引发了人们对现代货币理论的激烈争论，并演化成了一场投资界、学界、政界的大混战。现代货币理论正在从一个鲜为人知的学术理论演变为影响全球政治和经济政策话语的大众知识分子运动。

2019年3月，美国麦克米兰出版公司出版了以现代货币理论为主体的教科书：《宏观经济学：多元主义的视角》，该教材对比讲授了目前宏观经济学教科书的内容与非主流宏

---

① 贾根良，中国人民大学经济学院教授、教育部长江学者特聘教授。本文系2019年5月18日作者在第十一届中国演化经济学年会上的大会主旨演讲。

观经济学，并以后者为主。这本以非主流宏观经济学为主体的教材是以现代飞速发展的现代货币理论为主，综合凯恩斯、凡伯伦、明斯基、戈德利、因厄姆、马克思和卡莱斯基等人的创见而成。

二、现代货币理论简介

什么是现代货币理论呢？

这一理论的历史可以追溯到现在已经消失的德国新历史学派的克纳普以及凯恩斯、勒纳和明斯基等经济学家的思想。刚开始人们将其看作后凯恩斯主义经济学的一个分支，但遭到该学派一些人的反对，所以，我们可以将之看作一个独立的学派。

现代货币理论是建立在不可兑换为黄金的法币制度之上的，其基本假定是发行主权货币的政府在财政上不存在开支能力的限制，这一假定来自布雷顿森林体系于 1971 年 8 月 15 日崩溃后的现实。在 1971 年之前的固定汇率和黄金可兑换的布雷顿森林体系之下，由于政府（在这里是指中央政府，下同）创造货币受其所持有黄金的价值制约，所以，在其开支能力上确实是有限制的，原因就在于央行所发行的储备货币要以一定比例的黄金储备为基础。如果政府想要进行更多的开支，它只能使用税收和（或）债券销售减少非政府部门持有的货币。

但自布雷顿森林体系崩溃以来，发行自己主权货币的政府再也没有必要使用税收和债券销售为自己的开支“融资”了：从技术上说，它们可以简单地“无中生有”地创造它所需要的货币。只要商品和服务是用其发行的货币出售，政府可以购买它们喜欢的任何东西。货币是国家的创造物，这种主张是现代货币理论的基石，按照这种理论，发行自己货币的政府在开支上可以不受财政能力的限制，但却受到实际资源、通货膨胀和政治意愿的制约。

在目前的法币制度之下，国家处于与家庭和企业截然相反的地位。简单地说，在封闭经济的情况下，作为主权货币的垄断发行者，政府只有增加财政赤字，私人部门的净金融资产才能得到增加，用公式表示就是：政府债务 = 私人部门的金融资产，商品经济的发展需要政府在长期内不得不总是处于赤字增加的状态。从这一基本的现实描述出发，现代货币理论在利率决定、通货膨胀、税收、就业等一系列主题上提出了与目前宏观经济学截然相反的理论和政策建议。

文献可以证实，现代货币理论的倡导者对美国金融危机、欧盟主权债务危机和量化宽松对利率的影响等一系列预言都已被证明是正确的。笔者不揣浅陋，在这里大胆地预言欧元、美国民主党的经济政策和我国贸易金融战略在未来将有可能发生的重大变化。

三、第一个预言：法国大动乱和欧元的消失

“一个国家、一种货币”是现代货币理论的基础性原理之一，货币的本质是人与人之间的经济关系；在现代法币制度下，国家财政问题的本质在于能否垄断基础货币的发行权，“财政赤字货币化”构成了现代货币体系的基础。正是因为这个原因，对欧盟各国来说，欧元实质上是外国货币，欧盟各国没有发行货币的权力，扩大政府开支只能增加税收或借债，存在着债务违约和国家破产的制度性根源。而欧盟中央银行发行的只是交换媒介，没有财政功能。要解决欧元内在的危机，欧元区就必须统一各国的财政，变成一个国家。但这是不可能的，因为欧元区各国经济发展水平的巨大差异和各自利益的不同诉求使其不可能实现财政统一。

如果欧元区不能统一其财政并成为一个国家，间歇性的动乱将不可避免，直到欧元最后消失。所谓国家，就是在一个区域提供公共福利的制度，在法币时代，作为货币发行垄断权的国家财政能力起着决定性作用，缺乏这种能力就无法为所有国民提供公共福利。前几年，意大利、法国和英国曾经掀起风起云涌的“脱欧运动”，但只有英国迈出了这一步。在未来，“脱欧运动”还会兴起，也许 10 年左右，但一般不会超过 20 年，欧元将消失。欧元消失后，欧盟作为一个松散的联盟兴许还将存在，但消失仍是大概率事件。

欧元或欧盟的最终瓦解很可能由法国的财政税收问题引发的动乱所导致，但也存在着意大利的动乱作为导火索的可能。在历史上，法国大革命就是因为财政危机对第三等级（包括资产者、农民、无产者在内的市民、下层人民）征税而爆发的。法国政府目前背负着巨额债务，较大规模的开支就必须通过征税和借债来融资，无法通过“无中生有”的货币创造机制解决其财政危机，因此，矛盾的积累最终将因其财税问题而爆发大动乱，“黄背心运动”只不过是预演而已，法国的动乱将再次引发其“脱欧运动”，法国“脱欧”将导致欧元最终消失。

这一预言的启示是：第一，国家（市场）规模是大国值得珍惜的优势。第二，欧元消失将会导致重大地缘政治的重组。欧元消失对中国将会产生哪些重大影响？我国必须早做研究。

四、第二个预言：民主党上台和开启新的量化宽松

前面已提到，现代货币理论在 2020 年 3—4 月成为美国媒体的热点，原因就在于“绿色新政”（GND）的竞选纲领。主要内容包括：最少花费 4.6 万亿美元进行基础设施建设；全民医保；在美国所有建筑中推行先进节能技术升级；引入免费的大学教育，结束工人阶级背负的沉重的学生贷款负担；还希望通过政府投资，为环保项目创造就业机会，并提供体面的工资。“绿色新政”和科尔特斯本人都明确表示，如果他们遵循现代货币理论的政

策建议，就可以为这些急需的政府项目提供资金。

然而，现代货币理论在美国却遭到了华尔街和主流经济学界许多大佬的攻击，这些攻击者从没有认真研读过现代货币理论，只是依据其传统观念将其斥之为垃圾。但实际上，现代货币理论之所以遭受攻击，深层次原因在于其揭穿了华尔街金融利益集团的谎言。在过去，一谈到基础设施建设和全民医保等公共产品，美国政客如奥巴马就说，“美国没钱了”（但为资本家减税却有钱），连左派桑德斯也被蒙骗，接受了新自由主义的货币金融理论。

在美国，为资本家减税是支配性的意识形态，按照新自由主义的货币金融理论，扩大政府开支必须通过增加税收和发行国债为其融资。在目前减税的情况下，财政赤字不仅不能增加，而且还要减少，这是目前美国主流经济学界鼓吹财政平衡或经济紧缩的理论根据。而如果在金融市场上通过发行国债为财政赤字融资，赤字必将“挤出”私人投资，而这又违背了私人投资神圣不可侵犯的意识形态。

现代货币理论的倡导者指出，政府开支是税收和发行国债的前提条件，因此，政府从根本上就不需要税收和国债为其融资，用兰德尔·雷的话来说就是：绿色新政和全民医保不需要资本家交税和购买国债的“臭钱”，也不会“挤出”私人投资。因此，民主党在不需要对资本家提高税收甚至在减税的情况下，就可为绿色新政和全民医保提供资金，这将使民主党赢得资本家对其绿色新政和全民医保的“支持”。只要不发生通货膨胀，政府开支是可以没有限制的，而在没有达到充分就业之前，政府开支不会引发通货膨胀。

美国民主党将在特朗普之后上台，从而开启新的“量化宽松”（QE4、QE5 等），但与此前的 QE 服务于金融利益集团不同，新的 QE 将在相当程度上服务于实体经济资本家和中下层民众。现代货币理论学派将因此正式登上历史舞台！

五、第三个预言：我国对外贸易平衡和金融保护的必要性

自 1994 年以来，我国对外贸易一直保持贸易顺差，笔者估计，即使是在美国对来自中国的输美产品征收更高进口关税的情况下，我国 2020 年对美贸易顺差仍会有增无减。长期以来，人们形成了这样一种根深蒂固的观念：“贸易逆差是坏事，贸易顺差则是好事”，如果我国对外贸易顺差持续几个月减少，人们就会忧心忡忡，甚至惊恐不安。

实际上，这种“贸易顺差有益论”是完全错误的，它是其思维仍停留在四十多年前就已消失的布雷顿森林体系时代的产物。确实，在那个时代，贸易顺差积累了真金白银，构成了国家之间宏观调整和国家致富的基础。但自从美元与黄金脱钩后，美国蓄意通过贸易逆差，开动印钞机就可无偿占有贸易顺差国人民的劳动成果，布雷顿森林体系的崩溃彻底颠倒了既往时代贸易顺差作为国家致富基础的经济学逻辑。在现代货币理论看来，美国对

华经常项目逆差是美国通过财政赤字开支印刷不断贬值的货币占有中国人民劳动成果的表现。为什么这样说呢?

戈德利基于现代法币制度的现实，提出了著名的宏观经济恒等式：政府部门余额（赤字或盈余）+国内私人部门余额+国外部门余额=0。按照这个恒等式，在美元作为国际储备货币的情况下，美国政府部门的财政赤字=美元发行=美国国内私人部门余额+国外部门余额=美国国内私人部门盈余+美国对外经常项目逆差。显而易见，这个公式彻底颠倒了金本位和布雷顿森林体系下国家致富的原则：在主权货币时代，贸易顺差国获得了逆差国的主权货币，这不是获利而是损失；相反，逆差国才是实际利益的获得者，用现代货币理论代表人物兰德尔·雷的话来说就是，“进口是受益，而出口是损失”。

按照上述逻辑，我国对美贸易顺差实际上是国民福利的净损失。而且，贸易顺差战略与所谓“人民币国际化战略”也是内在冲突的（贸易逆差是向他国输出货币的基本途径）。但是，“进口是受益，而出口是损失”的逻辑如果推向极端，也会出现类似于美国“去工业化”和金融化的严重困境。因此，2020 年初笔者在《征收高出口税：中美经济战出奇制胜的杀手锏》一文中提出，“我国必须彻底放弃贸易顺差战略，但将来中国也没有必要采取总体贸易逆差战略，贸易平衡应该是基本原则，目前的任务是大量的美元顺差在理论上必须降低到零，某些年份有少量顺差，而其他年份有逆差，都是可以的。”当然，我国未来对外贸易是否可以实行较小规模的贸易逆差战略仍可讨论。

2019 年 7 月，笔者曾指出，特朗普对华发起经济战标志着美国对华战略的重大转变：美国正在从通过贸易逆差输出美元为主的战略转变为通过贸易逆差和金融直接投资输出美元并重的战略，并有可能在未来转变为以后者为主，这是美国对华经济战略的重大变革，这就必然要求我国对美国实施金融开放。在未来，美国民主党上台后推行新的“量化宽松”，必将导致美国金融体系中银行准备金激增，导致美元利率下降，银行准备金趋利的本性必将导致其将多余的银行准备金向我国等发展中国家“泄洪”。这种“泄洪”将采取金融直接投资输出美元的方式，这是美国极力推动我国实行金融开放的根本原因。

无论是美国既往“不劳而获”的贸易逆差战略，还是直接向我国金融体系倾泻美元的战略，其实质都在于让我国为其财政赤字买单，原因就在于如下恒等式：中国的美元外汇储备=中国持有的美国国债+美元存款=美国财政赤字。我国积累的美元外汇储备越多，由外汇占款发行的人民币就越多，我国就越不能运用中央政府的财政赤字“无中生有”地创造货币为解决国内所面临的许多重大挑战提供财政空间。因此，我们必须警惕美国民主党将来上台后实施新的“量化宽松”对我国经济造成严重损害，从现在开始，我国就应该采取逐步降低对美贸易顺差的战略，并对金融开放三思而后行，在这方面，可以参考笔者在过去十年中所做的相关研究。

理性的限度：新自由主义的嬗变与反思

——兼论中国模式对新自由主义的超越

黎贵才　卢荻　赵峰

（吉林财经大学）

一、新自由主义的理论嬗变与全球扩张

（一）资本主义演进中的新自由主义理论嬗变及其霸权地位的建立

新自由主义的崛起绝非偶然。西方学界大多倾向接受“自由、民主、平等、人权”等资本主义价值观，而资本主义市场经济则是其价值观形成的经济基础。即使在凯恩斯主义内部，以萨缪尔森为代表的凯恩斯追随者们，尽管接受了部分凯恩斯思想，但其价值信仰与其他西方学者并无二致，因而也就不甘愿全面抛弃古典自由主义。他们试图将这两种对立的理论体系拼凑在一起，形成了20世纪五六十年代占主流地位的新古典综合派。

即便是20世纪90年代打着反新古典宏观经济学旗号的新凯恩斯主义者，他们也将新自由主义的两个最基本内核纳入了自己的理论框架，以作为他们分析的微观基础，由此向新自由主义者抛出橄榄枝，来试图换取新自由主义者的接纳和认可。至此，新自由主义在西方世界处于绝对的霸权地位。

（二）新自由主义资本积累方式的全球扩张

凯恩斯主义的失败客观上助推了新自由主义的兴起，而新自由主义除了其理论观点迎合了西方主流学界的价值观取向外，最重要的还是契合了金融垄断资本向全球扩张的需要。

在20世纪70年代的国家垄断资本主义滞胀时期，由于竞争加剧，供求矛盾激化，实体产业资本的利润率普遍下降。正是在这种滞胀困境下，这些过度积累的实体产业资本，一方面向新兴发展中国家转移，试图利用其低成本优势以阻止利润率的下降[①]。另一方面

① 谢富胜，吴越：《新自由主义危机与特朗普经济学》，《国外理论动态》，2017年第6期。

越来越多的货币资本从“货币资本—产业资本—货币资本（即 G－M－G/）”的资本循环中“自我解放”出来，涌向金融市场，形成“G－G/”的金融内部交易循环，并不断膨胀，还试图通过贷款、并购等手段来逐步控制产业资本，实现经济金融化，并力图摆脱国家监管和调控，突破国界向全球扩张，以实现其资本增殖目的。

英美是走在世界资本主义发展最为前列的国家，20 世纪七八十年代，英国的撒切尔政府和美国的里根政府都进行了新自由主义“改革”，不同程度地推行了私有化、市场化和自由化，此时的新自由主义上升为西方占统治地位的意识形态和对内对外的政策原则，新自由主义由此步入鼎盛时期。

拉美国家在美国等发达国家的诱迫下，开始全面推行“华盛顿共识”。不仅使拉美国家成为国际垄断资本商品倾销的场所，而且还导致关系国民经济命脉的行业和部门被国际垄断集团所操纵。这个时期，拉美国家成为发展中国家私有化和国际化比例最高的地区，从而也变得更加依赖资本主义经济和国际市场，更加依附于国际垄断资本。①

二、透过国际垄断资本本性认识新自由主义

（一）“理性”的限度：新自由主义的局限

作为垄断资本扩张工具的新自由主义发展至今也是学派林立，不过，它们均是“市场原教旨主义”的推崇者。“市场原教旨主义”主要是以牛顿的机械力学为隐喻，以经济主体的完全理性为基本假定前提，以享乐主义的效用最大化和利润最大化为目的，以方法论的个体主义为出发点，以市场均衡作为理论归依，来阐释自由市场效率最优和市场机制万能。②

早在 20 世纪 30 年代，凯恩斯就对自由主义的这种理论架构进行了“革命”。在理论前提方面，“凯恩斯革命”否定了古典主义的完全理性假设，强调不稳定预期对投资从而对产出所产生的重要影响；在方法论上，“凯恩斯革命”完全摈弃了古典主义的个体主义方法，采用总量宏观分析；在理论归依上，“凯恩斯革命”强调市场非均衡特征。

西方的非主流经济学更是反对“市场原教旨主义”这种理论构架。演化论者认为行为主体间的差异不可忽视，应从“个体群”层面来考察经济行为。在假定前提方面，非主流学派均反对完全理性假设。在理论归依方面，非主流学派均反对均衡分析方法，强调时间

---

① 靳辉明:《新自由主义对拉美国家的影响和拉美左翼运动的兴起》,《中国社会科学报》,2014 年 8 月 18 日。

② 黎贵才,王碧英:《制度变迁是自然无序的还是历史必然——论演化思潮的复兴对马克思经济学发展的意义》,《当代财经》,2011 年第 1 期。

的意义，认为经济系统的演变与所选择的路径密不可分。①

这些批判并没有真正触及“市场原教旨主义”的问题根本，没有动摇西方学界对资本主义“自由”的信仰。在经济理论的探讨方面，这些批判也都没能从制度前提上去剖析“市场原教旨主义”的理论缺陷。

（二）国际垄断资本的逐利性：新自由主义的本质

新自由主义的理论逻辑反映的是资本的运行逻辑，因此，新自由主义必然要阐释资本流动的必要性，论证资本逐利的正当性和合理性。所以，新自由主义也就必然要倡导经济自由放任，要宣扬市场机制万能。这里运用马克思资本总公式即“G—W…P…W/—G/”来刻画不同历史发展阶段的垄断资本的逐利特性。

在资本主义处于国家垄断资本主义时期，垄断资本主要活动在生产领域。因此，此时垄断资本的运作可用生产资本的循环形式“P…W/—G/·G—W…P”来表示。这一时期的垄断资本主要通过生产资本的循环，在生产过程“P…W/”中不断榨取雇佣工人的剩余价值。因此，这一时期的新自由主义必然主张自由放任，反对国家干预，以便垄断资本可以不受约束地“自由”地攫取各行各业的垄断利润。

由此可见，新自由主义的理论本质，反映的是垄断资本的逐利逻辑。这种理论本质对外必然推行霸权主义。

三、面对新自由主义全球化的中国道路抉择

（一）新自由主义全球化对中国的影响：从 FDI 说开去

中国改革开放年代，也正是新自由主义全球化盛行的年代。因而，中国的改革开放受到新自由主义全球化的影响。这种影响体现在“外商直接投资（FDI）的自由化”。在 20 世纪 80 年代改革开放初期，中国的 FDI 不超过 20 亿美元，并于 2009 年上升至 900 亿美元（见图 1），仅次于美国，且在此后个别年份甚至超过美国而位居世界第一。

① Marc Lavoie. Introduction to Post – Keynesian Economics. New York：Palgrave Macmillan Press，2006，p. 8 – 14.

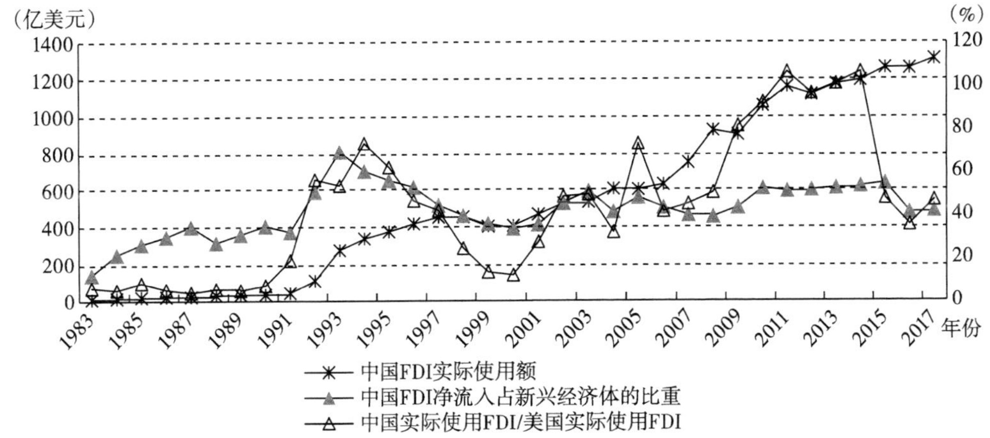

图1　中国外商直接投资概况

注：中国FDI实际使用额对应主坐标轴，其余对应次坐标轴，数据来自世界银行数据库。

“外商直接投资的自由化”对中国经济的影响是深远的。一方面，FDI的进入意味着国内资本存量净增加，这的确有利地促进了中国经济的增长。从图2可以看到，自20世纪90年代初，即FDI开始大量流入中国以来，中国FDI净流入与GDP之比和GDP增长率一直保持了较强的正相关性。

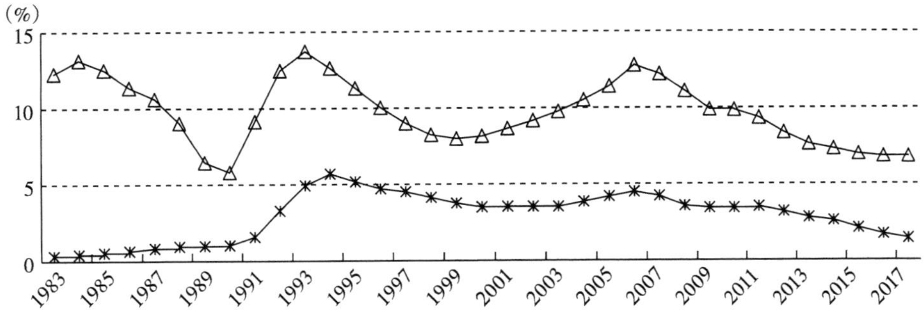

图2　中国外商直接投资与经济增长关系

资料来源：中国FDI净流入占GDP比重数据来自世界银行数据库；中国GDP增长率数据来自《中国统计年鉴2018》。

另一方面，也需看到，中国在引进外资的同时，也引进了资本生产方式，因而也由此引进了资本对劳动的雇佣关系。外资的流入深刻影响中国劳工的就业模式。图3显示，自20世纪90年代初期FDI大幅流入中国以来，城镇职工采用雇用模式即采用合同制模式的比重显著上升，至21世纪初，城镇职工就业基本实行了合同制。

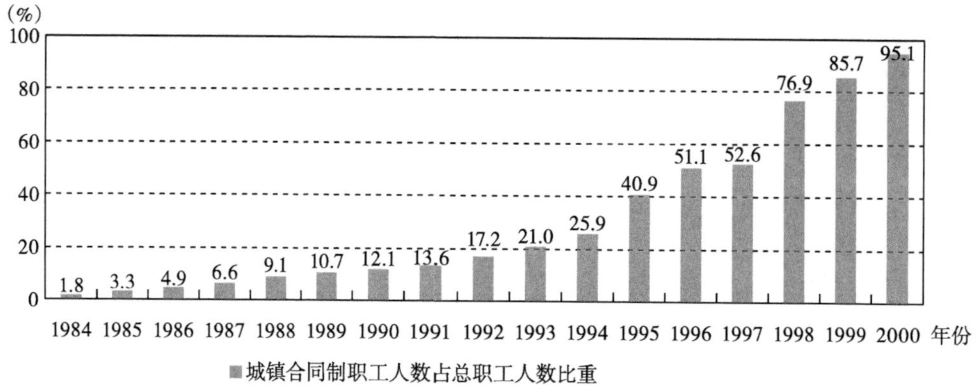

图3　中国自引进外资以来就业模式的变动

资料来源：《中国统计年鉴1998》《1998年劳动与社会保障事业发展年度统计公报》《1999年劳动与社会保障事业发展年度统计公报》。

按照IMF估算方法①，即以外贸出口与GDP的比率乘以劳工总数作为直接为世界市场生产的劳工人数，可推算出，中国被卷入世界市场的劳工，在最高峰的2007年达2.66亿人，占新兴经济体的65.1%，占全球的35.7%，此后虽有下降，但截至2015年，中国进入世界市场的劳工仍占全球就业的22.0%（见表1）。

表1　中国劳工卷入世界市场概况

进入世界市场劳工		1995年	2000年	2005年	2007年	2010年	2013年	2015年
绝对数（亿人）	中国	1.39	1.51（0.72）	2.55（1.49）	2.66（1.52）	2.02（1.10）	1.82（0.86）	1.63（0.72）
	新兴经济体	2.15	2.90	4.00	4.09	3.72	3.71	3.56
	世界	4.26	5.34	6.65	7.45	7.36	8.06	7.41
相对数（%）	中国占新兴经济体比重	64.8	52.2	63.9	65.1	54.4	49.0	45.7
	中国占世界比重	32.7	28.3	38.4	35.7	27.5	22.5	22.0

注：表中第2行括号中数值为由FDI企业所推动的进入世界市场的中国劳工数量。
资料来源：根据世界银行数据库相关数据推算所得。

除中国改革开放的政策导向外，“外商直接投资的自由化”也在一定程度上鼓励和带动了中国私营经济发展。从表2可以看到，从1990年以来，在城镇就业中，个体私营经济就业所占比重随着外资和港澳台企业就业所占比重同步增长。

① International Monetary Fund. World Economic Outlook (April 2007). Washington, D. C.: International Monetary Fund, Publication Services, 2007, p. 162.

表 2　中国城镇所有制经济单位就业所占比重　（%）

经济单位	1985 年	1990 年	1995 年	2000 年	2005 年	2010 年	2015 年
国有经济单位	70. 2	60. 7	59. 1	35. 0	23. 7	18. 8	15. 4
集体经济单位	26. 0	20. 8	16. 5	6. 5	3. 0	1. 7	1. 2
个体私营经济	3. 5	3. 9	10. 7	14. 7	22. 8	30. 4	29. 6
三资企业	0	0. 4	2. 7	2. 8	4. 6	5. 2	6. 9
其他城镇经济单位	0. 3	14. 2	11. 0	40. 9	45. 9	43. 9	46. 9

资料来源：《中国统计年鉴》相关年份数据。

FDI 的进入和私营企业的壮大，同时也削弱了国有企业地位，从表 2 可以看到，城镇国有经济部门就业比重自 1990 年以来呈直线下降趋势。外资的进入和私营经济的壮大，也必然冲击了其原有的劳工制度。

图 4 显示，在 2008—2015 年美国实行量化宽松政策期间，流入中国市场的国际证券投资逐年增加，证券指数增长率稳步上升。而当 2015 年美国退出量化宽松政策不断加息后，国际证券投资转为大幅流出，证券指数增长率也急剧下跌，2016 年的深证综合指数和上证综合指数均回落到 2014 年水平（见图 4）。

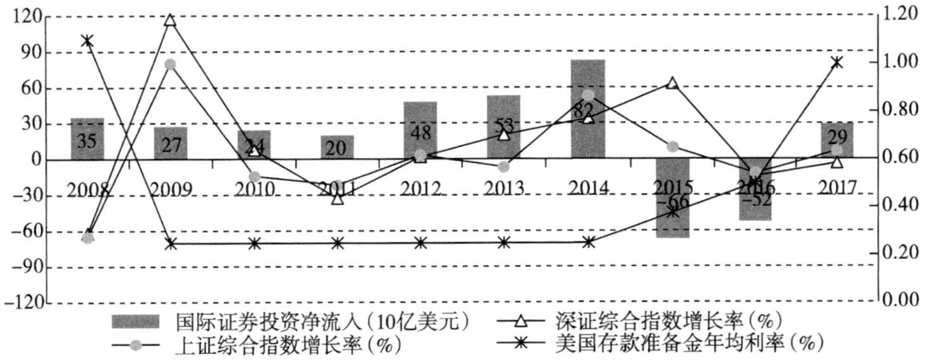

图 4　美国货币政策对中国经济的影响

注：国际证券投资净流入数据，以及深证综合指数和上证综合指数数据来源于《中国统计年鉴》各年，对应主坐标轴；美国存款准备金利率数据来自 Wind 数据库，对应次坐标轴。

由此，从 FDI 对中国改革开放影响，进而对中国经济的发展而言，不可否认，新自由主义全球化对中国经济还是产生了实质性影响。

（二）论“中国模式”对新自由主义的超越

在新自由主义全球化背景下，中国的改革开放与“华盛顿共识”为发展中国家所开具的新自由主义方案即“市场化”“私有化”和“金融自由化”有着本质区别。

首先，在“市场化”问题方面。中国虽开启了市场经济体制改革，但始终没有削弱政府在国民经济宏观调控方面的作用。目前，中国经济增速虽有所回落，但经济增长质量得到大幅提升。而且从全球范围看，中国经济增速仍远领先于其他国家，是全球经济复苏的重要拉动力量（见表3）。

表3　经济增长的国际比较：1980—2017年

经济体	1980—1999年	2000—2007年	2008—2017年
中国	9.87	10.56	8.26
东亚与太平洋地区	4.37	4.70	4.29
拉丁美洲与加勒比海地区	2.42	3.49	2.02
中低收入国家	3.03	6.22	4.88
高收入国家	2.80	2.63	1.29

注：表中数据为各地区或国家对应时间的年均增长率（%）。
资料来源：世界银行数据库。

其次，在“私有化”问题方面。进入21世纪以后国有经济资产基本趋稳，① 且国有经济的竞争力和控制力在改革中都得到加强。表4显示，国有经济在具有战略意义的资源行业，以及关系国计民生的电力、水、燃气、石油等行业仍具有绝对的控制力。

表4　国有控股企业资产具有绝对控制力的行业

年份	煤炭开采和洗选业	石油和天然气开采业	黑色金属矿采选业	有色金属矿采选业	黑色金属冶炼及压延加工业	电热力生产和供应业	燃气生产和供应业	水的生产和供应业	石油加工业
2000	92.7	98.9	78.1	74.2	86.4	89.1	93.7	90.3	90.3
2010	73.2	96.6	48.2	44.9	56.9	88.7	53.4	77.3	59.6
2015	74.0	94.5	46.7	46.6	53.2	89.4	48.3	82.0	51.2
2017	75.7	95.0	63.7	51.9	53.3	87.0	53.7	81.6	51.8

注：表中数据为对应年份国有控制企业资产占相关行业的比重（%）。
资料来源：Wind数据库。

最后，在“金融自由化”问题方面。中国自20世纪70年代末就开始了以市场化为导向的金融体制改革，但中国金融体制仍以国有银行为主导，截至2015年，在中国全体银行总资产和总贷款中，国有银行所占比重仍维持在50%以上（见图5），与华盛顿共识的“金融自由化”道路是完全背道而驰的。

① 根据《中国统计年鉴2018》，规模以上工业企业中国有及国有控股工业企业的资产占比从1998年的69%下降到2012年的40%，其后基本维持在这一水平上。

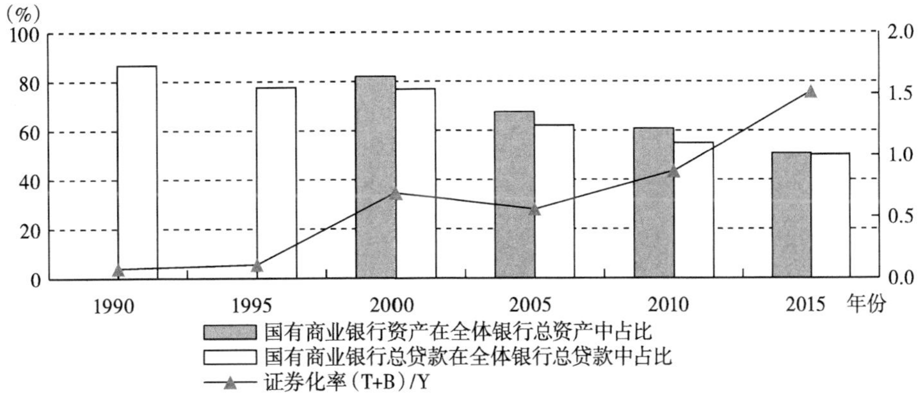

图5 中国国有商业银行的市场份额及证券化率

注：这里国有商业银行包括四大国有商业银行、交通银行、政策性银行和中国邮政储蓄银行，其资产与信贷在全体银行中占比对应主坐标轴，数据来自《中国金融统计年鉴》各年；证券化率是指股票与债券市值占 GDP 的比［（T＋B）/GDP］，对应次坐标轴，数据来自 Wind 数据库。

在整体经济运行方面，就劳动市场而言，中国有大量的就业增长是依靠生产性投资和生产率进步得以发展。从表5可以看到，中国自20世纪70年代以来，资本形成占国内生产总值比率不仅远高于其他经济体，而且一直保持上升趋势。从世界范围看，中国是唯一一个生产性投资保持增长的国家。

表5 资本形成占国内生产总值年度平均比率 （%）

经济体	1970—1979年	1980—1999年	2000—2017年
中国	34	37	43
全部低收入及中等收入经济体（不含中国）	27	24	24
全部高收入经济体	27	24	22

资料来源：根据世界银行数据库相关数据推算所得。

当然，“中国模式”的崛起并不意味着中国已经对新自由主义产生了完全的免疫力。当前中国经济增长放缓，除因中国经济增长方式发生转变外，即从原来追求经济发展规模和速度，转向注重经济发展质量和效益，不可否认，很大因素也是受新自由主义全球化所导致的世界性经济危机影响的结果。因此，如何积极应对新自由主义全球化，以避免遭受新自由主义负面冲击，是中国进一步深化改革开放所必须审慎对待的问题。

在批判重商主义中诞生的优势原理学说

——亚当·斯密国际贸易思想的启示

梁洪学[①]

（吉林财经大学）

一、亚当·斯密对重商主义的剖析与批判

重商主义理论在人类经济活动和理论发展史上曾起过举足轻重的作用，至今还在某种程度上对人类经济活动和思想有着影响。亚当·斯密在1776年出版的《国民财富的性质和原因的研究》一书中对重商主义理论体系进行了批判和清算，阐明了他的关于建立自由放任、自由竞争和自由贸易的市场经济的主张。

（一）重商主义思想

第一，金银货币是财富的最佳形式[②]，流通是财富的直接源泉。重商主义者认为，一国的财富必不可少的是金银等贵金属，如果一国没有贵金属矿藏，就应通过贸易来取得金银。这样，重商主义就把生产物转化为货币的流通领域视为财富的唯一源泉。商品流通有国内和国际两个领域。在他们看来，国内商品流通是一部分人赚另一部分人的钱，国内货币数量不能因此而增多。对外贸易才是积聚货币财富的真正源泉。因为在对外贸易中，本国商人可以通过输出商品、贱买贵卖换回大量金银。

第二，对外贸易必须保持顺差，即出口大于进口。在对外贸易中，必须严守的准则是多卖少买，多收入少支出。至于生产，只有在服从对外贸易，为出口提供物资的前提下，才是值得提倡的。

第三，殖民地与宗主国之间的商业应由宗主国所垄断，殖民地不得发展制造业，只可作为宗主国的出口商品市场和原料供应地。

---

① 梁洪学，经济学博士，吉林财经大学马克思主义经济学研究中心副主任、研究员。

② ［美］斯坦利·L. 布鲁、兰迪·R. 格兰特：《经济思想史》，北京大学出版社，2017年版，第14页。

第四，商业资本的运行必须与国家政权结合，国家必须在经济上、政治上、军事上保护本国商业，特别是保护本国商人能在国际经济舞台上通行无阻，以便为本国收罗更多的金银，使国家富强、经济繁荣。这样，国家干预经济或国家干预主义就成为重商主义体系的基本政策主张和主要特征①。

（二）亚当·斯密对重商主义的批判

斯密针对重商主义体系错误观点进行了反驳和批判。

首先，深刻剖析和批判了重商主义片面的财富观。对于只有金银货币才是财富的狭隘观念，斯密指出："人们所以需求货币，不是为了货币本身，而是为了他们用货币所能购买的物品。"② 因此，财富不是由货币或金银构成，而是由各种各样的物质产物构成。但斯密并没有否定货币或金银作为一种财富形式。

其次，在批判了重商主义狭隘的财富观后，斯密对限制国外商品进口和奖励本国商品出口的政策进行了剖析和批判。根据重商主义的观点，限制进口的措施有两类：一是不加区别地对所有本国能够生产的外国商品进行输入限制；二是在国与国的贸易中，对那些有入超的国家的商品进行进口限制。

针对第一种限制政策，斯密指出："以高关税或绝对禁止的办法限制从外国输入国内能够生产的货物，国内从事生产这些货物的产业便多少可以确保国内市场的独占。……这种国内市场的独占，对享有独占权的各种产业往往给予很大的鼓励，并往往使社会在那种情况下有较大部分的劳动和资财转用到这方面来，那是毫无疑问的。但这办法会不会增进社会的全部产业，会不会引导全部产业走上最有利的方向，也许并不是十分明显的。"③斯密在随后的分析论证中，否定了这种政策。他指出，人为干预限制只能使本来不纳入某一方向的一部分产业转到这个方向来，会扭曲国内资源的合理配置。

对于第二种限制进口的政策，即对其贸易差额被认为不利于本国的那些国家的几乎一切货物的输入，给予异常的限制，斯密认为这种政策比第一种政策更加狭隘。首先，最大限度地积聚金银，出口限制不合理。如果法国葡萄酒比葡萄牙的便宜，法国的亚麻布比德国的便宜，则英国向法国购买上述商品显然比向葡萄牙和德国购买有利。尽管法国输入品的价值将因此大增，但因同质的法国货比其他国家的便宜，我们每年用于进口外国货所费的金银总量势必减少。

另外，限制进口政策的真正来源是国与国之间的偏见与敌意。斯密指出："国际通商

---

① 于俊文:《欧美近代经济史》,东北师范大学出版社,1994 年版,第 6 – 7 页。

② 亚当·斯密:《国民财富的性质和原因的研究》(下卷),商务印书馆,1997 年版,第 11 页。

③ 亚当·斯密:《国民财富的性质和原因的研究》(下卷),商务印书馆,1997 年版,第 24 页。

像个人通商一样，原来应该是团结与友谊的保证，现在，却成为不和与仇恨的最大源泉”。① “各国都认为他们的利益在于使一切邻国变得穷困。各国都嫉妒与他们通商的国家的繁荣，并把这些国家的利得，看做是他们的损失”。② “像同业组合内自由人的利益在于阻止国内居民雇用其他人而只雇用他们自己一样，这班商人和制造业者的利益，在于自己保有国内市场的独占权。因此，在英国和欧洲大多数其他国家，对于几乎一切由外国商人输入的商品，都课以重税。凡能输入本国，与本国制造品竞争的一切外国制造品，都课以高的关税，或禁止输入。因此，对于贸易差额被认为不利于我国的那些国家，几乎一切货物的输入加以异常的限制”。③

重商主义鼓励进口的措施有两类：第一种办法是出口退税；第二种办法是对某些新兴的制造业和被认为应受到特殊照顾的产业发放奖励金或补贴。亚当·斯密认为，重商主义限制进口政策作用有限，对此政策在总体上是不赞同的。由上述实例分析，斯密给出以下结论：任何国产商品输出奖励金，都不免遭人反对。第一，对重商主义一切办法，一般都可提出反对，因为这些办法，违反自然趋势，迫使国内一部分产业流入较少利益的用途。第二，国产商品输出奖励金办法，特别会遭人反对，因为它不仅迫使国内一部分产业流入较少利益的用途，而且迫使其流入实际不利的用途。无奖励金即不能经营的生意，必然是一种亏损生意。

二、亚当·斯密国际贸易优势原理学说的提出及其主张

在批判重商主义一些错误论调的同时，斯密提出了国际贸易的优势学说。

斯密认为，扩大再生产才能增加一国的财富，而生产的扩大往往取决于劳动生产率的提高。生产率的提高取决于劳动分工，社会分工又进一步促进生产率的提高。这样，伴随着劳动分工的发展和劳动生产率的提高，各国生产的商品相对丰裕起来，产品有了“剩余”，就有了国与国之间的贸易往来。

就国际贸易给相互间进行贸易往来的各国所带来的福祉，斯密这样写道：“经营国外贸易的任何地方之间，毫不例外地都可从中得到两种不同的利益。那就是，输出他们所不需要的土地和劳动年产物的剩余部分，换回他们所需要的其他物品。通过以剩余物品换取其他物品来满足他们一部分的需要并增加他们的享受，这种贸易使剩余物品有了价值。利用这个办法，国内市场的狭隘性并不妨碍任何工艺或制造业部门的分工发展到十分完善的程度。由于给国内消费不了的那一部分劳动成果开拓了一个比较广阔的市场，这就可以鼓

① 亚当·斯密：《国民财富的性质和原因的研究》（下卷），商务印书馆，1997 年版，第 65 页。
② 亚当·斯密：《国民财富的性质和原因的研究》（下卷），商务印书馆，1997 年版，第 65 页。
③ 亚当·斯密：《国民财富的性质和原因的研究》（下卷），商务印书馆，1997 年版，第 66 页。

励他们去改进劳动生产力，竭力增加他们的年产物，从而增加社会的真实财富与收入。对于彼此进行对外贸易的所有不同的国家，对外贸易都不断地从事完成这些伟大而重要的工作。”① 由此可见，斯密指出了互惠互利的国际贸易，能够突破在国内市场的狭隘性，促进本国的产品质量和贸易分工达到更高的完善的水平，在面临一个比过去更广阔的市场时，努力提高生产力，不断增加社会财富。

上述理论的阐述，是斯密对优势原理的一个主要表达。这一在批判重商主义中诞生的优势学说，不仅仅是一种绝对优势理论，还含有相对优势理论的内涵。斯密在《国富论》第一章“论分工”中指出：“现在最富裕的国家，固然在农业和制造业上都优于邻国，但制造业方面优越的程度，必定大于农业方面的优越程度。……在农业方面，富国劳动生产力未必都比贫国劳动生产力大得多，至少不像制造业方面一般情况那样大得多。……所以，如果品质同样优良，富国的小麦在市场上的售价，未必比贫国低廉。……贫国的耕作，尽管不及富国，但贫国生产的小麦，在品质优良及售价低廉方面，却能在相当程度上与富国竞争”。② 这一段话，清晰地表达了比较优势原理的思想：在国际贸易中两个生产力水平不相等的国家，尽管生产力水平高的国家生产任何产品都处于优势地位，生产力水平低的国家生产任何产品都处于劣势地位，但只要生产力水平高的国家在不同的产品生产上对生产力水平低的国家的优势存在大小差异，生产力水平低的国家可以生产与生产力水平高的国家在优势上较小的产品，并与之相交换，进而在贸易交往中两国都可以从中受益。

三、亚当·斯密的国际贸易思想对当下的启示

亚当·斯密的国际贸易思想博大精深、蕴含内容丰富，特别是他的优势学说理论，既包含有绝对优势理论和相对优势理论，也含有剩余外溢、市场扩张和竞争等思想。直至今天，对人们也具有深刻的启示作用。

斯密的优势原理学说告诉我们，在市场经济条件下国与国的经济交往中，各国、各地区应充分发挥自身优势，用自己所长生产出口商品，进行国际贸易交往，是能够给贸易双方国都带来利益的，各贸易国的人民也都会从中获得福利，其结果也能达成贸易国间互惠互利的“双赢”局面。即使不发达国家在与发达国家进行贸易交往中无绝对优势可言，也可以通过发挥自身的比较优势，节省本国生产成本和劳动耗费，让本国人民从中获益。同时，在自由贸易条件下，只要各国利用自己所长、发挥自身优势，就能打造一个适宜的有

① 亚当·斯密：《国民财富的性质和原因的研究》（下卷），商务印书馆，1997 年版，第 19 页。

② 亚当·斯密：《国民财富的性质和原因的研究》（上卷），商务印书馆，1997 年版，第 7 页。

利于财富增长、给人类带来丰裕的消费生活的世界分工体系，使世界各国都能合理使用各种资源从事最有利的生产。在今天，良好的国际分工体系的建立，会使各国都能根据自己所长，发展各自的优势产业，生产出品质优良的产品。在这一前提下各国进行自由的贸易往来，不仅仅是国与国互惠互利的往来，更能给世界各国人民带来生活享受的福祉。

国与国在经济交往中，对贸易逆差的问题持有国民偏见和敌意，进而不是以邻为伴而是以邻为壑，以嫉妒和仇恨代替公平贸易竞争和国际分工协作，所有这些做法都是不利于增加国民财富和收入以及破坏国家间贸易交往的互利和合作共赢的愚蠢行为。近现代世界经济发展史表明，没有一个国家由于贸易差额不利而贫穷，但是，最富裕的国家却是源自最自由的对外贸易①。

自 1979 年中美建交 40 年来，两国抓住经济全球化的历史机遇，充分发挥双方经济互补优势，推动双边经贸合作，实现从无到有、从小到大、从单一到多元的发展。中美货物贸易额从 1979 年的 25 亿美元，增长到 2018 年的 6335 亿美元，增长 252 倍，服务贸易额超过 1250 亿美元，双向直接投资累计近 1600 亿美元。中美经贸合作达到前所未有的深度和广度，为两国和两国人民带来实实在在的利益，为世界经济的繁荣与稳定做出贡献。双方应致力于推进更高水平、更高质量的经贸合作，造福两国人民，为世界经济增长和繁荣做出更大贡献。

但特朗普这一届美国政府上台以来，宣扬美对华贸易“吃亏”论，以贸易逆差为噱头，自 2018 年以来，先后三次向中国出口产品加征关税，既违背了亚当·斯密倡导的贸易自由的思想，也极大地危害了全球经贸秩序，给世界经济复苏带来挑战，成为全球利益与人类福祉的一大祸根，同时也会让美国失去在中国市场的巨大利益。美国无端挑起的中美经贸摩擦已经并将继续损害包括美国在内的全球经济良性发展。这几乎是主流经济学家的共识，因为内在的傲慢和偏见往往出自无知。美国的贸易保护主义在损害别国利益的同时，也损害了美国民众的利益。根据税负转嫁原理，由于中国输美商品中很大一部分是普通消费品，需求价格弹性较小，因此美国对中国商品加征关税，最终大部分要转嫁到美国消费者身上。因此，这种损人不利己的行径必然受到包括美国人民在内的全世界人民的反对。

贸易争端没有给美国带来所谓的“再次伟大”，加征关税措施不仅没有推动美国经济增长，反而给自身的发展带来了严重伤害。美国政府唯有理性看待中美经贸关系，抛弃早在 240 多年前亚当·斯密批判过的重商主义的陈旧逻辑，正确看待所谓贸易“吃亏”，从你输我赢的“零和博弈”思维中走出来，才能推动中美两国在合作共赢的大道上实现最

① 晏智杰：《晏智杰解读〈道德情操论〉与〈国富论〉》，华夏出版社，2018 年版，第 193 页。

大发展。习近平总书记深刻指出："历史告诉我们，如果走上对抗的道路，无论是冷战、热战还是贸易战，都不会有真正的赢家。国与国只要平等相待、互谅互让，就没有解决不了的问题。"在中美利益和贸易关系上，只有以合作化解冲突，以理性管控分歧，在尊重彼此核心关切、懂得维护共同利益的前提下，才能通过优势互补、互通有无，促进各自经济发展和产业结构优化升级，惠泽彼此的人民。

政府、银行与现代货币理论

——与孙国峰司长商榷

李黎力

（中国人民大学）

2019 年以来，现代货币理论（Modern Money Theory 或 Modern Monetary Theory，下文简称 MMT）在学术圈内外引发了广泛关注和讨论。该理论并非新生事物，早在 20 世纪 90 代便已产生，其思想渊源则可以追溯到 20 世纪初。该理论最近因为美国政治讨论而被推向“风口浪尖”，引发了巨大争议和论战，并蔓延至我国学界。中国人民银行货币政策司司长孙国峰先是在《经济研究》（2019a）撰文阐释货币创造的逻辑形成和历史演进，批判传统货币理论中顺带指出 MMT 存在“内在缺陷”，然后在此文的基础之上又专文（2019b）对 MMT 展开直接批判。但我们研究认为，在这三个方面孙国峰基本上误解了 MMT。鉴于孙文批判在学界和政界的影响力，我们决定撰文与其商榷，理清 MMT 的逻辑与要旨，以增进对货币金融乃至宏观经济学理论和政策的理解。

一、货币创造主体辨析

孙国峰认为，MMT 的第一大逻辑缺陷在于对当今现代货币体系下的货币创造主体认识错误。在他看来，“现代货币理论认为货币创造的主体为政府，是一种由央行直接购买政府债务来供给货币的财政主导模式”（2019b）；它仅适用于过去的“政府信用货币体系”，因而“实际上不是‘现代’的货币理论，而是‘古代’的货币理论……违背了货币演进的历史规律……与现代经济金融的运行现实相悖，本质上是一种倒退”（2019b）。孙文称：“实际上，现代货币体系是银行信用货币体系，而非‘现代货币理论’所倡导的政府信用货币体系，是一种由银行信用扩张创造货币的金融主导模式……银行的货币创造逐渐成为最主要的货币投放方式”（2019b）；“在银行信用制度下货币创造只属于银行……只有银行能够创造货币……所有货币都是银行通过贷款（资产扩张）创造的”（2019a）。因此，MMT“夸大了财政在货币创造中的作用，忽视了银行作为货币创造中枢的核心作用”（2019a，b）。

从货币创造上看，在现代货币体系下，银行业并非唯一的货币创造主体，政府同样是重要的创造主体。除了银行，政府也能创造货币。就实践和操作而论，政府支出便创造了货币，正像银行贷款创造货币一样。无论是财政部的操作（财政政策），还是中央银行的操作（货币政策），政府部门对私人部门的支出（如预付款、购买金融资产以及购买商品和服务）都会创造货币。因而如上所述，仅仅依据广义货币的构成来判断货币创造主体是一种误导。事实上，孙国峰在文中指出政府支出导致通货膨胀时，其实已间接承认政府支出也创造货币。否则，如果认为政府仅仅创造的是基础货币，那么按照孙国峰“贷款创造存款”的逻辑，至少目前还没有合意的理论来解释基础货币必然导致通货膨胀，因为传统教科书式的“货币乘数”理论是错误的。

并且，既然承认政府和银行均创造货币，就没有充分的理由认定政府创造货币就要比银行创造货币更容易产生通胀，更无理由武断地断定“政府信用创造与生产脱节，难以满足经济活动的需求；银行可以通过贷款创造存款货币组织当下生产”（2019b）；“政府的负债主要用于消费，并不生产商品”（2019a）。这是一种赤裸裸的偏见，这种偏见很可能受政府和银行货币创造的差异所误导。银行“贷款创造存款”货币创造，通常被认为取决于银行客户（主要是企业）的贷款需求，因而这种货币是“内生货币”；而政府“支出创造存款”货币创造，则在很大程度上不受非政府部门需求的直接影响，因而对私人部门而言具有某种“外生性”。然而，我们并不能据此就引申为银行创造货币就一定是生产性的，组织企业生产，而政府创造货币就势必是非生产性的，与生产脱节。

另外，孙国峰对 MMT 的相关认识存在误区。MMT 并非像孙国峰认为的“忽视了银行作为货币创造中枢的核心作用”，而是在认识到和深入研究银行信用货币运行的基础之上，着力于将政府货币与银行货币统一起来分析国家货币体系的运行，致力于探讨具有货币发行权的主权货币国家如何利用货币这种“公共产品”去实现合意的社会目标。①MMT 不仅认同后凯恩斯主义的内生货币理论，而且，还像孙国峰所指出的“继承并扩展了米切尔—因内斯（A. Mitchell - Innes）的内生货币理论”（2019b），将传统的国家货币理论与信用货币理论有机结合起来考察。这在下面的货币创造层次方面得到鲜明的体现。

并且，MMT 也并未主张孙国峰意义上的只有政府创造货币的“政府信用货币体系（或制度）”。他们深刻地认识到银行“贷款创造存款”创造货币对宏观经济稳定和发展所带来的危害，因而主张改革银行体系，堵住银行“无中生有”创造货币的能力，从而实现孙国峰意义上的“政府信用货币体系”（Ingham et al.，2016）。现代货币理论者尽管也意识到银行创造货币所带来的问题，但却认为“这个水龙头不能关掉”，它对于保持资本主义经济的活力和韧性十分重要，作为替代可以依靠“大政府”和“大银行”对该“水龙头”进行调控和疏导（可参见李黎力，2018）。

二、货币创造层次剖析

孙国峰认为，MMT 的第二大逻辑缺陷在于对当今现代货币体系下的货币层次辨别不清。“现代货币理论由中央银行直接创造信用货币来购买政府债券创造货币的主张，实际上混淆了银行信用货币制度下货币创造的层次”；“现代货币理论错误地将存款货币和基础货币（不在同一层次）视为并列平行关系……将二者混为一谈”（2019b）。这一批判同样既对现代货币体系下的货币创造层次的理解有所偏差，也对 MMT 的债务和货币层级观不甚了解。一方面，就货币的创造层次而言，中央银行创造的基础货币与银行创造的存款货币的确分属两个不同的层次，但却并非完全“相互独立”，而是密切相关。如上所述，无论是财政部还是央行，政府对非银行私人部门的支出操作都会同时带来基础货币和广义货币的增加，因而二者的创造是同时发生的。另一方面，就对 MMT 的认识而言，孙国峰不仅充满误解，而且并不熟悉。如上所述，MMT 清楚地认识到中央银行直接购买政府债券创造的仅仅是基础货币，而不是广义货币，因而并未将不同货币层次混为一谈。更重要的是，MMT 学者很早便提出了债务和货币的层级理论（参见李黎力、贾根良，2012；雷，2017；李黎力，2019a），货币本质上是一种债务而不是一种商品，因而才会有孙国峰在文中所提及的“货币购买商品，商品购买货币，但商品不购买商品”这句著名的有关货币的命题，而非孙国峰眼中“完全不符合现实的强假定”（2019a）。也正因如此，货币并不需要任何本身具有价值的物体作为载体，而是可以依靠纸张甚至电子符号来表现。但并非所有债务都是货币，而只有那些具有普遍接受性的债务才能成为货币。

三、部门收支分析讨论

在批判 MMT 有关货币创造和运行本质存在以上逻辑缺陷的过程中，孙国峰还认为 MMT 所采用的部门收支分析（Sectoral Financial Balances Approach，SFB）或存量—流量一致性（Stock – Flow Consistent，SFC）的分析方法是不恰当的、错误的。该方法“只看到了国民经济核算账面上的平衡，而忽略了货币创造的内在机制与动态过程”（2019b）；“它们将银行的资产负债表和居民、企业、政府的资产负债表进行简单加总，从而混淆了作为货币创造主体的银行与其他主体会计记账的区别，进而模糊了信用和货币，得出了政府扩大赤字以提供货币的政策结论”（2019a），“据此得出在国际收支平衡的前提下，政府部门赤字等于私人部门盈余的结论势必是错误的……掩盖了部门名义均衡之下的隐性剥削”（2019b）。在他看来，“在分析货币创造时，对银行和中央银行应当采用资产负债表的方法来分析，而对其他主体则应[①]采用收入支出表的方法来分析，只有这样才能正确刻画动态的货币—经济运行机制”（2019a，b）。

根据宏观经济学的核算原则，总支出必然等于总收入。一方的支出必然构成另一方的收入，一个部门的赤字必然对应于另一个部门的盈余，一个部门的金融负债必然对应于另一部门的金融资产。整个宏观经济所有部门的收支结余总和为零，因而不可能出现所有部门同时属于盈余或赤字的情况。按照基本的宏观核算恒等式——“本国私人部门结余 + 本国政府部门结余 + 国外部门结余 =0”，那么“据此得出在国际收支平衡的前提下，政府部门赤字等于私人部门盈余的结论”便是自然而然的，何以“势必是错误的”（2019b）呢？“政府扩大赤字”如上所述意味着基础货币和广义货币的创造，它们作为净金融资产的积累，构成了私人部门盈余增加的对应结果。

更重要的是，由于拒绝接受这种部门收支分析进路和国民核算逻辑，孙国峰狭隘地着眼于银行和政府在货币创造层次上的差异，而忽视甚至于无法理解和区分这两种货币创造及运行方式对经济所产生的截然不同的实质性影响。根据资产负债表和资金流量表分析，银行通过“贷款创造存款”创造存款货币的同时，必然对应着企业或家庭部门债务的创造，带来的[②]仅是私人部门内部资产负债的转换而不是净金融资产的增加。银行创造的这种“内部货币”的扩张因而在很大程度上意味着私人部门债务的累积和杠杆率的上升，从而导致金融脆弱性增加，容易滋生债务危机和金融危机。由于仅仅着眼于货币层次，并把二者人为割裂开来，孙国峰未能认识到格利（John Gurley）和肖（Edward Shaw）所做的“外部货币”与“内部货币”区分在分析宏观经济运行中的重大价值。

相反，作为 MMT 的重要组成部分，国民经济核算恒等式及部门收支分析进路和方法的重要性和价值得到了 MMT 支持者的大力强调（Wray，2018）。一方面，该方法可以用来检验理论模型及其预测在存量—流量方面是否具有逻辑一致性，据此判断政策药方是否逻辑相容而具有可行性。诚然，MMT 所主张和青睐的这种分析方法也具有局限性，特别是考虑到 MMT 论者重点是将宏观核算恒等式作为概念化政府部门与私人部门之间经济关系的手段，更多着眼的是探讨政府操作对私人部门的影响。其结果是，该核算框架和部门收支分析不足以解读和判断国内私人部门内部具体子部门的动态变化（Fiebiger，2013），从而也就不足以研究像孙国峰所指出的金融财富在私人部门内部的分配。但要想深入考察这些问题，却依然离不开具体部门的资产负债表分析和资金流量分析的结合。因此，尽管当前 MMT 所采用的部门收支分析进路有所局限，但却是一个富有价值的“透视镜”。我

① 此处“杠杆化”不同于传统“货币乘数”理论中的“乘数”，具体请参见瑞（2011）第五章。

② 除了上文所提及的，孙毫无根据地隐含地区分了这两种货币创造方式在导致通货膨胀方面的差异。

们不能“因噎废食”，将“货币创造”与“货币流通”混为一谈，狭隘地囿守①。不能因“货币创造”层次之隔而将这种视角和方法拒之门外，而是应在充分利用该方法的基础上寻求其他更为中观和微观的棱镜和方法来予以补充。

四、总结性评论

在经济思想史上存在着两大由来已久的货币研究传统（李黎力、张红梅，2014；李黎力，2019b）。一种是基于交易的研究传统。这种传统将货币的本质视作一种特殊的商品（交易媒介物），从交易媒介这一货币的根本职能出发去私人部门当中追寻货币的起源。货币是私人部门为降低物物交换的交易成本而自发形成的产物，并按这种市场的逻辑而不断演化，一旦产生之后便成为实物经济的“面纱”而变得“中性”。与之截然不同，另一种是基于债务的研究传统。这种传统将货币的本质视为一种特殊的债务（信用关系），从记账单位这一货币的根本职能出发去公共部门当中探求货币的起源。在货币创造这一问题上，这两大传统分别对应主流的“外生货币理论”传统与非主流的“内生货币理论”传统。近一个世纪前，在凯恩斯那个时代，银行“贷款创造存款”的内生货币传统便成为当时的“共识”，并被写入20世纪五六十年代的教科书。但在20世纪70年代“货币主义”等新古典反革命的影响之下，40年的共识逐渐失势，取而代之的是“存款创造贷款”以及政府通过基础货币和“货币乘数”控制货币供给的外生货币主流传统，该传统至今依然是大多数主流教科书的“常识”（Chick and Dow，2013）。当我们目睹孙国峰在推动这种传统复兴的过程中忽视和低估了MMT恰恰重视和凸显的“国家”要素时，“复兴大业”亟待“厘清共识”和“统一战线”。与孙国峰所认为的MMT“夸大了财政在货币创造中的作用，忽视了银行作为货币创造中枢的作用”相反，我们恰恰认为，孙国峰夸大了银行在货币创造中的作用，忽视了国家在货币创造当中至关重要的作用。MMT所得出的结论也与孙国峰所称的“不符合现代市场经济内市场发挥资源配置决定性作用的本质”（2019a）相反，不仅符合这一本质，而且更加符合“更好地发挥政府作用”的内在要求。之所以会有这种误解和偏差，其原因主要在于，孙国峰理想化地将“财政”与“金融”（或信贷）完全对立起来。但事实上在当今乃至未来的现代货币制度下，“财政”与“金融”是密切相关的。早在30多年前，黄达（2009）便从综合平衡问题出发，对二者关系进行了颇有价值的探索。如孙国峰所言，我们要倍加珍惜这些成果。

① 明斯基从部门收支分析角度系统地阐述了政府支出和赤字对经济的影响和作用，可参见李黎力（2018，第265－266页）。

后凯恩斯就业理论的拓展与借鉴

申米玲①

（西北政法大学）

一、就业理论的拓展——“最后雇主”计划

“最后雇主”计划是后凯恩斯主义学派沿着凯恩斯的就业思路发展出来的理论，以主权货币理论②为基础。

“最后雇主”（ELR）计划就业理论的中心思想是政府在其外生设定的最低工资水平上雇用那些有意愿、准备好并且有能力的劳动力。外生设定的最低工资即为公共部门的基本工资（the Basic Public Sector Wage，BPSW），这一工资水平上的就业称之为公共部门基本就业（the Basic Public Sector Employment，BPSE）。③“最后雇主”（ELR）计划作为一个普遍计划从理论上提供了无限弹性的劳动力需求，通过为任何想要工作的人提供就业岗位来消除失业，从而实现充分就业。

那么，什么是充分就业呢？后凯恩斯经济学家认为，所谓充分就业就是在政府设定的最低工资水平上使那些有意愿、准备好并且有工作能力的劳动者都能就业。由此，“最后雇主”（ELR）计划有以下基本标准：①无限弹性的劳动力需求。政府部门是可以将“提供劳动力与以营利为目的雇用工人”分离开来的唯一部门，④ 可以提供无限弹性的劳动力需求而不用担心资金融通问题。②“自下而上”雇用劳动力。ELR 计划是“自下而上”（of the bottom）雇用劳动力，即接受私人部门不愿雇用的劳动力，不同于凯恩斯“自上而下”（of the top）以刺激私人部门总需求的趋向。③外生设定工资。政府通过外生地决定

---

① 申米玲，西北政法大学教授，长期从事西方经济学研究。

② 主权货币理论是以兰德尔·瑞等为代表的后凯恩斯主义经济学家复兴并发展起来的国家货币理论，又称作主权货币理论。详见：兰德尔·瑞：《解读现代货币：实现充分就业与价格稳定》，刘新华译，中央编译出版社，2011 年版。

③ （美）兰德尔·瑞：《解读现代货币：实现充分就业与价格稳定》，刘新华译，中央编译出版社，2011 年版。

④ Minsky H. P. Stabilizing an Unstable Economy. New Haven，CT：Yale University Press，1986：308.

ELR 工人的工资水平，ELR 工资标准为当前最低工资标准，且工资标准锚定货币价值，政府可以利用这种缓冲储备机制保证支出总是在一个适宜的水平上。④有标准的执行。ELR 计划中工人并非一劳永逸，可以被解雇，ELR 部门所提供的就业机会有保证但也拥有一定的执行标准，工人达不到标准或者突破了 ELR 部门雇用的底线时，可能被解雇，政府对再次雇用也做出限制。⑤强化人力资本。参与到“最后雇主”计划的劳动者在“干中学”中提高劳动技能，在未来实现人力资源的优化配置。⑥宽松的劳动力市场。政府可以从市场“收储”失业者，或者向市场“释放”劳动者，从而通过构建一个劳动力“缓冲储备池”，逆风向对经济进行调节。

当然，“最后雇主”计划要注意以下三方面：第一，该计划是为了给那些准备好、有意愿且有能力的劳动者提供就业岗位，不涉及那些没有准备好、无意愿和无能力工作的劳动人群。它不是强迫劳动者去工作，仅仅为那些有意愿的人提供工作机会。在经济发展过程中政府还需解决那些没有准备好、无意愿也无能力工作的劳动力所面临的问题。第二，是财政部而非中央银行担负着充分就业和价格稳定的责任。第三，虽然“最后雇主”计划可以有效地改善当前的失业状况，但它无法解决所有的失业问题。

此外，很多经济学家认为失业和价格稳定是冲突的，失业是保持价格稳定的工具，而主权货币学派认为在主权货币操作下，在保持价格稳定的同时追求充分就业是可行的，这一政策设计创造性地表明充分就业能够锚定货币价值。“最后雇主”计划基于主权货币理论，通过这一计划的运行实现政府一直以来追求的两大目标——消除失业和稳定价格。实现这些目标的一个重要途径是中央政府提供缓冲储备就业（BSE）、就业保障（JG）或者“最后雇主”计划。“最后雇主”计划通过政府融通资金，其目的仅仅是在最低工资或者高于最低工资的水平上雇用那些有意愿、有能力、准备好的可雇用工人。

二“最后雇主”计划于我国的可行性分析

20 世纪 90 年代以来，我国的就业问题日益凸显。从 1990 年到 2003 年，登记失业率从 2.5% 上升到 4.1%，失业率不断攀升，就业增长率从 1992 年的 1.8% 下降到 2003 年的 0.28%，总体来说处于下降趋势，那么探索一条适合我国的就业途径迫在眉睫。“最后雇主”计划于我国是否具有可行性可从该计划的基本标准着手分析。

第一，我国政府发行自己的主权货币可以在任何价格水平下雇用劳动力。根据主权货币理论，政府作为“最后雇主”的缓冲储备计划只适合于主权政府——控制本国货币的国家作为一项政策选择。

兰德尔·瑞和刘新华运用高德利的部门余额分析方法，根据我国统计资料计算出了每个部门占 GDP 的百分比，讨论了自 2008 年国际金融危机爆发以来我国政府预算、国内私人部门储蓄和进出口三部门之间的关系，说明了如何提高国内私人部门储蓄的问题。从图1可以看出，政府预算赤字（在2011年接近2%）加上出口余额（在2011年也是2%）等于国内私人部门在2011年大约是4%的储蓄余额（储蓄超过投资大约是GDP的4%，所以投资减去储蓄是-4%）。用宏观经济学的术语来说就是预算赤字的“注入”加上出口剩余等于储蓄超过投资的“漏出”。①

从图1可以看出，自国际金融危机爆发以来，我国净出口余额大幅下降。在政府部门赤字率不变的情况下，这将导致国内私人部门的储蓄大幅度减少，但我们在图中可以看出，由于政府预算赤字的增加，部分地抵消了净出口的下降，使得国内私人部门的储蓄没有发生断崖式下降，但国内私人部门储蓄的减少仍然导致了企业自有资金的不足和负债率的增加。兰德尔·瑞和刘新华认为，如果我国净出口下降的趋势一直保持下去，保持国内私人部门储蓄不变的唯一办法就只能是中央政府部门的赤字增加。

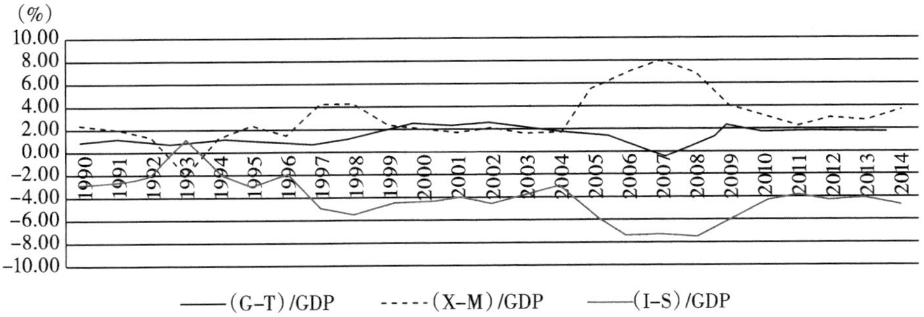

图1　1990—2014年中国主要部门资产负债

资料来源：中国统计年鉴、中国海关统计数据、中国国家统计局。②

自国际金融危机爆发以来，我国由于采取积极的财政政策，财政赤字率提高了，但与世界上绝大多数国家相比，我国中央政府部门的负债率还是很低的，我国的财政赤字率仅为2.3%，政府仍有充分的空间来增加开支和减税。更为关键的是，新增的开支应该由财政部统一发行政府债券，而不是由地方政府融资平台向商业银行贷款。所有的货币政策宽松都应该直接用来支持财政宽松，只有这样金融资源才能真正流入实体经济，而不是推升资产泡沫。③ 主权货币理论对于此观点提供了强有力的理论支持。由此，在目前的经济环境下，通过增加中央政府部门赤字开支，使得政府成为劳动力的“最后雇主”，解决就业

① 徐则荣、楚珊珊:《扩大中央赤字开支应对我国的债务型通货紧缩》《学习与探索》,2016年第6期。

② L. Randall Wray, Xinhua Liu. Options for China in a Dollar Standard World: A Sovereign Currency Approach, Levy Economics Institute of Bard College, Working Paper No. 783, 2014, p. 57.

③ 潘凌飞:《余永定:想让资金进入实体经济只能采取定向财政宽松》, http://money.163.com/15/1112/08/B8768CH600253B0H.html, 2015-11-12。

问题，特别是减少由于去产能、去库存和去（私人）杠杆导致的失业是可行的。

第二，我国政府可以充当“最后雇主”，自上而下雇佣劳动力并构建宽松的劳动力市场。我国出台了很多行之有效的就业政策，其出发点在于实现充分就业，这一点是没错的，关键在于实行什么样的就业政策。后凯恩斯经济学家认为充分就业和价格稳定在合理的制度安排下是可以同时实现的。政府充当“最后雇主”，建立“劳动力缓冲储备池”为我国的就业问题提供了新的思路，我国实行 ELR 计划有助于实现上述目标：有效的最低工资从而保证了工人工资和市场价格的稳定，合理的政策框架设计保证了统一的利益框架从而实现充分就业。

我国具备丰富的劳动力资源，这是我国的比较优势，而解决好就业问题是这一比较优势得以充分发挥的基础和前提，所以政府通过“最后雇主”计划可以充分地利用劳动力资源从而有效解决目前的就业问题。诚然，我国的公共财政资源相对于人口总量而言是有限的，想要做到全方位覆盖并非易事。但是可以从阿根廷的 Jefes 计划①得到一些启示，即可以首先针对我国就业的主要矛盾和特殊的劳动力群体，有针对性地实施一个有限制的“最后雇主”计划。

具体来说，我国针对大学生就业问题出台的“三支一扶”（支教、支农、支医和扶贫）、“大学生村官计划”“农村义务教育教师特设岗位计划”以及“大学生志愿服务西部计划”等就业政策很好地缓解了我国大学生群体面临的严峻就业形势，上述计划从本质上来说就是有限制的“最后雇主”计划：政府通过充当“最后雇主”创造公共就业岗位，只是设置了一些准入限制，由此构建了小型的劳动力缓冲储备池。从这个理念出发，可以在农村和西部偏远地区创造更多的相关岗位（见表 1），一方面有利于改善农村和西部落后面貌，另一方面又使得大学生群体从基层得到锻炼，保存并提高了人力资本，同时一定程度上改善了高校毕业生和其他待业劳动力群体的就业问题。

表 1　农村和偏远地区的岗位

岗位设置	岗位说明	适用群体
公共基础设施的修整和新建	公共基础设施是农村和西部偏远地区的短板，较为落后，很多道路桥梁有待建设和养护，影响了落后地区的经济发展	返乡中青年农民、城乡失业工人（以男性为主）

① 2002 年，阿根廷政府实行了有限制的“最后雇主”计划，即 Jefes y jefas 计划，目标是保障贫困家庭户主们就业。这一计划成功地创造了 200 万个工作岗位，不仅确保了贫困家庭的就业和收入，而且为其他贫困家庭提供所需要的服务和免费的食物。据阿根廷劳动部（2005）和世界银行（2003）的评估，Jefes 计划取得了巨大成效，这一成功的实践有助于评估 ELR 计划的可行性。

续表

岗位设置	岗位说明	适用群体
留守子女、老人日托服务	农村和偏远地区年轻劳动力外出务工，留守子女与老人已成为社会焦点问题，可以建立这样的日托服务中心，安排相应失业群体就业	返乡中青年农民、失业农民工（以女性为主）
社区/农村和西部偏远地区协助清洁服务	城市运动场、公园、广场等场所的清洁力度不够，特别是旅游区生活垃圾处理不到位，农村及西部偏远地区垃圾随意堆放，这些都亟待处理	返乡中青年农民、城乡失业工人
农村等偏远地区社会调查工作	一些社会焦点和热点问题需要有关人员到相关地区深入调查，为解决实际社会问题打下基础	高校待业大学生
环境监测工作	可以设置大量环境安全领域的工作岗位，如水资源的检测、自然环境的保护，还可以协助处理各种环境污染物、检测和防范灾害等	高校待业大学生、城乡失业工人

从一定程度上说，ELR 计划实际上将政策目标定位在“底层人民”，因为它“从底层雇用”，为失业的人提供工作。其工资和福利是最低的，设定最低工资标准以便私人雇主可以承担。这一计划没有挤出私人部门工人，而是雇用那些无法找到工作的人。而且，通过将计划分权，允许地方政府创造和组织相关项目。当地政府对当地人的需求——不论是岗位设置还是项目执行都更加了解，因此这是一个“自下而上”的具有“涓滴效应”的工作保障计划。

第三，政府充当“最后雇主”，可以在降低失业率的同时保持和强化人力资本。因此，只要岗位设计得好，政府作为“最后雇主”，就可以营建一个人才储备和人才开发的“缓冲池”，一些先行实践对于我国实行全方位的“最后雇主”计划提供了宝贵的经验和重要参照。在“大政府”的框架下，政府充当“最后雇主”可以与“大市场”形成互动、互补的就业机制：即市场按照效率原则“自上而下”雇用劳动力，政府在“最后雇主”计划中则是依据公平原则“自下而上”雇用劳动力。这样，在两种机制之间，被充分雇用的劳动力可形成一种周期性对流，形成相对稳定的收入流，促进整个经济运行保持相对稳定。

政府可以通过执行“最后雇主”计划在短时间内创造出大量的、足以表明经济中存在大量的潜在的为人们所忽视但极具意义的就业岗位，一旦该计划得以良好运作，对于提高我国的劳动生产率以及提高人力资本具有重要的意义。

诚然，“最后雇主”计划不可能完全解决所有与就业相关的问题，仅仅是为有意愿，有能力且可以随时上岗的人提供一定工资标准的工作，这种意义上的就业即为充分就业，由此为全体人民提供一个全方位就业的安全保障体系，其他有关就业的社会问题需要进一

时所达到的复杂程度，如图 1 所示。

图 1　完整 SFC 模型

Dos Santos 和 Macedoe Silva（2009）对完整的 SFC 模型提出了基准简化版①。简而言之，如果一个 SFC 模型中的所有存量与流量都以同样的速度增长，从而相对大小和结构的经济部门的资产负债表（因此他们的经济/金融权力和/或脆弱性）可以保持不变。将经济各部门的实际行为与这样的 SFC 基准进行比较，从比较当中可以判断经济运行是离 SFC 基准（人设经济）越来越近还是越来越远。在简单的模型中，如哈罗德模型（Harrods）或索洛模型（Solow's），“资本和收入必须以相同的速度增长，保持资本/产品比率稳定”——一个简单的条件就能确保经济处于理论上的“稳定状态”。而在非正统的 SFC 模型中，根据考虑的部门数量，稳定状态则要求同时满足更多的条件，确保系统中的每个流量或存量以相同的速度增长。例如随着企业财务平衡表现为负值时，家庭财务平衡（和储蓄）则必须为正值。此外，企业负债（债务或股本）与家庭总资产、企业利润、总收入和资本等变量之间的比率必须提高，换句话说，企业的财务脆弱性也会提高。

二、SFC 模型的一般原则与方法

（一）什么是存量流量

经济分析中的所有绝对数量都可以区分为存量和流量两大类，而两者之间又可以相互转化，即存量的变化（差分）是流量，而流量的累计（积分）又是存量。如果以时间维数为基准，这两者之不同就在于，存量单位（如资本）是某个时点的测量值，与时间的流逝无关；而流量单位（如收入）则必须与某一预先定义的时间区间相对应，是有时间单

① Dos Santos C. H. and Macedo e Silva A. C.（2009）Revisiting（and Connecting）Marglin - Bhaduri and Minsky：an SFC look at financialization and profit - led growth. Levy Institute Working, p567.

位的。

从概念上梳理，存量是一个时点上的量，而流量则是一个时期中的量，存量的大小与测量者所选择的时点位置有关，而流量的大小则取决于测量者所选择的起始位置和时期的长短，从这个定义来看存量和流量是一个时间维数上的纯数学概念。在经济分析中，关于存量和流量分析的一个重要问题是要找到存量均衡和流量均衡之间的关系。帕廷金认为“在时间为不连续的模型中（即在时期分析中），根据定义就不会存在带有时间单位的流量变数”，现实生活中，不管是利息支付还是收入支付在时间上都不可能是连续的，从而认为所有流量都可以当作存量对待。

（二）简化版 Godley - SFC 模型构建的基本原则和方法

SFC 模型的第一基本原则：流量一致性——所有的一切都来自某处，同时又去往某处，经济系统中没有黑洞。可以简单理解为某人的收入是另一个人的支出，通常考察的是时期指标，比如储蓄。用国民核算体系（SNA）的术语来说（欧盟委员会等，2009），社会部门（家庭—企业；国家 A—国家 B）被称为水平一致性；另一种类型的流动一致性是纵向一致性，这意味着每笔交易至少涉及每个单元内的两个条目，通常被称为贷方和借方且借贷相等。利用社会核算矩阵（SAM）可以确保该原则得到贯彻实施。

资产管理资产负债表包含了国民核算的第一部分但更细致，SAM 代表生产账户、主要的收入账户、代理收入账户、支出账户以及储蓄账户等，由于交易流矩阵与国民收入和生产账户（NIPA）比较相对容易，可作为 SAM 的替代方案，但是交易流矩阵的缺点在检查“谁对应谁”的问题上直觉感可能较差，优点在于其相对容易进行数据匹配。另一种描述经济核算结构的方法是所谓的社会核算矩阵。SAM 方法最初是由 Richard Stone 提出的，后来进一步发展成为固定价格乘数和 CGE 模型的基础。在一个宏观模型中，在交易流矩阵和 SAM 之间如何选择取决于个人偏好，如果构造得当，这两个矩阵可以传递相同的信息并保证模型的会计一致性。

每个部门的收入和支出都详细列在资本账户的 NIPA 内，则恒等式如下：

$$NL/B = GS - GI + NI_{ct} \tag{1}$$

上式中净贷款也被称为财务平衡。对财务平衡的分析在戈德利分析与理解危机的 SFC 分析方法中起了至关重要的作用。

SFC 模型的第二基本原则：每一笔交易都意味着要在会计上增加四项内容，例如中美进出口贸易，当美国从中国进口商品时，其在中国的收入增加以及在美国的支出增加之外，具体会计分录为中国经常账户进行“贷记”出口，美国经常账户则进行“借记”进口相对应；同时经常项目的收支意味着至少有一种金融资产或负债的真实存量发生变化，则会计分录为中国资本账户借记中国对外资产增加，美国资本账户贷记对外资产减少一一对应。净借贷意味着持有的金融资产或负债的变化，这些变化在资金流动矩阵中有详细记录，对于每一种资产，要能够确定哪个部门正在发行它（借贷资金），以及哪个部门正在获得它（借贷资金）。每种资产的借贷必须相等，即会计一致性原则进行记录。资金流动矩阵可以垂直读取，以确定实际投资的资金来源。

SFC 模型的第三基本原则：存量一致性，代理人或部门的财务负债是其他代理人或部门的财务资产。例如，贷款对家庭来说是负债，对银行来说是资产；国债是政府的负债，却是持有者的资产。因此，整个金融体系的净财富为零。从逻辑关系上来看，依据第二基本原则——某一部门的每一项金融资产都是另一部门的负债：整个系统的金融财富净额为零。

SFC 模型的第四基本原则：存量流量一致性，每一个流量都意味着一个或多个存量的变化。因此，期末存量是通过累积会计年度的流量，并考虑可能的资本收益而获得的。$S_t = S_{t-1} + F_t + CG_t$，其中 S 为存量的期末货币价值，上一期的期末货币价值存量加上会计年度中相应流量（F），再考虑资本净收益（CG_t）。存量流量一致性意味着正的净储蓄导致净财富的增加，反之亦然。例如，当一个家庭的净储蓄为正时，其一个或多个资产增加（或一个或多个负债减少），储蓄的净财富或资本利得也会增加。这些流量向存量的转化的恒等式是任何 SFC 模型的第一动态组成部分，通过资金流动和资本收益，就可以为经济中的每个部门建立资产负债表。$S_t = S_{t-1} + F_t + CG_t$，可由差分算子替代：$\Delta S_t = S_t - S_{t-1} = F_t + CG_t$，从这个角度看，存量的变化本身就是一个流量，等于期间流量与资本利得相加。因此，存量流量一致性是“垂直”流一致性的逻辑推论。

需要注意的是，资产负债表中，由实际资产组成的国家财富等于实际财富加上外国资产，减去外国债务。

SFC 模型的第五个基本原则：以上原则意味着必须遵守如下原则：每一笔交易涉及会计的四项内容。四项式簿记是由莫里斯·科普兰（1947，1949）提出的一项基本会计制度，因为它将各种类型的会计一致性联系在一起，从而保证了整个系统的会计一致性（欧洲委员会等，2009）。金融资产意味着未来的收入来源，金融负债意味着未来的收入支付。这些从存量到流量的链接为任何 SFC 模型提供了第二个动态组件。举例来说，当一个国家有外债时，其未来的海外利息支付将使其经常账户余额恶化（利息支出经常账户借记，加剧经常账户赤字），但本国境内持有的政府债务增加，意味着未来要向国内债权人支付更多利息，这部分经济交易不会导致国家之间往来账户的变化。需要明确指出的是 SFC 模型中的所有存量的变量都应该对某些行为进行反馈。假设我们对经济进行建模，使金融部门拥有非零的净财富，如果我们不考虑净财富水平对行业支出或投资组合决策的任何影响，该模型就可能产生不断增加或不断减少的净财富。

尽管有不同的研究需要决定了 SFC 模型，但除其他外，上述五项原则意味着 SFC 模型的会计结构遵循国民经济核算体系（SNA）的会计结构。根据以上原则构建 SFC 步骤，根据需要研究的问题 SFC 模型的矩阵可以概况为资产负债表矩阵和交易流矩阵，再写出相应的恒等式。

表 1　资产负债表—存量矩阵

	家庭	企业	商业银行	政府	中央银行	总计
1. 物质资本		$+K$				$+K$
2. 存货		$+IN$				$+IN$
3. 基础货币	$+MB_h$		$+MB_b$		$-MB$	0
4. 存款	$+D_h$		$-D$			0
5. 贷款	$-L_h$	$-L_f$	$+L$			0
6. 国库券	$+B_h$		$+B_b$	$-B$	$+B_{cb}$	0
7. 长期国债	$+PB_LBL_h$			$-P_{BL}BL$		0
8. 股票	$+P_EE_h$	$-P_EE$				0
9. 净资产	$-V_h$	$-V_f$	0	$-V_g$	0	$-(K+IN)$
10. 总计	0	0	0	0	0	0

资料来源：Godley，1999①。

① Godley W.（1999）. Seven unsustainable processes. Technical report, Levy Economics Institute of Bard College.

表 2　交易流矩阵

	家庭	企业		商业银行		政府	中央银行		总计
		资本账户	经常账户	资本账户	经常账户		资本账户	经常账户	
交易流									
1. 消费	$-C$	$+C$							0
2. 投资		$+(I+\Delta IN)$	$-(I+\Delta IN)$						0
3. 政府支出		$+G$				$-G$			0
4. 税收	$-T$					$+T$			0
5. 工资	$+WB$	$-WB$							0
6. 库存融资成本		$-r_{L-1}\Delta IN_{-1}$		$+r_{L-1}\Delta IN_{-1}$					0
7. 存款利息	$+r_{D-1}D_{-1}$			$-r_{D-1}D_{-1}$					0
8. 贷款利息	$-r_{L-1}L_{h-1}$	$-r_{L-1}(L_{f-1}-IN_{-1})$		$+r_{L-1}L_{-1}$					0
9. 国库券利息	$+r_{B-1}B_{h-1}$			$+r_{B-1}B_{b-1}$		$-r_{B-1}B_{-1}$	$+r_{B-1}B_{cb-1}$		0
10. 长期国债利息	$+r_{BL-1}BL_{-1}$					$-r_{BL-1}BL_{-1}$			0
11. 企业利润	$+FD_f$	$-F_f$	$+RE_f$						0
12. 银行利润	$+F_b$			$-F_b$		$+F_{cb}$	$-F_{cb}$		0
资金流（FoF）备注：净贷款	NL_h	NL_C		NL_b		NL_g	NL_{cb}		0
13. Δ基础货币	$-\Delta MB_h$				$-\Delta MB_b$			$+\Delta MB_{cb}$	0
14. Δ存款	$-\Delta D_h$				$+\Delta D$				0
15. Δ贷款	$+\Delta L_h$		$+\Delta L_f$		$-\Delta L$				0
16. Δ国库券	$-\Delta B_h$				$-\Delta B_b$	$+\Delta B$		$-\Delta B_{cb}$	0
17. Δ长期国债	$-\Delta BL_hP_{BL}$					ΔBLP_{BL}			0
18. Δ股票	$-\Delta E_hP_E$		$+\Delta E_hP_E$						0
19. 总计	0	0	0	0	0	0	0	0	0

资料来源：Godley，1999。矩阵中资金来源用加号表示，资金使用用减号表示。

举个例子，就家庭部门而言，根据 SFC 基本原则，水平流一致性要求对每个类别的交易，资金的使用和来源总和为零。例如在表 2 第 6 行中，我们看到工资是企业资金的使用，但却是家庭资金的来源，家庭的其他收入来源是他们持有的各种资产的红利和利息收入。另外，家庭资金的主要用途是购买消费品，支付税款和贷款利息，利息由上一期贷款利率与上一期贷款存量之积决定。资金的总来源和使用之间的差额等于该部门的净贷款。根据交易流矩阵可得家庭部门净贷款，即：

$$NL_h = [W + FD_f + F_b + r_{D-1}D_{h-1} + r_{B-1}B_{h-1} + r_{BL-1}BL] - [C + T + r_{L-1}L_{h-1}] \quad (2)$$

纵向会计一致性要求明确这些家庭部门净贷款的去向。如果净贷款为正意味着家庭持有的各种金融资产的增加或贷款的减少。同时，水平一致性也适用于矩阵的 FoF 部分，使得每项资产的总体变化等于相应负债的变化。例如，银行贷款的增长等于家庭和企业贷款的增长，从而经济系统的存量一致性得以保持。从代数上讲，这意味着矩阵下半部分的每一行之和等于零。依次类推，可以写出各部门会计恒等式。

资产负债表矩阵中资产的期末价值等于期初的价值加上期间的变化和可能的资本收益。在这个意义上，FoF 子表提供了连续时期的资产负债表矩阵之间的联系。例如，在没有价格因而不涉及资本利得的贷款存量中，它们的期末价值为：

$$L_h = L_{h-1} + \Delta L_h \quad (3)$$

对于有明确价格的资产，则应将资本利得考虑进来，期末资产存量为：$p_e E = p_{e-1} \times E_{-1} + p_e \times \Delta E + \Delta p_e \times E_{-1}$，等式中最后一项代表资本利得，等于上一期期末由于资产价格增减变动而产生的存量价值的变化量。提供 FoF 数据的机构通常提供一个单独的矩阵，即所谓的重估矩阵，其中包含有关资产重估的信息。最后，经济系统中各部门的净借贷的总和为零。

三、结论

本文从大量文献研究中探讨了 SFC 模型的会计架构、目前 SFC 模型研究及应用的主要领域，以及两个角度探索 SFC 模型的根源，追溯了 20 世纪 90 年代凯恩斯主义会计方法的思想渊源。本文认为尽管在将会计概念引入主流传统模型时，面临的挑战很可能是探索模型的协同作用和互斥性能达到多大程度，但并不影响 SFC 模型在现代宏观经济分析当中显现日益重要的地位。进一步而言，对与传统模型的互补协同作用，以及会计方法均衡模型的适当领域的探索，需要开放地考虑宏观经济会计模型（SFC）的优点。这可能仍然与新古典经济学在政策制定和学术界（包括会计领域）的持续主导地位对立。正如 Arnold（2009）声称在国际政治经济中发生的变化或分析宏观层面变化之间的关系时（比如金融部门权力的上升），占主导地位的理论为我们理解过去 25 年所发生的一切提供了并不充分的基础。在 SFC 的存量与流量相互反馈的模型中，由于存量和流量保持相同的速度增长，稳定的经济增长路径条件下存量流量比率则是稳定的。在使用 SFC 模型分析宏观经济时，需要明确的一点是，并没有强有力的机制能让经济模式（或经济体）迅速回到稳定增长的轨道，因为经济的不平衡可能会持续很长一段时间，这就意味着至少有一个部门出现大量的债务积累。未来的 SFC 模型的发展将是基于代理模型的集成，可用来分析更复杂的金融市场，并越来越多地在开放的经济模型当中分析整个国家的国际经济状况，后凯恩斯主义宏观分析方法 SFC 模型的研究为理解宏观经济的系统关联性、预测潜在的金融危机都拥有极大的理论深入与实践发展的潜力。

经济学与伦理学：论经济学中价值论的存在性

徐士彦[①]
（云南大学）

本文希望做到为经济学中伦理主题的演变提供另外一条线索。我们将首先说明两种“价值理论”（经济的和哲学的）以及与之相关的“价值”概念在思想史中的关系，其次说明经济学是否以及如何受到了价值论的影响。

一、“价值”概念的流行

在这里，我们需要讨论三个问题：第一，普遍含义上的价值概念是从什么时候开始出现的；第二，它为什么会出现；第三，它的出现与经济学有什么关系。

关于“价值”理论的出现，还要追溯到洛采（Rudolf Herman Lotze），他在实证论者试图用严格的自然主义方式去搭建一个不包含价值在内的世界时，用价值领域从实在界的独立挽救了哲学本身。之后，“价值”一词被新康德主义弗赖堡学派置于了哲学的中心位置，他们想要在新的立场上明确哲学的研究领域，也就是价值的领域。来自奥地利的学者也用自己的意向性学说搭建起了价值论中的心理主义路向。此外，价值论的出现还与尼采有着更加深刻的关系。

所以，“价值”作为哲学中的术语，无论从哪个学术流派来看，都是19世纪下半叶才出现的事情。它要比“价值”作为政治经济学的术语晚了差不多一个世纪。众所周知，在政治经济学中，关于“价值”的描述在亚当·斯密那里就存在，价值哲学家大多都愿意承认这一点（方迪启，1984，第29页）。

既然如此，那么为什么从19世纪中叶开始会突然在欧洲大陆上流行着一系列将“价值”作为一个哲学术语所做出的论断呢？究其原因，与以下几点有着密不可分的关系（江畅，2003）：首先，17世纪的形而上学和18世纪的启蒙运动主要受到了自然科学思想的支

---

① 徐士彦，云南大学经济学院。

配，这种思想的要旨是将世界看成被因果律所支配的，换言之也就是要求人们在机械论的方法论上达成一致。其次，是传统伦理学研究主题所带来的困境。传统伦理学专注于对个人德行和至善形成解释，但问题是如果脱离了个人与他人、个人与社会的价值关系，道德问题是根本不可能得到完整阐述的。所以，在面临术语无法容纳所涉议题时，原来的术语（道德）就显得相对匮乏了。因此，哲学家需要去创造或借用一个极具可塑性和包容性的词汇，并用它来囊括一切，包括灵魂、精神、自然、存在、动力和创造力，等等。此外，它本身还需要与已有的其他概念有着天然的亲和力。于是，哲学中“价值”一词就应运而生了。最后，“价值”概念的流行和价值论的兴起也可以被视为由于社会结构的改变导致了在文化上产生了结果。当资本主义明确形成一种社会结构时，它在文化上必然会导致两个结果：其一是宗教价值观必须被重新解释，它需要被视为颓废的以及无助于生命过程的；其二是人与人、人与社会的关系的重要性在教义含义被消减时得到了进一步加强，这也就是说，一种新的价值观念（无论它是什么，但必须是新的）亟须被塑造①。因此，从19世纪中叶开始，哲学家集中讨论关于价值的问题，并形成自己的价值理论，从某种意义上说是社会文化需要的结果。

至此，我们就可以得到这样一个结论：“价值”作为一个特定的哲学中的用语，它的出现大体上是以悲观和被动作为基调的，但同时也明显地体现出了哲学家的自觉。换句话说，正是由于哲学以及价值论的内在发展逻辑，亦是社会文化的需要，导致了相关哲学家迫于无奈开始使用了“价值”这一术语。

不过，虽然“价值”概念在学科之间的流动已经在上文中得到了阐明，但我们还需要回答一个更加关键的问题：为什么非是政治经济学中的“价值”不可？为什么不可以是其他术语？这种借用是来自“价值”的能指和所指关系的任意性，还是来自内在的逻辑联系？

“价值”的范畴问题之所以会产生如此多的争议，从某种程度上说，时至今日依然是混乱的，是因为经济学本身不可避免地涉及两个密切相关，但本质上是截然不同的任务：一个任务是对社会供应过程（Social Provisioning Process）② 进行经验方面的考察，集中讨论进入社会流通或交换领域的商品的价格和数量；另一个任务是要求经济学家对社会供应过程的系统属性、结构属性、趋势以及目的做出及时论断。问题是，“价值理论”同时涉

① 简单地说，就是价值观上的“创新”，而“创新”也就意味着“创造性毁灭”。事实上，这里的描述反而是“创造性毁灭”一开始所应用的领域：这个概念来自尼采，而不是众所周知的熊彼特（赖纳特，2007）。

② 这个概念后来在弗里德里克·李那里被确定为非正统经济学（Heterodox Economics）的研究对象，李（Lee，2011）同样也做出了相似的描述：“一端与文化价值观、规范和社会制度相联系，在另一端与家庭的社会活动和政府活动相联系”。

及这两个任务，它既要求对结构做出解释，也要求与表象产生联系。尽管在20世纪初的经济学中，前一种任务通常被视为经济学的主要研究领域，但后一项任务并没有消失，在政治经济学中显得更加重要，并且在其中，“价值”的中心地位是非常直接的。所以，哲学含义上的“价值”在经济学家刚刚开始使用这个术语的时候，就是一种挥之不去，但未得到承认的存在。

于是，当“价值”或“价值理论”的含义足够模糊的时候，就算在经济学家眼中，“价值”和“价值理论”也能够让使用者自如地在量化含义和道德含义上来回地滑动，从而使用这一术语是足够方便的。然而，问题是在经济学中它一开始来自对“能量守恒定律”的隐喻，后来又被严格地限定在了足够狭隘的范围中（Mirowski，1989），便利性所带来的范畴上的问题依然没有解决，它只是在经济学家的冷漠避讳中被巧妙地隐藏起来了（Gramm，1988），很难想象哲学家们是不会发现这一点的。从而，这已经给予了价值论的创立者足够充分的理由和动机，去借用“价值”这个词了。

总而言之，尽管经济学的价值和价值理论与哲学中的价值和价值理论之间的关系在细节上还有许多等待论证的地方，但在这里所表明的“价值”一词在学科之间的游离过程和历史关系应当是清楚的。在这里，让我们不妨更进一步地说，随着之后学科专业化的不断加强，以及在20世纪出现过的社会科学领域中的若干具体学科相互独立，我们很难预见价值论与主流的经济学会产生什么交集。我们甚至可以断言，从“价值”这个概念被哲学家挪为己用之后，在对“价值”和“价值理论”的理解上所产生的分歧，通过他们在各自领域中声称已被掌控了的效力，会让学者自动地成为这种分歧的镜像。然而，这样的论断同样也是武断的，它同样也是“选择性偏误”的结果。那么，价值论和经济学在20世纪产生过联系吗？又是如何产生联系的呢？①

二、克莱伦斯·艾尔斯和他的工具价值理论

艾尔斯的工具价值理论致力于使经济学在讨论价值问题时摆脱超验主义和过于经验主义的选择。在摆脱经验主义方面，艾尔斯认为价格体系仅仅是价值的其中一个外部机制，但长久以来，经济学家在这个原本不那么重要的问题上花费了太多精力，却对价格体系背

---

① 由于本文是对存在性的论证，所以下文仅给出了一个例子。当然，给出一个从价值论角度阐明的经济伦理思想的连续性是一个更加重要的议题，但本文限于篇幅无法做到这一点。在这里简要地说明一下这种连续性：它一开始来自尼采和新历史学派之间的相关性（Reinert & Reinert，2006；Rau，2000），后来随着当时美国经济学的领军人物留德归国之后被转移到了美国（Dorfman，1955），在美国经济学下一代的人物中，凡勃伦与“施穆勒纲领”之间的联系是十分突出的，本质上，凡勃伦所有理论的核心在于他的“道德命令”（Sherrman，2004）。最后，在艾尔斯那里这个道德命令用一种更加具体化的形式表现了出来。当然，它同样也没有到艾尔斯那里就结束，随着后现代主义思潮的侵入，若干经济学家都将“价值”视为了社会构造的结果，并由此给出了他们自己的价值论（Mirowski，1991；Waller，1991）。

后的整个道德含义不加以阐述。这样的情况之所以会形成，在艾尔斯看来主要是由于经济学家采取了“道德相对主义”的认识模式，从而使经济学陷入一个“道德困境”中：在碰到价值问题时，经济学家要么声称原子式的个人选择就是其价值的表达；要么将价值视为唯一来源于碰巧持有这种价值观念的特定人群的社会实践。这导致的结果是经济学在处理真正的价值问题时是无能为力的：要么“把经济‘理论’当作一项糟糕的工作而放弃，致力于诸如镀锡产业和棉籽油产业之类的经验研究”；要么干脆“把整个价值问题从经济学中摒弃……然后致力于通过异常缜密和精巧的数学技巧来分析‘价格关系’”①（艾尔斯，1944，第208页）。无论哪种都回避了对经济学最应该回答的问题的回答。另外，从对“价值”的分类上看（主观的或客观的），摆脱这种相对主义困境的途径好像只能依靠社会惯例和传统信仰（艾尔斯统称为“仪式”）来表明价值的永恒或客观属性，但艾尔斯同样也拒绝了这种超验主义的认识，他认为对科学法则的相对确信已经让我们意识到了从远古继承下来的许多价值的有效性是让人怀疑的（艾尔斯，1944，第209页），并且文化的多样性保证了当前人们支持某种价值观念的强烈程度与这种价值观念在仪式中的正当性是没有联系的。于是，对于这两者，艾尔斯认为经济学有必要与它们保持距离，而方法在于“价值”和“评价”本身与道德观念断开联系，这也就是说，像杜威一样，艾尔斯也把科学实验的方法引入价值理论中。

所以，在艾尔斯看来，“价值”既不是被“自然秩序”所赋予的，也不是由“道德规范”所决定的，它是一个评价“生命过程”的用语，而生命过程得以延续的关键在于保持它的“连续性”，从而“价值”指的就是“连续性”（continuity）：“‘价值’的字面含义就是连续性，这是它唯一的含义”（艾尔斯，1944，第219页），“有价值的”的东西就是能够使得这个过程得以持续的东西，除此之外的其他论断要么在这个问题上无能为力，要么仅仅是一种借口和托词。接下来，艾尔斯进一步地论证了这种东西究竟是什么。他认为“价值具有意义的地方，是人类的生命过程，它是一个认知与实践的过程”（Ayres，1961，第111页），由于“人的实践中包括了对运用工具的技能的使用，而且所有的器具都是人类认知的工具”，所以“生命过程”得以持续的前提和条件是“技术过程”必须存在。这也就意味着，生命的连续性，或者说文明的连续性，就是工具的连续性，它们是相一致的。从而艾尔斯认为“真理”实际上是技术过程的结果，所以“价值”是连续性的同义词，而连续性是技术连续性的同义词（艾尔斯，1944，第219页），这样“价值”的标准

① 这里被省略的内容是“让其回归哲学领域，即它的发源地”。事实上，在艾尔斯看来，在哲学或伦理学中讨论的“价值”要比经济学早很多。这样的论断确实很吸引人，因为这不仅能够帮助有志于探讨伦理问题的经济学家从古老的文献中追溯其合法性，在逻辑上先有“属”的概念再理解“种”的概念是不假思索就可以承认的。然而，如上文所述，这样的论断在严格意义上是不成立的。

就与“能否保持机器的运转”（艾尔斯，1944，第221页）联系到了一起。所以，关于价值的问题在本质上是等同于“机械师对合适的工具的选择”（艾尔斯，1944，第217页），在判断任何事情是好是坏、任何行为是对是错时，所寻求的是“关于人类生命过程因果关系的明确和确定的知识”（Ayres，1961，第122页），因为“如果参照工具的模式，所有人都会知道较好的和较坏的是什么意思，他们会采取相同的标准来进行判断”（Ayres，1961，第8页）。

至此，艾尔斯就得到了他的工具价值理论。总之，他想表明的是，人类的生活和历史是由一个积累增长的，并且是基于技术的发展序列而组成的，价值只有在这个过程中才能被发现，因此技术的连续体不仅是价值的标准，也是价值的轨迹（Rutherford，1981，第661页）。当然，艾尔斯的目的不是要将“技术”作为人类实现其他愿望和憧憬的替代，而是“事实上，技术的连续统一体包括并体现了所有人类在所有时代中对于生命中什么是最有价值的，以及什么能使得生命有价值的判断”（Ayres，1945，第939页）。并且，“价值”本身也是一个统一体，自由（Freedom）、平等（Equality）、安全（Security）、丰裕（Abundance）、优秀（Excellence）和民主（Democracy）与技术过程之间的联系是不可分割的，它们互为联系、互为条件，与真实的价值一起增长，不会引起冲突（Ayres，1961）。所以，艾尔斯的工具价值理论本质上是价值论的一种，它是否在严格意义上是经济学的，依赖于经济学家对实证经济学和规范经济学的分类态度，不过就本文的论题而言，价值论在经济学中的存在性就已经得到了证明。

三、总结

在这里，让我们回到本文的主旨，重申一下讨论经济学中伦理主题的演变时引入价值论作为研究对象是否有必要，以及这样的做法能够带来什么样的好处。

首先，在探讨经济学与伦理学的关系时，经济学家容易得出经济学是作为道德哲学的一部分而产生的结论。当然，这在亚当·斯密那里确实是个事实，这个论断也没有什么过多可以辩驳的地方。但问题是，这个结论足以让当代经济伦理思想的研究在“斯密问题”上纠缠不清，而不对现在正在发生的，需要经济学家立刻做出论断的“价值判断”产生兴趣。简言之，其结果只能是对道德的“陈述”，而没有显示出“价值”的行动力。从而，不可避免地为特定的意识形态内容进行辩护。然而，当这个论题转向经济学与价值论的关系时，价值论出现本身带有的哲学家的自觉性，即提供一套关于人生发现、追求、生产和实现价值的过程的系统理论，也会让经济学家充分注意到这一点。

其次，价值论的兴起还要等到19世纪下半叶，这个阶段能够让经济学家在讨论经济伦理思想时将重点转向叙述20世纪中的“少数派”，尤其是后来被统称为“非正统经济学”的若干先驱们。他们之所以被称为“非正统”，其中的一个原因在于他们通常而言是在学科与学科之间的荒野中进行探索的。将他们统一地作为一个思想连续体的话，其自带的关于价值和道德上的论述要比主流脉络所呈现的结果丰富得多，很难想象他们在现代的经济伦理思想研究中是仅能作为“参照组”的。当然，其中一个难以回避的问题是“价值”和“价值理论”在两者之间用法上的混乱，但笔者相信，通过完整的思想史叙述是可以澄清它们之间的关系的。

凡勃伦有闲阶级论对经济剩余概念的探讨

——一个动态的非生产性劳动标准

赵露薇[①]

（云南大学）

一、马克思主义学者对经济剩余概念的批判

巴兰和斯威齐的“经济剩余”概念主要见两本著作：第一本是1957年保罗·巴兰发表的《增长的政治经济学》，第二是保罗·巴兰和保罗·斯威齐二人合著的《垄断资本》一书。但是，经济剩余的概念引起了大量批评，主要原因在于它引入了一种新的范畴而非通常使用的剩余价值，从而“背离”了马克思主义传统。并且试图用模糊的、与历史无关的道德主义的“剩余”概念代替马克思的科学的剩余价值概念[②]。当然，最重要的是二人在对经济剩余定义上表现出的模棱两可的态度显现出理论者本人对于这一概念的认知也不甚清晰。

巴兰和斯威齐声明经济剩余概念是在垄断资本主义制度下对剩余价值理论的必要的术语转换，而并非对马克思剩余价值范畴的修正，二人强调经济剩余是剩余价值理论的重要补充。巴兰和斯威齐认为，马克思对非生产性劳动未引起足够的重视，而判断经济剩余的构成，就需要判断非必需消费、挥霍浪费和非生产性劳动的性质。无论是巴兰对潜在经济剩余的大量讨论，还是《垄断资本》一书中对“浪费”的批判，其价值标准都逃不开“非生产性”的范畴。可以说，经济剩余概念的提出源于对非生产性劳动的探讨和补足，并且这种补足是在社会组织形式的基础上进行探讨的。巴兰所理解的非生产性劳动，一方面它将有利于统治阶级维护自身利益格局；另一方面它将对存在的变化因素造成阻碍。这也是为何早期的资产经济学家对非生产性劳动进行了大量讨论的原因，其目的在于批判封建社会国王、僧侣这些“非生产性”职业。但资本主义统治一旦确立，这种讨论就逐渐被

① 赵露薇，云南大学经济学院博士研究生。

② 迈克尔·C. 霍华德、约翰·E. 金：《马克思主义经济学史1929—1990》，顾海良等译，中央编译出版社，2003年，第119页。

淡化了。巴兰和斯威齐对经济剩余的讨论，事实上是对资本主义非生产性劳动的一种再批判，试图用经济剩余的概念揭露已被掩盖的生产性劳动和非生产性劳动的差异。

巴兰将非生产性劳动定义为："它包括为了满足在资本主义特定条件和生产关系下产生的产品和劳务需求而从事的全部劳动，这在合理组织的社会中是不存在的"①。根据计划经济剩余的定义，这种"合理组织的社会"在这里应当理解为社会主义社会。巴兰对非生产性劳动的定义已经超出了马克思原有的定义，并脱离了物质生产本身，将劳动放到了社会组织形式这一层面展开探讨。而"合理组织的社会"已然包含了一种对社会组织形式的道德评价。但是，他们并没有给出评价的标准。他们的理论承认经济活动中非生产性劳动对剩余产生了重要的影响，但是他们并未能解决如何科学地评价非生产性劳动这一问题。

现在的资本主义社会已不是马克思、巴兰和斯威齐生活时的资本主义，社会制度的不断演化要求我们对非生产性劳动的概念有一个更合理的区分标准，并且是一个动态的标准。

二、马克思关于非生产劳动的论述

（一）对斯密的考察

马克思对于生产性劳动和非生产性劳动最清晰的讨论见于《剩余价值学说史》②。他首先对亚当·斯密的观点进行了相当篇幅的讨论。斯密对生产性劳动进行了两次定义。第一，生产劳动在它和可变资本部分的交换上，不仅需再生产这个资本部分（即它自身的劳动力的价值），并且要在此基础上为资本家生产一个剩余价值。第二，劳动的生产性是以相对的生产力为基础，因为劳动者生产物内对象化的劳动时间，比维持他（当作一个劳动者）生存所必要的生产物内对象化的劳动时间更多。

根据这种定义，马克思把非生产劳动也就相应地确定下来了："是不和资本交换，但直接和所得交换的，那就是，和工资或利润交换，当然也和利息地租等各种项目（资本家利润的共同所有者，就是在这几个项目下，分享他们应得的部分）交换"。与他对斯密的批判相对应，这一定义是基于资本主义生产方式的具体定义。劳动的生产性质是由一定的社会条件决定的，是由这个劳动借以实现的社会生产关系得出来的，与劳动的内容、特殊效用和表现的特殊使用价值无关。

---

① 巴兰：《增长的政治经济学》，蔡中兴、杨宇光译，商务印书馆，2000 年版，第 118 页。

② 马克思：《剩余价值学说史》，郭大力译，上海三联书店版，2009 年。

但是，对于生产性劳动的一般概念马克思并没有继续深入研究，他的主要目的在于探讨剩余价值的起源问题。而生产性和非生产性这种具有历史特殊性的表达以及之后有关于此的种种争论是“细枝末节”的。他的定义是基于资本主义生产关系所产生的洞见，揭露了资本主义的剩余价值生产过程，但这个定义并非对生产性劳动的一般定义。在他所处的时代，非物质劳动还未得到极大的发展，有关生产劳动和非生产劳动的考察主要是针对物质生产领域而言。随着资本主义生产方式在20世纪发生了深刻的变化，这种变化要求我们对资本主义的生产方式，包含非物质性的生产活动和非生产劳动有新的理解。

(二)“精神分工”和“物质分工”

马克思的观点是源于亚当·斯密的，亚当·斯密的观点在资产经济学内部也引起了争论，而这些争论主要集中于斯密的第二种定义。马克思[①]（2009）对这些反对者总体持否定态度，但他部分地肯定了斯托齐（Henri Storch）的观点。斯托齐将分工进一步分类为物质分工和精神分工。马克思赞誉这一分类是“具有创意的”，但是就如何考察，马克思认为[②]：最要紧的是把物质生产放到一定的历史形态去考察。比方说资本主义生产方法，就和中世纪的生产方法适合于不同的精神生产方法。在这里，决定人类的精神生产方法的一定的历史形态，换言之就是“文明”这一概念。因为物质生产的一定的形态，第一，会生出社会的一定的组织；第二，会生出人类对自然的一定的关系。人类的国家制度和精神见解，是由这二者决定的。

从这些论述可以得知，对精神的分工必须放到一定的生产形态中进行考察。在一定社会中，阶级统治往往通过精神的分工得以实施，这对于维护统治来说是“好”的，但对于处于不利地位的阶级来说却未必。马克思整体上对精神生产抱有的是一种否定态度，他一方面认为这是为维护统治阶级需要而必要存在的一种劳动；一方面否定精神生产是物质财富的直接生产者。

三、非生产的“有闲阶级”

作为马克思主义者的凡勃伦，在马克思主义理论体系基础之上，形成了制度经济学派。“制度”作为制度经济学的核心理论概念，和马克思所用的“文明”或者说“上层建筑”的概念非常接近。如果能把凡勃伦的制度变迁理论融入对非生产性劳动的理解中，将会形成对经济剩余的有益补充。

---

① 马克思：《剩余价值学说史》，郭大力译，上海三联书店，2009年版，第二篇附录K，原文引用斯托齐《经济学教程》，巴黎，1823年萨伊版。

② 马克思：《剩余价值学说史》，郭大力译，上海三联书店，2009年版，第二篇。

凡勃伦认为是人的思想和习惯形成了制度，而这种思想和习惯又源于人类的本能。他将本能划分为建设性本能和破坏性本能。剩余产品的出现让人类在破坏性本能的驱使下开始通过占有他人产品而不是生产产品来维持生存①。有闲阶级和私有制作为“同一套经济力量的产物”，二者同时出现了。一方面，私有制培养了人通过占有来衡量个人成就的思维习惯；一方面，养成了不事生产从事剥削的“有闲阶级”，两种现象的作用下形成社会制度②。但是，人类的建设性本能仍然通过生产更多的产品和服务而延续了下来，并形成了当下我们所使用的技术。凡勃伦将制度的变迁过程看作两种本能的对抗，是“制度”和“技术”的对抗。自私有制产生开始，阶级的对立就始终存在。具体表现为有闲阶级和下层阶级或者说劳动阶级的对立，其本质是人类破坏性本能和创造性本能的对抗。

私有制下，因为人的破坏性本能驱使人与人之间占有财富的竞争。一个普通人如果在这种竞争中屈居劣势，不满的情绪将长期存在。因此，人与人之间财富的竞争和掠夺成为普遍状态。当从以掠夺为目的的部落转变为定居的产业社会时，直接的掠夺已经是不可取的了。根据逻辑一致性，有闲阶级需要通过劳动途径来取得财物。“有闲”的观念虽然被继承了下来，但他需要从事政治、战争、竞技、礼仪和宗教这类特有的“工作”。相比生产性劳动的物质产品，有闲阶级的劳动成果大多表现为“非物质”式的，主要执行对社会的管理职能。

随着财富的蓄积，有闲阶级周围出现了专门从事服务和侍应的奴仆。一方面主人与从事生产的奴仆关系越来越远，一方面在他身边从事服务的奴仆则逐渐脱离了生产工作。当这种财富发展到一定程度时，身边的侍从更是要从属于非实际的服务，进行外观上的炫耀以便证明主人的有财有势，但这些工作主要都属于礼仪的性质，是一种浪费劳力的“代理有闲”，是派生的有闲阶级。同时，这部分人还在明显有闲的方式下为主人进行消费，以证明主人能够经受金钱上的巨大损耗而不影响到主人的财富。

此外还有一种虚假的有闲阶级，凡勃伦形容这些人“一贫如洗，生活朝不保暮，但在道义上毅然不屈，认为不能在生利事业前降志辱身”。比如那些没落贵族，虽然曾一时风光，随着形势的变化财富减少。但他们对于纵然是极其轻微的体力劳动也仍然深恶痛绝，不愿丧失了人生的意义而苟全性命。

以上两类属于有闲阶级的派生物，说明有闲阶级的观念和习俗一方面在阶级内部不断强化，一方面不断向其他阶级渗透甚至强迫其接受。最终形成了社会的生活习惯和文化制度并成为支配全社会的思维习惯。

---

① Veblen, Thorstein. The Instinct of Workmanship. London: Routledge, 1914.

② 凡勃伦·索尔斯坦:《有闲阶级论》,蔡百受译，商务印书馆，2016年版。

凡勃伦并没有绝对地否定破坏性本能。相反，在原始社会的捕猎活动、生产活动中，破坏性本能对维持生存发挥了巨大的作用。但是，凡勃伦对制度的评价标准在于是否提高“生活的便利程度”，是否有利于人类生命过程的延续和改善。私有制下，破坏性本能培育出的有闲阶级以及它所形成的禁忌劳动的观念，抑制了人类物质生活水平的提高。这就决定了他对有闲阶级始终持批判态度。以上就是有闲阶级的主要理论内容。

凡勃伦虽然没有对非生产性劳动进行直接考察，但可以看出凡勃伦定义的非生产性劳动有两层含义：

第一，是指有闲阶级及其派生阶级所从事的，非直接与物质生产相关的，维持有闲阶级统治和荣誉的劳动，通常这种劳动具有掠夺或礼仪的性质。

第二，是看这一活动是否直接有助于整个人类生活水平的提高，是否在非个人性质的意义下，有助于生活过程的推进。

可见，马克思从社会的生产关系出发，凡勃伦从人的本能出发，都发现了历史上不同时期存在的阶级对立和剥削关系。在资本主义社会，生产方式实质上都为剩余价值或者说利润所裹挟而为“统治阶级”服务。

四、结论

凡勃伦与马克思对待生产性劳动和非生产性劳动的标准是相似的。

第一，“制度”或者说“上层建筑”为维护统治阶级的利益而存在。

第二，劳动的生产性和非生产性需要依照社会生产关系进行判定。凡勃伦对有闲阶级的分析，指出了其与劳动阶级之间存在的剥削与被剥削关系。马克思对历史上各种社会形态的分析，也是从具体的生产关系出发的。

但在此之外，凡勃伦还认为，代理有闲阶级和虚假有闲阶级的出现，反映了一种“有闲阶级”的生活方式不断向其他阶级渗透甚至强迫其接受的趋势，并且这种趋势最终会形成支配全社会的思维习惯。虽然说这种“制度”的形成是一种阻碍，但凡勃伦所坚持的进化方法也暗示了这种生活方式的渗透绝非单纯的抑制。有闲阶级生活方式中有利于“生命过程的延续和改善”的那一部分也会渗透到社会各个阶层，从而改善全社会的生活便利程度。这个时候，就不能单纯地将有闲阶级的工作看作剥削的和非生产的，需要根据凡勃伦的价值标准进行具体分析。也正是这种价值标准，能为非生产性劳动提供一个动态的评价方式。

总的来看，作为保守因素的有闲阶级，其从事的非生产性劳动始终抑制着“人类生命过程的延续和改善”。这些落后因素，有的向前成为一种改善技术的推动因素，最终成为生产性劳动的一部分，提高了人民生活水平；有的向后不断强化现有制度，加大了制度变迁的难度，形成了“仪式锁闭”。私有制下，建设性本能和破坏性本能的对抗始终存在，技术作为社会进步的动力将始终与既得利益集团对抗并促进制度的演化。有闲阶级的具体形态、劳动方式也在持续变化。非生产性劳动和生产性劳动始终处于一个动态的变化过程。这种变化符合现代社会发展的特征。凡勃伦的有闲阶级论及其内涵对非生产性劳动的判断需要依据两个标准：一是是否存在掠夺或礼仪的性质；二是是否有助于人类生命过程的延续和改善。这一标准，在面对日新月异的社会生产方式时，将有助于辨明和批判生产过程中的抑制部分，对持续、动态判断非生产性劳动形成有益补充。

生育经济学的国外最新研究进展

王艳萍[①]　干梦芳[②]

（河南财经政法大学）

一、最优生育率或最优人口规模

（一）可耗竭资源约束下的最优人口规模

Nicholas Lawson 和 Dean Spears（2018）从资源的折现和创新两个角度分析了可耗竭资源约束下的最优人口规模。该研究引入人口权重和福利权重等社会权重参数，对人口、福利等社会因素的重要程度加以考虑。结果表明，当折现率提高即利用未来资源获得的收益上升时，重视人口的决策者将更加积极地利用资源，将资源转化成资本，从而放松可耗竭资源约束，允许更大的人口规模，并且，折现率越高，资源利用程度越高，人口增长速度越快，最优人口规模出现的年份也就越早。

（二）年龄依赖性劳动生产率下的最优生育率

索维（Alfred Sauvy，1962）曾提出，生育率过低的社会，劳动生产率低下，需要提高生育率以实现经济高效增长。Pierre Pestieau 和 Gregory Ponthiere（2017）基于索维观点的研究表明，人口数量和年龄变化对人均资本产生三种效应，即索洛效应、索维效应以及萨缪尔森效应。

（三）临界功利主义的最优人口增长率

Thomas I. Renström 和 Luca Spataro（2011）基于内生人口规模假设研究了临界功利主

① 王艳萍，河南财经政法大学经济学院教授，经济学博士，硕士生导师。

② 干梦芳，河南财经政法大学经济学院硕士研究生。

义（Critical Level Utilitarianism，CLU）下的最优消费、资本和人口增长。研究认为，当临界水平属于一个正的开放区间，临界功利主义为人口增长率提供了一个内部解决方案。从现实来看，临界水平与经济发展程度之间存在着正向关系。当临界水平属于一个正的开放区间时，临界功利主义在某种程度上可以解释不同临界水平国家间的人口规模差异。当临界水平提高时，如果人均资本保持不变，消费增加，人口增长率下降。

二、人口增长与经济增长

（一）人口过渡与经济增长

经济发展程度不同的国家，人口过渡的时间也具有不一致性。Holger Strulik 和 Sebastian Vollmer（2015）研究了 1950—2005 年世界生育率分布的演变过程。研究发现，无论过去还是现在，都存在生育率双峰。不同的是，各个国家的生育率发生很大的转变。1950 年，世界上约三分之二的国家属于高生育率，其余国家则属于低生育率。到了 2005 年，这种情况发生了逆转。

（二）人口结构与经济增长

与其他因素相比，作为经济增长轨迹的关键内生决定因素，人口年龄分布的作用历来被忽视，特别是在人口结构转变时期。Luciano Fanti 等（2013）基于索洛新古典增长模型，建立了一个将经济现状与人口动态相结合的模型，用于研究人口过渡时人口和经济的均衡增长状态。分析表明，适当纳入年龄结构丰富了新古典模型的长期均衡状态的范围，可以有多达五种均衡增长状态，以高人口增长低人均收入为特征的“马尔萨斯陷阱”或“贫困陷阱”[①] 和以低人口增长高人均收入为特征的“低生育率陷阱”[②] 被看作人口结构过渡过程中生育率转变的两个不同稳态。

（三）预期寿命与经济增长

Hung－Ju Chen（2010）基于异质性个体的代际交叠模型研究了寿命延长对储蓄、教育水平和生育率等经济增长动力的影响。在此模型中，成年人做出消费、生育和个人教育决策。研究发现，死亡率的下降将带来质量—数量的替代。当死亡率下降时，预期寿命提

---

① 贫困陷阱：就是指由于经济中存在人口与增长的恶性循环而使发展中国家陷于贫困落后之中难以摆脱。贫困陷阱可分为两种：技术陷阱和人口陷阱。

② 低生育率陷阱：由人口学家 W. 卢茨（Wolfgang Lutz）等人提出，是指生育率一旦下降到一定水平以下，由于价值观的转变、生存压力增加等多方面因素的共同作用，生育率会继续不断下降，很难甚至不可能逆转。

高，老年消费在一生效用中所占的比重加大，从而刺激成年人多储蓄少生育，人均资本增加，促进经济增长。

（四）基于研发和创新的人口增长与经济增长

Frederic Tournemaine 和 Pongsak Luangaram（2012）首次建立研发创新活动（R & D）、人力资本积累以及内生生育选择同时相结合的模型，用于分析人口生育和教育决策对长期经济增长的影响。研究结果表明，人口对经济增长的影响是不确定的，原因是人均收入增长取决于技术进步的增长，而技术进步的增长取决于人口数量和人口质量即人力资本对人均收入增长率的相对贡献。

三、影响生育的家庭外部因素

（一）制度或政策

1. 公共养老金制度

养老金制度对生育产生正向或反向影响取决于育儿成本以及利率等因素，Robert Fenge 和 Beatrice Scheubel（2017）考察了养老金制度的强制性缴费与生育率之间的这种负相关关系。因此，均衡时存在两种效应：一是价格效应，二是收入效应，总效应取决于两种效应中较大的一个，其数量多少取决于养老金制度的内部收益率。

2. 儿童或女性福利制度

学者们既研究了发达国家儿童福利制度改革对生育的影响，又研究了发展中国家或不发达国家（非洲国家）的情况。两种情况下，福利制度改革的目的是不同的。发达国家主要是为了刺激生育，而发展中国家或者不发达国家（非洲国家）主要是为了减少人口增长。

为了提高生育率，2007 年元旦，德国出乎意料地推出一项产假福利计划，即政府将大幅增加在孩子出生之前就业或在职父母的福利。Michael Neugart 和 Henry Ohlsson（2013）利用自然实验①测试这种货币激励是否会导致已经怀孕的女性将生育时间推迟到 2007 年。调查发现，有接近任期结束的在职女性确实成功地将生育时间推迟到了新年，以便从新福利制度中受益。一些预产期在 12 月份早期的女性曾尝试将生产推迟到新一年但没有成功。

---

① 自然实验：自然实验是一种经验研究，其中个体（或个体集群）暴露在由自然或研究人员无法控制的其他因素决定的实验和控制条件下。控制曝光的过程可以说类似于随机分配。因此，自然实验是观察性研究，不受传统意义上随机实验的控制。

（二）经济因素

1. 失业

实证研究发现，失业和生育之间存在负相关关系，失业导致生育率降低；而理论研究则强调失业导致生育的机会成本较低，进而生育率提高。二者之间存在明显矛盾。Héctor Pifarré i Arolas（2017）通过对9个发达国家的12个群体的面板数据进行群体视角的历史考察，为这一矛盾提供了解释。作者将失业区分为结构性失业和周期性失业。研究发现，结构性失业水平越高，生育率越低，但周期性失业的变化对生育率的影响在很大程度上取决于所处年龄。

2. 女性劳动力参与率

生育率与女性劳动力参与率之间的关系至少在过去的40年里一直是劳动经济学和人口学理论中的一个重要问题。大量研究表明，这两个变量之间存在负相关关系，反映了角色不相容假说，即母亲和职员（或者就业和生育）两种角色是相互影响的，女性就业率上升导致生育率下降。

3. 育儿成本和全要素生产率

推迟生育是近30年来一个重要的人口趋势。为了使这一程式化的事实合理化，Pierre Pestieau和Gregory Ponthiere（2015）将巴罗－贝克尔（Barro－Becker，1989）标准模型扩展为两个生殖周期，基于成本假说和全要素生产率（TFP）假说研究了一个家庭早期和晚期儿童直接成本的变化以及全要素生产率改善对最佳生育时机的影响，为观察到的推迟生育提供了两种截然不同的合理解释。首先，较早出生儿童和较晚出生儿童的养育成本导致推迟生育。其次，全要素生产率的改善导致更多晚育。

（三）文化因素

从历史上看，工业化和收入增长导致大多数发达国家女性劳动力参与率上升而生育率下降。然而在最近，在所有发达国家，生育率与女性劳动力参与之间的关系已转为正相关，这种现象引起研究者的关注（如Ahn和Mira，2002）。Rainald Borck（2014）以OECD国家为例，提出一个由文化态度[①]所驱动的内生生育、女性劳动力供给和育儿选择的模型，考察了文化态度对育儿、生育、女性劳动力供给和性别工资差距的影响。数据显示，公共

---

① 文化态度变量取自国际社会调查方案中对来自不同国家的个人提出的不同问题（如性别、年龄、宗教信仰等）的回答，如“如果他或她的母亲工作，学龄前儿童可能会受到伤害”，“男人的工作是挣钱，女人的工作是照顾家庭”，等等。然后，将回归后的国家固定效应作为每一个国家的文化态度。

育儿服务的提供与生育率、女性劳动力参与率三者之间存在正相关关系，而性别工资差距似乎与这些变量存在负相关关系。

（四）其他外部因素

1. 自然灾害或灾难性事件

自然灾害或灾难性事件可以导致卫生、经济和人口数量方面的重大变化。作者对地震前后 5 年受影响地区及其邻近地区进行对比分析发现，地震导致了出生率的显著上升，缩减了未受教育女性、部落女性以及穆斯林女性的生育间隔，降低了农村女性的男婴出生率。地震对人口的影响因地区、家庭社会经济地位、父母年龄以及受教育程度的不同而存在相当大的差异。

2. 居住条件和购房成本

Cecilia Enström Öst（2012）探索了自置居所与首次生育或家庭形成的关系。基于瑞典三个不同的出生队列（1956 年、1964 年和 1974 年）组成的数据集，研究发现，住房与生育这两个人生事件之间存在潜在的同时性。

（五）影响生育的家庭内部因素

1. 女性受教育水平

受教育水平与生育之间的关系具有多样性。Qingyan Shang 和 Bruce A. Weinberg（2013）发现，受过高等教育（即大学毕业）的女性的生育率经过多年下降之后可能正在上升，而 Vikesh Amin 和 Jere R. Behrman（2014）基于美国明尼苏达州的双胞胎数据却发现学校教育和生育之间存在很强的反向因果联系。孟加拉国的考察结果显示受过教育的女性生育率较低。研究结果表明，女性受教育的时间延长一年，其丈夫受教育的时间将增加 0.72，总体而言，在婚姻市场上，女性接受教育是影响人生结局的渠道之一。

2. 性别偏好

在印度，许多父母遵循重男轻女的停止生育规则。由于重男轻女思想的存在，当生育孩子的性别构成正好符合意愿时才停止生育。Daniel Rosenblum（2013）考察了这种生育决策对印度女性死亡率过高的影响，停止生育规则既影响孩子数量又影响孩子的性别组成。头胎是男孩儿的父母比头胎是女孩子的父母更早停止生育。

3. 育儿成本的转移

作者使用储蓄模式不一致性作为时间不一致性的指标，研究结果证实：没有机会将育儿成本转移到未来，即如果没有借款能力，双曲贴现者将会少生孩子；如果育儿成本可以完全转移到后期，双曲贴现对生育的影响取决于为人母的根本动机，即儿童被视为消费品还是投资品。当存在一个完美的资本市场时，如果儿童的机会成本在整个生命周期中下降，并且，母亲的投资动机占主导地位，双曲贴现就会减少生育人数。否则，贴现率下降可能导致生育数量增加。

4. 生育方式

Karen Norberg 和 Juan Pantano（2016）考察了分娩方式（如剖宫产）与生育的关系问题。基于若干国家和跨国人口数据，研究发现，接受剖宫产的女性会减少生育。在剖宫产与生育负相关关系的形成中，产妇选择起着重要作用。特别是，女性在剖宫产后更有可能采取积极的避孕措施。因此，有意避免剖宫产后再次怀孕似乎是导致剖宫产与随后生育能力负相关的部分原因。

四、生育率的群体特征和群体差异

（一）特殊群体的生育问题

1. 移民生育问题

Catalina Amuedo – Dorantes 等（2016）研究了移民女性是否会根据移民福利政策的变化来调整生育。调查发现，1996 年美国 PRWORA 法案①颁布实施后，非公民的福利资格受到了严格限制，许多非公民女性都改变了她们的生育模式。美国正处于人口老龄化以及生育率刚好处于或低于更替水平的关键阶段，移民或许是一种缓解社会压力的方式，但是，限制移民福利的相关政策会降低移民生育率。政策制定者需要特别注意生育率的下降可能会对其他政府项目的财政可持续性产生不利影响。

2. 青少年生育问题

美国青少年生育率自 20 世纪 90 年代初开始一直下降，许多学者探寻青少年生育的影响因素，Melissa Kearney 和 Phillip Levine（2012）认为，这一现象一定程度上是由青少年性行为的减少和更多采取避孕措施导致的，作者基于 2004—2014 年的谷歌搜索量数据发现，越来越多的美国人转向互联网寻求恋爱、性和避孕方法方面的知识和建议。

---

① PRWORA（Personal Responsibility and Work Opportunity Act）法案是美国 1996 年实施的一项法律，对社会福利政策进行了重大修改，将对有抚养子女家庭的援助计划（AFDC）替换为对贫困家庭的临时援助计划（TANF）。

（二）生育率的群体差异

通过观察富裕家庭和贫困家庭之间的生育率差异可以更好地理解代际流动①。C. Simon Fan 和 Jie Zhang（2013）通过代际交叠模型研究了熟练工人与非熟练工人之间的生育率差异和代际流动差异。研究发现，非熟练工人往往选择更高的生育率，但对子女教育的投资却较少。从短期来看，从私立教育向公立教育的转变往往会减轻熟练工人孩子向下流动的压力。从长期来看，这可以提高熟练工人和非熟练工人孩子的向上流动性。

五、主要结论与启示

（一）主要结论

1. 生育经济学的研究方法具有多学科交叉性

生育经济学具有典型的跨学科研究特征，涉及经济学、人口学、统计学、行为经济学等多种学科的理论和研究方法。研究者利用时间序列多视域分析法、双重差分方法、自然实验法等方法，基于戴蒙德代际交叠模型、比例风险回归模型以及纳什家庭议价模型等经典模型，使用最新数据对生育的需求理论、人口过渡理论以及数量—质量替代理论等经典理论进行验证、修正和扩展。

2. 生育率及其影响因素具有多重性和复杂性

首先，最优生育率或最优人口规模不是一成不变的，而是随着经济、政治以及军事目标等的变化而发生变化的；其次，从人口增长与经济增长的关系来看，二者的相互关系是不确定的且一直具有争议性；最后，影响生育的因素是多维度的复杂因素，既有家庭外部因素又有家庭内部因素，这些因素多因国家而异或者因人而异。

3. 生育的政策效果具有不确定性和差异性

研究者从不同角度考察了政策的传导机制。生育政策的效果具有很大的不确定性和差异性，表现为国家差异、时期差异以及群体差异。此外，由于公共养老金改革可能会破坏经济的长期稳定性，该议题在几个发达国家的学术辩论和政治议题中都占据重要地位。同样，针对儿童或女性的福利政策对生育的影响也存在一定的不确定性和差异性。

---

① 代际流动，又称“异代流动”，指同一家庭中上下两代人之间社会地位的变动。一般以职业等作为地位特征，以父母和子女在同一年龄时的职业或其他地位作为比较基点，考察第二代人（子女）与第一代人（父母）相比，看社会地位有无提高，从中找出引起或未引起变动的原因和规律。这种研究尤为重视父母的教育程度和职业对子女社会地位的影响。

（二）对中国的启示

基于中国当前现实的生育率及其与经济增长的关系，政策制定应考虑中国经济发展的地区差异（如东、西部差异）、城乡差异和群体差异，根据生育的关键影响因素制定相关针对性政策。此外，在考虑财政支出保证的前提下，制定和实施适合国情的公共养老保险、儿童或孕妇福利、教育医疗措施以及进行一些其他方面的制度创新，缓解看护和养育负担，尽量在实现生育率提高的同时不会对女性参与率以及经济增长率造成影响。总之，中国正面临“未富先老”的人口趋势，生育率的改善需要政府和家庭的共同努力。

从马克思对英国古典经济学的态度开始，看我们应怎样对待西方经济学

方兴

从列宁在《马克思主义的三个来源和三个组成部分》一文的分析中可以看出，马克思主义政治经济学是在批判地继承英国古典经济学基础上创立起来的。列宁说："英国的亚当·斯密和大卫·李嘉图研究经济制度的时候奠定了劳动价值论的基础。马克思继续了他们的事业。"① 我们先来简要分析一下马克思经济学与英国古典经济学的关系，从中看一下马克思是怎样对待西方经济学的，我们又应怎样对待西方经济学。

17 世纪中叶，以英国资产阶级革命为开端，标志着西欧已进入资本主义历史时期。这时资本主义生产方式已由简单协作过渡到工场手工业的发展阶段，从而使资本主义经济由工业资本代替商业资本而占据支配地位。由此直到 19 世纪初期，资本主义制度才处于发生、发展的上升时期，社会主要矛盾是资本主义和封建主义之间的矛盾，资产阶级和无产阶级之间矛盾虽已逐渐发展，但总的说来还处于潜伏状态。与这一客观形势相适应，资产阶级政治经济学的研究对象也由流通领域深入到生产领域。马克思说："真正的现代经济科学，只是当理论研究从流通流域转向生产过程的时候才开始。"② 因而这就促成了具有相当科学性的古典经济学的产生和发展。

在英国古典政治经济学发展时期最主要代表人物是亚当·斯密（1723—1790 年）。他于 1747 年从牛津大学毕业后，曾长期在大学任教，涉及修辞学、文学、道德伦理学、哲学、法学和经济学等诸多领域，并于 1776 年发表了他划时代的巨著《国富论》。在这部巨著中，他把当时自英国配第（1623—1687 年）以来的古典政治经济学综合发展成为一个完整的体系。马克思赞扬说："在亚当·斯密那里，政治经济学已发展为某种整体，它所包括的范围在一定程度上已经形成。"③

---

① 《列宁全集》第 19 卷，人民出版社，1959 年 2 月第 1 版，第 5 页。

② 《马克思恩格斯全集》第 25 卷，人民出版社，1974 年 11 月第 1 版，第 376 页。

③ 《马克思恩格斯全集》第 26 卷(2)，人民出版社，1973 年 7 月第 1 版，第 181 页。

斯密在研究方法上的一个显著特点，是使用了二元方法论，即时而采取内在的方法，时而采取外在的方法。因此，他的整个理论体系在逻辑上具有自相矛盾的二重观点，使科学因素与庸俗因素并存。例如，在价值论上，既有劳动决定价值的正确观点，又有收入决定价值的庸俗观点。他的科学因素后来为李嘉图所继承和发展，随后更为马克思所批判地吸收；他的庸俗因素后来则被萨伊（1767—1832 年）、马尔萨斯（1766—1834 年）等庸俗经济学家所利用和发挥。

斯密的经济理论所涉及范围很广，在分工、交换、货币、价值、工资、利润、地租、资本等基本经济范畴，他都有系统论述；同时还对生产劳动与非生产劳动、社会资本再生产等问题进行了分析。在对社会资本再生产的分析上，斯密完全抛弃了魁奈（1694—1774 年）的某些有益见解，有的甚至比魁奈还倒退了一步。他从自己的收入决定价值的观点出发，提出了错误的斯密教条，即认为商品价值只分解为 V + M，抛弃了不变资本 C，从而完全堵死了正确分析社会资本再生产的道路。但是这个错误见解，却成了资产阶级经济学家的正统信条。马克思说：他以后的“几乎所有的经济学家都接受了斯密的这种见解”。①

19 世纪初是英国古典政治经济学的完成时期。这时英国产业革命正在迅速发展，并接近于完成，因而资本主义经济关系已日益成熟，阶级矛盾已日益明显。这就使古典政治经济学有可能获得进一步发展，以致达到它的最高峰。它在这个时期最杰出的代表人物就是大卫·李嘉图。

大卫·李嘉图（1772—1823 年）出身于大资产阶级家庭，本人只有两年商业教育的学历。他早年在交易所从事投机活动，赚了一大笔钱。此后即离开交易所去从事科学研究和著述活动。他著作很多，现已编辑成《李嘉图著作和通信集》（10 卷）出版。1817 年，他发表了自己最主要的代表作《政治经济学及赋税原理》。这本著作的结构不算严密，但它阐述问题的明确性、尖锐性、彻底性，以及所用方法的一惯性和议论的精辟透彻，在政治经济学发展史上都是空前的，因而成了古典政治经济学最完备和最后的体系。

李嘉图在经济学上最主要的贡献，是他始终一贯地坚持劳动价值论，并以此为基础去分析其他经济关系和经济范畴，从而把资本主义关系赤裸裸地和盘托出。例如，他在分析工资、利润、地租时，揭露了工人、资本家、地主三大阶级之间的对立和矛盾。但是，由于他受着资产阶级立场的局限，却把这些资本主义关系看成是永恒的自然的关系，因而并未科学地揭示出资本主义经济发展的规律。他认为资本主义经济是永恒的，并否认它有发生全面生产过剩危机的可能性，还认为人类社会将有停滞不前的趋势。特别是由于李嘉图混淆了劳动与劳动力的区别、价值与生产价格的区别，因而造成了他的理论体系存在着两

---

① 《马克思恩格斯全集》第 30 卷，人民出版社，1975 年 2 月第 1 版，第 358 页。

大矛盾，进而导致最后破产。

英国古典政治经济学的上述贡献和缺陷，都由马克思和恩格斯经过博览群书，进行了深入细致的分析研究。同时，他们为无产阶级的利益而奋不顾身，义无反顾地予以批判继承，既批判其错误、缺陷，又继承其合理因素，并积极创新发展，最终于1867年出版了《资本论》第一卷，创立了完全科学的、崭新的马克思主义政治经济学，实现了经济学史上的伟大革命。

这里要强调指出的是，作为无产阶级意识形态和斗争的锐利思想武器，马克思主义政治经济学的创立绝非偶然。它不仅是马克思、恩格斯个人刻苦钻研的结果，也是一个时代的历史必然产物。在19世纪40年代以后，资本主义生产方式经过产业革命已经发展成熟，无产阶级与资产阶级之间的矛盾已经公开爆发，工人运动已经蓬勃兴起而迫切需要经济学的思想指导，马克思主义政治经济学及其集中体现的《资本论》，就是为适应这种需要而产生的。特别是因为马克思、恩格斯自己就在积极参加和指导那场运动，更迫切感到需要有科学而严整的马克思主义政治经济学。所以马克思主义政治经济学既是在无产阶级革命运动中产生，也是为无产阶级革命理想而奋斗，最终实现共产主义服务的思想武器。它充分体现出为无产阶级和广大劳动人民利益服务的本质，同时也充分体现出自己的革命性和科学性的高度统一。

马克思主义政治经济学的革命性和科学性主要有如下几点：

1. 科学地确立了政治经济学的对象和方法。马克思在《资本论》中第一次明确指出，“我要在本书研究的，是资本主义生产方式及和它相适应的生产关系和交换关系”①，即把政治经济学研究的对象规定为，与一定生产方式相适应或相联系的人与人之间的关系。列宁还更明确地说：“凡是资产阶级经济学家看到物与物之间的关系的地方（商品交换商品），马克思都揭示了人与人之间的关系。”② 同时，马克思还第一次运用唯物辩证法和历史唯物主义，彻底批判了资产阶级经济学的唯心主义和形而上学，从而使科学的政治经济学的理论体系得以建立起来。

2. 创立了科学、严密而完整的劳动价值学说。马克思从商品二因素入手，首创了生产商品的劳动二重性学说，彻底解决了古典经济学派不能解决的诸如价值实体、价值本质和价值决定等一系列有关劳动价值论的基本问题。马克思还第一次科学地揭示了价值同交换价值之间的区别与联系，创立了价值形式学说和完善的货币理论。马克思还从历史上和逻辑上阐明了由价值到生产价格的转化，区分了劳动和劳动力，科学地解决了古典经济学

① 《马克思恩格斯》第23卷，人民出版社，1972年9月第1版，第8页。

② 《列宁全集》第19卷，人民出版社，1959年2月第1版，第5－6页。

派不能解决的价值规律同等量资本获得等量利润规律之间，以及价值规律同劳动与资本相交换之间的两大矛盾，从而把劳动价值论贯彻到底。

3. 科学地揭示了资本主义产生、发展和灭亡的经济规律。马克思在科学的劳动价值论的基础上，创立了剩余价值学说，从而全面深刻地揭示了资本主义的剥削本质和运动规律，并进而创立了完整的资本学说，发现了资本积累的一般规律，进一步揭露了资本主义经济的内在矛盾和无产阶级与资产阶级之间的阶级对立，阐明了资本主义积累的历史趋势，加上马克思创立了出色的社会资本再生产和经济危机的学说，便在经济理论上为说明资本主义过渡到共产主义的必然性，提供了充分可靠的科学依据，彻底否定了资本主义永恒性的传统观点。

4. 科学地阐明了无产阶级革命和无产阶级专政的必然性，并制定了关于共产主义社会的基本原理。这是马克思通过对资本主义经济的分析所得出的必然的政治结论和对人类未来社会所做出的科学预见。它充分表明马克思主义政治经济学是为无产阶级革命事业服务的鲜明的阶级性，而与古典政治经济学为资产阶级利益服务的阶级性质根本对立。

可见，1867 年，以《资本论》第一卷出版为标志，马克思主义政治经济学的完整理论体系便建立起来了，但它绝不会就此停步不前。由于它是为无产阶级革命事业和利益服务的，在坚持其基本原理不变的前提下，对一些具体问题，便必然会随着时代形势的发展变化而不断丰富发展。

如果说，19 世纪 40 年代是马克思主义狭义政治经济学的产生阶段，50 至 60 年代是它的创立完成阶段，《资本论》便是其主要代表作，那么，70 至 90 年代则主要是马克思主义广义政治经济学的创立阶段，其主要代表作有《哥达纲领批判》（1875 年）、《反杜林论》（1878 年）、《家庭、私有制和国家的起源》（1884 年）。这些标志着马克思主义政治经济学已开始获得进一步发展。

19 世纪末和 20 世纪初，随着世界进入帝国主义和无产阶级革命时代，伟大的马克思主义者列宁，在反对帝国主义和第二国际修正主义的斗争中，以及在领导苏联人民进行恢复和发展经济建设事业的斗争中，把马克思主义政治经济学进一步发展到一个崭新的历史阶段，科学地创立了帝国主义学说，并为社会主义政治经济学奠定了重要的理论基础。斯大林继承列宁的事业，在领导苏联人民进行社会主义经济建设中，又进一步发展了马克思主义政治经济学，对社会主义经济建设的一系列规律做出了分析和概括。

继列宁之后，以毛泽东为首的中国共产党人，把马克思主义政治经济学与中国革命和建设的具体实践结合起来，更进一步把马克思主义政治经济学发展到新的毛泽东思想阶段。在这个阶段，毛泽东同志首先在新民主主义革命时期创造性地提出了新民主主义经济纲领；接着在马克思“不断革命论”① 的指导下及时提出了过渡时期的经济理论和政策，基本建立起以公有制为基础的社会主义基本经济制度；在探索社会主义建设道路的过程中，提出了社会主义基本矛盾理论，统筹兼顾，注意综合平衡，以及农业为基础、工业为主导、农轻重协调发展等一系列独创性的理论观点。所有这些都为丰富发展马克思主义政治经济学理论体系做出了新的贡献。

20 世纪 70 年代末，我国开始进入改革开放新时期。1978 年党的十一届三中全会确立了我国以经济建设为中心，并坚持“四项基本原则”和改革开放的新方针。1982 年党的十二大又明确提出要“建设有中国特色的社会主义”的新概念。自那以后的 40 多年间，我国人民在积极从事中国特色社会主义建设的实践和理论研究中，创新的经济理论也不断涌现，特别是 2012 年党的十八大以后，我国已从站起来、富起来，快速进入强起来的新时代，使中国特色社会主义道路走得越来越宽广、清晰、明确。随之，马克思主义政治经济学理论体系的内涵也越来越丰富和完善。诸如建立了关于社会主义初级阶段基本经济制度，即坚持公有制为主体、国有经济为主导、多种所有制经济共同发展的基本经济制度的理论；关于树立和落实创新、协调、绿色、开放、共享五个发展理念的理论；关于发展社会主义市场经济的理论；关于我国经济发展进入新常态的理论；关于推动新型工业化、信息化、城镇化、农业现代化相互协调的理论；关于用好国际国内两个市场、两种资源的理论；关于促进社会公平正义、逐步实现全体人民共同富裕的理论；等等。所有这些理论成果便构成了习近平新时代中国特色社会主义政治经济学的内涵。正如 2015 年 11 月 23 日，习近平总书记在中共中央政治局 28 次集体学习会上说的：“这些理论成果，是适应当代中国国情和时代特点的政治经济学”。② 这个政治经济学不仅有力地指导了我国经济发展的实践，而且开拓了马克思主义政治经济学的新境界。在此，习近平同志的重要贡献之一，就在于他以自己深厚的理论功底和智慧，善于从我国经济发展实践中，揭示出它们的规律性成果，把实践经验提炼、总结、升华为系统的当代中国化的马克思主义政治经济学，从而使马克思主义经济学理论体系的宝库，又得到进一步丰富和发展。

这里应当补充说明的是，我国 20 世纪 70 年代末开始进入改革开放时期，同时也正是西方新自由主义开始蓬勃兴起的时期，二者几乎是同步发展的，以致我国改革开放事业从一开始就不可避免地要受新自由主义的严重影响。所谓新自由主义，是指源于米赛斯（Ludwig Edler Von Mises，1881—1973）、哈耶克（Friedrich A. Von Hayek，1899—1992），

① 马克思指出，“德国的资产阶级革命一定要成为无产阶级革命的直接序幕”（《马克思恩格斯全集》第 4 卷，人民出版社 1958 出版，第 501－504 页），明确提出了“不断革命论”。

② 习近平在中共中央政治局第 28 次集体学习会上的讲话：《立足我国国情和我国发展实践，发展当代中国马克思主义政治经济学》，《人民日报》，2015 年 11 月 25 日，第 1 版。

蓬勃兴起于20世纪70年代西方国家的自由主义经济观点。它是在承袭新古典自由放任主义基础上，作为与凯恩斯国家干预主义的对立物而产生的各个资产阶级自由主义学派的经济思潮。归属于这种思潮的主要学派有货币学派（Monetary School）、新古典宏观经济学派（New Classical Macroeconomics）、供给经济学派（Supply Side Economics）和新制度经济学派（New Institutional Economics），等等。1979年英国的玛格丽特·撒切尔夫人和1981年美国的罗纳德·里根先后上台执政，积极推行新自由主义政策，标志着新自由主义已取代凯恩斯主义的官方经济学宝座和西方经济学主导地位。直至1990年“华盛顿共识”出笼，更形成了一套完整的新自由主义政策纲领。其核心就是要实行国有企业私有化、国内全面市场化、国际完全自由化，要求各国（实际主要是要求发展中国家，特别是发展中的社会主义国家）全面放开商品、资本市场，让跨国公司的商品、资本无障碍地自由进入本国，直接投资办厂等。

因此，习近平总书记在学习会上所阐明的当代中国马克思主义政治经济学的具体内容中，有的内容从一定意义上说，既是与新自由主义斗争的成果，也是继续批判新自由主义的锐利思想武器。因为从理论体系上说，马克思主义经济学与西方新自由主义经济学，本来就是根本对立的。例如：习近平总书记在上述同一次学习会上说：“要坚持和完善社会主义基本经济制度……推动各种所有制取长补短、相互促进、共同发展，同时公有制主体地位不能动摇，国有经济主导作用不能动摇，这是保证我国各族人民共享发展成果的制度性保证，也是巩固党的执政地位、坚持我国社会主义制度的重要保证。”① 即主张要毫不动摇地坚持和完善社会主义基本经济制度，毫不动摇地搞好国有企业改革。此前，习近平总书记还强调推进国企改革要遵循三个“有利于”② 原则，要“把国有企业做强做优做大，不断增强国有经济活力、控制力、影响力、抗风险能力”。③简言之，就是必须坚持公有制主体地位和国有经济主导作用，要把国企搞好，而绝不是像“华盛顿共识”所要求的那样，要使国企私有化。但有些人却宣扬所有制“中性论”，或以各种借口来力图削弱和私有化国企；有的还说要把国企“送进历史博物馆”；有的甚至说：“国企的存在就是问题”。凡此种种无一不是深陷于西方新自由主义陷阱之中的表现。

再如，习近平总书记说：“要坚持社会主义市场经济改革方向，坚持辩证、两点论，

---

① 习近平在中共中央政治局第28次集体学习会上的讲话：《立足我国国情和我国发展实践，发展当代中国马克思主义政治经济学》，《人民日报》，2015年11月25日，第1版。

② 习近平2015年7月在吉林调研时说：“推进国有企业改革，要有利于国有资本保值增值，有利于提高国有经济竞争力，有利于放大国有资本功能。”（载《经济日报》2015年7月19日第1版）。

③ 见《经济日报》2015年6月6日第1版。

继续在社会主义基本制度与市场经济的结合上下功夫，把两方面优势都发挥好。”① 即不是要抛弃社会主义这个根本前提去推行单纯、全面市场化方向的改革。他还说：“要坚持对外开放基本国策，善于统筹国内国际两个大局，利用好国际国内两个市场、两种资源，发展更高层次的开放型经济，积极参与全球经济治理，同时坚决维护我国经济发展利益，积极防范各种风险，确保国家经济安全。”这实际也就否定和批判了某些无原则地不顾国家利益和经济安全，而去迎合外商和新自由主义的需要，任意全面放开国内商品、资本市场等不妥的观点和举措。

总之，习近平总书记在政治局集体学习会上的重要讲话，既丰富发展了马克思主义政治经济学，同时又为批判西方新自由主义经济学提供了锐利的思想武器。换言之，习近平总书记正是在社会主义建设实践和与新自由主义斗争中才使马克思主义政治经济学得以丰富发展起来的。从逻辑上讲，这与过去马克思在参与指导工人革命运动中，在批判地继承英国古典经济学的基础上创立起马克思主义政治经济学是完全一致的。应该说，继马克思恩格斯之后的无产阶级革命领袖和导师们之所以能使马克思主义政治经济学得到不断的丰富发展，也都无一不是既借鉴又批判西方经济学的结果。

因此，我们对待西方经济学的教学研究，也应该像革命领袖导师们那样，要以马克思主义为指导，“一分为二”，去其糟粕，取其精华，为我所用，而不能不加分析地全盘照搬。特别是由于经济学具有强烈的阶级性和党性的特点，不仅能传授经济知识，也有培养意识形态、立德树人的功能。因此在当前，我们必须以中国化的马克思主义，即习近平新时代中国特色社会主义思想为指导，把西方经济学课程视为思政课的一个组成部分，全面贯彻党的教育方针，在培养增强学生实际经济分析能力的同时，还要努力解决好培养什么人、怎样培养人、为谁培养人这些根本问题。简单地说，就是要“努力培养担当民族复兴大任的时代新人，培养德智体美劳全面发展的社会主义建设者和接班人”。②

---

① 习近平在中共中央政治局第 28 次集体学习会上的讲话：《立足我国国情和我国发展实践，发展当代中国马克思主义政治经济学》，《人民日报》，2015 年 11 月 25 日，第 1 版。

② 记者吴晶、胡浩报道：《 习近平在学校“思政课”教师座谈会上的讲话》，《经济日报》，2019 年 3 月 19 日第一版。参见：丁冰、方兴编著，《当代西方经济学原理》修订第 7 版“导言”，首都经济贸易大学出版社，2019 年 9 月出版，第 5 – 6 页。

熊彼特经济学和马克思主义经济学的比较

徐则荣[①] 吕瑶姗[②] 杨兴[③]

（首都经济贸易大学）

一、熊彼特经济学和马克思主义经济学的相似之处

（一）关于经济发展的原因

1. 关于经济发展的内在因素和外在因素问题

熊彼特认为决定经济发展过程的因素包括内在因素和外在因素，内在因素起决定性作用。如果没有内在因素，外在因素也不能充分发挥作用。决定经济发展的内在因素主要包括消费者偏好的改变、生产要素的变化、商品供给方法的改变，其中最关键的内在因素是创新。外在因素包括战争、革命运动、天灾人祸、金矿的发现、新领域和新国土的发现、人口数量与年龄分布变化。资本主义经济发展过程中起决定作用的因素是创新，当然不能排除外在因素的作用。例如，熊彼特认为，四阶段经济周期的形成因素中起决定作用的因素是创新。如果没有这个因素，即使存在大量的投资、投机机会，经济也不会产生四阶段周期。正如熊彼特的夫人伊丽莎白·熊彼特所说：熊彼特和马克思有一共同点，那就是关于经济发展过程的看法。在他自己的《经济发展理论》里，熊彼特试图提出关于经济变迁不单是决定于推动经济制度从一个均衡到另一个均衡的各种外在因素的纯粹经济理论。在这一著作的日文版的序言里，熊彼特说："读者可能会立刻明白了的一点，我在开始是不清楚的，即这一概念和这一目的（指熊彼特自己的）是和构成卡尔·马克思经济学说基础的概念和目的完全相同的。实际上，马克思之所以有别于同时代的经济学家，正是因为他

① 徐则荣，首都经济贸易大学教授，博士生导师，长期从事西方经济学研究。

② 吕瑶姗，首都经济贸易大学西方经济学专业研究生。

③ 杨兴，首都经济贸易大学外国经济思想史专业研究生。

认为经济发展的特定过程是经济制度本身所产生的这一看法。在任何其他方面他只是采用或修改李嘉图经济学的概念和命题，但是被放在次要的黑格尔背景里的经济发展概念，却完全是他自己（指马克思——引者注）的创见。可能正是由于这一点，一代又一代的经济学家才又都折回到他这里来，尽管他们可能发现他有许多可以批评之处。”

马克思认为决定资本主义经济发展过程的因素有外部因素和内部因素。外部因素主要包括人口、自然环境，等等。内部因素主要包括生产力和生产关系的矛盾、经济基础和上层建筑的矛盾、无产阶级和资产阶级的斗争等。资本主义的经济发展过程呈波浪形，当生产关系适合生产力发展的时候，经济发展是上升的，当生产关系不适合生产力发展时，经济过程是缓慢的，甚至是停滞的。

尽管熊彼特和马克思都强调了经济发展过程中的内在和外在因素，但马克思抓住了促进经济发展的决定性因素，抓住了决定经济发展的本质因素，熊彼特仅从创新这个技术层面研究了经济发展的决定性因素，他的研究具有片面性。

2. 关于生产技术的革新和生产方法的变革在资本主义经济发展过程中的作用

熊彼特将创新或生产要素的新组合看成资本主义的最根本的特征。他认为，没有创新就没有资本主义的产生，更没有资本主义的发展。创新主要指生产技术的革新和新的生产方法的使用，创新使经济结构内部发生变化，旧的经济结构不断遭到破坏，新的经济结构不断建立，经济不断向前发展。在经济发展过程中，由于创新活动的引进不是连续平稳的，而是有时高，有时低，有时密集，有时稀疏，这样就产生了经济的波动，这种波动在长时期呈现出一种规律，这就是经济周期。在资本主义的历史发展过程中，创新多种多样千差万别，对经济发展的影响大小不一，从而形成了长、中、短三种周期。但随着资本主义经济的发展，经济进步使一切都自动化了，无须人的作用了，企业家也就用不着了，资本主义也就活不下去了，它将自动地进入社会主义。

马克思十分重视生产技术和生产方法的变革在人类历史发展中的作用，认为生产力是社会发展的最革命和最活跃的因素。生产力本身有其内在的发展规律，生产力系统的内在矛盾推动生产力不断向前发展。科学技术是首要的生产力，科学技术推动了资本主义国家经济的迅速发展，科技革命实现了劳动生产率的极大提高和生产的大幅度增长。马克思曾指出：“劳动生产力是随着科学和技术的不断进步而不断发展的。”[①] 科学技术革命使生产社会化程度空前提高，国际化趋势加强。科学技术革命使资本主义经济结构发生了更深刻的变化。

熊彼特和马克思虽然都强调了生产技术革新对资本主义经济发展的作用，但熊彼特却

① 马克思：《马克思恩格斯全集》第23卷，人民出版社，1972版，第664页。

抽象掉了资本主义生产关系的作用，从而不仅片面地夸大了科技创新的作用，而且抹杀了制度安排和制度变革的作用，也掩盖了资本主义的基本矛盾。而马克思则是强调科学技术和社会生产关系两方面在资本主义经济发展过程中的综合作用。

（二）关于经济周期问题

熊彼特和马克思都研究了资本主义经济发展过程中的四阶段经济周期，在这方面，他们的观点极其相似。熊彼特的经济周期理论也就是他关于资本主义经济危机的理论认为，资本主义经济周期包括四个阶段：繁荣、衰退、萧条、复苏。经济周期是创新的结果，它是资本主义经济中经常伴随的现象，不是资本主义的失败。资本主义经济危机的根源就在于创新的不连续性和不均匀性，即创新的时断时续，时高时低，有时群聚，有时稀疏。在创新和过度投资的共同作用下，经济从繁荣转向衰退，然后进入一个病态的失衡的阶段，即萧条阶段，接着出现经济的调整，恢复阶段，即复苏阶段。

马克思经济学认为，资本主义经济危机和再生产周期也包括四个阶段：危机、萧条、复苏和高涨。资本主义经济危机的根源是资本主义生产方式的基本矛盾，经济危机周期性的发生是由于资本主义基本矛盾本身发展的阶段性，经济危机发生的物质基础是固定资本的更新。固定资本的大规模更新为经济暂时摆脱危机、促进复苏和高涨阶段的到来准备了物质条件，固定资本的更新带来了生产资料部门的恢复和发展，进而推动消费资料部门生产的恢复和发展，促进整个社会经济从萧条走向复苏和高涨。但是，固定资本的大规模更新又为下一次危机的到来准备了物质前提。大规模固定资本的更新，一方面促进了社会生产力急剧膨胀，另一方面造成了社会资本有机构成和劳动生产率的提高，结果必然增加社会相对过剩人口，引起劳动者有支付能力的需求相对缩小，从而引起新的经济危机的到来。

熊彼特将技术的更新、新资源的利用和新领域的开发等创新活动看成资本主义经济危机和经济周期形成的根本原因是不正确的。技术革新等因素不是形成经济周期的根本原因，它们仅仅对经济周期持续时间的长短有影响，仅仅是形成危机周期的物质基础。但熊彼特从物质技术角度分析经济周期是有一定参考意义的，因为马克思早就把固定资本的大规模更新看成是经济危机周期性爆发的物质基础。熊彼特和马克思有关经济周期的本质、根源的分析是根本不同的。这将在本文第二节加以论述。

（三）关于资本主义的概念问题

熊彼特认为，资本主义是一种人们一般能利用信贷借款实现企业创新的私有制经济。在这个社会，私人财产、分工和自由竞争居于统治地位。马克思认为，资本主义是指建立在生产资料资本家阶级占有和雇佣劳动的基础之上、以获取剩余价值为目的、资本家和雇佣劳动之间形成剥削和被剥削关系的一种社会形式。

熊彼特承认资本主义是私有制经济，这一点同马克思一致；但他未明确说明是哪一个阶级的私有财产占统治地位，这是他阶级局限性的反映。他认为人们利用信贷借款只是为了实现创新，这掩盖了企业家实施创新的真正目的——榨取越来越多的剩余价值。实际上，企业家利用信贷借款实现创新只是一种手段，获取越来越多的利润才是真正的目的。

（四）关于资本主义发展阶段的问题

熊彼特认为资本主义的发展经历了两个阶段，即自由竞争的资本主义和托拉斯化的资本主义，自由竞争的资本主义是指大约 1910 年前的资本主义，它的特征就是企业家少受束缚，企业家可自由活动，企业家之间的竞争弱肉强食，具有实力的企业压制其他企业，资本主义反复出现企业的建立和倒闭、利润的获得和亏损这样的过程。托拉斯化的资本主义是指大约 1910 年后的资本主义，它的特征是垄断化，企业规模的大型化，它只会提高生产水平和生活水平，而绝不会降低生活水平和生产水平，垄断所带来的技术进步常使商品价格下降。

马克思主义者也认为，资本主义的发展经历了两个大的阶段，即自由竞争资本主义和垄断资本主义即帝国主义。自由竞争资本主义是指大约 19 世纪 70 年代以前的资本主义，它的特征就是资本家在生产资料资本家阶级私有制和雇佣劳动的基础上，为了获取越来越多的剩余价值，不断通过改进技术、改善经营管理、提高劳动生产率等手段增强竞争实力，通过绝对剩余价值和相对剩余价值的生产不断加强对工人阶级的剥削，同时通过不断进行资本积累扩大再生产规模以获取更多的剩余价值。随着生产和资本的高度集中，自由竞争资本主义过渡到垄断资本主义，即帝国主义。垄断是帝国主义的经济实质，垄断资本主义有以下几个特征：①生产和资本的集中产生垄断。垄断在经济生活中起着决定性作用。②银行资本和工业资本的融合产生了金融资本和金融寡头。③资本输出具有越来越重要的地位。④国际垄断资本主义从经济上瓜分世界。⑤最大的帝国主义列强将世界瓜分完毕，垄断资本主义的本性就是掠夺、侵略和战争。

熊彼特关于资本主义发展两个阶段的划分同马克思主义者的划分极为相似，他关于自由竞争资本主义的描述也反映了自由竞争资本主义的部分事实，这是他的进步和功绩。但是，第一，他没有指出自由竞争资本主义的基本矛盾，没有揭示资本家对工人的剥削这个本质，没有深入分析资本主义生产和流通等过程，而主要局限于分析企业家的活动。第二，他有关托拉斯化的资本主义的描述完全歪曲了垄断资本主义的本质，掩盖了垄断资本家为获取垄断利润对劳动阶级的剥削。同时，他又未把垄断与帝国主义相联系起来，这些观点不仅不科学，而且也是为资本主义辩护的。

（五）关于资本主义必然灭亡的问题

熊彼特和马克思都认为资本主义必然灭亡，社会主义必将取代资本主义。这是他们的相似之处，但他们对资本主义的灭亡和取代资本主义的社会主义则有完全不同的理解。

熊彼特在《资本主义、社会主义与民主》一书的第二篇和第三篇提出并回答了如下两个命题。第一个命题是：资本主义能活下去吗？熊彼特回答说："不。我不认为他能活下去。"第二个命题是：社会主义能行得通吗？熊彼特回答："当然行得通。"熊彼特并描述了资本主义向社会主义过渡的情景。他说，随着企业家的创新职能日趋衰弱，经济进步日趋与个人无关和自动化，机关和委员会的工作日渐代替个人的活动，于是跟着就会发生一种多多少少静止的状态，本质上是进化过程的资本主义就要萎缩下去，企业家将无事可做。利润和利率将趋于零，靠利润和利息生活的资产者阶层将趋于消失，社会主义将自动地出现。

马克思主义指出，资本主义生产方式的内在矛盾必然导致资本主义向社会主义过渡。资本主义生产方式从它确立之日起，就包含着无法克服的内在矛盾，即生产的社会化和资本主义私人占有之间的矛盾。随着资本主义经济的不断发展，生产力水平的不断提高，这种矛盾会变得越来越尖锐化。只有用社会主义公有制来代替资本主义私有制，才能适应社会化大生产的要求，才能解决资本主义社会的基本矛盾。从资本主义向社会主义过渡，是资本主义社会生产力和生产关系矛盾运动的必然结果。

熊彼特关于资本主义必然灭亡的结论与马克思主义关于资本主义必然灭亡的结论虽然在表面上是一致的，但他们有关资本主义必然灭亡的原因、实现方式以及对资本主义和社会主义的理解根本不同。熊彼特的这个结论蒙蔽了许多人，以致很多人称他为社会主义经济学家。但他实际上是资本主义的热心辩护人。熊彼特曾经这样说道：虽然我的许多论点不同于许多社会主义作家，特别是所有马克思主义者的论点，但我的最后结论却与他们并无不同。但为了接受这个最后结论，不一定需要是一个社会主义者。预测并不是意指事态按照他称心的预计的方向发展……有人可以憎恨社会主义或者至少以冷酷的批判态度对待社会主义，但他还是可以预见它的出现。[①] 关于熊彼特与马克思在资本主义命运问题的根本不同点的分析，笔者将在本文第二节加以论述。

---

① 熊彼特：《资本主义、社会主义与民主》，商务印书馆，1990 年版，第 120 页。

（六）关于资本主义向社会主义过渡的前提条件问题

熊彼特和马克思都认为从资本主义向社会主义的过渡，需要资本主义创造物质财富为其前提条件。熊彼特分析认为，从资本主义向社会主义过渡是在资本主义创造极大丰富的财富以后进行的。他首先分析了过去资本主义取得的经济成就，以及这些经济成就给人们生活带来的福利。资本主义在创造了极大的物质财富后人们失去继续奋斗的动力，企业家职能将逐渐丧失，从而资本主义将趋于灭亡。马克思认为，资本主义发展的高级阶段为社会主义的建立准备了物质条件，并准备好了掘墓人——无产阶级。熊彼特只看到资本主义经济成就为资本主义向社会主义过渡准备了物质条件，而未看到资本主义的经济成就也为自己的灭亡准备好了掘墓人。

二、熊彼特经济学和马克思主义经济学具有相似之处的原因

熊彼特和马克思在分析资本主义经济时之所以具有许多相似之处，主要是因为，一方面熊彼特在他的历史生涯和学术活动中读了一些马克思的书并结识了一些所谓的马克思主义者朋友，另一方面也与他受当时客观大环境的影响有关。

熊彼特在维也纳大学学习期间，就结识了莱德勒、希法亭、鲍威尔等青年马克思主义者。当他们热烈地讨论马克思经济学著作的时候，熊彼特总是静静地坐在一旁，一言不发，仔细听他们的讨论。这些讨论引起了他对马克思经济学著作的兴趣，促使他阅读了不少马克思的书。在德国，当以考茨基为首的社会主义党掌握政权时，熊彼特与希法亭、莱德勒一起被邀请参加了社会化审议会，在与这些人的交往中，熊彼特受到了马克思经济学的影响。

1914 年爆发了第一次世界大战，大战给人民带来了深重的灾难，资本主义国家的生产遭到巨大破坏，资产阶级和无产阶级的矛盾日益尖锐，无产阶级和广大人民奋起反抗资本主义国家的压迫和剥削。在亚洲，中国、菲律宾、印度尼西亚、印度等国家工人阶级掀起了反对帝国主义的战争；在非洲，阿尔及利亚人民掀起了抗法斗争，埃及和苏丹人民掀起了抗英斗争，埃塞俄比亚人民掀起了抗意斗争。无产阶级革命蓬勃发展，社会主义信念深入人心，广大人民向往社会主义。1917 年十月革命胜利和苏维埃社会主义共和国的成立，使世界人民终于看到了希望的曙光。苏维埃通过在国内几十年进行社会主义建设，经济迅速发展，人民生活水平大大提高。苏联的综合国力迅速赶上甚至超过了一些发达资本主义国家。这使社会主义信念更加深入人心。1929—1933 年爆发了世界性的经济大危机，这次危机使资本主义世界工业生产下降了 44%，大约退回到 1908—1909 年的水平，危机给工人阶级和广大劳动群众带来了沉重的灾难，危机使大量工人失业，失业人口约有 4000 万，

资本主义社会的阶级矛盾进一步恶化。这一切都使熊彼特不得不思考资本主义的历史命运，寻求解决资本主义的良策，以缓和阶级矛盾，更巧妙地维护资本主义的统治，更狡猾地抵制马克思主义和社会主义的影响。

/第四部分/

马克思主义经济理论研究

马克思主义宏观经济学的微观基础

王中保[①]

（中国社会科学院）

一、经济的微观效率与宏观效率

（一）私有制企业的微观经济效率与宏观经济效率的背反

如果从企业微观经济效率的角度分析，单单考察私有制企业的资本投入产出效率与劳动者收入之间的关系，还是私有制企业通过内部成本的“外部化”来提高资本的投入产出效率，从动态的、长期的、宏观的视角来看，企业微观经济效率的提高，导致了整个社会的宏观经济效率的降低。继续考察市场中众多相互竞争的私有制企业，会发现从动态、长期和宏观的视角来看个别私有制企业的微观经济效率高也会导致整个社会宏观经济发展的低效率。

（二）公有制企业的微观经济效率与宏观经济效率的统一

从动态的、长期的、宏观的视角来看，公有制企业实行按劳分配，既解决了企业的微观效率不高的问题，又避免了社会整体的收入分配的两极分化，且保证社会宏观经济可持续地快速发展，有效解决了市场经济中有支付能力的有效需求不足问题，可以实现社会存在较小差距的共同富裕，保证“资本投入—生产—消费—资本再投入”的整个经济运行的良性循环，从而达到社会宏观经济可持续地快速发展。

为论证此观点，假设市场经济中实行生产资料私有制和按资分配，市场竞争中的优胜

① 王中保，研究员，经济学博士，现任中国社会科学院经济社会发展研究中心副主任及马克思主义研究院英文期刊 *International Critical Thought*（国际思想评论）（ESCI、OCLC 收录）、*World Review of Political Economy*（世界政治经济学评论）（ESCI、Scopus 收录）编辑部主任。主要从事社会主义经济改革、国有企业改革、劳资关系、收入分配、可持续发展、经济全球化等问题的研究。

劣汰机制和马太效应的作用，进而最终会导致财富和收入的两极分化以及消费的两极分化，消费的两极分化实际在整体上就变现为社会有效需求不足。这正是马克思所指出的一种无法根本解决的矛盾：资本主义私有制市场经济产品供给的无限扩张与人们有效需求相对狭小之间的矛盾。资产阶级经济学家凯恩斯却把有效需求不足归结为由三个基本心理规律造成的，并且主张政府对经济的大规模干预，但干预后出现的严重“滞胀”，凯恩斯主义却对此无能为力了。相应地主张减少政府干预回到自由市场的新自由主义开始兴起，新自由主义认为政府干预是无效的，市场可以自动解决供需矛盾。事实上，凯恩斯主义和新自由主义都没有解决资本主义宏观经济的可持续发展问题，资本主义世界经济危机依旧频繁发生。当今西方资本主义国家在阶级博弈压力下大力发展社会福利，经济才得以继续发展，但是事实上并没有根本解决资本主义宏观经济的可持续发展问题。

只有建立以公有制企业为基础的市场经济，实行资本公有制和按劳分配才能有效解决有效需求不足问题。这种按照劳动多少来进行收入分配所导致的收入差距很小，如果再进行政府的财政和税收调节，就可以防止收入分配的两极分化，从而保证有效需求的充足，社会生产的产品也就总能实现“惊险的跳跃”，社会宏观经济也就可以实现可持续发展。可见，公有制企业的微观经济效率与宏观经济效率具有内在的统一性。

二、经济可持续发展的微观基础

（一）宏观经济可持续发展的微观经济分析

微观经济效率问题是一个投入产出问题，即产出与投入的比值越大，效率就越高。企业的微观经济效率取决于物的要素的投入和人的要素投入的质量以及二者之间的结合质量，其中最关键的是劳动力的素质和质量。当然，宏观经济的发展效益高低与企业微观经济发展的效益高低都取决于物的要素和人的要素的投入数量和质量，只不过宏观经济运行要比企业的微观经济运行要更加复杂。在私有制为基础的市场经济中，从整个宏观经济看总是会产生供给与需求、生产与消费的尖锐矛盾，为了解决生产扩张与消费不足的矛盾，马克思提出，实行让劳动者共同占有生产资料的公有制，让生产在劳动者的控制下，实现积累与消费的比例协调，按照消费需求的扩张需要来增加生产供给。

在市场经济中，我们看到个体企业内部生产运转有序、有组织、有计划，但是从整个社会宏观经济来看却是一种盲目的无政府状态。为了保持各种经济结构和比例在合理的范围动态匹配，依靠市场和微观企业自身的调节是滞后的、有限度的，就需要社会经济从整体出发进行计划调节和宏观调控。

（二）所有制与收入分配

宏观经济能够可持续发展最重要的结构是总供给与总需求的结构，而总供给与总需求的结构又取决于分配结构，决定分配结构的又是生产要素的所有制结构。因此，在要素所有者为少数私人的情况下，要解决最终消费品的生产和实现始终存在着的矛盾，只能是全体劳动者共同占有生产要素，即包括除劳动力之外的各种生产要素的生产资料公有制。

在生产资料为少数人私人占有的私有制条件下，企业的组织方式和生产劳动方式就采用了雇佣劳动力的形式，生产资料所有者之间对雇佣劳动者创造的"剩余"的分配是按资分配。在市场竞争规律、资本积累规律和收入分配规律的作用下，收入分配和财富占有的两极分化是不以人们的意志为转移的必然结果。

在生产资料公有或者集体占有的条件下，企业的组织形式和生产劳动过程才体现出真正的劳动平等，劳动者都没有凭借资本的所有权而取得收入，更不要说能够凭借资本占有的不同而取得不同的收入，劳动者只有凭借其投入生产的劳动数量和质量来取得收入，即按劳分配。生产资料私有制决定的是按资分配，而且在市场经济条件下必然是日益两极分化的收入分配。而生产资料公有制决定的是按劳分配，而按劳分配导致的收入差别不大，是有一定限度的。

（三）政府宏观调控与收入分配

面对有效需求不足的情况，从微观层面来讲，资本所有者不论是从供给侧还是需求侧提出的解决方案，都不能从根本上解决。在此，本节把政府纳入分析框架。

从宏观层面来讲，一方面政府通过对高收入者征税来减少高收入者的收入，另一方面政府通过健全的社会保障来保障和增加低收入者的收入。甚至为了增加需求，政府还直接在基础设施方面投资以及在市场竞争性领域进行投资，从而解决需求不足和生产过剩问题。但是，这些政府行为只是起到了缓和的作用，企图通过政府的宏观的福利政策的调控来避免以私有制为基础的市场经济造成的两极分化和两极分化趋势是不可能的。

在生产资料是劳动者共同所有的条件下，劳动者只凭借付出的劳动多少来取得收入，不会出现两极分化和两极分化的趋势。因为劳动者都凭借付出的劳动的数量和质量来取得收入，劳动者在相同的劳动时间内，差别仅仅是劳动的质量。劳动质量又取决于劳动者的素质和劳动熟练程度。无特殊原因，劳动者的素质和劳动熟练程度差别不大。同时，因为劳动者自身缺陷，以及劳动者赡养的小孩和老人不同导致的家庭收入分配差别，再通过政府的社会保障措施、累进的个人收入所得税、赡养支出税收减免等手段的调控，就可以保证整个社会的收入差距在合理范围内，进而促进生产与消费的良性循环，保证整个社会宏观经济的可持续快速的发展。

（四）收入分配差距与经济的可持续发展

本节将进一步分析收入分配差距对经济发展影响的机制。一般认为，合理的收入分配差距或者适度的收入分配差距对经济的发展具有正向的促进作用。而且适度收入分配差距不会带来整个社会的普遍有效需求不足和普遍的生产严重过剩的现象。但两极分化的收入差距却也会对宏观经济发展带来负向的阻碍作用。第一，收入分配的两极分化会导致有效需求不足问题。第二，收入分配的两极分化会损害社会人力资源的提高，进而阻碍经济发展。第三，收入分配的两极分化会破坏社会环境和自然环境。第四，收入分配的两极分化严重时会损害社会安全和稳定。

一般认为，用基尼系数来衡量收入差距是否合理。我们在看收入差距时，不仅仅要看收入分配的差距，更重要的是要看财富占有的差距。因为财富占有的差距的扩大和两极分化，会导致按资分配收入（资本所得）差距的扩大和两极分化，这才是整个收入分配差距扩大和两极分化的最根本和最重要的原因。而财富占有的分化又是基于市场竞争中生产资本私有制（生产资料私有制）的竞争规律、资本积累规律和按资分配规律作用的必然结果。

三、从微观到宏观的马克思主义经济学

（一）马克思主义经济学的微宏观分析

现有的马克思主义政治经济学教材所建构的马克思主义政治经济学理论体系，仍然主要以马克思的《资本论》的理论体系构建为蓝本进行扩展，虽然其对马克思主义政治经济学理论有所发展，但远不能适应新时代的社会主义市场经济建设、改革和发展需要。并且现有的马克思主义政治经济学教材没有把社会主义微观经济、宏观经济和资本主义微观经济、宏观经济纳入统一的从微观到宏观的经济学理论分析架构。

而要实现马克思主义经济学对社会主义市场经济建设的更有效的指导作用和为社会主义市场经济发展提供切实的理论基础和有效的政策建议，需要对传统马克思主义政治经济学教材体系和理论体系建构进行创造性转换，替代传统以“资本与雇佣劳动”为中心的经济学理论体系架构，构建以从事生产的“厂商”为中心的经济学理论体系架构。把马克思主义宏观经济学理论分析建构在马克思主义微观经济理论分析的基础之上。

我们姑且把构建以从事生产的“厂商”为中心的马克思主义经济学，称为“新时代马克思主义经济学”。新时代马克思主义经济学要以生产的“厂商”为中心建构经济学理

论体系，是为了适应社会主义市场经济建设、改革和发展的需要。首先，新时代的马克思主义经济学研究范围大大超过了《资本论》的研究范围即资本主义经济，也要包括社会主义计划经济和社会主义市场经济，还要论及原始社会共产主义经济、奴隶社会经济、封建社会经济和社会主义高级阶段或共产主义高级阶段的经济。其次，新时代的马克思主义经济学研究目的主要是为了服务于社会主义市场经济建设的需要，已经不同于马克思的《资本论》的“革命”目的。由此，新时代马克思主义经济学理论体系的构建必须实现从“革命需要”到“发展需要”的创造性转换。

（二）马克思主义微观经济学与宏观经济学的内在统一

马克思主义微观经济学与宏观经济学的内在统一性，首先，体现在马克思主义宏观经济学是建立在马克思主义微观经济学的基础之上。马克思主义微观经济学的整体的、动态的、长期的分析就自然地得出马克思主义宏观经济学的结论。其次，体现在二者都是建立在相同的理论基础之上，马克思主义微观经济学与宏观经济学的共同的理论基础中最核心的理论可以归结为价值理论、所有制理论和劳资分配理论，而二者最核心的内核就是价值理论。

在以公有制为基础的社会主义市场经济中，资本为劳动者集体所有、劳动力为个人所有，通过市场竞争机制，实现公有资本和劳动力资源的有效分配。劳动者不仅仅凭借劳动付出取得工资收入，而且也作为公有资本的所有者分享资本收入。更重要的是，在公有制企业和公有制经济体中，劳动者可以取得更大份额的价值增殖部分。资本收入的所有者与劳动力收入的所有者是统一的，从而克服了利润与工资的对抗性矛盾、供给与需求的对抗性，凭借劳动多少而取得收入的分化以及供给结构与需求结构的错位在政府的计划调节和宏观调控下都保持在一定范围内，从而保障了宏观经济的可持续发展。

在存在私有制经济的社会主义市场经济中，资本主义的经济规律也必将在一定程度上起作用。我们已经分析的，私有制经济具有自我增长的机制，这样资本主义的经济规律起作用的程度也将会越来越大。因此，在社会主义市场经济中对私有制经济的引导和调节是非常必要的。同时，对私有制经济的发展不是限制，而是应该大力发展公有制经济，保持公有制经济对私有经济的相对和绝对优势。保持社会主义宏观经济的可持续、健康、快速发展，就需要既“毫不动摇鼓励、支持、引导非公有制经济发展”，更要“毫不动摇巩固和发展公有制经济”。

马克思主义的资本主义宏观经济学研究

——高峰教授的学术贡献与学术影响

蒋雅文　孙寿涛　张彤玉

（南开大学）

一、学术理念和研究方法

（一）反思马克思主义传统和方法

高峰教授认同和肯定新中国成立以来形成的马克思主义传统和方法。他认为，长期以来，我国在政治经济学（包括资本主义政治经济学）的普及、教学和研究方面确实取得很大成绩，需要我们坚持和发扬。但也必须承认存在着一些亟待我们认真考虑和努力改进的严重问题。

第一，资本主义政治经济学的现实感不强，对现代资本主义经济中的许多重要现象缺乏解释力。长期以来，在资本主义政治经济学教学目的上，比较强调帮助学生正确理解政治经济学基本原理，理解马克思主义经典作家的有关著作，为以后的学习打下牢固基础，在这种思想指导下，教学内容偏重于自由竞争资本主义阶段，现代资本主义经济的分量较少。后来虽有所调整和改进，加强了对垄断资本主义经济的分析，但两部分仍未形成一个统一的理论体系，实际教学中大多还是分两个阶段来讲。学术研究上，多数人集中于对原著特别是《资本论》的注解，以及围绕原著有关内容在理解上不同所引发的一些争论，真正结合当代资本主义重大现实经济问题展开深入的理论研究的则相对较少。

第二，理论原理主要局限于经典作家的著作，没有充分吸收一百多年来马克思主义和现代经济学在理论上的重要发展。高峰教授认为，马克思主义经典作家，特别是马克思和列宁，关于资本主义经济的著作，都是紧密结合资本主义现实，大量吸收当时经济学发展的最新成果而写出的。但一百多年来世界资本主义经济发生了重大变化，在这一过程中，各国的马克思主义学者都在努力运用马克思主义的立场、观点和方法，研究变化了的实际情况，不断运用新的理论和方法来丰富马克思主义经济学，出现了一批具有理论深度和广泛影响的著作。如希法亭的《金融资本》、布哈林的《世界经济和帝国主义》和《帝国主义与资本积累》、斯威齐的《资本主义发展论》、巴兰的《增长的政治经济学》、巴兰和斯威齐的《垄断资本》、布雷弗曼的《劳动与垄断资本》、曼德尔的《晚期资本主义》、谢尔曼的《经济周期》、鲍尔斯等的《荒漠国土的未来》等。这些著作及其他论著中包含的理论观点和分析方法，其中许多已被历史实践证明是正确的，并对现实具有一定的解释力，但却未能进入我们的教科书和理论视野。至于西方学院派经济学许多有价值的理论和方法，更是被当作异端邪说而拒之门外。他认为，这是资本主义政治经济学在教学内容上显得既单薄又脱离实际的重要原因之一。

第三，理论分析上偏重传统的逻辑推理，缺乏全面系统的实证资料，也很少运用现代经济学的新的研究方法。高峰教授明确指出，长期以来，我们的资本主义政治经济学一直沿用《资本论》的理论结构，分析方法也基本上未能超越马克思时代的水平，主要采用的是一种逻辑推理的方法，而现代经济学普遍采用的模型分析、计量分析、统计分析等则很少体现。这使政治经济学与现代西方经济学相比在具体分析方法上显得很陈旧。《资本论》中的实证资料是极为丰富的，而我们的政治经济学教科书中的实证资料却大多零散或过时，缺乏系统而全面的统计分析，这也削弱了理论本身的现实感和说服力。

（二）力倡借鉴现代经济学研究的有益成果

第一，西方马克思主义经济学家的科学精神值得我们学习。高峰教授多次指出，在资本主义主流经济学占绝对统治地位的环境中，西方很多马克思主义学者坚持马克思主义的传统、立场和方法，很不容易。因为在西方的大学教马克思主义会受到一定的压力，左派力量仅在少数大学有一定影响。他们在研究上的科学精神突出表现在，他们既坚持马克思主义传统而又不拘泥于马克思的个别语句或结论。马克思主义思想史上，经济学家的思想非常丰富，大量的经济理论探讨是经济学家做出来的，这些探讨应该写入马克思主义经济思想史中。

第二，西方马克思主义经济学家探讨的问题本身具有重大现实意义。高峰教授指出，西方马克思主义经济学家对现实问题有较深入的研究，首先是对资本主义经济体系中一些重大经济问题的研究，包括发达国家和发展中国家。他们在对发达国家经济问题的研究中，力图探讨资本主义经济的内在规律，力图揭示资本主义经济中的问题和矛盾，包括资本主义市场经济，甚至是一般市场经济所固有的问题和矛盾，其中不乏很有深度的成果。比如美国马克思主义经济学家谢尔曼，20 世纪 80 年代中期就出版《宏观经济学》，对新古典主义、凯恩斯主义和马克思主义做比较研究；1990 年他出版专著《经济周期》，探讨资本主义经济周期的内在机制。这是国外马克思主义经济学著作中论述周期最深入的一本。

另外，对长波、对劳动过程、对企业的内部关系特别是管理层和工人的关系等，国外都有大量著作，研究得很深入，这些东西对我们绝对是有重要意义的。

第三，西方马克思主义经济学家的研究方法（设计变量）对我们很有帮助，值得借鉴。高峰教授指出，国外马克思主义经济学家大多是学西方经济学出身，了解和掌握西方经济学的研究方法。他们大都很优秀，有很强的社会责任感，学西方经济学觉得不能解释资本主义现实，才转向马克思主义。所以他们的研究方法比西方主流经济学更为严谨和科学，在进行理论探讨的同时非常重视实证分析、经验分析，而且灵活地运用到对资本主义经济关系的分析中。有些学者如鲍尔斯等，不仅对经济过程进行定量分析，还试图通过设计一些经济变量，对制度关系的变动进行定量分析。这对我们非常有借鉴意义。我们国内的论文，议论、推论较多，但怎样用事实来证明则很缺乏。

二、学术新见和学术影响

（一）资本积累理论的“制度—市场二元假说”

所谓制度和市场二元假说，意指由资本主义生产方式的基本矛盾所决定的资本积累过程中的基本矛盾——资本主义生产与资本主义制度、资本主义生产与资本主义市场的矛盾——所要解决的两个问题即制度问题和市场问题。资本积累过程的基本矛盾是资本主义经济发展与演变的直接推动力。任何长时期的资本积累缓慢与停滞，必然是资本主义的制度问题和市场问题空前尖锐化的时期。而长时期的资本迅速积累，则必须有资本主义制度的重大变革和世界市场的大规模开拓作为前提条件。资本主义经济的演变就是在这一矛盾运动中实现的。这一解释框架将资本主义生产方式的基本矛盾（生产力与生产关系的矛盾运动）具体化了：以技术革命为基础的社会化生产力发展到一定程度，既要求通过制度变革来突破制度约束，又要求通过扩大市场来摆脱市场约束；而制度变革和市场开拓则反过来促进资本主义经济的发展。正是在矛盾运动的反复中，资本主义实现了它的经济增长和经济演变。因此，与资本主义经济演变同时发生的世界市场的周期性扩大，不应简单视作推动资本主义经济发展的外生因素，单纯归因为某些偶然性事件。它在很大程度上是由资本主义制度变革推动的，因而对资本主义经济系统来说是内生的。

这一假说为资本积累机制的解释搭建了一个更为科学而全面的框架，与现有的两种重要的西方左派理论均有所不同。“垄断资本学派”（Monopoly Capital School）在正确分析现代资本主义垄断特征的同时，从资本生产的剩余不断增长而剩余吸收日益困难这个中心命题出发，把市场和实现问题提到首位。但它完全忽视资本主义制度变革的作用，而把资本主义经济从 19 世纪后期以来的几次长期迅速发展单纯归因于“ 划时代的发明”和“战争及其后果”等所谓“外部刺激”。这种解释显然缺乏说服力。而“社会积累结构学派”（SSA School）则正确强调了资本主义制度对资本积累的影响，深入分析资本主义制度结构的演变在萧条长波和扩张长波更替中的作用。但它没有把实现问题提到应有的高度，没有突出世界市场的结构性扩大是资本主义扩张长波的先决条件。这是其理论的一个重大缺陷。而“制度—市场”命题则弥合这两个学派的不足，对资本积累过程和资本主义经济的发展与演变提出一个更完全的理论解释。

（二）长波问题上的“新见”

1. 确立长波内在机制的“技术—制度—市场”三元解释框架

思想史上，对长波内在机制的不同解释形成三种影响较大的长波理论：一是熊彼特开创的技术创新的长波理论，主要强调一定时期重大技术创新群集的出现所带动的投资高涨，以及技术革命潜力用尽后所导致的投资衰落，是推动经济发生长期波动的基本原因。二是曼德尔构造的马克思主义的长波理论，认为由若干基本经济变量所制约的利润率的上升和下降，是导致经济长期波动的主要力量。同时他强调促使经济转入长波下降阶段的经济因素是内生的，但经济转入长波上升阶段必须依赖外生因素的推动。三是“社会积累结构学派”的长波理论，强调有利于资本积累的特定制度环境（即社会积累结构，SSA）的形成和衰败在经济长期波动中的决定性作用，认为特定社会积累结构的形成和衰败都是内生的经济过程，与不同社会积累结构的更替相伴随的是相继的长波，并形成资本主义发展的不同阶段。这个学派也受到马克思主义传统的深刻影响。

高峰教授认为，三种长波理论所着眼的重点显然不同：技术创新理论强调技术变量，曼德尔的理论强调以利润率为中心的经济变量，“社会积累结构”学派强调制度变量。在他看来，这三种不同解释，与其说互相对立，不如说互相补充。这一点已被无数实证分析所证明。因此，应把投资或资本积累增长速度的变化置于长波分析的中心地位。由此不难看出，上述三类变量均与投资率的长期变化直接相关。具体言之，长波上升时期较高的投资率和资本积累率的形成至少需要四个条件：一是来自上升的利润率和由此而产生的乐观的利润预期所形成的强大的投资动力。二是旺盛的投资需求，这来自技术革命和创新群集所形成的一系列新的生产部门，以及技术革命所推动的传统生产部门深刻的技术改造。三是有利的投资环境即特定制度条件，这意味着制度结构的某些重大变化，这是任何长时期的投资高涨所必需的。四是投资的市场需求。较高的积累率要求国内外市场扩大，以满足巨额投资所生产的大量产品的实现条件。这些产品如果不能被市场消化而实现其价值，资本家就不能获得利润并维持较高的投资率。上述三种理论对这一点虽有涉及但并未突出强调。反过来看，长波下降阶段较低的投资率和资本积累率，则是由于投资动力、投资的物质基础、有利的投资环境以及市场需求这四个基本条件的缺乏。因此，经济长波的内在机制，并非取决于上述三种理论所分别强调的单一因素，而是由社会经济生活中与投资直接相关的多种基本因素共同决定的，我们可以以积累率为中心，围绕“技术—制度—市场”三个方面来观察长波的基本特征。

2. 明确第四次长波的下降阶段和第五次长波的存在

基于“技术—制度—市场”三元框架和严格的实证分析，高峰教授认为，在20世纪50—60年代的经济繁荣（即第四次长波的上升阶段）以后，美国经济增长并非处于持续的下降趋势，而是经历了一个新的长期波动。经过1973年到1982年大约10年的增长率减速（第四次长波的下降阶段），从20世纪80年代早期开始了新的增长加速时期，直到2008年金融危机爆发。从20世纪80年代开始的经济增长重新加速，应看作是进入了一次新的长波上升阶段（即第五次长波的上升阶段）。正是80年代开始的信息技术革命（技术）、新自由主义倾向的制度调整（制度）和经济全球化（市场），推动了资本主义国家的这次重大结构转换，使之进入新的长波上升阶段。2008年发生的金融危机形成此次长波的转折点，开启了长波的下降阶段。这种转折的必然性在于有利于扩张长波的各种因素逐渐向不利于积累的方向转化。正是此次扩张长波及其特征，决定了2008年的全球性金融危机并非一次单纯的周期性经济危机或一般的金融危机，而是一次形成长波转折点、开启萧条长波阶段的结构性大危机。一些西方左派学者将其称为“大衰退”（The Great Recession），而与单纯周期性的衰退或危机相区别。

3. 辩证预测资本主义经济的未来趋势

高峰教授预测，从美国等发达国家结构性矛盾的缓慢调整观察，此次萧条长波可能还要延续一个时期，具体年份难以预测。当然不论时间长短，资本主义经济也不会永远处于衰退或萧条状态。随着第四次工业革命高潮兴起，对资本积累相对有利的制度结构逐渐形成，全球市场进一步扩大，一个新的长波上升时期终将到来。技术基础方面，工业革命的逐渐发展是肯定的，但制度结构的调整目前看来还具有较大的不确定性。以中国为代表的新兴市场经济体正在迅速壮大，其他一些第三世界国家也在逐渐发展。发达资本主义国家今天比过去任何时候都更依赖国外市场。而新兴工业化经济体和发展中国家的经济增长和市场扩展，有可能为发达资本主义国家转入一次新的扩张长波提供有利的市场条件。

马克思恩格斯关税思想及时代意义

伍抱一[①]　伍山林[②]

（上海财经大学）

恩格斯关注关税问题比马克思要略早一些，马克思说关于自由贸易与保护关税的辩论，是促使他研究经济问题的最初动因。[③] 后来，他们针对关税问题发表了一系列重要观点，成为马克思主义国际贸易理论的重要组成部分。对此，我们必须做出系统梳理、深刻分析并且开发其时代意义。在美国本届政府因战略焦虑而对中国发动和升级贸易战的当下，这项工作尤其显得迫切。

一、马克思恩格斯研究关税问题的基本视野

在马克思恩格斯那个时代，关税尽管只是一种由议会或政府制定的并且由海关针对进（出）口商品征收的间接税，但是通过价格机制，它会对社会政治经济诸多方面产生复杂影响，每逢关税制度变迁和存废总会引发激烈争论。在那个时代，在工业内部，既存在机器大工业生产方式，同时也存在家庭或作坊式手工生产方式；在一国内部，既存在工人与资本家两个对立阶级，同时也存在土地所有者和农业生产者等其他阶级；在国际社会，既有像英国那样的发达资本主义国家，同时也有诸多不发达资本主义国家，还有大量殖民地（国家）。地理大发现后，国际贸易快速发展，大国竞逐成为国际关系的主旋律。在上述社会经济和国际关系背景下，关税由于牵涉各种各样的利益而成为一个绕不开的话题。不仅如此，作为一种战略工具，无论重商主义时代还是马克思恩格斯所处时代，关税在国家竞争中都扮演了重要角色。

马克思恩格斯正是在这样的历史时空下对关税政策演变及其影响做出历史唯物主义分析的。上述基本视野同时也决定了，他们研究关税问题的时候，又是自觉地遵循（国际）

---

① 伍抱一，上海财经大学马克思主义学院博士研究生。

② 伍山林，上海财经大学经济学院教授、博士生导师。本文受国家社会科学基金项目“2017BJL021”资助。

③ 《马克思恩格斯全集》第13卷，人民出版社，1965年版，第7－8页。

政治经济学逻辑的。他们主要关注的问题是：关税制度变迁对各个阶级的利益特别是社会革命的前途会产生怎样的影响；关税制度对一个国家的产业发展和自由竞争将具有怎样的作用；关税政策选择与经济发展阶段究竟具有怎样的联系；关税作为一种战略工具在国家竞争中究竟扮演了怎样的角色。

二、马克思恩格斯研究关税问题的动态特征

其实，马克思恩格斯发表关税思想的节奏，与英美两国关税政策演变的节奏具有很高的一致性。从图1我们可以发现两个重要特征：第一，马克思恩格斯对关税问题的论述，几乎贯穿于他们理论研究和革命生涯的整个时期。对马克思而言，关税政策辩论促使他研究经济学；对恩格斯而言，至去世之前几年仍在关注关税问题。第二，就发表关税思想的主要时段而言，马克思仅一个，即1845年至1863年；而恩格斯有两个，即1845年至1853年和1877年至1893年。在1845年至1853年，马克思和恩格斯都对关税问题感兴趣。

从图1可见，在第一时段，他们述及"关税"概念最多的年份是1847年。是年，刚好是英国关税（贸易）政策发生历史性转折也即废除《谷物法》之后的一年，他们论述颇多并且留下了许多经典名篇，如恩格斯的《保护关税制度还是自由贸易制度》和马克思的《保护关税学派、自由贸易派和工人阶级》；在第二时段，恩格斯述及"关税"概念最多的是1888年。是年，应美国出版商之邀，恩格斯校订了马克思《关于自由贸易的演说》在美国出版的英译本并且为其作序，留下了经典名篇如《保护关税制度和自由贸易》。

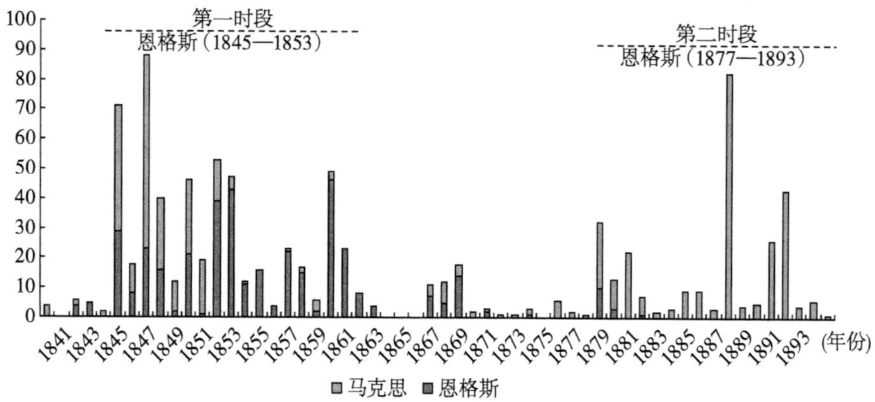

图1　马克思恩格斯研究关税问题的动态特征

三、马克思恩格斯关税思想的主要内容

(一) 保护关税政策对产业间和产业内竞争的影响

先来看存在多个产业部门时的“无穷螺旋”机制。对制造业进行关税保护可同时让农业和商业受惠，这种“产业和谐说”源自汉密尔顿并经凯里发扬和斯图尔特阐释之后，在美国得到了很高认同。但是，恩格斯把关税作为一种可通过政治过程加以利用的工具，认为不同行业的资本家将为提高自身产品的进口关税而竞相竞争。他以美国为例说：“保护关税制度再好也不过是一种无穷螺旋，你永远不会知道什么时候才会把它转到头。你保护一个工业部门，同时也就直接或间接地损害了其他一切工业部门，因此你就必须把它们也保护起来。……这样继续下去，ininfinitum（没有尽头）。美国在这方面为我们提供了怎样用保护关税制度扼杀一个重要工业部门的令人吃惊的例子。”这种机制的存在，使得在实行关税保护制度的国家，由于利益集团你争我夺而泛滥着激烈的政治角力。例如，在美国，“莫里尔关税法案”是从内战前较低关税走向战后长期高关税的分水岭，它是在新英格兰纺织集团和大西洋中部沿岸各州钢铁集团的联手操控之下取得的“成果”。

再来看对单个部门进行关税保护而产生的对国内自由竞争的促进作用。对此，马克思提出了“竞争促进说”。他在《关于自由贸易的演说》中说：“保护关税制度不过是在某个国家建立大工业的手段，也就是使这个国家依赖于世界市场，但自从对世界市场有了依赖性以来，对自由贸易也就有了或多或少的依赖性。此外，保护关税制度也促进了国内自由竞争的发展。因此，我们看到，在资产阶级开始以一个阶级自居的那些国家里（例如在德国），资产阶级便竭力争取保护关税。保护关税成了它反对封建主义和专制主义的武器，是它聚集自己的力量和实现国内自由贸易的手段。”在他看来，后发经济体若想建立自己的大工业，是可采用关税保护手段的。若如此，国内市场需求就可由国内企业来满足，这使国内自由竞争不仅成为可能，而且得到促进。美国内战结束后半个多世纪里为此提供了绝好的例子。这段时期，美国是西方关税保护的坚固堡垒，又出现了第二次工业革命，工业飞速发展，至 1894 年即超越英国而成为世界第一。参照恩格斯针对英国的讲法，我们可以这样说：美国现代工业体系，是在保护关税制度的卵翼之下于 19 世纪最后 30 多年中在美国发展起来的。

(二) 关税政策的发展阶段适应性

马克思恩格斯认为，保护关税尽管能使本国市场免遭外国资本侵蚀，但有限的国内市场终归会满足不了资本的贪欲，从而使保护关税制度“变成不能忍受的镣铐”。这就提示

保护关税政策有其阶段适应性。

首先，在一定时间内可采用关税制度保护幼稚产业。他们认为保护关税制度对后进国家及资产阶级是有益的。“保护关税制度不仅可以有益于还在继续同封建制度作斗争的尚未充分发展的资产阶级，而且也可以有益于像美国这样一个国家……的新兴资产阶级。”马克思认为1813年英国迫使印度取消贸易障碍将毁灭其棉织业。印度、爱尔兰那样的国家争取独立后，必须通过保护关税政策发展工业以免沦为附庸。1867年11月30日马克思在给恩格斯的信中说，1801年与英国合并摧毁了爱尔兰议会此前建立的保护关税制度，其工业生命随之被摧毁了。如果爱尔兰独立，也应变成关税保护派，像加拿大和澳大利亚等国那样实行保护关税制度。对于德国，恩格斯在《德国的制宪问题》中认为，德国不应被英国当时鼓吹的自由贸易所迷惑，而要采取保护关税政策建立工业体系。他说，在德国，“如果不规定出一套完整的保护关税办法，工场手工业就经不住英国机器的竞争，而所有到现在为止还靠工场手工业谋生的那些资产者、小资产者、工人也都要遭殃”。

其次，保护关税制度可使后发国家抓住赶超先进国家的机会。恩格斯说，在美国有必要实行短期保护关税政策。美国人口众多，市场潜力巨大，在煤炭、水力、铁矿和其他矿藏、廉价食品、本国棉花和其他各种原料方面条件优越，这不仅有利于发展国内工业，而且可形成国内经济大循环，唯一不足是生产技术尚较落后。因此，要想短期内实现工业赶超，只有实行保护关税制度。他说：“如果美国要成为一个工业国，如果它有一切希望不仅赶上而且超过自己的竞争者，那么在它面前就敞开着两条道路：或者是实行自由贸易，进行比如说五十年的费用极大的竞争斗争来反对领先于美国工业约一百年的英国工业；或者是用保护关税在比如说二十五年中堵住英国工业品的来路，几乎有绝对把握地坚信，二十五年以后自己就能够在自由的世界市场上占有一个地位。”借此美国工业就可“花特别快车的钱，以特别快车的速度前进”。

四、马克思恩格斯关税思想的时代意义

“二战”结束之前半个世纪，关税政策大幅波动；“二战”结束之后，在自由贸易趋势下，保护贸易政策也得到了发展：主要是除关税壁垒外，非关税壁垒成为新的限制性政策。2008年金融危机以来，发达资本主义国家板块性下沉，其中美国保住了原来的经济份额。但是，作为唯一的霸权国家，美国并不满足于这样的状况。面对中国快速崛起，美国近年产生了战略焦虑。特别是特朗普执政以来，以“美国优先”为指引，“逆全球化”而行，主要以关税为武器对中国等发动规模空前的贸易战。对此，马克思恩格斯关税思想（包含在全球化思想中）可给我们很多启迪。

（一）美国政府升级贸易战势必恶化其国内矛盾

美国政府发动和升级对华贸易战的目的是延缓中国追赶步伐。在酝酿期和发动贸易战的初期，美国政府认为很容易取胜。这既低估了中国的反制意志和反制能力，也低估了贸易战对自身的伤害。

（二）美国政府升级贸易战不可能提升其国家竞争力

根据马克思恩格斯将关税作为国家竞争战略工具看待的思想，可以预期美国政府对华发动和升级贸易战不可能提升国家竞争力。英国在18世纪中期之前和美国在第一次世界大战之前通过关税保护政策之所以能够促进经济崛起，是有特定的历史条件做基础的。但是，在经济全球化大趋势下，在国际社会对贸易政策持有基本共识并且依托WTO机制加以实施的当下，由于其面对的对手是经济上快速增长、体量庞大、韧性十足的社会主义中国，美国不可能借此提升国家竞争力。

（三）中国经济富有韧性是从容应对贸易战的坚实基础

经过改革开放之后40多年的发展，现在中国经济已经具有其他国家无可比拟的韧性。众多的人口、庞大的规模、巨大的差别、完备的产业等特点，使得面对包括贸易战在内的任何外部冲击等，在中国都可以得到有效缓冲并且从中觅得机遇。①就地区差别来说，在省（或直辖市）级水平上，中国东部沿海不少地区已经进入了发达经济体行列，尽管中西部部分省区依然处于比较落后的状态。这种巨大的地区差别使得中国国内经济可以实现内部良性循环，其发展具有自生可持续性。②中国产业结构完整，工业门类全球最齐备，拥有联合国工业产业划分中的各个细分门类。这就使得：在国内生产产品具有成本优势，不少产品在高关税政策下在美国市场仍然具有竞争力。尽管美国战略性地放弃了很多低附加值和中低端产品的生产，相应地在诸多高附加值和高端产品（航天、军工、飞机、电子、计算机、汽车等）上具有竞争优势，但是中国通过自力更生和自主研发在不少方面已经打下一定基础，有些方面甚至已经具有了竞争优势。因此，当美国政府采用加征关税的方式对中国发动和升级贸易战的时候，中国产业链不会全面瘫痪，尽管在某些局部会出现不适应。

（四）中国需要进一步认识贸易战的长期性和多变性

美国对华发动和不断升级贸易战是有其特别的战略考虑的，即为了维护霸权地位而将关税作为主要手段，实施其惯用的“打老二”战略。因此，对于贸易战，中国需要充分认识它的长期性和多变性。①长期性指的是，对美国而言，其战略目标是维护霸权地位，这是不可能轻易改变的；美国已将中国视为最重要战略竞争对手和最大修正主义国家，这也是不会轻易改变的，因为人口大国和经济高增长大国即印度的国力离美国尚且遥远，军事强国俄罗斯受经济体量的限制，欧洲诸强需要维持内部均势并且美国通过北约可以对它们实施较有效的管控，唯有中国（对美而言）既是意识形态异质的人口大国，又是经济体量庞大的快速发展国家。这就注定了美国会将中国作为长期战略竞争对手来看待。②多变性指的是，由于中国不可能被美国击垮，美国很可能不断放弃旧战场，同时开辟新战场，以干扰和延缓中国崛起步伐。因此，在贸易战过程中，必然同时夹杂着科技战和金融战等（贸易战、科技战和金融战何者为主也是可转化的），并且在安全等方面会实施骚扰，牵扯和分散中国的战略注意力。

基于劳动价值论的利率决定理论和货币政策

冯金华[①]

（上海财经大学）

一、引言

本文通过把传统政治经济学中主要涉及单一时期的价值规律推广到“不同时期”，从而建立起基于劳动价值论的利率决定理论和货币政策。其中，价值规律的第一个基本内容，即劳动决定价值，拓展为“在任意一个时期中，整个经济生产的所有商品的价值总量都等于该时期中生产这些商品所耗费的劳动总量”；第二个基本内容，即等价交换，拓展为“不仅在任意一个时期，商品与商品以及商品与货币的交换都按照价值量相等的原则进行，而且在任意不同的时期，商品与货币以及货币与货币的交换也按照价值量相等的原则进行”。

二、等价交换、货币价值和利率

设“今天”的名义年利率为5%，则今天贷出1元钱，明年的今天就可收回1+5%元钱。这可以看成是今天的1元钱与一年之后的1+5%元钱之间的一个“交换”，即：

今天的1元钱↔一年之后的1+5%元钱

这里，“↔”表示“交换”。

更一般的，设从t时期到$t+1$时期的名义利率（简称“t时期的利率”或“利率”）为r，则在t时期借出1元钱，到$t+1$时期就可以收回$1+r$元钱。这可以看成是t时期的1元钱与$t+1$时期的$1+r$元钱之间的一个“交换”，即：

t时期的1元钱↔$t+1$时期的$1+r$元钱

---

① 基金项目：国家社会科学基金一般项目“一般均衡价格与价值研究”（批准号：15BJL007）。

作者简介：冯金华，上海财经大学马克思主义学院。

于是，不同时期的货币之间通过利率建立起了联系。

若假定上述从 t 时期到 $t+1$ 时期的“交换”是“等价”的（这便是从同一个时期的等价交换到不同时期的等价交换的推广），即 t 时期 1 元钱的价值和 $t+1$ 时期 $1+r$ 元钱的价值恰好相等，则有：

t 时期 1 元钱的价值 $=$ $t+1$ 时期 $1+r$ 元钱的价值

若用 λ_{gt} 表示 t 时期 1 元钱（即单位货币）的价值，λ_{gt+1} 表示 $t+1$ 时期 1 元钱（亦为单位货币）的价值，则 $(1+r)\lambda_{gt+1}$ 就表示 $t+1$ 时期 $1+r$ 元钱的价值。它在等价交换的条件下，恰好等于 t 时期 1 元钱的价值 λ_{gt}，即有：

$$\lambda_{gt} = (1+r)\lambda_{gt+1} \tag{1}$$

容易看到，满足式（1）的利率 r 就是所谓的“自然利息率”，因为它确实是由供求关系决定的市场利息率所围绕着变化的“中心”。

例如，设一开始时，市场利息率（用 i 表示）等于自然利息率。如果现在让市场利息率下降到自然利息率之下，即令 $i<r$，则根据式（1）就有：

$$\lambda_{gt} > (1+i)\lambda_{gt+1}$$

这意味着，t 时期 1 元钱的价值大于 $t+1$ 时期 $1+i$ 元钱的价值，从而，在 t 时期按较低的（即低于自然利息率的）市场利息率 i 贷款出去会遭受损失，而借钱进来则有利可图。于是，t 时期用于借贷的货币供给将小于货币需求，从而，在竞争的作用下，市场利息率将从原来较低的水平上上升，一直上升到等于自然利息率 r 的水平时为止。

反过来，如果让市场利息率提高到自然利息率之上，即令 $i>r$，则根据式（1）又有：

$$\lambda_{gt} < (1+i)\lambda_{gt+1}$$

这意味着，t 时期 1 元钱的价值小于 $t+1$ 时期 $1+i$ 元钱的价值，从而，在 t 时期按较高的（即高于自然利息率的）市场利息率 i 贷款出去有利可图，而借钱进来则会遭受损失。于是，t 时期用于借贷的货币供给将大于货币需求，从而，在竞争的作用下，市场利息率将从原来较高的水平上下降，一直下降到等于自然利息率 r 的水平时为止。

此外也可看到，式（1）中的 $1+r$，即“1＋自然利息率”，就是用 $t+1$ 时期的货币来表示的 t 时期货币的价格（简称“t 时期的货币价格”或“货币价格”），反映了 t 时期 1 单位货币在 $t+1$ 时期值多少钱。

尽管从任意一个时期到另外一个时期的货币价格和利率的“大小”并不完全相同，因为两者相差一个常数“1”，但它们的“变动”却是完全一样的。例如，设从 t 到 $t+1$ 时期的货币价格为 ρ，则有 $\rho=1+r$。两边微分得到 $d\rho=dr$。这意味着，货币价格和利率在变化方向和变化程度上并无二致，即它们总是以同样的程度上升或下降。因此，我们完全可以用利率的变化来说明货币价格的变化，或者相反，用货币价格的变化来说明利率的变化。

如果由式（1）解出其中的货币价格，则可以得到：

$$\rho = 1 + r = \frac{\lambda_{gt}}{\lambda_{gt+1}}$$

从这里可以看到，如同普通商品的价格是其价值的表现形式一样，货币的价格（从而利率）也是相应价值的表现形式。说得更加具体一点就是：任意一个时期相对于另外一个时期的货币价格就是这一时期的货币价值相对于另外一个时期的货币价值的表现形式。

式（1）的最重要之处是由它立刻可以解得自然利息率（以下都简称“利率”）如下：

$$r = \frac{\lambda_{gt} - \lambda_{gt+1}}{\lambda_{gt+1}} \tag{2}$$

于是，如果已知 t 和 $t+1$ 时期的货币价值，就可以根据式（2）确定从 t 到 $t+1$ 时期的利率。换句话说，从任意一个当前时期到某个未来时期的利率既要取决于“现在”的因而可以“知道”的货币价值，也要取决于“以后”的因而必须“预期”的货币价值。具体来说就是：任意一个当前时期到某个未来时期的利率随当前时期货币价值的上升而上升，随未来时期货币价值的上升而下降。特别是，当两个时期的货币价值趋于相同（这意味着货币价值趋于保持不变）时，利率趋于0，而当未来时期的货币价值趋于0时，利率趋于无穷大。

严格而论，关于利率决定的式（2）只适用于 $\lambda_{gt} \geqslant \lambda_{gt+1}$，即货币价值不随时间而递增的场合。如果 $\lambda_{gt} < \lambda_{gt+1}$，即货币价值递增，则根据式（2），利率就会小于0。但一般而言，利率不可能为负数——除非持有货币的行为会给货币所有者带来损失。如果借钱给别人不仅不能得到报酬反而还会遭受损失，那就不会有人把钱借出去——因为避免负利率损失的最好办法就是把钱保留在自己身边。在这种情况下，等价交换的式（1）就不再成立。这意味着，此时的利率实际上等于0。于是，完整的利率决定公式应当分为如下两种情况：

$$r = \begin{cases} \dfrac{\lambda_{gt} - \lambda_{gt+1}}{\lambda_{gt+1}} & \lambda_{gt} \geqslant \lambda_{gt+1} \\ 0 & \lambda_{gt} < \lambda_{gt+1} \end{cases}$$

由于当货币价值递增或不变时，利率总是等于0（货币价格总是等于1），故我们下面主要讨论货币价值递减的情况。换句话说，我们下面对利率的讨论总是基于式（2），且总是假定有 $\lambda_{gt} > \lambda_{gt+1}$。

从式（2）可以看到，利率的大小完全取决于货币价值的衰减程度。为了更加清楚地表示这一点，我们把该式重新写为：

$$r = -\frac{\lambda_{gt+1} - \lambda_{gt}}{\lambda_{gt}} \times \frac{\lambda_{gt}}{\lambda_{gt+1}}$$

或者

$$r = g_{\lambda g}(1 + r)$$

其中，等号右边的 $(\lambda_{gt+1} - \lambda_{gt})/\lambda_{gt}$ 是从 t 到 $t+1$ 时期的货币价值的“增长率”，其相反数，即 $g_{\lambda g} = -(\lambda_{gt+1} - \lambda_{gt})/\lambda_{gt}$，则可称为相应时期货币价值的“衰减率”。由此可以得到利率决定的另外一种表达式：

$$r = \frac{g_{\lambda g}}{1 - g_{\lambda g}} \tag{3}$$

换句话说，当前时期（到未来时期）的利率完全取决于未来时期（相对于当前时期）的货币价值衰减率：它等于货币价值的衰减率除以 1 - 货币价值的衰减率，从而，随货币价值衰减率的上升而上升。

容易知道，货币价值的衰减率总是大于 0 而小于 1 的，即总有 $0 < g_{\lambda g} < 1$。这是因为，由货币价值衰减率的定义我们有：

$$1 - g_{\lambda g} = \frac{\lambda_{gt+1}}{\lambda_{gt}}$$

由于在上式中 λ_{gt} 和 λ_{gt+1} 都大于 0，且根据假定又有 $\lambda_{gt+1} < \lambda_{gt}$，故必有 $0 < \lambda_{gt+1}/\lambda_{gt} < 1$，从而有 $0 < 1 - g_{\lambda g} < 1$，亦即 $0 < g_{\lambda g} < 1$。

由式（3）以及 $0 < g_{\lambda g} < 1$ 可知，作为货币价值衰减率的函数的利率具有如下三个特点：

第一，利率随货币价值衰减率的上升而上升，或者说，利率与货币价值衰减率的变化方向相同。这是因为根据式（3），利率对货币价值衰减率的一阶导数总大于 0，即：

$$\frac{dr}{dg_{\lambda g}} = \frac{1}{(1 - g_{\lambda g})^2} > 0$$

第二，利率随货币价值衰减率的上升而递增上升。这同样是因为，根据式（3），利率对货币价值衰减率的二阶导数亦总是大于 0，即：

$$\frac{d^2 r}{dg_{\lambda g}^2} = \frac{2}{(1 - g_{\lambda g})^3} > 0$$

第三，当货币价值的衰减率趋向于 1 时，利率趋向于无穷大，即当 $g_{\lambda g} \to 1$ 时有 $r \to \infty$。这里需要注意，货币价值衰减率趋向于 1，相当于 $t+1$ 时期的货币价值 λ_{gt+1} 趋向于 0，而如果 λ_{gt+1} 趋向于 0，则没有人会将钱借出，除非利率为无穷大。

三、劳动总量、价格总量和利率

我们已经知道，任意一个时期到另外一个时期的利率等于这前后两个时期的货币价值之差除以后一个时期的货币价值。因此，为了更进一步地理解利率究竟是如何决定的，就需要研究货币价值是如何决定的。

为此，我们设在任意一个时期中任意一种商品与货币的交换也是“等价”的（冯金华，2013）。例如，我们用 λ_{it} 和 p_{it} 分别表示 t 时期商品 i 的单位价值和价格，则就有：

$$\lambda_{it} = p_{it}\lambda_{gt}$$

即任意一个时期任意一种商品的价值等于用该商品交换到的全部货币的价值。上式两边同时乘以商品 i 的产量后得到：

$$\lambda_{it}q_{it} = p_{it}q_{it}\lambda_{gt}$$

如果在 t 时期整个社会生产 n_t 种商品，则像上面的等式就总共有 n_t 个，将所有这些等式相加后有：

$$\sum_{i=1}^{n_t}\lambda_{it}q_{it} = \sum_{i=1}^{n_t}p_{it}q_{it}\lambda_{gt}$$

由此可以解得：

$$\lambda_{gt} = \sum_{i=1}^{n_t}\lambda_{it}q_{it}/\sum_{i=1}^{n_t}p_{it}q_{it}$$

最后，由于在任意一个时期中，整个社会生产的全部商品的价值总量应当等于生产这些商品所消耗掉的劳动总量，即有 $\sum_{i=1}^{n_t}\lambda_{it}q_{it} = L_t$，其中，$L_t$ 表示 t 时期的劳动总量，故上式最终可以写为：

$$\lambda_{gt} = \frac{L_t}{\sum_{i=1}^{n_t}p_{it}q_{it}}$$

类似的，若设 $t+1$ 时期的劳动总量为 L_{t+1}，所生产的商品种类为 n_{t+1}，则由该时期中商品与货币之间的等价交换，亦可以得到相应时期货币价值的表达式：

$$\lambda_{gt+1} = \frac{L_{t+1}}{\sum_{j=1}^{n_{t+1}}p_{jt+1}q_{jt+1}}$$

若用 P_t 和 P_{t+1} 分别表示 t 和 $t+1$ 时期全部商品的价格和产量的乘积之和（简称“价格总量”），即令：

$$P_t = \sum_{i=1}^{n_t}p_{it}q_{it} \text{ 和 } P_{t+1} = \sum_{j=1}^{n_{t+1}}p_{jt+1}q_{jt+1}$$

则 t 和 $t+1$ 时期的货币价值可以更加简洁地表示为：

$$\lambda_{gt} = \frac{L_t}{P_t} \text{和} \lambda_{gt+1} = \frac{L_{t+1}}{P_{t+1}}$$

根据以上这两个式子，可以更加综合地表示任意一个时期货币价值的变化规律，即它与劳动总量成正比，与价格总量成反比。

最后，将决定 t 和 $t+1$ 时期货币价值的上述两个简洁公式代入式（2）得到：

$$r = \frac{L_t/P_t - L_{t+1}/P_{t+1}}{L_{t+1}/P_{t+1}} \tag{4}$$

由式（4）可见，任意一个时期 t 到另外一个时期 $t+1$ 的利率 r 由四个因素决定：第一，它随 t 时期劳动总量 L_t 的增加而上升——L_t 增加先导致 λ_{gt} 增加，再导致 r 上升；第二，它随 $t+1$ 时期劳动总量 L_{t+1} 的增加而下降——L_{t+1} 增加先导致 λ_{gt+1} 增加，再导致 r 下降；第三，它随 t 时期价格总量 P_t 的上升而下降——P_t 上升先意味着 λ_{gt} 下降，再导致 r 下降；第四，它随 $t+1$ 时期价格总量 P_{t+1} 的上升而上升——P_{t+1} 上升先意味着 λ_{gt+1} 下降，再导致 r 上升。或简言之，任意一个时期到另外一个时期的利率随前一时期劳动总量和后一时期价格总量的增加而增加，随前一时期价格总量和后一时期劳动总量的增加而减少。

在上面的四条性质中，第一条和第二条又可以综合为：t 到 $t+1$ 时期的利率随 t 时期和 $t+1$ 时期的劳动总量之比 L_t/L_{t+1} 的增加而上升，随 t 时期和 $t+1$ 时期的价格总量之比 P_t/P_{t+1} 的增加而下降。

由于任意一个时期的所有商品的价格总量又随这一时期商品的数量、价格和种类的增加而上升，故上述第三条和第四条性质又可以更加具体地展开为：t 到 $t+1$ 时期的利率随 t 时期任意一种商品的价格 p_{it} 、产量 q_{it} 和所有商品的种类 n_t 的增加而下降，随 $t+1$ 时期任意一种商品的价格 p_{jt+1} 、产量 q_{jt+1} 和所有商品种类 n_{t+1} 的增加而上升。特别是，它随 t 时期新产品的产生（旧产品的退出）而下降，随 $t+1$ 时期新产品的产生（旧产品的退出）而上升。

式（4）中的利率是由劳动总量和价格总量表示的。它也可以用劳动总量和价格总量的增长率来表示。为此，我们把它等价地写成：

$$r = \frac{P_{t+1}/P_t - L_{t+1}/L_t}{L_{t+1}/L_t}$$

由于在上式右边的分子中，第一项为：

$$\frac{P_{t+1}}{P_t} = 1 + \frac{P_{t+1} - P_t}{P_t} = 1 + g_P$$

第二项为：

$$\frac{L_{t+1}}{L_t} = 1 + \frac{L_{t+1} - L_t}{L_t} = 1 + g_L$$

其中，$g_P = (P_{t+1} - P_t)/P_t$ 和 $g_L = (L_{t+1} - L_t)/L_t$ 分别是 $t+1$ 时期（相对于 t 时期）的价格总量增长率和劳动总量增长率，故利率完全可由这两个增长率来决定，即有：

$$r = \frac{g_P - g_L}{1 + g_L} \tag{5}$$

由此可见，任意一个时期（到另外一个时期）的利率等于后一个时期（相对于前一个时期）的价格总量和劳动总量的增长率之差除以“1+劳动总量的增长率”。于是，利率随价格总量增长率的上升而上升——价格总量增长率上升意味着未来价格总量相对于当前价格总量上升，这又意味着，未来的货币价值相对于当前货币价值下降，结果导致利率上升；随劳动总量增长率的上升而下降——劳动总量增长率上升意味着，未来劳动总量相对于当前劳动总量上升，这又意味着，未来的货币价值相对于当前货币价值上升，结果导致利率下降。

式（4）还可以用一个更加综合和容易理解的方式来表达。为此，我们把它等价地写成：

$$r = \frac{P_{t+1}/L_{t+1} - P_t/L_t}{P_t/L_t}$$

其中，等号右边的 P_t/L_t 和 P_{t+1}/L_{t+1} 分别是 t 和 $t+1$ 时期按社会劳动总量来平均的收益（简称“劳动的平均收益”），而整个右边，即 $(P_{t+1}/L_{t+1} - P_t/L_t)/(P_t/L_t)$，恰好是 $t+1$ 时期（相对于 t 时期）的劳动平均收益的增长率（用 $g_{P/L}$ 表示）。于是，t 时期（到 $t+1$ 时期）的利率就等于 $t+1$ 时期（相对于 t 时期）的劳动平均收益的增长率，即有：

$$r = g_{P/L} \tag{6}$$

由于一般来说，劳动的平均收益总是不断地在增长，即劳动平均收益的增长率总大于0，故相应的，利率也大于0。

将式（5）和式（6）联立起来，可以看到劳动平均收益增长率与劳动总量和价格总量增长率之间的关系，即：

$$g_{P/L} = \frac{g_P - g_L}{1 + g_L} \tag{7}$$

借助式（6）和式（5），还可以用劳动总量和价格总量的增长率或劳动平均收益的增长率来表示货币价值的衰减率（见式（3））。例如，将式（5）代入式（3）可以得到：

$$g_{\lambda g} = \frac{g_P - g_L}{1 + g_P}$$

于是，货币价值的衰减率等于价格总量和劳动总量的增长率之差除以“1+价格总量的增长率”，从而，与价格总量增长率的变化方向相同，与劳动总量增长率的变化方向相反。

四、小结

通过把价值规律从单一时期推广到不同时期，能够很好地发展出一个基于劳动价值论的利率决定理论。

首先，根据不同时期的等价交换和劳动决定价值的假定，任意一个时期到另外一个时期的利率等于这前后两个时期的货币价值之差除以后一个时期的货币价值，从而，随前一时期货币价值的上升而上升，随后一时期货币价值的上升而下降；或者说，任意一个时期（到另外一个时期）的利率等于后一个时期（相对于前一个时期）的货币价值衰减率除以“1 - 货币价值衰减率”，从而，随货币价值衰减率的上升而上升。

其次，由于在任意一个时期中，货币价值都等于该时期整个社会的全部劳动总量除以用这些劳动总量生产的所有商品的价格总量，故利率与货币价值的关系又可以进一步用劳动总量和价格总量来表示，即任意一个时期到另外一个时期的利率随前一时期劳动总量的增加而上升，随后一时期劳动总量的增加而下降，随前一时期商品的价格、产量和种类的增加而下降，随后一时期商品的价格、产量和种类的增加而上升。或者更加综合地说，随前一时期劳动总量和后一时期价格总量的上升而上升，随前一时期价格总量和后一时期劳动总量的上升而下降。用“增长率”的术语来表示则有：任意一个时期（到另一个时期）的利率等于后一时期（相对于前一时期）的价格总量和劳动总量的增长率之差除以“1 + 劳动总量的增长率”，从而，随价格总量增长率的上升而上升，随劳动总量增长率的上升而下降；或者，等于后一时期（相对于前一时期）的劳动平均收益的增长率，从而，随劳动平均收益增长率的上升而上升。

《反杜林论》中的马克思恩格斯之学术关系及其启示[①]

——兼论特雷尔·卡弗的《马克思恩格斯：学术思想关系》

王志林　刘金鹏

（中南民族大学）

本文将以恩格斯的《反杜林论》这部著作为例，从恩格斯创作的起因、马克思是如何协助恩格斯对杜林及其思想体系进行批判、恩格斯在批判杜林时所阐发的主题思想等几个方面，以马克思恩格斯学术思想关系为研究的重点，对《反杜林论》中所彰显出来的马克思恩格斯学术思想关系进行一番具体的历史探讨。借以回应以卡弗、吕贝尔等为代表的一些西方马克思学者在马克思恩格斯学术思想关系问题上提出的所谓“对立论”，进而正确地认识和把握马克思、恩格斯之间的学术关系，促进马克思主义理论研究的健康发展。

一、批判杜林：马克思与恩格斯共同的意愿（愿望）

欧根·杜林（Karl Eugen Dühring，1833—1921 年）是德国哲学家、庸俗经济学家和小资产阶级社会主义的代表人物。在 19 世纪 60 年代，面对杜林这样一个无知、傲慢的人，马克思、恩格斯虽然指出了杜林的无知和对于马克思理论的歪曲，但是，由于这个时候的杜林作为柏林大学的一位讲师，还很年轻，加上杜林是第一个对马克思《资本论》发表看法和评论的资产阶级作家，所以，马克思还是选择了理解和原谅的态度。

那么，到了 19 世纪 70 年代，马克思、恩格斯为什么要对杜林及其思想体系进行深刻、猛烈的批判呢？也就是说，为什么在 19 世纪 70 年代，批判杜林及其思想体系成为马克思、恩格斯的共同意愿呢？主要原因如下：

第一，在 19 世纪 60 年代，面对杜林对于马克思《资本论》的曲解和歪曲，马克思虽然对杜林表示了理解和原谅，但是，不能由此否认马克思、恩格斯对于杜林的不满和批判。事实上，马克思、恩格斯一开始就对杜林的无知和对《资本论》的曲解和歪曲进行了批判。

① 本文为 2016 年国家社科课题《恩格斯经济思想再研究》（课题编号：16BJL004）的阶段性研究成果之一。

第二，在19世纪70年代，杜林对于马克思的理解和原谅并没有表现出丝毫的善意和改正。相反，杜林不仅继续坚持他的折中主义的哲学、庸俗的经济学和反动的社会主义理论，而且，将他的这种折中主义的哲学、庸俗的经济学和反动的社会主义理论进行了系统化。面对杜林的挑战，当恩格斯在《致马克思》的书信中告诉马克思说，他准备展开对杜林及其思想体系进行批判的时候，马克思立刻表示了支持。马克思在1876年5月25日给恩格斯的回信中说："我的意见是这样的：'我们对待这些先生的态度'只能通过对杜林的彻底批判表现出来。"马克思在1877年3月5日《致恩格斯》的信中说："读这个家伙的东西而不当即狠狠敲打他的脑袋，我是办不到的。仔细阅读它，要有耐心，手里还得拿着鞭子。"由此可见，马克思和恩格斯表达了共同的想法，即，必须对杜林及其思想体系进行批评和回击。

第三，杜林在其著作中不仅对马克思理论进行了恶毒的攻击和歪曲，而且，杜林还打着"社会主义的行家兼改革家"的旗号，在德国工人运动中贩卖其折中主义的哲学、庸俗的经济学和反动的社会主义理论。在德国工人运动中产生了非常恶劣的影响。一些德国工人和工人运动中的领导人也被杜林的欺骗手段所魅惑和影响。马克思、恩格斯认识到了批判杜林及其思想的紧迫性和必要性。如果不对杜林及其思想体系进行批判将不仅危及马克思主义理论本身在工人运动中的发展，而且会危及工人运动本身的健康发展。

第四，批判杜林也是为了清算德国理论界的乱象。在19世纪七八十年代，随着资本主义及其工业化在德国的普遍展开，德国理论界在所谓的"科学自由"的旗号之下，充斥着各种胡言乱语的"创造体系"，并企图以此来诋毁马克思主义传播和工人运动的发展。杜林及其思想体系也正是在这一背景之下产生的。因此，为了彻底清算德国的这种理论乱象，批判杜林是马克思、恩格斯的必然选择。

总之，正是基于上述几个方面的原因，为了维护德国工人运动和无产阶级解放事业的健康发展，为了坚持和捍卫马克思主义理论的真理性和科学性，揭露杜林及其思想体系的实质，马克思和恩格斯深刻地认识到对杜林及其思想体系进行批判和揭露的必要性和紧迫性。也就是说，批判杜林及其思想体系，消除杜林及其思想体系对德国工人运动和无产阶级解放事业的影响成为马克思和恩格斯的共同愿望或者意愿。

二、为了工人运动的健康发展：恩格斯对杜林批判的创作使命

由上可见，对于杜林的批判不仅是马克思和恩格斯的共同意愿，而且，是为了工人运动的健康发展。恩格斯批判杜林及其思想体系是受命而为。

第一，恩格斯批判杜林，是受马克思之命而进行的。早在19世纪60年代，马克思和恩格斯就开始关注杜林。虽然对于杜林的无知和其对于马克思主义理论的歪曲表现了极大

的容忍和谅解，但是到了70年代，由于杜林对于马克思主义理论进行了丧心病狂的全面歪曲和恶毒攻击，马克思认为有必要对杜林进行批评。

第二，恩格斯批判杜林，是受友人——李卜克内西之托而进行的。恩格斯在《反杜林论》的一版序言中谈到《反杜林论》写作的缘由时说："这部著作决不是什么'内心冲动'的结果。恰恰相反。""三年前，当杜林先生作为社会主义的行家兼改革家突然向当代挑战的时候，我在德国的友人再三向我请求，要我在当时的社会民主党中央机关报《人民国家报》上批判性地阐明这一新的社会主义理论。他们认为，为了不在如此年轻的、不久才最终统一起来的党内造成派别分裂和混乱局面的新的可能，这样做是完全必要的。他们比我能更好地判断德国的情况，所以我理应相信他们。"恩格斯在这里说的"我的德国友人"不是别人，正是德国工人运动和国际工人运动的著名活动家、德国社会民主党创始人和领袖、第二国际创始人——威廉·马丁·菲利普·克里斯蒂安·路德维希·李卜克内西（Wilhelm Martin Philipp Christian Ludwig Liebknecht，1826—1900年）。

第三，恩格斯批判杜林，是受当时杜林及其思想体系对德国社会民主党和德国工人运动的破坏性影响这一情势之危而进行的。在19世纪60年代，杜林只是柏林大学的一名不知名的讲师，正是借助于对于马克思《资本论》的书评，以及卑劣的手段和投机，加之马克思和恩格斯宽容的态度，杜林打着所谓的社会主义改革家的旗号迅速地扩大了影响。

三、一部大写的"百科全书"：恩格斯和马克思的共同之作

毋庸置疑的是《反杜林论》是恩格斯的力作，是恩格斯独立完成的一部伟大的马克思主义经典著作，在马克思主义发展的历史进程中占有崇高的历史地位，深深地影响着无产阶级解放。同样，也有一个毋庸置疑的事实，那就是，马克思虽然没有具体地直接地参与与杜林的论战，或者说，马克思没有直接参与《反杜林论》的写作过程，但是马克思自始至终参与了恩格斯写作《反杜林论》的整个过程。因此，从这一个角度来看，我们无疑是可以将《反杜林论》看作是恩格斯与马克思的共同之作。具体的理由如下：

第一，在恩格斯写作《反杜林论》的过程中，马克思始终如一地关注着杜林的新情况、新变化，并及时地将所知道的关于杜林的情况告诉恩格斯。例如，当马克思知道杜林与瓦盖纳之间的丑闻后，就立刻致信恩格斯，询问恩格斯是否知道。在1868年3月14日《致恩格斯》的信中，马克思询问道："你是否读过杜林与'枢密顾问'瓦盖纳之间的丑闻（这是波克罕告诉我的）：前者指责后者偷了他关于工人合作社的手稿或诸如此类的东西。"在1877年3月5日，马克思在《致恩格斯》的信中，又将他所得知的关于拉甫罗夫对于恩格斯反对杜林的看法告诉给恩格斯。

第二，在恩格斯写作《反杜林论》的过程中，恩格斯也保持着与马克思的密切联系，

并与马克思交换意见。例如，当恩格斯看到杜林对马克思《资本论》的歪曲时，就立刻写信给马克思，并将自己的看法告诉马克思。在 1868 年 1 月 7 日《致马克思》的信中说："现将杜林的评论和《观察家报》寄还。前者可笑极了。整篇文章显得狼狈不堪，惶恐不安。这位神气的庸俗经济学家显然被刺痛了。他没法说别的，只好说什么要对第一卷做出评论只能到第三卷出版以后，什么劳动时间决定价值并非无可争议，什么有人怀疑劳动价值由劳动生产费用决定是否正确。你看，对这类人来说你的学问还远远不够，竟没有在要害处把伟大的麦克劳德驳倒！不过，他在字里行间又怕陷入罗雪尔的处境。这家伙文章写完时兴高采烈，付邮时无疑胆战心惊。"

第三，在恩格斯写作《反杜林论》的过程中，马克思亲自承担了《反杜林论》的第二编《政治经济学》第十节《（经济史）论述》的写作任务。在恩格斯批判杜林及其思想体系的时候，马克思给予了恩格斯极大的支持和关心。

第四，在恩格斯写作《反杜林论》的过程中，恩格斯的思想和意见不仅得到了马克思的认同，而且，在恩格斯最后将批判杜林及其思想体系的系列论文，以《反杜林论欧根杜林先生在科学中实行的变革》为书名集册出版时，恩格斯将整部《反杜林论》手稿都念给马克思听过。

总之，正是基于上述的认识，笔者认为，我们不仅完全可以，而且必须将《反杜林论》看成是马克思和恩格斯的共同之作。也就是说，从《反杜林论》创作的历史来看，"《反杜林论》是恩格斯和马克思一起长期进行理论研究的产物，是在马克思的直接参与下完成的。它的诞生史有力地表明，任何制造两个人观点对立的企图都是徒劳的"。

四、马克思主义科学理论的第一次完整呈现

如上所述，我们不仅可以将恩格斯撰写的《反杜林论》看成是恩格斯与马克思的共同之作，而且，从《反杜林论》中所反映出的思想内容来看，我们也完全可将《反杜林论》看成是恩格斯与马克思的共同之作。也就是说，《反杜林论》是马克思和恩格斯共同思想的表现和体现。

第一，在《反杜林论》中，恩格斯完成了马克思和恩格斯的共同任务——对杜林及其思想的全面批判。恩格斯第一次针锋相对地反驳杜林是在 1876 年 2 月。他在《人民国家报》上发表的《德意志帝国国会中的普鲁士烧酒》一文，点名批判了杜林的言论。恩格斯说：因此，社会主义最时髦的信徒以及复兴者欧根 · 杜林先生赞扬酿酒业"首先是……（工业）同农业活动的自然联系"。1876 年 5 月，恩格斯开始了系统的对于杜林及其思想体系的批判工作。在《反杜林论》中，恩格斯不仅给予杜林及其思想体系摧毁性的打击，而且完成了恩格斯与马克思共同的心愿，即对杜林及其思想体系的批判。

第二，在《反杜林论》中，恩格斯在批判杜林思想体系的同时，详细地阐述了马克思主义的哲学、政治经济学和科学社会主义理论。《反杜林论》作为一部对于杜林及其思想体系进行有针对性的批判的力作，为了清除杜林及其思想体系对于工人运动的恶劣影响，恩格斯沿着杜林理论体系的逻辑思路对杜林及其思想体系进行了全面的批判，也正是在这一批判过程中，恩格斯全面阐述了马克思主义的哲学、政治经济学和科学社会主义理论。

第三，在《反杜林论》中，恩格斯实现了对马克思主义理论的宣传，扩大了马克思主义理论的影响力。在《反杜林论》中，恩格斯沿着杜林及其思想体系和逻辑发展对杜林及其思想体系进行了严肃批判的同时，全面地阐述了马克思主义关于哲学、政治经济学和科学社会主义的基本理论。正是伴随着恩格斯对于杜林及其思想体系的批判系列论文在《前进报》上的发表，一方面，迅速地肃清了杜林及其思想体系对德国工人党的恶劣影响，纠正和澄清了诸如一些工人运动家及其领袖的错误思想；另一方面，不仅加速了马克思主义理论与工人运动的进一步结合，而且，使得马克思主义理论在工人运动中迅速传播，有力地扩大了马克思主义在工人运动中的影响，真正地开创了马克思主义理论宣传和传播的新局面。

综上所述，笔者认为，《反杜林论》为我们正确理解和把握马克思恩格斯学术关系提供了实例。因为，一方面，《反杜林论》是在马克思在世的时候，恩格斯应朋友的直接要求，为肃清“社会主义的改革家兼行家”杜林对于德国工人运动的恶劣影响，在马克思的大力支持和帮助下完成的一部光辉著作；另一方面，《反杜林论》是马克思主义理论发展史上的马克思主义的经典著作之一。在这部经典著作中，恩格斯首先依据马克思主义理论对于杜林及其思想体系进行了全面的摧毁性的打击、批判，宣传了马克思主义理论。同时，更为重要的是，《反杜林论》为我们正确地认识和把握马克思恩格斯之间的学术思想关系提供了一个经典的实例。为我们理解恩格斯关于“在各种专业上互相帮助，这早就成了我们的习惯”提供了实例。同时，也为我们批判对于马克思恩格斯学术思想关系问题上的种种错误的观点，特别是所谓的马克思恩格斯对立论提供了有力的实例。

从社会结构不自由到外部资源联合所有制

——G. A. 柯亨是如何重构马克思剥削理论的

柳平生

（云南大学）

柯亨（G. A. Cohen，1941—2009年）是西方分析马克思主义学派的奠基人，加拿大道德和政治哲学教授。1978年柯亨发表著作《卡尔·马克思的历史理论：一个辩护》，以分析哲学的清晰性和确定性原则，为马克思的社会历史理论——历史唯物主义做辩护。这使得柯亨以“分析的马克思主义”流派的重要代表而一举成名。由于其坚定的立场和突出的学术成就，被誉为“平等主义的良心”。自20世纪八九十年代以来，柯亨发表一系列长文，在诸多马克思主义理论议题上，以其独到的分析哲学工具、扎实的理论功底和严密的逻辑演绎功夫，提出了一整套颇富创见、发人深省的看法。他的劳动剥削理论就是其中颇富代表性的理论之一。

一、重新构建马克思主义的剥削概念

我们知道，马克思的剥削理论主要是建立在劳动价值论和剩余价值论基础之上的，特别是通过绝对剩余价值和相对剩余价值的阐释，马克思清晰明确地揭示了资本剥削劳动的机制与秘密。不过，马克思并没有对“剥削”概念下定义。柯亨决定“用一种根本性的方法来重新思考剥削理论”。

在柯亨看来，在资本主义生产体系中，“除了工人之外，没有人生产了具有价值的东西。或更谨慎地说，只有生产者才生产出拥有价值的东西：依据定义，只有人类的生产活动才生产出了拥有价值的东西”。而一个人的行为要成为生产行为，必须要满足“他的行为有助于使一件物品被生产出来”。这里就有生产性的活动（Productive Activities）与进行生产的活动（Producting Activities）之间的差别。怎样区分这两者之间细微然而重大的区别呢？可以拿资本家做比较。从生产性活动来看，资本家提供了资本这种不同于劳动的生产要素，带有生产性；但从进行生产的活动来看，资本家不从事劳动，在这个意义上并不是劳动者。所以，“资本家是一个生产性的非生产者（Productive Non - Producer）”。然而，资本家也可以从事某种生产劳动，完成一名雇佣工人的任务，但这时他的身份不是作为资本所有者在进行生产。因此，“很明显，工人确实创造了某种东西。他们创造了产品……创造了拥有价值的东西”。相反，在最大可能的意义上资本家并不是劳动者。于是，在反复甄别、廓清多种关于劳动价值论的种种误解、错觉以后，柯亨得出结论：只有在如下命题的基础上对剥削进行说明、批判才是可取的。此即“无产阶级生产了全部的产品，但资本家占有了产品的部分价值”。

这就是说，“资本家得到了工人生产的产品的一部分价值”，他窃取了工人的劳动成果。“尽管资本家支付给了工人其劳动力的全部市场价值……但我们可以说他盗窃了其劳动力的部分使用价值，因为劳动力的部分使用价值就在于，它能够生产出比维持其存在所必需的产品更多的产品，而且资本家无偿地占有了这部分使用价值：于是，或许资本家拥有偷取市场价值而不偷窃使用价值的本领”。对于工人来说，“无论价值量的决定因素是什么，工人都没有得到他的产品的全部价值”。不仅如此，依据上述命题，处于资本主义条件下的无财产的雇佣工人所受到的剥削，实质上类似于封建农奴将自己的劳动产品上交其领主一样，只不过形式上隐蔽些罢了。所以说，“与传统马克思主义所说的相比，无产阶级所受到的剥削更类似于农奴所受到的剥削”。由此可以确切地说，资本家就是剥削者，资本主义就是一种不正义的剥削制度。

二、“经济效率”不能证明资本家占有生产资料的正当性

对于资本家占有生产资料是否合理，当代西方主流理论几乎都给出了肯定的回答：资本主义市场具有卓越的生产能力，而私有制是确保自由市场发挥功能的重要基础；而对自由市场的任何偏离，除了福利负面效应之外，还产生了对自由的侵犯，这种侵犯显然是不正义的。这种辩护被柯亨称为对资本主义的三重论证，即“经济论证、自由论证和正义论证”。但在柯亨看来，这三重论证并没有使私有制得到公开合理的辩护。这里，主要看柯亨对“经济论证”的反驳（自由论证和正义论证涉及哲学、伦理学，留待另文论列）。

为了说明生产资料私人占有并不是如同西方主流理论所宣称的那样一定能促进经济效率和个人自由，柯亨构筑了一个“两人世界”模型：

设想一个只有两个人的世界。在这个世界中，数量有限的土地最初实行洛克式的共同所有制（Common Ownership）。A 和 B 都是自我所有的个人，他们都依靠土地谋生，并且都不妨碍另一方的谋生活动。A 能够从土地上获取 m，而 B 能够从土地上获取 n。假设 m 和 n 是小麦的蒲式耳数（或者，如果个人难以在公共土地上进行生产，那么就假设 m 和 n 是牛奶的数量或者是驼鹿奶的数量，即从 A 和 B 都不拥有的驼鹿身上获取的驼奶数量）。

这里必须说明的是，m 和 n 的相对大小反映出 A 和 B 的个人相对能力，不会在接下来

的推理中发挥作用。现在假设 A 开始了对土地的占有过程：

假设 A 占有了所有土地，或者留给 B 的土地数量——这是理论上的临界数量——不够维持生活。于是，他提供 B 的薪水是 B 必然接受的（n+p）蒲式耳小麦（p≥0）。A 本人在新的安排下获得（m+q）蒲式耳小麦，并且 q 大于 p，因此 A 从变化中获得的额外所得多于 B 的额外所得。换句话说，B 没有损失小麦，或许还多得了一些，但无论如何 A 的所得都多于 B 的所得。小麦产量从（n+m）蒲式耳增至［（n+m）+（p+q）］蒲式耳，应归功于 A 设计的劳动分工所创造的生产率，因为 A 是一个优秀的组织者。

现在的问题是，A 的占有行为是合理的吗？他没有使他人的状态变坏吗？这需要比较 A 占有土地前后的 B 的所有生活状态。

怎样估量 B 的生活前景呢？如果仅从比较小麦的数量看，B 较土地共有状态下多收获了 p 蒲式耳小麦（尽管比 A 的 q 蒲式耳小麦要少），经济状况不仅没有变坏，反而变好。因此，A 的占有行为似乎很“合理”。但是，如果考虑到 A 的指令给 B 带来的不利，同时假定各种与 A 的占有土地情形相反的各种情况，A 的占有行为很“合理”的结论。可以把各种情形列成表 1：

表 1　“两人世界”中诸种土地占有状况

1. A 占有所有土地	2. 土地继续共同占有	3. B 占有所有土地		
		B 的才能 = A 的才能	B 的才能 > A 的才能	B 的才能 < A 的才能
A 的所得 m + q	m	m + p	m + q + r	m
B 的所得 n + p （q > p ≥ 0）	n	n + q	n + p + s （r>0，s>0）	n

注：依据柯亨《自我所有权、世界所有权与平等：上篇》第 87 页的表格调整而成。

我们先来看 B 占有所有土地的情况。①在 B 的才能 = A 的才能时，A、B 的所得小麦比土地共同占有时的所得都有所提高，只不过现在是 B 的所得小麦增加得比 A 更多。如果原先 A 占有所有的土地是合理的，那么，现在 B 占有所有的土地行为也是合理的。为什么 B 就应该接受 A 先占有土地呢？②在 B 的才能 > A 的才能时，A、B 的所得小麦比 A 占有所有的土地时更多。就是说，若社会状态由 A 占有所有土地改变为由 B 占有所有土地，这种行为不仅没有使某个人状况变坏，而且使每个人状况变好。所以，这时 B 的占有行为仍然更显得合理。③B 的才能 < A 的才能时，A、B 的所得小麦与土地共同占有时的所得一样多，虽然没有增加但是也没有减少，此即 A、B 两人的状况较之前也没有变坏。这时，也不能说 B 的占有行为就一定不合理。

再来看 A 占有所有土地的情况。前面的讨论中，我们假设 A 占有所有土地时，生产率提高应该归功于 A 的组织才能。但是如果换一种假设：只有 B 是一个优秀的组织者。当

A 占有土地，A 向 B 建议：为了（n + p）工资，B 应该设计出一种最理想的劳动分工，并在其中发挥他的作用。此时 B 宁受剥削也不愿挨饿，就接受了这种方案。此时，A 的占有仍然被看作是正当的，但显然在这里只有 B 才是真正创造出生产率收益的人。

另外还存在一种可能性，A 和 B 可能都赞同一种任何一方都没有私自占有土地的劳动分工。他们实际上可能集体地占有土地，创立了一种形式的社会主义。

最后还应该指出的是，A 抢先占有所有土地的行为，没有考虑到 B 的其他自由权利。比如 B 原本抱有人生观：做一个与自然和谐相处的牧羊人，现在不得不放弃这种理想，只好听命于 A 的指令。

总之，柯亨意欲通过这种假定的模型来说明主流理论家以“经济效率”来论证生产资料私人占有之正当性的做法是不能令人信服的。

三、在平等原则基础上确立外部资源联合所有制

对于类似前述 A、B 两人世界的模型中外部物品或者原始状态的外部物品、未经利用的土地和自然资源的权利问题，柯亨倡导一种平等原则，即“利益机会平等（Equal Opportunity for Advantage）”或更好地被称为“可得利益平等（Equal Access to Advantage）”。那什么是“可得”呢？柯亨说“当我使用‘可得’（Access）的时候，仅当一个人拥有获得某个他所没有的东西的机会和能力（Capacity）时，他才对它拥有可得性。”“可得利益平等”强调一个非常的约定——“凡是被正确地认为是利益的东西，我都肯定可得利益的平等”，这个要求有利于纠正其他原则所不敏感的不平等和不利情形。

在前述拥有 A、B 两人世界的模型中，“仅当（而不是当且仅当）我们一开始就没有把土地视为联合所有的（Jointly Owned），A 的占有行为才被证明是正当的。当土地是共同所有（Owned in Common）的时候，每个人都能够主动地利用它，只要他没有妨碍别人的类似使用：在土地共同所有制的条件下，没有人拥有土地的任何一部分。相比之下，在联合所有制（Joint Ownership）的条件下，土地是属于所有人的，因而每个人只要对土地有所作为都要服从集体的决定。达成这种决定的适当程序可能很难明确，但不管为其他人提供何种补充，联合所有者（Joint Owner）中的任何一个人无疑都不可能单方地私人占有全部或部分的资产”。显然，柯亨所设计的这个制度，既尊重自我所有权，显示了对由个体自身条件，如天赋、能力等因素带来的不平等的容忍，又尊重人们对外部资源的平等权利，显示了对经济平等价值的追求。可以看出，柯亨主张一种既尊重自我所有权又尊重世界资源所有权平等的经济制度，试图将外部资源所有权和人身所有权这两种不同的权利区分开来，这样就“揭示自我所有权在一个资源不可单方私有化的世界里所导致的分配结果”。

现在，如果以柯亨提出的外部资源联合所有权的平等正义原则来评判资本主义私人占有是不是正义的，答案无疑是否定的。从自由市场来看，“自由市场损害了弱势者的利益，这不是从表面上对它的正义性做出判断。……自由市场剥夺了大多数人对在道德上应该共同拥有的东西的权利。……社会主义者之所以用正义来反对市场，是因为市场允许任何人都没有权利去私人占有的生活资料的私有制，因而依赖一个不正义的基础”。从资本拥有者资本家来看，资本家没有权利去占有他们所占有的生产资料，他们将人们共同拥有的赖以生存的外部资源单方面私有化，从这个意义上说，“财产就是盗窃，即对从道德上说归我们所有人共同所有的东西的盗窃”。资产阶级垄断着全人类的生产资料是不正当的。再从私有权利的起源来看，“在私有财产任一现存部分的史前史上，至少在某个时候，某个并不属于私人所有的物品被抢夺成私有财产”。柯亨援引马克思《资本论》第一卷的最后一章《所谓原始积累》，提出马克思写作这一章的部分意图是反驳如下思想：资本家成为生产资料的垄断所有者是他们自己的勤劳和节俭的结果，或者是他们克制自己欲望的结果。马克思的目的是以此表明英国资本主义是建立在一个不正义的基础之上的。显然，在柯亨那里，资本主义私人占有的不正义性既能得到历史论证，也能得到道德论证。

资本逻辑视域中城市社会风险的生发与放大

宋宪萍
（北京理工大学）

一、资本的城市化

在资本逻辑主导的条件下，现代城市并不是工业化直线发展到高度阶段的产物，而是工业化与消费社会衰退之后的空间积累现象或溢出的剩余物，所有要素都采取了商品的形式。资本积累的方式也发生了重要变化，由于资本的“弹性积累”，城市体现了一幕幕创造性地破坏与重建“人造地理环境的舞蹈”。特别是特大型大都市，福特制大批量空间生产活动之前的那种生活方式已经不复存在了，取而代之的是后福特制生产方式下鳞次栉比的高楼大厦、层级化和断裂化的居住区、即时发达的网络通信和复杂拥堵的城市交通。这种城市化主要表现为：

首先，生产的高度集中。随着资本的发展，生产规模增加、资本集中、垂直整合，企业内部形式多样化，垄断替代了自由竞争。这种垄断格局由大工业主导，大工业“建立了现代的大工业城市——它们的出现如雨后春笋——来代替了自然形成的城市”。大工业重新定义城市诞生的速度和面貌，使工业化的城市化成为一种普遍性的社会历史进程。它在一国之内表现为大工业不断从一个区域拓展至另一个区域，不断开辟工业新的母体，不断创造新的大城市，工业化的形态更替与结构调整的轨迹同城市化的内在节奏彼此吻合。

其次，劳动力的高度集中。生产的高度集中、大机器生产从根本上改变了时间和空间的概念，标准化、规模化大生产的生产方式应运而生。这种生产方式带来了劳动力的高度集中，大工业对大批量劳动力的需求，使城市中的劳动力激增。高密度的人口为企业生产提供了巨大的市场，分担了成本，凸显了城市聚集效应的优势，并对城市生产关系进行再造。劳动力的充分供应，是城市成长的必要条件。同时，劳动力市场的丰裕带来了劳动力的机动性，劳动力越具有机动性，资本就越可以轻易地采用新的劳动过程，并凭借最佳的城市位置来获利。

最后，消费的高度集中。“潜藏于‘城市’内的劳动力再生产，其现实化的特殊条件除了一般的生产技术——社会性动机之外，还包括消费方式集中等生产条件的集体化。于是，城市就不仅与空间形式相关联，而且还传递出再生产过程的社会化组织方式”。既然资本在现代西方社会的生产生活中居于支配地位，那么在具体的生产开始之前，“就必须有资本投入来购买设备、支付原料以及包括房租等各类服务的必要开销”。后者不仅是资本再生产的要件，更是由资本利润所给付，进而构成劳动力自身再生产进行必要消费的前提。它将“城市劳动人口对与之相关的食物、能源连同其他商品和服务性资源的多元社会性需求”具象化为旨在满足居民社会性再生产的刚需住房、公共交通以及免费娱乐设施等非营利性城市集体消费对象。

二、资本逻辑主导的城市风险指向

（一）城市发展的固定资本阻隔

城市作为一种具有空间秩序的复杂复合商品，本身就是固定资本的沉淀，然而固定资本对城市的维护、更新和转化都带来了严峻的两难困境。一方面，固定资本是城市发展的保证。这些富有张力的资本的集中与空间秩序的分散，表现为对象化的知识力量，是生产力发展水平的直接样貌呈现。“资本主义立足于剩余价值的循环，而城市扮演的角色则是在该过程中通过社会的、经济的、技术的以及制度性的手段控制着剩余价值的集中方式”。因此，“从剩余价值生产的立场来看，固定资本表现为资本的最恰当的形式”。另一方面，固定资本又是城市发展的屏障。技术变革引起固定资本的加速周转和置换，这些振荡和不平衡很快发展成了爆发式的振荡或对平衡增长路线的单调发散（Monotonic Divergence）。

（二）城市主体的结构性分化

由于自动化、标准化、机械化的工业大生产，许多人工劳动出现降低技术需求（Deskilling）趋势，柔性生产降低了对熟练体力劳动者的需求，从而削弱了他们的谈判能力。在后现代的城市发展中，无论是原始积累型城市、凯恩斯主义城市，还是后福特制主义城市，“削减规模而产生的失业、对技能及技能报酬的再定义、劳动过程和专制性监督系统的强化、精细分工愈益专制化，移民的卷入（或者，换句话说，资本向替代性劳动资源的转移）以及在不同的历史和文化条件下实现的不同身体实践和价值模式之间的强制的竞争性斗争，所有这些都促成了作为个人的劳动者的不平衡地理价值”。因此，后现代的城市主体，明显表现出了核心—外围的劳动力市场结构，核心群体由享有就业保障、培训和慷慨福利的高收入工人构成；半外围群体（semiperipheral）有两种，一种是由地位、工作持久性和生育稍逊一筹的全职工人组成，第二种则是短期或兼职工人；外围群体包括自我雇佣者、分包者、在家就业等更加原子化、个人化的岗位。由于大批量的低收入群体的存在，受资本逻辑裹挟的现代城市发展，通常在大众集体消费的需求与资本的及时供给环节出现节奏性紊乱，一味追求资本利润最大化的城市规划与运行机制，将在大众集体消费门类长期供给不足及其引发的大众生产力再生产障碍中面临自我颠覆的风险。

（三）城市空间的马赛克图景

由于城市不同区域的发展条件差异，资本会通过重点开发特定区域的方式，来提高资本的配置效率，从而形成不同区域的景观失衡。“核心—外围”理论已经不再适用于城市不同区域的分析，而是呈现一种“全球马赛克”图景。城市空间呈现出的结果，是由相互关联的土地利用类型组成的丰富多彩的拼接图，出现各种各样的产业集群和产业区，由大量具有不同社会背景与技能的个人参与到相应的城市就业机会中，并凝聚在一个具有社会分异特征的邻里体系中。

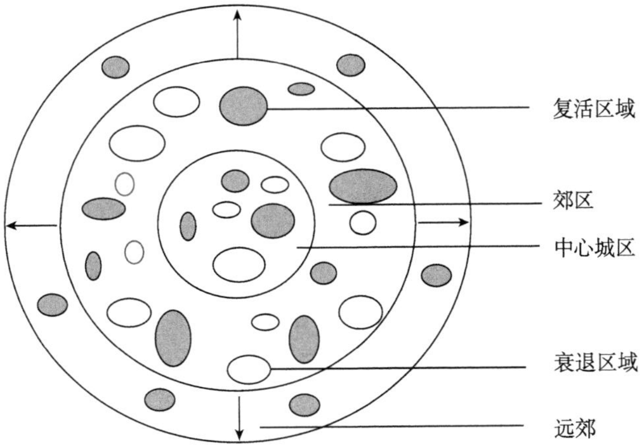

图1 城市空间的马赛克图景

三、资本逻辑视域中城市社会风险的生发与放大机制

基于马克思的资本循环概念，哈维在列斐伏尔的基础上将资本积累过程细分为三级循环，即生产普通商品的初次循环、生产建成环境的第二级循环、用于支持科学技术改革和必要社会支出的第三级循环。三级循环依次反映了风险的累积和放大，以及最终的放大结果——危机。

（一）资本初级循环中风险的累积

资本逻辑的目的就是为了资本增殖，获得剩余价值、提高利润率成为资本生产的推动力，部门间利润率的差别决定着经济资源的配置方向，整体经济利润率的大小反映着国民经济的健康程度。随着技术的应用和劳动生产率的提高，资本有机构成不断提高，一般利润率趋向下降，这一趋势加重了资本主义剩余价值生产和实现条件间的矛盾，暴露了生产目的和手段间的矛盾、相对过剩人口和相对过剩资本间的矛盾，即资本主义生产方式技术维度和社会维度间的矛盾，反映了资本主义生产方式自我否定的风险趋势。要想避免资本盈余贬值，必须寻找盈利方式来吸收这些盈余，地理扩张和空间重组，为解决这一问题提供了选择，而在这一过程中，风险逐渐累积和蔓延。当资本在初次循环中积累过度导致利润率下降，推动过剩资本涌入第二级循环，寻求包括城市居住空间营建在内的投资机会。

（二）资本二级循环中城市风险的放大

事实上，第二级循环就是城市的空间再造。在资本的二级循环中，资本流通被分成两部分，一是用于生产的固定资本，二是创造了消费基金，二者兼而有之的情况也比比皆是。“进入二级循环的一部分资本被嵌入在国土中，在适当的位置形成了一系列实物资产——用于生产和消费的建筑环境（包括从工业区、港口和机场、运输和通信网到排污和供水系统、住房、医院、学校等方方面面的设施）。这些投资通常构成了某一个区域的物质中心。”资本通过空间生产沉淀在城市中，资本催生了城市，资本逻辑的空间生产和金融化的重叠衍生促进了城市的集中和分散，初级循环中的资本过剩在城市中找到了出口，同时又催生了第二级循环，第二级循环在城市中得到衍生并进化，城市的发展使“资本的二级循环投资的流入和流出加深并恶化了初级循环的危机周期”。因此，城市“远非经济活动中一个次要的组成部分，它们可以，而且确实吸收了大量的资本和劳动，正如我们将会看到的那样，尤其是在地理扩张的情况下，更是如此”。

（三）资本三级循环中风险到危机的转变

正是在这种情况下，作为一种投资行为的调节者和一个规划实施者的国家干预主义的作用变得很有必要。进入三级循环的资本——具体为在社会性基础设施领域的长期投资——同样也被分别投入两个不同的领域：一是直接以生产为导向的科研开发或技能培训，二是提高人们所处的社会条件（比如通过教育和卫生保健）。在发达资本主义国家，三级循环（例如卫生保健预算）经常会吸收巨额资本，该种投资的其中一部分可能还被认为具有有效的区域稳定性。比如说教育系统的投资，一旦在某一特定的空间被从行政和财政上组织起来之后，它就很难再四处移动。个人企业与创业精神被看成是创新和财富创造的关键，而为了鼓励技术变革，知识产权不断受到保护。这种技术变革“依赖于竞争的强迫性力量推动寻求新的产品、新的生产方式和新的组织形式，但这种推动力已经牢牢嵌入企业常识之中，以至于成了一种拜物教信仰：每个问题都可以通过技术来解决”。这一信念不仅存在于企业中，更存在于国家机器中。如果各部门只关心技术创新，并创造出还没有市场的新产品和新的制造方式，技术发展就可能走火入魔，这种强有力的趋势可能变成不稳定因素。“因此，以下方面存在着内在关系：技术动力、不稳定、社会团结的瓦解、环境腐蚀、去工业化、时空关系的迅速变化、投机泡沫以及资本主义在内部总体朝向危机形态发展的趋势”。

（四）三级循环中的内生风险交织系统

因此，资本积累是一个内外交互系统，既有溢出，也有内敛，一级循环是市场的外溢，这种空间生产超越地方和国家，最大限度地寻找产成品销售市场和原材料供应地，当这种过度积累出现时，则在某一地方沉降、积聚，包括建筑业在内的固定资产的累积成为空间拓展的主要表现，资本的累积由外向内。如果说工业时代的时间和空间在追求着向外扩展的均质性、统一性和强制的连续性，都市时代的时间和空间则变得不一样了，在向内沉淀累积的过程中，一些具有鲜明特征的“网”与“流”互相重叠、互相纠缠，从公路网到信息流，从产品的买卖到符号的交易，“构成性中心的辩证法，引发了一种强大的权力的非常不同的运动”。这种“由产品（一般建筑物、纪念性建筑、‘基础设施’、公路、高速公路，等等）的极为慢性的磨损而带来的困难，即资本循环和信用问题的减缓，引发了多种程序和更大的复杂性”。资本的二级循环也可能产生过度积累问题，也就是说，住房、工作场所、工厂和港口设施将出现盈余。在这种情况下，资本将会向三级循环发展，形成“后技术”社会机制，疯狂的投资，依靠国家机器，在新的领域和新的产业中深度挖掘，从而形成新的空间和新的区域。这时，又是由内而外，由技术创新引领的新的一轮的投资开始外溢。“在这里，统治阶级的策略，或者更准确地说那一些策略，变得更危险、更充满风险了，在将它们付诸瞬间的、短期的利益时，破坏了可能性和未来”。

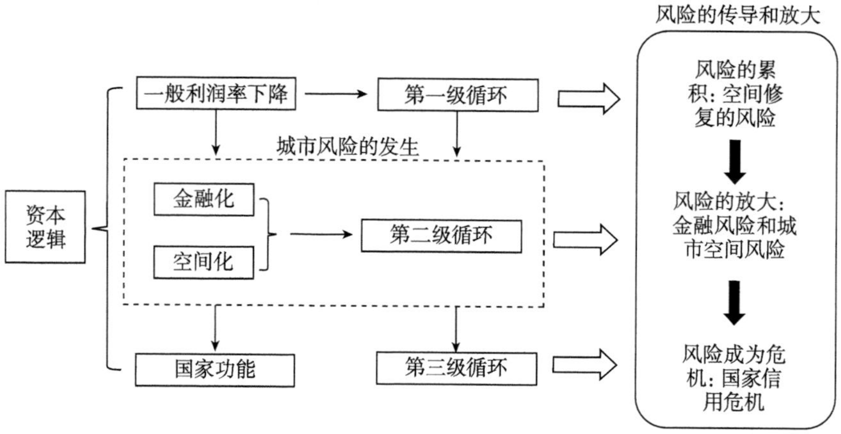

图 2　资本逻辑视域中城市社会风险的生发与放大机制

四、结论与展望

对城市现代性而言，最根本的社会问题是资本问题，是资本“作为吸收和占有社会劳动生产力和一般社会生产力（如科学）的力量（作为这些生产力的人格化）”，处在垄断一切经济增长及社会发展的地位上的作用使然。货币一旦转化为资本，资本增殖的本性会使资本成为一种强制性的客观扩张力量。这种力量迫使资本不断把城市社会生活的各种要素——人力、自然资源、财力、国家制度法规，甚至人们的文化、价值观念等诸多方面都吸收到资本运行体系之中。由于资本无止境的增殖本质及其唯一能实现这种本质的条件，驱使着生产力的片面发展，生产关系也随之扭曲，从而破坏了生产力与生产关系的正态关系。以资本为核心的现代生产方式，从根本上割裂了人与自然的关系，扭曲了人与社会和人与人的关系。最根本的城市社会风险是资本风险，生态、环境、文化、知识等风险在现代性语境下都从属于资本问题。

资本逻辑引导下的城市风险治理，以对各种正常社会过程的控制为主，而将非正常过程视为例外。这种根植于线性因果关系的思维，本质上是粗暴地实施不确定性与确定性之间的二相转换。其结果是，控制过程越来越严，控制层级越来越多，控制队伍越来越庞大，控制成本越来越高昂，风险治理的效果越来越差。资本逻辑的内在否定性表明，资本逻辑并不是城市风险治理的本质逻辑，更不是城市空间生产发展的正义逻辑。所以，在正视风险社会属性的视域下，作为社会关系场域的城市空间，理应是“为人”的空间，而不受“物的役使”，必须改变传统的可预测的社会控制方式，摆脱控制导向下的风险治理思路，代之以人为本逻辑的治理范式。

马克思的“重建个人所有制”探析

陈江滢①
（南开大学）

马克思在《资本论》第一卷研究资本积累的历史趋势时说：“从资本主义生产方式产生的资本主义占有方式，从而资本主义的私有制，是对个人的，以自己劳动为基础的私有制的第一个否定，但资本主义生产由于自然过程的必然性，造成了对自身的否定，这是否定的否定。这种否定不是重新建立私有制，而是在资本主义时代的成就的基础上，也就是说，在对土地及靠劳动本身生产的生产资料的共同占有的基础上，重新建立个人所有制。”②

我们究竟应怎样准确地理解马克思的“重新建立个人所有制”的观点呢？首先，需要明确的是马克思把个人所有制区分为孤立的、单个人的个人所有制和劳动者联合的个人所有制两类。前者产生于工场手工业时期以前并已被资本主义私有制所否定，后者产生于未来共产主义时期并必将否定资本主义私有制。重新建立的个人所有制指后一种个人所有制，即“联合起来的社会的个人所有制”。③ 这一见解贯穿于马克思的诸多著作之中。其次，马克思的“重新建立个人所有制”是指生产资料的公有制。马克思对三种所有制“否定之否定”就是要阐明：第一次否定的是资本主义私有制对“个人的、以自己劳动为基础的私有制”的否定，这是否定劳动者对生产资料的占有。第二次否定的是对资本主义私有制的否定，实现劳动者对生产资料的重新占有。这是生产社会化的客观要求。经过否定的否定，不是重新回到最初的个人所有制，而是建立新的、更高水平“个人所有制”，这种所有制就是生产资料的公有制。

既然马克思认为资本主义生产方式被否定以后，新的社会建立的所有制是生产资料公有制，那么，他为什么把公有制又称作“重新建立个人所有制”呢？这与马克思恩格斯当

---

① 陈江滢，南开大学经济学院博士生。
② 《马克思恩格斯全集》第 23 卷，第 832 页。
③ 《马克思恩格斯全集》第 48 卷，第 21 页。

单纯职能，转化为社会职能的过渡点”。① 在股份公司中，“劳动也已经完全同生产资料的所有权和剩余劳动的所有权相分离”。② 股份公司“还是局限在资本主义界限之内”，“并没有克服财富作为社会财富的性质和作为私人财富的性质之间的对立，而只是在新的形态上发展了这种对立”。③ 可见，在马克思看来，资本主义国家股份公司其本质仍然是资本主义的。恩格斯也持相同的观点，他在《反杜林论》中指出：“无论转化为股份公司，还是转化为国家财产，都没有消除生产力的资本属性。……资本关系并没有被消灭，反而被推到了顶点。”④ 显然，马克思和恩格斯都承认自由竞争资本主义时期的股份公司具有资本主义性质，而马克思要重新建立的个人所有制具有公有制的性质，那么资本主义股份公司又怎样成为马克思所说的个人所有制的实现形式呢？马克思在论述股份制时明明指出，股份公司只是资本主义私有制向社会所有制（公有制）的过渡点或过渡形式，股份公司作为“过渡点”并不意味着已经实现了这种过渡，正像生物进化序列中，猿是生物进化到人的“过渡点”，但猿还不是人一样。而论者却颠倒了逻辑顺序，认为未来实现的个人所有制就是股份制。

上述论点的错误之二就在于把股份制等同于公有制。从历史上看，早在18世纪初，股份制就出现于欧洲，到19世纪后半期已广泛存在于资本主义各国。这是因为，随着生产力的发展、资本有机构成的不断提高和企业的规模日趋扩大，过去由单个资本家出资并直接经营管理的个人所有的企业自身无法获取企业所需的巨额资本。通过股份制这种形式，就可以将社会上零星分散的资本汇集在一起形成股份资本。股份制是加速资本集中和促进资本主义生产发展的有力杠杆。但是，股份制并没有改变资本主义私有制的本质，股份制企业仍然是资本主义性质的企业。试想，如果股份制就是公有制，资本主义国家是否早已完成由私有制向公有制的转变？现在这些以股份公司为主体的发达国家，是否都是社会主义国家呢？从现实情况看，在社会主义国家，即便股份制企业现在是国家控股、劳动者人人持股的国有企业，但它发展的趋势必然是私有制。这是因为，为了维护国有企业公有制的性质，国家往往规定上市国有企业的国有股不得上市流通，只有企业发行的个人股、公众股才能在二级市场买卖。这样，同一上市的企业的股份被区分为流通股与非流通股两种，前者有流通权，后者没有流通权。股民购买流通股可能出资较多，国家持有非流通股可能出资较少，但按股分红时他们却是相同的，以致形成同股不同权、同股不同利的局面。这样，股民感到股市有失公平，他们的权益受到损害，在传统利己主义思想的侵蚀

---

① 《资本论》第3卷，第495页。

② 《资本论》第3卷，第495页。

③ 《资本论》第3卷，第499页。

④ 《马克思恩格斯选集》第3卷，第629页。

和压力之下，国家逐步取消政府对国有企业投资股市的限制性规定，最终允许全部的国有股流通，这样的结果就将可能使国有控股的企业走向私有化。

可见，马克思“重新建立的个人所有制”是指未来共产主义是社会的所有制，是生产资料公有制，股份制只是资本主义私有制走向未来社会所有制的过渡形式，股份制不是公有制。

不破哲三的《〈资本论〉中的未来社会论》述评

张杨[①]

（河北金融学院）

马克思在《资本论》第二版跋中说：“辩证法，在其合理形态上，引起资产阶级及其空论主义的代言人的恼怒和恐怖，因为辩证法在对现存事物的肯定的理解中同时包含对现存事物的否定的理解，即对现存事物的必然灭亡的理解；辩证法对每一种既成的形式都是从不断的运动中，因而也是从它的暂时性方面去理解；辩证法不崇拜任何东西，按其本质来说，它是批判的和革命的。”日本共产党原总书记、著名理论家不破哲三认为这是最能够代表《资本论》整本巨著的关键表述，其中，“现存事物”是资本主义生产方式，“肯定的理解”是指这种生产方式是人类社会发展的一个阶段，同时也为向下一个历史阶段过渡做准备，而“必然灭亡的理解”是指资本主义生产方式内部所存在的必然灭亡规律以及由其向社会主义、共产主义社会过渡的必然规律。不破哲三认为：“《资本论》从资本主义生产方式的必然性入手，证明了人类社会必然向未来社会过渡的历史趋势，这是该书中最重要的结论之一。”

一、不破哲三视野下《资本论》中资本主义生产方式的界限

不破哲三批判性揭示出资本主义生产方式的矛盾中的重要过渡因素，对21世纪资本主义危机以及资本主义新形态进行了深入分析。这些观点有利于正确认识资本主义发展界限和趋势，加深对当代资本主义生产方式中隐藏的矛盾的理解。

（一）资本主义生产方式中包含着重要的过渡因素

不破哲三通过对《资本论》等马克思主义经典著作的研究，得出资本主义生产方式向

① 张杨，河北金融学院理论经济学副教授、中国社会科学院大学马克思主义学院博士、中国政治经济学学会副秘书长、中国社会科学院大学政治经济学学会会长。研究方向：马克思主义政治经济学。

社会主义、共产主义生产方式过渡的重要因素包括利润最大化主义和工人斗争两个方面。

一方面，利润最大化主义成为资本主义从发展到灭亡的重要推动力。马克思指明，资本主义从发展到灭亡的原动力就是无限制地追逐剩余价值，而且产业资本家在资本主义生产过程中所榨取的部分剩余价值还要在流通领域中转化为商业利润、借贷利润、地租等形式的资本。资本主义社会所追逐的不再是使用价值的富有，而是在激烈的市场自由竞争中通过赚取价值来巩固市场地位，特别是随着工场手工业向机械大工业的发展以及产业革命的不断深化，时至今日围绕利润最大化的竞争还在无限制地展开。不破哲三指出："马克思在《资本论》第1卷第2篇第4章'货币转换为资本'的一章中，在论及'资本是什么'时最早论述了'利润最大化'问题。"马克思说："G—W—G循环是从货币一极出发，最后又返回同一极。因此，这一循环的动机和决定目的是交换价值本身。"在公式G—W—G中具有资本家第一次所投入的G与第二次交换所得到的G是同一质之间的矛盾，而在资本主义生产方式中虽然公式前后的G在质上是相同的，但是在量上是不同的。马克思进一步得出资本主义生产过程的完整公式是G—W—G'，在G'中就包含了价值增殖部分也即剩余价值。马克思指明这种无休止的谋取价值增殖的利润是资本家的主观的、直接的、唯一的目的，才使资本家"作为人格化的、有意志和意识的资本执行职能"。在利润最大化原则的强力推动下，资本家作为资本的人格化表现为社会机制的作用，而且还是推动这一机制不断运转的主动力量。这就在客观上为未来社会的到来提供了物质生产所需要的诸多条件。

另一方面，工人斗争及其所取得的成果促进了资本主义生产方式的转变。马克思在《资本论》第1卷第7篇"资本主义积累的历史趋势"中，对于资本主义必然灭亡的历史趋势进行了解读。马克思论证了资本主义私有制剥夺以自由劳动为基础的小生产者权力的历史过程。此后大资本开始逐渐吞噬小资本，大资本家通过资本集中积累了大量资本。马克思说："社会的物质生产力发展到一定阶段，便同它们一直在其中运动的现存生产关系或财产关系（这只是生产关系的法律用语）发生矛盾。于是这些关系便由生产力的发展形式变成生产力的桎梏。那时社会革命的时代就到来了。随着经济基础的变更，全部庞大的上层建筑也或慢或快地发生变革。"不破哲三认为，生产关系桎梏化的两处表述虽然在语言表述上有共同性，但也要重视两种表述的不同内涵，并从中明确马克思革命理论的发展过程。在《序言》中，马克思是专门从生产力与生产关系相矛盾的经济关系视角出发，认为革命的阶级在经济矛盾深化发展后就能自觉登上历史舞台也即"'危机＝革命'论"。但在《资本论》第1卷完稿时，马克思也深刻地认识到如果没有无产阶级的成长与壮大是不可能发生革命的，特别是随着剥削程度的不断加深，在资本主义生产方式下被训练、联合和组织起来的工人阶级的主体性地位越发重要。

（二）新世纪资本主义迎来了危机爆发的时代

在《资本论》发表150多年后，不破哲三认为，回答“21世纪现代资本主义的‘利润最大化’原则是否改变，马克思所预言的资本主义必然灭亡能否回避”等一系列世纪之问的答案都是否定的。不破哲三强调：“必须指出21世纪的资本主义不但不能规避利润最大化的弊端，而且还会产生出一系列在马克思所处的时代所无法预见出的新矛盾和新困难，从而使其陷入更为深刻的危机中无法自拔。”不破哲三认为新世纪资本主义世界的社会贫富差距问题、核电问题和全球气候变暖问题是在资本主义生产方式下不可调和矛盾的激化。不破哲三指出：“通过现代贫富差距、核电、全球气候变暖等问题可以看出‘资本主义必然灭亡’的现实比马克思时代还要深刻与强烈，也昭示了21世纪资本主义的前途与命运。我们已经听到了未来社会即将到来的脚步声。”新世纪资本主义生产方式下所暴露的三大社会问题如下：

第一是社会贫富差距问题。不破哲三就此指出：“对于现代资本主义贫富差距的加大岂止是格莱斯顿所表示的‘忧虑’，而是以一种令人绝望的天文级的规模在恶化。”据国际救援组织联盟乐施会2018年关于全球贫困问题的调查报告显示，占到世界人口1%的7400万富裕阶层占据了世界82%的财富，而占世界人口一半的37亿人却占有不到1%的财富，这种贫富差距已经超过了4100倍。该报告还指出贫富差距问题仍在逐年加大，“世界亿万富翁的资产2010年以来每年平均增长13%，而一般工薪阶层工资收入的增长不足2%。……股东或管理层报酬增加的同时，劳动者的工资水平和劳动环境却始终没有得到改善”。报告还直指现代贫富差距进一步加大的重要原因是整个世界对于劳动者保护程度的衰退、大企业集团对于国家政策制定的决定性影响力日益增加以及为了追求利润最大化而肆意削减成本。此外，伴随着贫富差距的加大，男女不平等问题也日益加重，女性劳动者不仅收入低而且所从事的工作极不稳定，导致其陷入更为不利的境地。

第二是核电问题。不破哲三认为：“利润最大化主义在现代日本最典型的体现是二战以来核电的安全性问题和处理成本问题。在没有经过充分论证的前提下核电被肆意扩展，并把其负担通过政府转嫁给了国民。”2018年1月世界核电站的总数是443座，其中美国99座、法国58座、日本42座。在日本就集中了世界10%的核能发电。时至今日世界经历了三大毁灭性的核泄漏事件——分别是三哩岛核泄漏事故（1979）、苏联切尔诺贝利核泄漏事故（1986）、日本福岛核电站核泄漏事故（2011）。核电的开发、维护、回收以及事故赔偿等费用实际上只有小部分由电力公司承担，大部分会通过税收的形式转嫁给国民从而极大地加大了国民的负担。

第三是全球气候变暖问题。不破哲三认为，资本主义生产方式以及利润最大化主义带来了全球气候变暖的人类危机。1860 年以来，由于资本主义生产方式片面追逐利润最大化，在生产、消费等领域出现了大量的资源浪费与环境污染，致使全球二氧化碳量迅猛增多，维持人类生存的大气层也遭到了极大的破坏。1860 年世界人口约为 13 亿人，共排出约 4.8 亿吨二氧化碳，人均排出约 0.37 吨；而 2014 年世界人口约为 72 亿人，共排出约 361.4 亿吨二氧化碳即 1860 年的 75.3 倍，人均排出约 5.02 吨即 1860 年的 13.6 倍。

二、不破哲三视野下《资本论》中未来社会论的样态

（一）未来社会的样态

不破哲三强调了马克思所指出的未来社会是用共同的生产资料来进行共同劳动。在资本主义生产方式下虽然也是生产者的共同劳动，但这是在生产资料资本家所有的前提下被支配的共同劳动，只在单个企业内部具有一定的计划性，而从社会全体来看是处于一种无政府状态。相比之下，在未来社会生产资料从资本家手中向社会公有转移，共同劳动和社会所有的规模将不断扩大，社会的生产才能更有计划、更可协调，在此基础上再建个人所有制。不破哲三强调，马克思和恩格斯在著作中多次论述的“生产资料社会化”是向未来社会经济体制发展的出发点。不破哲三运用唯物辩证法中否定之否定的原理，总结出生产资料和生活资料发展的历史过程与趋势，“出发点：生产者通过自己的劳动使生产资料和生活资料都归自己所有；最初的否定：随着资本主义生产方式的发展，生产者生产资料的所有权被否定，消费资料的所有更是被严格限制；否定之否定：由于社会的变革，重建公有制，消费资料归劳动者个人所有的同时，土地和生产资料归全体生产者共同占有”。

（二）未来社会的特征

不破哲三所论证的《〈资本论〉中的未来社会论》把未来社会的特征归纳为三个。

第一个特征是生产者成为未来社会的主人。在未来社会，生产者自己生产出来的价值主要归生产者自己所有。马克思在《资本论》第 3 卷第 7 篇中指出：“因此，利润的一部分，即剩余价值的一部分，从而只体现新追加劳动的剩余产品（从价值方面来看）的一部分，必须充当保险基金。……这也是在剩余价值和剩余产品，从而剩余劳动中，除了用来积累，即用来扩大再生产过程的部分以外，甚至在资本主义生产方式消灭之后，也必须继续存在的唯一部分。”

第二个特征是经济活动得到根本改变。在资本主义社会，剩余价值的剥夺与扩大是唯一的最主要目的，在未来社会人的自由发展本身成为经济活动的主要目的，而且劳动者的联合以及劳动者与生产资料的结合成为未来社会最鲜明的特征。不破哲三按照马克思在《资本

论》原稿中的论证顺序，进行了引证。在《资本论》第 1 卷的第 22 章中，马克思指出未来社会是“一个更高级的、以每一个个人的全面而自由的发展为基本原则的社会形式”。未来社会最大的经济特征就是在生产过程中，使得有意识、有计划地对生产进行管理成为可能。

第三个特征是经济飞跃式发展。在资本主义生产方式下，许多企业希望把自身全部的生产力水平在市场中得到最大限度的发挥，从而必然产生大量商品过剩和无用浪费。特别是随着经济危机程度的加重，企业经营更加恶化甚至大量倒闭，劳动浪费、生产资料浪费、商品浪费、资源浪费等一系列大规模浪费问题愈演愈烈。而未来社会可以实现劳动的节约和劳动时间的缩短。不破哲三认为“在资本主义社会，有无数职能看起来是不可或缺的，但实际上在未来社会是完全没有必要的”，而未来社会经济关系、经济职能的进一步简化必然会极大地节约劳动，从而使经济活力进一步提升。不破哲三以日本的赌博业和金融业为例，说明赌博业对社会是有害的事业，但在利润最大化主义的推动下，不仅资本家乐此不疲，就连政府也乐观其变。

三、不破哲三《〈资本论〉中的未来社会论》的研究风格

不破哲三的《〈资本论〉中的未来社会论》体现出日本马克思主义理论家研究的鲜明风格，树立起当代国外马克思主义经济学研究的一面独特的旗帜。

第一是不破哲三的研究忠于马克思的原文、原意展开论述。不破哲三在《〈资本论〉中的未来社会论》研究中，有理有力、生动准确地引用马克思恩格斯著作中的原文对未来社会进行论述。不破哲三主要以《资本论》为主进行翔实的引证，在必要的时候也引用了大量《资本论》以外的马列著作来佐证。

第二是在明确资本主义界限的基础上对未来社会进行相对应的构筑。不破哲三认为，马克思所指的“现有的生产资料和劳动力可以直接而有计划地更合理的结合”的前提条件即为“资本主义生产的界限”。不破哲三通过论证资本主义生产方式中的内部矛盾即利益最大化主义和外部矛盾即工人积极的斗争，直指新世纪资本主义世界中社会贫富差距问题、核电问题和全球气候变暖问题。

第三是对未来社会论的研究避免落入空想的陷阱。不破哲三在未来社会论研究的开始就开宗明义地引用马克思给斐迪南·多梅拉·纽文胡斯写的信中的内容，强调对未来社会的研究如作纯学理的详尽预测必然会削弱当前斗争的力量。马克思在信中早已指明：“任何工人代表大会或社会党人代表大会，只要它们不和这个或那个国家当前的直接的条件联系起来，那就不仅是无用的，而且是有害的。”此外，不破哲三引用了恩格斯写给朱泽培·卡内帕的书信的内容：“要用几句话来概括未来新时代的精神，而又不堕人空想主义或者不流于空泛辞藻，几乎是不可能的。”

/第五部分/

新中国70年经济建设与中国特色社会主义政治经济学研究

中国特色社会主义共享经济的形成与发展

李炳炎[①]
（中共江苏省委党校）

自从2008年世界经济金融危机爆发并不断扩散延伸以来，资本主义世界经济走向低迷衰落。我国经济在维持了多年高速增长之后，也进入了“三期叠加”的经济新常态，转向降低速度、调整结构、提高质量的改革。在这样的国际国内经济大背景下，共享经济应运而生。作为一种新兴的经济业态和经济运行机制，共享经济由于天然具有化解过剩产能、消费闲置资源、抵御经济“滞胀”、抑制贫富分化、保护和改善生态环境等本质特性与功能，而日益引起世界各国的关注与采用。中共十八届五中全会确立了“创新、协调、绿色、开放、共享”的新发展理念。

“共享”理念首次被提升到国家发展战略层面高度。2017年7月，国家发展改革委联合相关部门出台了《关于促进分享经济发展的指导性意见》，为我国发展分享经济和共享经济指明了方向，提供了对策措施。由此可见，未来在我国要大力发展共享经济的政策导向是十分明确的。推进共享式发展，大力发展中国特色社会主义共享经济，是一场深刻的变革，意义深远。从理论与实践相结合的维度深入研究中国特色社会主义共享经济问题，是新时代的召唤。

一、中国特色社会主义分享经济向共享经济转变

（一）中国特色社会主义分享经济的产生

20世纪80年代初，“分享经济”这个前所未闻的经济术语及其运行机制，几乎同时被中西方学者提出，对传统的世界经济思想体系形成了巨大的冲击。为正处于社会主义经

① 李炳炎，经济学博士，中共江苏省委党校特岗教授，中央财经大学博士研究生导师，江苏省有突出贡献的中青年专家，享受国务院政府特殊津贴的专家，中国经济规律研究会副会长，世界政治经济学学会常务理事，中国社会科学院世界社会主义研究中心常务理事，中国《资本论》研究会常务理事。研究方向：政治经济学、分享经济理论。

济体制改革探索阶段的中国和深陷经济“滞胀”危机中的西方资本主义国家，提供了摆脱困境的理论导向和实施方案。

分享经济在中国的发展过程中出现了多种实践形式。一是企业职工劳动报酬与企业实现利润挂钩、工资和效益挂钩俗称“工效挂钩”、企业“除本分成制”、企业净产值分成制、企业净收入分成制、企业效益拆成制等特色模式；二是将股份制植入公有制经济，创造了作为以劳动为主的资本与劳动的联合体即农村股份合作制组织、城市工人所有制股份公司；三是把员工持股纳入现代企业制度建设，在新建的股份公司中较普遍地实施内部职工股；四是部分企业实行了有限入伙、股份期权等现代分享制。

（二）中国特色社会主义分享经济的运行机制

在中国经济体制改革实践中由工人群众创造的新型企业制度“企业净收入分成制”，是中国特色社会主义分享经济的典型实践形式。笔者对其运行机制做了长期深入观察与研究，做出了理论上的总结提炼。“企业净收入分成制”的运行机制，就是中国特色社会主义分享经济的运行机制。它包括以下三种相互协调配套的运行机制：

第一，激励机制。通过利益分享的手段协调国家、企业和劳动者个人三者之间的利益关系，三者的利益按事先确定的比率同方向增加或减少，从而形成利益命运共同体。这就促使政府、企业和劳动者个人三者心往一处想，劲往一处使，构成强劲的激励动力的合力。

第二，约束机制。首先，实行净收入分成制的企业以实现净收入最大化为经营目标。为此，一是必须提高劳动生产率，增加产值和销售收入；二是必须提高管理水平，降低生产资料成本。其次，企业净收入分成制通过事先确定的国家、企业和职工三者分成的比例，有效地约束和规范了政府和企业的分配行为。杜绝了国民收入分配中国民收入向政府倾斜、企业谋求企业基金最大化等自利行为。确保了劳动者收入在国民收入中所占比重，从而形成对国民收入分配行为的硬约束。

第三，协调机制。首先，实行净收入分成制的企业以净收入最大化为经营目标，必然要求销售收入最大化。为此，必须以销定产，以市场需求的导向生产适销对路的产品，形成市场对企业的调节机制。其次，在实施净收入分成制条件下，国家、企业和劳动者个人三者利益得到兼顾。在中国特色社会主义经济中实行按劳分配为主、按要素分配为辅的分配原则，可以通过分享机制得以实现。从而使效率与公平难以兼顾的矛盾得到解决，形成效率与公平兼顾的协调机制。最后，这种利益分享的新的经济运行机制可以实现从利益独占到利益分享的转变。从而让各个经济主体风险共担、利益共享，经济运行的扭曲和自利行为得到矫正和遏制，形成利益协调机制。

在以上三种机制的相互配合、共同作用下，企业发展动力和活力大大增强，就能实现持续平稳高速发展。

（三）向中国特色社会主义共享经济转变

首先，要明确“分享”与“共享”的联系和区别。“分享”概念的含义比较广泛，通常所说的“分享”，是指将“分享”主体所占有的对象分给“分享”客体。在这一过程中“分享”的主体通常带有一定的目的性。其次，中国特色社会主义共享经济是对中国特色社会主义分享经济的继承和发展。它是在坚持中国特色社会主义分享经济基本原理和发展宗旨的基础上，借鉴世界各国发展共享经济的经验，结合我国发展现实需要而发展起来的。再次，与中国特色社会主义分享经济相比较，中国特色社会主义共享经济在继承中国特色社会主义分享经济本质的基础上，具有更多的优点。进入21世纪以来，随着互联网技术快速发展的推动，中国特色社会主义分享经济势必要嬗变为中国特色社会主义共享经济。

二、中国特色社会主义共享经济的运行机制与功能作用

（一）中国特色社会主义共享经济的产生

如今人们所说的共享经济，是指以互联网和信息技术为依托，以社会信任为纽带，以获取价值报酬为主要目的，所形成的使个人或群体的闲置物品或资源使用权实行共享的开放性交换系统。由该定义可见，共享经济具有四个要素：第一，公众。它构成了共享经济的参与主体，随着共享经济的发展壮大，将来会延伸至企业和政府。第二，闲置资源。具体指物品、资金、房产等有形资源和个人技能、知识与服务等无形资源。第三，社会化平台。指能迅捷实现参与主体之间点对点对接的大规模共享平台。第四，报酬或价值的提升。共享经济供需双方的参与目的，在于降低成本、增加收入。只有实现供需双赢，才具有可持续性。由此可见，共享经济既能为消费者创造价值，也能增加生产者的利润，是一种共富经济模式，它将成为引领世界经济增长的重要力量。

中国特色社会主义共享经济的产生和发展，主要来自中国特色社会主义分享经济自身的成长发展，同时从形式上借鉴了西方共享经济的运行机制。中国特色社会主义共享经济的运行机制，既是公有制经济的本质所决定的，又与西方共享经济的运行机制有相同之处。真正的全面的共享经济，就是全体人民共同享有生产资料，共同享受生产劳动，共同享用生活资料。

（二）中国特色社会主义共享经济的运行机制

中国特色社会主义共享经济的运行机制是与社会主义市场经济体制有机结合在一起的。在以下几种运行机制的协动作用下，正在形成推动我国社会主义经济发展的强劲动力。

第一，所有权与使用权相分离。共享经济的参与者追求的是各种闲置资源的使用权而不是所有权，只求使用，不求占有。通过所有权与使用权相分离的方式，从而高效、高频、重复地使用闲置资源，有效地减少了个人占有资源的规模和时间，从而缓释了社会经济发展的资源压力。互联网技术的快速发展扩大了物资使用的时间和空间维度，虚化了所有权与使用权的边界。一方面，互联网技术使得物资使用权获取的信息成本较低，在一定程度上使用权显得比所有权更具价值；另一方面，未被充分利用的闲置资源大量集聚，所有权的独占性受到挑战，进一步压缩了所有权的价值，必然走向共享所有权。最终，在独占式所有权的演进过程中，资源闲置和利用低效问题将会得到迅速解决。

第二，需求池与供给池匹配。需求方与供给方的协调高效匹配是共享经济发挥规模效应的前提条件。共享经济的运行会推动技术变革，而技术变革则会推动服务供给日益高效、便捷，从而迎合了消费者的消费取向。在传统消费模式下，消费者往往被动地接受营销、打折、获客等销售手段。基于互联网和信息技术之上的新兴的共享式消费模式有效地克服了信息的不对称性，大大提升了消费者的消费主动性和消费积极性。

第三，信息脱域与信用约束缓释。在互联网技术下，共享经济所有权与使用权相分离，需求与供给者双方相互匹配有效互动，是以信用机制的建立为前提的。在陌生社会成员之间构建信用机制的关键在于：一是共享平台是否有效收集、审核及公开信息；二是存在对共享标的需求者的客观评价体系；三是标的供应者的信用等级；四是严格的失信甄别和惩罚机制。所以，共享经济的产品或服务的提供者在面临与不确定的具有个性化需求的需求者博弈的过程中，最好的选择便是提高服务水平从而获得用户的好评。共享经济的这种以大数据为依托的“脱域”的信息透明过程，形成了自我强化的信用征集机制，构成了共享平台的信用硬约束。

（三）中国特色社会主义共享经济的功能作用

中国特色社会主义共享经济通过其运行机制可以从多方面发挥调节经济社会发展的独特功能作用。

第一，化解过剩产能。我国以往曾盲目追求经济超高速增长，加上过强的经济刺激政策的施行，投资增长过大，导致大量产能过剩，形成严重问题。在如今需求不足的情况下，大量过剩产能难以消化，成为产业结构优化升级实现高质量发展的桎梏。而中国特色社会主义共享经济则具有通过及时化解过剩产能从而抑制产能过剩的功能。它能将社会上海量分散的资源进行快速整合、供需匹配和循环利用，实现经济社会价值创新的跃升，为化解过剩产能提供一条有效途径。

第二，促进经济增长。目前我国已步入经济新常态，积极培育经济增长新动能是面临的紧迫任务。中国特色社会主义共享经济内含包容互鉴、互惠共享的发展理念，具有培育经济增长新动能和导向共同富裕的机制。首先，共享经济能发挥就业蓄水池的作用。由于它能为市场提供多样化的就业渠道和机会，能解决产能过剩行业因去产能、去库存而产生的职工再就业问题，也能解决贫困地区通过增加劳动力就业从而脱贫问题。其次，共享经济有助于优化要素资源配置，提高经济运行效率。

第三，改善生态环境。我国生态环境恶化已经严重威胁我国经济社会的可持续发展。共享经济的发展能够从三个方面保护和改善生态环境。其一，中国特色社会主义共享经济的发展能够减缓对未开发资源的开发和消耗。对于自然资源来说，它们并非都是可再生的。那些大量的不可再生的资源的过度消耗，将会严重破坏生态平衡，侵蚀生态底色，人类的生存环境会随之受到严重破坏。共享经济运行所引发的居民消费理念的变化有效地延长了物资的使用时间，因此减少了资源的浪费和过度消费。在供给端，滴滴出行等共享平台的出现，既能缩减汽车生产，又能减少汽油的消耗从而减少大气污染。其二，中国特色社会主义共享经济的运行能够显著减少污染物的排放。据相关研究显示，房屋和汽车的共享能够显著降低碳排放。共享汽车的广泛推行，既能减少交通拥堵所造成的污染物排放，又能因压缩新汽车生产而减少生产环节的污染物排放。其三，中国特色社会主义共享经济的运行能够促进环保产业发展。共享经济理念的逐步盛行降低了环保企业的进入门槛，为环保企业提供了转型发展的机遇。

三、促进中国特色社会主义共享经济发展的对策思考

第一，面对政府监管难题。作为新兴业态的中国特色社会主义共享经济，对传统的交易模式产生了颠覆性的突破，衍生出复杂的主体关系和多元化的治理对象及内容，从而对根植于传统经济运行模式的政府监管机制带来巨大的挑战。首先，政府难以平衡让共享经济放任创新与既有法律规制的关系。其次，共享经济交易主体的多元化、交易标的的多样化和交易媒介的网络化，严重地冲击了传统的政府监管模式。最后，共享经济模式下大量临时性的非专业的从业人员的涌入，对于消费者的个人安全与利益会产生威胁。

第二，相关法律规制的缺位。中国特色社会主义共享经济是技术变革所催生的新生事物，作为创新的经济业态的发展，总是超前于法律规制体系的构建。目前，一方面，我国现有法律法规大多制定较早，难以适应于跨行业、跨区域和网络化的共享经济模式；另一方面，市场主体对共享经济模式的认识还处于模糊不清的阶段。因而在提供的产品和服务多样化、市场参与主体多元化、共享平台网络化的背景下，经济共享发展过程中出现诸多利益纠纷和各种权利难以界定等问题，衍生出比传统的经济形态远为复杂的法律关系。

中国特色社会主义政治经济学重大原则学理研究

李正图[1]

（上海社会科学院）

中国社会科学院首批学部委员、学部主席团成员兼马克思主义研究学部主任程恩富教授曾经对习近平总书记提出的“中国特色社会主义政治经济学的重大原则”进行了细分，提出了“八大原则”[2]。我们知道，任何原则的提出都是基于一定的“学理”。只有在学理研究的基础上才能更深刻地理解“原则”。本文正是基于程恩富教授进一步细分的“八大原则”展开对中国特色社会主义政治经济学重大原则中公有主体型产权原则的学理研究。

一、关于中国特色社会主义政治经济学重大原则的研究

中国特色社会主义政治经济学的重大原则是中国特色社会主义政治经济学理论体系的重要有机组成部分，是习近平总书记在不同时间提出来的。2014 年 7 月，习近平总书记强调“各级党委政府要学好用好政治经济学”。2015 年 11 月 23 日，习近平总书记在主持中共中央政治局第二十八次集体学习时首次明确提出“中国特色社会主义政治经济学”的概念，这一概念的提出开拓了马克思主义政治经济学中国化的新境界，推进了中国特色社会主义理论体系（尤其是经济理论体系）的发展。2015 年 12 月，习近平总书记在中央经济工作会议上明确提出了“坚持中国特色社会主义政治经济学的重大原则”。

上述习近平总书记的三次讲话，开启了中国特色社会主义政治经济学的研究，韩宝江、简新华、程恩富从不同角度对“中国特色社会主义政治经济学的重大原则”进行了阐述。

简新华等认为中国特色社会主义政治经济学的主要内容包括八个基本方面；韩宝江提出了“六个结合”；程恩富比较全面地论述了中国特色社会主义政治经济学主要体现的五

① 李正图，上海社会科学院经济研究所，研究员、博士生导师。

② 程恩富：《要坚持中国特色社会主义政治经济学的八个重大原则》，《经济纵横》，2016 年第 3 期。

个方面，并在此基础上程恩富把习近平总书记提出的“中国特色社会主义政治经济学的重大原则”细分为“八大原则”。

我完全同意上述三位著名学者的看法。为深入理解习近平新时代中国特色社会主义经济思想，我认为需要对三位学者的观点做进一步的细化、深化研究。接受程恩富教授委托，我承担他提出的“八大原则”中“公有主体型的产权原则”深化研究。

二、解读程恩富教授提出的“八大原则”

（一）科技领先型的持续原则

程恩富教授指出，这一原则“强调解放和发展生产力是社会主义初级阶段的根本任务，是社会主义本质的组成部分之一，是社会主义社会的物质技术基础，经济建设是中心工作；强调人口、资源与环境三者关系的良性化，应构建‘人口控减提质型社会’‘资源节约增效型社会’‘环境保护改善型社会’的‘三型社会’，高水平地实现可持续发展；强调自主创新，建设创新型国家，创新是发展的第一动力，要实施创新驱动战略”。这就是说，科技领先型的持续原则体现三个强调：社会主义初级阶段的根本任务是解放和发展生产力、构建“三型社会”和实施创新驱动战略。

（二）民生导向型的生产原则

程恩富教授指出，这一原则“依据政治经济学的一般原理，强调社会主义初级阶段的主要矛盾是人民群众日益增长的物质文化需要同落后的社会生产之间的矛盾，而又好又快地发展生产和国民经济，便能缓解这一主要矛盾；强调发展是硬道理，发展是第一要务；强调要坚持以人民为中心的发展思想，这是马克思主义政治经济学的根本立场，要坚持把增进人民福祉、促进人的全面发展、朝着共同富裕方向稳步前进作为经济发展的出发点和落脚点，部署经济工作、制定经济政策、推动经济发展都要牢牢坚持这个根本立场；强调人民主体性，发展要依靠人民、发展的目的是为了人民、发展的成果要惠及人民，改善民生就是发展。总之，这些都体现了社会主义性质的生产目的性原则和根本立场”。这就是说，民生导向型的生产原则基于主要矛盾，强调通过发展来解决问题，坚持以人民为中心，改善民生就是发展，集中体现了社会主义的生产目的性原则和根本立场。

（三）公有主体型的产权原则

程恩富教授指出，这一原则“依据政治经济学的一般原理，强调初级社会主义由于生产力相对不发达，因而必须坚持公有制为主体、国有制为主导、多种所有制共同发展的基本经济制度；强调要毫不动摇巩固和发展公有制经济，毫不动摇鼓励、支持、引导非公有制经济发展，推动各种所有制取长补短、相互促进、共同发展，同时公有制主体地位不能动摇，国有经济主导作用不能动摇，这是保证我国各族人民共享发展成果的制度性保证，也是巩固党的执政地位、坚持我国社会主义制度的重要保证；强调这一基本经济制度有别于私有制为主体、多种所有制共同发展的当代资本主义基本经济制度，如果操作得法，公有制不仅可与市场经济有机相融，而且可比私有制实现更高的公平与效率。同时必须看到，在当今世界国家政权还是一种必须存在的历史时期，国家所有制仍是一种具有合理性的社会主义所有制形式”。这就是说，公有主体型的产权原则体现了适应社会主义初级阶段生产力特征和坚持“两个毫不动摇”，集中体现了基于社会主义初级阶段多层次生产力水平的客观现实的产权设置原则。

（四）劳动主体型的分配原则

程恩富教授指出，这一原则“依据政治经济学的一般原理，强调初级社会主义由于生产力相对不发达，由于坚持公有制为主体、多种所有制共同发展的产权制度，因而必然实行按劳分配为主体、各种生产要素凭借产权的贡献参与分配这一基本分配制度；强调消灭剥削、消除两极分化，逐步实现共同富裕，这是社会主义的一个本质内容；强调共同富裕是中国特色社会主义的重要原则，要完善按劳分配为主体、多种分配方式并存的基本分配制度；强调要缩小收入差距，坚持居民收入增长和经济增长同步、劳动报酬提高和劳动生产率提高同步，健全科学的工资水平决定机制、正常增长机制、支付保障机制，完善最低工资增长机制，完善市场评价要素贡献并按产权贡献分配的机制”。这就是说，劳动主体型的分配原则是基于生产力、所有制结构客观现实和共同富裕终极追求的。

（五）国家主导型的市场原则

程恩富教授指出，这一原则“依据政治经济学的一般原理，强调社会主义可以实行市场经济，而社会主义本身包含国民经济的有计划和按比例发展，要在国家调控主导下发挥市场在资源配置中的基础性作用，使市场在一般资源配置中起决定性作用和更好发挥政府作用；强调着力解决市场体系不完善、政府干预过多和监管不到位问题，必须积极稳妥从广度和深度上推进市场化改革，大幅度减少政府对资源的直接配置，推动资源配置依据市场规则、市场价格、市场竞争实现效益最大化和效率最优化；强调政府的职责和作用主要是保持宏观经济稳定，加强和优化公共服务，保障公平竞争，加强市场监管，维护市场秩序，推动可持续发展，促进共同富裕，弥补市场失灵”。这就是说，国家主导型的市场原则是正确处理社会主义市场经济条件下政府与市场关系的根本原则。

（六）绩效优先型的速度原则

程恩富教授指出，这一原则“依据政治经济学的一般原理，强调我国 20 世纪 80 至 90 年代在不断提高经济效益的基础上，国内生产总值大体翻两番，而到 2020 年，将实现国内生产总值和城乡居民人均收入比 2010 年翻一番，全面建成小康社会；强调在 30 多年高速增长的情况下，从 2013 年开始我国进入经济新常态，其标志之一是从高速增长转向中高速增长，重点是过去突出增长速度的粗放型经济发展方式向突出经济绩效的集约型经济发展方式转变，以提质增效为中心”。这就是说，绩效优先型的速度原则已经从注重高速增长转变为注重高质量增长。

（七）结构协调型的平衡原则

程恩富教授指出，这一原则“依据政治经济学的一般原理，强调我国产业结构应从中低端向中高端提升，一二三次产业内部和之间在不断现代化基础上保持平衡，省市和区域结构应异质化发展，外贸结构应增加高新技术含量和自主品牌，企业结构应构建我国大型企业集团支配、中小企业和外资企业并存的格局，技术结构应增大我国自主创新核心技术和自主知识产权比重，供求结构应保持供给略大于需求的动态总量平衡，金融发展应为实体经济服务，虚拟经济不宜过度发展，新型工业化、信息化、城镇化、农业现代化应相互协调”。这就是说，结构协调型的平衡原则基于经济体系客观规律，从传统经济体系平衡过渡到现代化经济体系。

（八）自力主导型的开放原则

程恩富教授指出，这一原则“依据政治经济学的一般原理，强调我国要在自力更生主导的基础上坚持双向对外开放基本国策，善于统筹国内国际两个大局，利用好国内国际两个市场、两种资源，发展更高层次的开放型经济，积极参与互利共赢型的全球经济治理，同时坚决维护我国发展利益，积极防范各种风险，确保国家经济安全；强调引进来与走出去并重、后发优势与先发优势并重的方针，大力发展中方控股份、控技术（核心技术和技术标准）和控品牌（世界名牌）的‘三控型’跨国公司，防止陷入传统的‘比较优势陷阱’，实行自主知识产权优势理论和战略”。这就是说，自力主导型的开放原则突出强调“开放”，根本前提是“自力主导”，也就是说，中国的开放主导权是掌握在中国手中，而不是掌握在西方手中。

综上，不难看出，程恩富教授对习近平总书记提出的“坚持中国特色社会主义政治经济学的重大原则”的阐释是马克思主义政治经济学与中国特色社会主义经济建设实践相结合的理论创新，体现了马克思主义的中国化，是对中国特色社会主义政治经济学理论的原创性贡献。不仅如此，八大原则之间相互联系、相互依赖、互为因果、前后连贯，构成“中国特色社会主义政治经济学的重大原则”体系，从学理到原则是中国特色社会主义政治经济学原理的原则化，下面笔者将从学理上对“公有主体型的产权原则”进行研究。

三、“公有主体型的产权原则”学理研究的逻辑框架

构思出一个系统全面、完整的逻辑框架，这一逻辑框架既要基于研究对象的客观规律及其体系，也要基于研究对象的主观取向。同样，一个国家秉持什么样的主体型产权原则既取决于客观规律，也取决于这个国家的主观取向。

从客观规律角度：需要从同一时空中生产力发展水平的多层次并且不同生产力之间的主体和从属关系角度探讨政府秉持主体型产权原则的生产力基础、所有制经济基础以及产权法基础。

从主观取向角度：需要探讨政府秉持主体型产权原则的主观价值取向。政府对生产力基础、所有制经济基础、产权基础的主观取向分别决定了政府秉持的生产力原则、所有制经济原则和产权原则。同时政府秉持的生产力原则既受政府对产权基础主观取向的直接影响，也受政府对生产力基础和所有制经济基础主观取向的间接影响。

总之，生产力基础、生产关系基础、产权基础决定政府秉持的产权原则是客观规律，而政府秉持的生产力原则、所有制经济原则以及产权原则的主观取向决定政府秉持的产权原则是主观规律。客观规律与主观规律的辩证统一、共同作用决定了政府秉持的产权原则的具体样式。在上述逻辑与历史统一的研究基础上，为体现科学研究的价值性，还需要进一步阐明中国政府必须秉持公有主体型产权原则。

改革开放以来政治经济学话语权变迁

陈弘[1]　陈家驹[2]

（南开大学）

马克思主义政治经济学与西方经济学话语权消长之争几近伴随了40多年的改革开放进程。社会主义政治经济学面对市场经济的理论准备不足、西方经济学对市场分析的适应是话语权变迁的起始原因，而借西方经济学否定马克思主义、否定我国市场化改革的社会主义性质的企图也是重要推手。话语权的消长的经验与教训提示我们，在中国特色社会主义新时代书写中国特色社会主义政治经济学，要辩证地坚持马克思主义政治经济学的科学性与革命性的统一；坚持“两个毫不动摇”、市场的决定作用与更好的政府职能的辩证统一；坚持马克思主义政治经济学指导地位与科学汲取西方经济学有益成分的辩证统一。

一、经济学理论话语权的变迁

本文所言的话语权具有两个不可分割的含义——理论体系中的概念、理论的学术地位与影响力。一种理论的学术地位与现实的影响力，离不开这一理论体系中的最基本概念，倘若一种理论体系中的基本概念的科学性被质疑乃至失去了合法性，这一理论的学术地位与影响力必定式微。

改革开放前，马克思主义政治经济学在国内经济学界乃至整个学术界有着无可置疑的话语权，政治经济学甚至因此“被赋予了专门的含义——它通常就是指马克思主义经济学”。改革开放之后，西方经济学开始在学术界乃至全社会广泛传播，由此马克思主义政治经济学与西方经济学的话语权之争伴随了40多年的改革开放进程。客观地说，马克思主义政治经济学话语权的受损、西方经济学话语权的上升，至少在相当长的期间内是无可争议的事实。

---

① 陈弘，南开大学马克思主义学院教授、博士生导师。

② 陈家驹，南开大学马克思主义学院博士研究生。

二、借鉴西方经济学的现实需要推动了话语权变迁

改革开放进程中马克思主义政治经济学与西方经济学话语权消长的原因是复杂的。我们认为，市场化取向的改革形成了学习借鉴西方经济学的现实需要，是推动这一话语权变迁的一个基本因素。

经济体制的市场化转向使得原有的政治经济学，特别是社会主义政治经济学的解释力与适用性出现了不适。受历史因素的影响，“我国的社会主义政治经济学，在很大程度上受苏联教科书的影响，把党的政策作为理论”，而“政策制度稍一改变，理论也要随之改变”。直至20世纪90年代初，“我国的政治经济学教科书，也还停留在政策经济学的阶段，随着党的政策的不断发展，需要不断修改，有些教科书把不同时期的政策合在一起，以致自相矛盾”。回首40多年的历史，党的政策的最大向前发展是党的十一届三中全会确定的改革开放，由此原有体系之下的政治经济学理论，特别我国政治经济学的教科书，对市场经济的解释力与适应力的不足就显著地显现出来。面对这样的局面，让政治经济学的理论与教学适应市场化改革，就成为迫切的任务——其时，老一代政治经济学的领军前辈孙冶方、薛暮桥、于光远都曾经尝试编纂以马克思经济理论为基础的社会主义政治经济学，而遗憾的是这个任务都没有完成。孙冶方不满意经过抢救整理狱中腹稿未能成书，历次稿本收在5卷《孙冶方全集》中的第4卷和第5卷中；薛暮桥放弃编写社会主义政治经济学教科书的夙愿，将对我国市场化改革的思考辑入了《中国社会主义经济问题研究》；于光远留下了7卷《政治经济学社会主义部分探索》。

曾经作为孙冶方首席助手的吴敬琏后来反思，根深蒂固的苏联式政治经济学的影响造成了他的社会主义政治经济学理论与已经展开的市场化改革现实的矛盾。而浸淫在市场环境中形成发展的“现代西方经济学的研究对于促进我们经济建设现代化是有用的”这一特点在市场化改革中相应地得以展现出来。从最基本的概念上考察，西方经济学的教科书既有对供给与需求、过剩与短缺等在马克思主义政治经济学话语体系中存在概念的代数、几何形式，也有机会成本、边际、弹性、乘数等未在马克思主义政治经济学话语体系之中而又契合市场经济运行的概念——从未接触过西方经济学众多的高校教师与学生为西方经济学所吸引，这是最大多数人的最基本原因。我们认为，从西方经济学中借鉴的方向没有错，即使在借鉴中出现了一些偏差，也一定要看到这种偏差出现的特定历史环境；要看到大多数偏差的人和事主要是源自两种理论差别的技术性因素，并非出自对马克思主义基本原则的主动背弃。不能因为其中出现的问题而全盘否定向西方经济学的学习借鉴，更不能由此去否定建立和完善社会主义市场经济体制的市场化改革大方向。

三、否定市场化改革的社会主义性质是话语权变迁的背后推手

而我们也必须认识到，借西方经济学否定马克思主义、否定我们市场化改革的社会主义性质，同样也是这一话语权变迁的重要推手。

“产权”（property rights）这一概念的兴起是政治经济学话语权变迁最为典型的示例。产权被认为与所有权有着重要区别而“当我们讨论市场经济条件下资源配置的效率时，就需要引入产权范畴”。而国内许多学者也曾经指出，产权这个源自科斯的概念，与马克思在《资本论》中的“所有权”几近相同。王振中曾经以恩格斯主持翻译的英文版《资本论》为例举证，中译的“所有权”的英文——proprietary rights，property rights，rights of property 与 property rights 几乎没有差别；中文版《资本论》第 23 章马克思引用赛·兰格 1844 年《国家的贫困》一段话的译文——“任何情况都不像工人阶级的居住条件这样露骨这样无耻地使人权成为产权的牺牲品”中“产权”一词对应的英文 rights of property 更是几乎与 property rights 完全相同的词汇。因而没有必要用产权替代所有权的概念。

而我们更关注这一话语变迁的特殊推力。“‘产权’与‘所有权’‘所有制’等人们熟悉的概念的称谓差异，则也是一些研究者重视产权理论的原因——产权这个新称谓可以将一些研究者彻底否定公有制的理论主张包藏起来”。科斯开拓的西方产权经济学，成为以借产权以及产权改革之名行否定公有制之实的另一匹“特洛伊木马”。尽管“只要全面、系统地研读了科斯教授的论文后就会发现”，“将‘科斯定理’作为‘私有化’的理论根据……并不很恰当”，但却挡不住“科斯定理”在一些研究者解读下，成为“私有化”的最重要理论论据。

事实上科斯的理论并非如某些传播鼓噪者宣称的那样，只是因为科斯定理“看起来宣扬的是政府仅仅扮演有限的经济角色，所以科斯成了许多保守主义的经济学家和商业团体的英雄。但实际上，他是当时占主导地位的新古典经济学的批判者”。这位倾力研究正交易成本的现实世界经济学家认为，“直接的政府管制不一定是比将问题交由市场和企业处理更好的解决方案；但同样也不能认为政府行政管制不会提高经济效率”，他自称“我笃信经济学家与政策的制定者通常倾向于对政府规制的优点评估过高；但公平地说，我的信念并不意味着不需要政府的规制”。这个被传播鼓噪者演绎成为私有化提供了产权理论基础的科斯，还曾“斥责他的经济学同事对资本主义经济的制度知之甚少，而且给其他国家，特别是在 20 世纪 90 年代初期放弃了共产主义的国家出馊主意”——“尽管那些放弃了共产主义的国家被建议实行市场经济、尽管这些国家的领导人也希望这样做，但是没有适当的制度就没有任何有真正意义上的市场经济。如果我们能更好地了解我们自己的经济，我们才更有资格给他们意见”。难怪 2013 年科斯去世，经济学家华生面对国内学界对

科斯的祭奠在微博上感叹："科斯晚年对西方主流经济学多有批评，对中国经济学人则有期待，更惊奇中国改革开放的经济成就。如他自己 98 岁时致辞所说，惊奇就是不明白。因此，把我们自己对中国改革的种种解读评论和对策建议，加在一远隔重洋的百岁老人身上，并非对逝者真正的尊重。"于这样的传播鼓噪者而言，"产权"替换"所有权"是针对公有制、产权理论，是对标国有企业改革，要证明的是"人间正道私有化"。而科斯的产权理论到底是什么与此相比根本并不重要。

更甚者也不是个案。有研究者直白宣称"公有制是一切罪恶的根源"，"没有私有制，就没有法治、自由与民主。过去，搞公有制是因为无知；现在，继续搞就是无耻"！还有媒体人呼吁要放弃"非公经济"这一称谓，因为"改革开放的进程，证明的是非公有制经济的优越性"，但"非公经济这个词儿本身已经包含价值上的优劣判断，揭示了个体户和私企的从属地位以及伴随这种优劣判断而来的所有制歧视"；而"了不起的马克思""'在协作和对土地及靠劳动力本身生产的生产资料的共同占有的基础上，重新建立个人所有制'"的名言，证明的是"共产主义的老祖宗也赞成个人所有制"。试图将公有制经济更名为"非私经济"，显然并非是对一种经济成分的名称之争，它显示的是对"社会主义公有制为主体、多种所有制经济共同发展"的社会主义初级阶段基本经济制度的否定，是建立一个以生产资料私有制为基础的"非社会主义市场经济"的企图。而这种用马克思的话做支持私有制的手段并不"创新"——陈岱孙早就警示："我们不能以照本宣科地复述经典著作为满足，更不能像时下某些人那样寻章摘句，甚至断章取义歪曲经典作家的原意，偷换自己的自由主义私货。"

四、话语权变迁对中国特色社会主义政治经济学建设的启示

我们以为，回顾 40 多年以来政治经济学话语权变迁给我们的最大启示正是必须"不断增强辩证思维能力"——中国特色社会主义的政治经济学的"书写"，要坚持三个方面的辩证统一。

第一，辩证理解马克思主义政治经济学的科学性与革命性的统一。

"哲学社会科学要有批判精神，这是马克思主义最可贵的精神品质。"马克思在《资本论》中，以科学性与革命性的统一深入地分析资本主义的经济运行，对资本主义经济制度展开了批判，揭示了资本主义生产关系的产生、发展和最终必然灭亡的规律。马克思主义"严格的和高度的科学性（它是社会科学的最新成就）同革命性结合""对世界各国社会主义者所具有的不可遏止的吸引力"，是国际共产主义运动发展、无产阶级政党建立无产阶级政权革命实践的不竭动力。在社会主义制度建立之后，马克思主义政治经济学的革命性、批判性也绝不应该退场；革命性、批判性要在推动社会主义建设中与科学性统一起

来。这样的革命性与科学性的统一，是对马克思主义立场和分析方法的继承，是中国特色社会主义政治经济学人民性的重要展现。

第二，坚持“两个毫不动摇”、市场的决定作用与更好的政府职能的辩证有机统一。

“两个毫不动摇”辩证并重不容任何一个方面动摇——既要坚决反对以公有制经济的发展否定非公有制经济，也要坚决反对用非公有制经济发展的绩效否定公有制经济、否定国有企业的做大做强做优。市场的决定作用与更好的政府职能的辩证统一的坚持，一方面要对“市场的在资源配置中起决定性作用，并不是起全部作用”予以理论上的明确和实践上的恪守，坚决抵制以市场的决定性作用否定党和政府的积极作用；另一方面要警醒和抵制将更好发挥政府作用解释为“在市场资源配置上以国有经济为主导”之类的曲解，坚决反对以更好发挥政府作用否定市场在资源配置中的决定性作用。

第三，坚持马克思主义政治经济学指导地位与科学汲取西方经济学有益成分的辩证统一。

习近平总书记指出，“坚持和发展中国特色社会主义政治经济学，要以马克思主义政治经济学为指导，总结和提炼我国改革开放和社会主义现代化建设的伟大实践经验，同时借鉴西方经济学的有益成分。”以马克思主义政治经济学为指导，首先必须谨防削弱乃至替换马克思主义的指导地位；同时也不能将坚持马克思主义政治经济学的指导地位与借鉴西方经济学的有益成分对立起来，将全盘否定西方经济学等同于坚持马克思主义立场。

创新发展中国特色社会主义政治经济学话语体系

——以“人力资本”和“劳动力商品”范畴对比分析为例

赵茂林[①] 潘越[②]

（安徽财经大学）

一、人力资本范畴对劳动力商品范畴的背离

（一）人力资本范畴

20 世纪 60 年代，美国经济学家西奥多・W. 舒尔茨（Thodore W. Schults）首次提出人力资本范畴。从此，人力资本在西方经济学中备受关注。人力资本范畴从古典政治经济学开始萌芽，由舒尔茨正式提出，并由保罗・罗默（Paul M. Romer）等人进一步发展。

人力资本范畴的本质是将劳动力当作与资本等同的生产要素，并将新古典经济学对资本的研究方法转移到劳动力上来。新古典理论始终是把经济分析的基础建立在生产函数之上，其理论的核心就是资源配置的技术关系，因而，对所有现实问题的解释完全从这套技术关系的分析入手。只是从投入产出角度分析资本投入与收益的关系，只注意到生产活动的自然方面，实际上是将生产中不是资本物的作用也归为资本物的作用，其对资本收益的计算也是不科学的。从西方经济学对人力资本的分析来看，资本发挥最大作用的时候是资本的边际收益与边际投入相等，似乎这样就能证明资本收益是与其贡献相等的。这种做法实际上是没有看到资本与劳动力之间存在的不平等关系，没有看到资本实际上不是单纯的物，而是代表一定的生产关系。

（二）劳动力商品范畴

将劳动和劳动力进行区分，是马克思《资本论》中三个崭新因素之一。马克思劳动力

① 赵茂林，安徽财经大学教授，硕士生导师，主要从事社会主义经济理论与实践以及经济思想史研究。

② 潘越，安徽财经大学经济学院硕士研究生。

商品理论是马克思剖析资本主义生产关系的重要基础。但马克思的劳动力商品理论是建立在资本主义生产条件下的，因此社会主义是否存在商品，是否应该发展商品经济，劳动力是否成为商品就成了研究的热点。从苏联斯大林时期一直到中国特色社会主义，上述问题一直是研究的重点。

马克思所提出的劳动力商品范畴的本质是反映无产阶级和资产阶级的生产关系，劳动力商品是建立在劳动力和商品两个概念基础上的经济范畴。

1. *劳动力商品范畴中的劳动力与无产阶级*

马克思劳动力范畴中的劳动力与无产阶级有密切的联系。首先，马克思提出劳动力成为商品的两个前提是：劳动者有人身自由和劳动者“一无所有”。这意味着马克思的劳动力商品范畴中的劳动力实际上是无产阶级的化身，除了拥有劳动力外“一无所有”。

2. *劳动力商品范畴中的商品交换关系与资本主义生产关系*

劳动力商品是一种特殊的商品，也像一般的商品一样反映的是一种交换关系。劳动力商品的特点是能够生产出超过自身价值的价值。因此，在与资本家的交换关系中，劳动者出卖自己的劳动力，而换取维持自身、养育子女等活动所必需的物质资料；而资本家购买劳动力用于生产使用价值，创造剩余价值，实现资本增殖。所以说，马克思提出的劳动力商品范畴反映的就是资本家雇佣劳动力进行生产的生产关系。

3. *社会主义公有制下的劳动力是否成为商品*

本文认为在社会主义条件下的劳动力是商品，但社会主义下的劳动力商品范畴不同于马克思所提出的劳动力商品范畴。商品反映的是人与人之间的交换关系，在社会主义公有制条件下依旧可以存在。从马克思的要消灭商品经济的观点到斯大林的保留部分商品经济的观点，再到毛泽东思想中有限制地发展商品经济，最后到中国特色社会主义理论体系中努力发展社会主义市场经济，不难看出商品经济是广泛存在于社会主义之中的。而劳动者对自身的劳动力拥有所有权和支配权，因此可以用来交换，劳动力即成为商品。

但是社会主义下的劳动力商品与马克思提出的劳动力商品的内涵是不同的。马克思的劳动力商品范畴是为了研究资本主义生产条件下的无产阶级和资产阶级的生产关系。而社会主义公有制下的劳动力商品范畴反映的是社会主义生产关系。社会主义下的劳动力商品所反映的社会主义生产关系与资本主义下的劳动力商品所反映的资本主义生产关系有着根本的区别。

（三）人力资本范畴是对劳动力商品范畴的背离

1. 人力资本范畴与劳动力商品范畴的区别

人力资本范畴与劳动力商品有着本质上的区别。

首先，两者产生的社会背景不同。成熟的人力资本范畴提出的背景是“二战”结束以后，新技术革命带来的高速经济增长和经济增长方式的转变给西方主流经济学带来的挑战，其中最主要的原因就在于西方新古典经济学始终坚持经济增长理论和资本理论当中的资本同质性和劳动力同质性假设，使得以这两个基本理论假设为基础建立起来的经济理论无法解释西方国家经济增长过程中出现的许多经济事实。劳动力商品范畴产生的社会背景发生在19世纪后期，劳资矛盾和市场供求矛盾尖锐化。工人阶级已经作为独立的政治力量登上了政治斗争的舞台，马克思采取了先研究劳资矛盾，后研究市场供求矛盾的方法，继承和发展了前人的劳动价值论，在这一理论的基础上揭示了当时资本主义社会经济关系的实质。

其次，两者的理论基础不同。劳动力商品范畴的理论基础是马克思的劳动价值论和劳动力理论。人力资本范畴产生的理论基础可以说是古典经济学中的人力资本思想与现代西方经济学的实证主义研究方法成本—收益理论的分析框架相结合的产物。人力资本范畴与劳动力商品范畴的根本区别在于世界观和方法论的不同。人力资本范畴是建立在西方经济学的世界观和方法论之上的，带有明显的形而上学唯物主义的色彩。而马克思的劳动力商品范畴则是建立在辩证唯物主义和历史唯物主义之上的，是以科学抽象法和矛盾分析法等科学的方法论作为基础的。

最后，两者的理论立场不同。西方人力资本范畴的意识形态特征主要表现在：其一是将“人力”等同于“劳动能力”，并将“人力”作为“资本”，这是用资产阶级的狭隘眼光去看待人和人的再生产。其二是试图调和资本主义生产方式的固有矛盾，这也是资产阶级经济学意识形态特征的又一重要表现。劳动力商品范畴的理论立场，就是马克思主义政治经济学的阶级性或者党性。劳动力商品范畴是与马克思主义的理论立场完全一致的。

2. 错误引入人力资本范畴的危害

人力资本范畴是建立在西方经济学世界观和方法论上的错误概念，是对资产阶级和资本主义制度的辩护，它掩盖了资本剥削的本质。错误地引入人力资本范畴不仅会削弱中国特色社会主义政治经济学的话语权和解释力，而且会模糊我国阶级概念，也会为我国带来一系列资本主义国家所特有的社会问题。盲目地引入人力资本概念，必将损害社会公平正义，威胁我国收入分配制度。不仅如此，人力资本概念的引入还将带来诸如国有企业私有化等一系列经济问题。

（四）用历史的观点认识人力资本和劳动力商品范畴

从劳动力商品范畴和人力资本范畴的比较来看，我们必须用历史的观点和方法，认识劳动在经济发展和经济发展方式转变的过程中作用的变化。

1. 重商主义的观点

在资本主义发展初期的 15 至 17 世纪，西方国家主要依靠集军人和商人为一体的“商人”们对外扩张，到殖民地去贱买贵卖，掠夺当地资源去发财致富，进行资本的原始积累，而且很多商人通过贱买贵卖，巧取豪夺获得大量收入。所以那时的重商主义经济理论非常推崇商人的劳动，认为财富和一切收入都来源于流通领域，商人的劳动创造了最多的财富。由此产生了重商主义的经济理论。

2. 重农学派的观点

他们认为，商业劳动虽然可以增加一部分人的财富，但是这是以另一部分人的财富减少为条件的，它也无法增加社会财富的总量。他们从财富和物分不开这一现象，推论出财富的生产意味着物质本身及其量的增加，在各个经济部门当中，只有农业和矿业才是生产性的，才能创造物质，才能使物质财富的数量增加，所以只有农业才是生产收入的。其他工商业只改变物质的形态，通过这些活动才能分到农业创造的收入。他们认为从事农业的人是应该得到最多收入的人。

3. 资产阶级古典经济学的观点

工业革命之后，土地并没有增加，社会财富却不断增长，物质不灭和能量守恒定律等自然科学原理被揭示出来，这使经济学家想到，工商业固然不创造也不增加物质，农业产品也只是改变自然物质的变化形式，财富实际上是人们用劳动适应自然规律，适应人的需要改造自然得到的。由此他们提出了劳动价值理论。

虽然亚当·斯密，特别是大卫·李嘉图比较彻底地论述了劳动价值论，承认劳动在生产中创造财富的作用，但是，在他们的理论里，按照自然规律（他们把市场经济机制看成是自然规律），劳动者也就是工人，只能得到维持最低基本生活需要的工资。这是自然的，不可改变的，而且也是对生产、经济发展最有利的。

4. 资产阶级庸俗经济学家的观点

资产阶级庸俗经济学家用效用价值论或生产要素价值论取代劳动价值论，强调了需求的作用，将劳动与物等同起来。法国资产阶级经济学家萨伊提出效用价值论和生产三要素论，他主要从维护和扩大企业主即资本家利益的角度分析经济问题，表明财富生产既需要人的劳动，也需要物质要素的事实，但没有表明在财富的生产中，劳动者是主动因素而物是被动性因素、人有权参加收入的分配而物本身并不参加收入的分配的事实。他的这种片面性至今仍然保存在西方经济学的有关理论当中。

5. 新古典经济学的观点

与马克思同时代的杰文斯、门格尔、瓦尔拉斯、马歇尔和克拉克等新古典经济学家抛弃了劳动价值论，在对经济资源的静态分析和平衡分析中，将劳动等同于物质生产要素，将工资等同于需要尽力压低的物质生产成本，只从需求者的主观评价方面说明静态资源的最佳配置状态，不从供给者的劳动贡献和奖励方面说明动态资源的最优发展状态，明确将利润归因于资本带来的自然果实。

6. 凯恩斯主义经济理论的观点

20 世纪 30 年代西方资本主义世界性的经济危机爆发，导致了凯恩斯国家干预主义经济理论的产生，这些理论将劳动与资本（近年来又把企业家才能、技术、人力资本等吸收进来）等同起来，将它们统称为“生产要素”。这些理论虽然没有明说劳动是物，但也没有说劳动和物有什么区别，事实上是把劳动等同于物。

7. 新经济增长理论的观点

舒尔茨等人的人力资本理论把投在劳动者身上的费用称为人力资本，把人们通常称为消费的大部分内容称为人力资本投资。对于承认利润的取得和经济发展方式来说，人力资本的投资作用大于物质资本的投资。人力资本范畴和相关理论对技术进步的来源做出了解释，这已经接近于指出技术进步和经济增长都是人的劳动带来的。但是，舒尔茨还是没有勇气捅破这层窗户纸，他回避了劳动在人力资本的取得和作用发挥中的作用问题。

二、构建中国特色社会主义政治经济学话语体系

没有任何国家可以在不构建有本国特色的经济体系的条件下，仅仅依靠借鉴外国经济理论而获得成功。中国特色社会主义政治经济学是马克思主义同中国的实际相结合的成果，是中国实现伟大复兴的重要理论指导。构建中国特色社会主义政治经济学话语体系是不容忽视的。

（一）构建中国特色社会主义政治经济学话语体系的必要性

随着改革开放的进一步深化，社会主义市场经济在我国进一步发展。而市场经济的进一步发展，也给我国的经济理论带来了深刻的变化。在丰富了我国经济理论研究的同时，也带来了很多问题。其中就存在着一种背离中国特色社会主义政治经济学的趋势。对中国

特色社会主义政治经济学的误解和忽视，导致了其话语权的丧失。在中国进入新时代以及实现中华民族伟大复兴的时代背景下，重建中国特色社会主义政治经济学的话语体系势在必行。

（二）《资本论》对构建中国特色社会主义政治经济学话语体系的重要性

《资本论》是马克思主义的重要著作，也是中国特色社会主义政治经济学的重要理论源泉。因此《资本论》在构建中国特色社会主义政治经济学话语体系过程中扮演着重要角色。

首先，《资本论》的世界观和方法论是基础。马克思在《资本论》中提供了辩证唯物主义和历史唯物主义的世界观。同时提出生产力决定生产关系、经济基础决定上层建筑等经济社会发展的基本原理，为我们分析经济现象提供了科学的方法论。其次，《资本论》中的经济范畴是中国特色社会主义政治经济学话语体系中的核心概念。马克思在《资本论》中建立了一系列的经济范畴，比如：劳动二重性、剩余价值、资本等，这些经济范畴是马克思主义的重要组成部分，也是中国特色社会主义政治经济学话语体系中的重要基础和理论来源。最后，《资本论》中对商品经济、资本主义基本原理的阐述对中国特色社会主义政治经济学话语体系起到了重要的作用。

（三）兼容并蓄，与时俱进

永恒发展是马克思重要的哲学思想。中国特色社会主义政治经济学话语体系同样是处于不断地变化和发展之中，面对日新月异的世界，中国特色社会主义政治经济学话语体系还需不断发展，兼容并蓄，与时俱进。

兼容并蓄要求中国特色社会主义政治经济学话语体系以开放的心态积极吸纳中国传统经济思想以及西方先进的经济理论。吸纳中国传统经济思想中的精华还能够加强马克思主义与中国实践的结合，促进马克思主义中国化的进程。另外，西方先进的经济理论也应该是学习的对象。对于西方先进经济理论中符合中国特色社会主义政治经济学基本原理的部分，应积极汲取。

与时俱进要求中国特色社会主义政治经济学话语体系加快创新。中国特色社会主义政治经济学话语体系的创新应该是在立足于马克思主义基本原理的基础上，加强对现实经济现象的解释力度。坚持马克思主义的基本原理是毫无疑问的，是中国特色社会主义政治经济学的根本所在。加强对现实经济现象的解释，就要求中国特色社会主义政治经济学的研究对象切合实际，并且随着实践的发展而发展变化。

社会主义市场经济是经济理论和实践的创新发展

王今朝
（武汉大学）

一、提出社会主义市场经济理论的真正风险

社会主义市场经济理论在提出上是困难的，在实践上是高风险的。不困难，无风险，不足以显示这个理论的价值。困难和风险之处不在于当时许多马克思主义者的反对（他们的许多反对也是有道理的），也不在于西方人把市场经济作为资本主义的特殊附着物，而在于究竟怎样才能科学地把社会主义基本经济制度（以公有制为主体）与市场对接起来，从而形成一种既集中（整个经济的运行不能违背马克思主义关于社会主义的基本原理）又分散（最大限度地满足人民而不只是少数人的物质和文化需要）的经济运行机制。笔者没有见到有作者系统地论述这个问题。事实表明，就连邓小平同志也没有充分考虑到这个困难。他在晚年说的“现在看，发展起来以后的问题不比不发展时少”以及其他一些话，也是证明。

集中尽管有各种缺点，但它也有其合理的内核（如公有制、集中力量办大事、国家计划等），如何在改革中保持集中体制合理的内核并克服其缺点是非常困难的事情。改革需要凝聚共识，但在共识凝聚过程中很容易产生理论和政策的偏误。另外，分散尽管有许多优点，但其缺点也难以避免。早在毛泽东同志时代，我国经济就有“一统就死，一分就乱”的倾向。市场取向的改革本身就是分散化改革，必然会出现诸多严重的混乱。

第一种混乱是，国内外有许多势力，如主张中国走私有化道路的国内的党内外势力以及诱使中国走私有化道路的国外势力，会试图把中国社会主义商品经济和社会主义市场经济取向的改革诱导到资本主义道路上去。他们会炮制各种理论煽动这种进程，我国的多种所有制并存以及对外开放政策也使得这些势力有了经济基础，并且随着经济基础的扩大，他们的影响力也会扩大。我国人民在改革开放初期还缺乏市场经济的经验，更缺乏对它的正确的本体论认识，我国的知识分子很容易为国外高楼大厦灯红酒绿车水马龙所诱惑，一

些领导干部很容易产生一种"资本主义市场经济就是好"，或者"至少没有什么可怕"的错误观念。这样，我国在改革政策制定上就可能出现这样那样的问题。一个突出的例子就是，20 世纪 80 年代，就有西方学者跑到中国，兜售一种通货膨胀有利于经济增长的观点。

第二种混乱是，在"试试看""大胆试，大胆闯"的改革思维支配下，尽管我国要建立的是社会主义市场经济，但既然这是前无古人的事业，又加上所有制结构上的松绑，在现实中，就必然使得建立起来的市场经济在一些方面甚至在许多方面异化，从而至少部分看似趋同于资本主义市场经济。

第三种混乱是，如果我国犹豫于社会主义市场经济和资本主义市场经济之间时间过长，各种矛盾就会多发、频发，而且挥之不去，这就有可能导致社会的动荡。如果我国没有及时找到合适的解决方案，我国完全可能重蹈苏联解体、共产党失去政权的覆辙。

所幸的是，尽管上述三种混乱的情况都不同程度地存在，但从 1978 年到 2012 年，我们国家基本保持了安定团结的政治局面，迎来了党的十八大的召开，开始了中国特色社会主义的新时代。

综合以上，可以说，提出社会主义市场经济理论对于我国的真正风险在于，我国经济不能不集中，但又不能像过去那样地集中；我国经济不能不分散，但又不能像资本主义国家那样分散，不能从根本上、不可逆地损害公有制的主体地位，并且最终要确保公有制的主体地位。只有保证公有制的主体地位，用公有制企业来实现分散（公有制企业作为市场主体进行交换），才能在所有可能的必要领域实施集中力量办大事的方法，才可能让最广大的人民共享发展成果。那种认为只有一种集中（即只有斯大林模式那样的集中）或只有一种分散模式（即只有资本主义分散模式）的观点都是错误的，是违背马克思主义一分为二的方法论的。从改革开放的实际看，我国在建立社会主义市场经济的过程中，由于违背那种科学方法论出现集中不足而分散有余。为此，我们国家付出了巨大的但不是不可挽回的代价。而对所有这些，在已有的学界的理论阐述中，似乎都没有明确、系统、凝练的表达，只有习近平总书记的改革开放前后两个阶段不能相互否定的论断蕴含了上述表达。

二、中国社会主义市场经济理论的历史贡献

从中国的客观需要看，经过 1949—1976 年时期的发展，中国已经利用类似苏联但又有所创新的计划经济建立起强大的社会主义公有制企业和各种公共设施（如教育、医疗、水利、科研）作为自己的经济基础。这种跨越式发展使得传统计划经济的不足方面开始上升为中国的一个主要问题。在传统计划经济不足方面，最主要的就是，在各种公共设施的支持下，社会主义公有制企业所生产的大量产品需要通过国家调拨之外的更适当的方法来实现交换，进而实现其价值，从而使得社会主义公有制企业能够更好地进行再生产和扩大

再生产。因为生产发展到一定程度，在和平时期，通过国家计划委员会制订物资调拨计划的方法来实现交换日益不能满足需要了，所以需要一种较为分散的方法来替代它。而且，生产越发展，产品分散交换的要求就越高，因为国家计划委员会无法处理日益庞大的交换任务。马克思主义认为，生产决定交换。资本主义就是因为生产出了大量商品，从而需要克服原来的自给自足的经济模式。在中国，商品经济概念和市场经济概念的提出就是对这种客观事实所做出的理论反映。这是因为只有新中国发展到一定时期，才会提出产品如何出清的问题。从这点看，提出商品经济概念和市场经济概念是我国经济发展的必然产物，也以经济发展为基础。当然，把解决交换的问题提出来，并不意味着中国的生产问题就完全解决了。在 1979 年时，中国许多物品依然短缺。但中国确实已经生产出了大量的产品需要通过一种更为优化的方法来出清。

自俄国十月革命以来，直到中国提出建立社会主义市场经济，没有一个国家解决生产发展到一定阶段后的产品价值实现的体制问题。尽管不同社会主义国家围绕产品实现都做出了可贵的探索，但都没有能够稳定下来。在俄国，列宁敏锐地提出，“应当把商品交换提到首要地位，把它作为新经济政策的主要杠杆”的观点，甚至认为“必须把国民经济的一切大部门建立在同个人利益的结合上面”，但不久，在新的国际国内情况下，新经济政策就为斯大林模式所替代了。斯大林模式在特定历史条件下有其势所必然之理，并取得了巨大成功（如科技迅速发展、国力迅速增强、打赢“二战”，等等），但斯大林之后的苏联领导人没有能够处理好斯大林的政治经济和理论遗产，没有探索出一种科学的政治经济体制，再加上种种矛盾，结果导致苏联解体。因为这涉及两大转型问题，一是由战争状态转向和平状态，二是由供给极度短缺到供给相对丰富。这两大转型对实行新的经济体制产生了重大影响。在波兰，曾任国家经济委员会主任、国务委员会副主席、统一工人党议会党团主席、外交事务委员会主席、计划预算和财政委员会主席并拥有多个崇高学术职位的兰格（O. Lange，1904—1965）在 1957 年曾针对斯大林模式、南斯拉夫模式提出“波兰社会主义经济模型”，主张把国民经济的中央计划和方向与尽可能多的分散管理结合起来，但也没有转化为现实，结果，波兰也在各种改革试验中巨变了。对斯大林模式进行改革是必要的，但任何改革都是有极高风险的。唯有中国在向市场经济转型的过程中维持了政治稳定和 GDP 快速增长。究其原因，不能不说，我国领导人和理论家对社会主义国家找到一种适合一定发展水平的经济体制做出了巨大贡献。

那么，如何理解社会主义市场经济与毛泽东的一些经济主张的关系呢？表面上看，二者有许多矛盾之处，但实际上，二者具有高度吻合之处。毛泽东革命的一生都把发挥各方面的积极性置于革命策略的核心位置，在晚年，尤其注意到发挥地方积极性和群众在经济发展过程中的疾苦问题，并把它上升到关系党的生死存亡的高度来看待。只不过，毛泽东同志高瞻远瞩（高度关心生产，把交换作为次要问题），又时不我待，因此，难以在有生之年完成我国经济在生产大发展后的交换体制调整的任务。毛泽东同志把主要精力用于大力发展我国的生产力和生产关系（抓革命促生产）正好显示了毛泽东同志经济学的博大精深。这也是他作为唯物辩证法哲学大师使然。正是毛泽东同志时代中国生产在公有制基础上实现了大发展，才使得交换体制改革在他生前和身后的我国突出出来，才使得我国交换体制的改革能够在长期经历腥风血雨从而久经考验的第二代领导集体手中经过艰难的探索逐步明确起来。

三、社会主义市场经济理论在社会主义经济理论中的地位

马克思认为，经济有四大活动：生产、交换、分配、消费。马克思的这个分类是正确的。根据这个正确的分类，旨在解决和平时期生产发展到一定阶段后的社会主义国家的交换问题的社会主义市场经济理论，其地位是不容抹杀的。但必须搞清楚，社会主义市场经济必然是以公有制企业为市场主要的主体的交换经济，而不能是以私有制企业为市场主要的主体的交换经济。公有制企业不能交换吗？当然可以。所以，公有制企业与市场经济当然是兼容的。从市场的交换本质来看，中国社会主义计划经济时期既然存在交换，它也就是一种市场经济，只不过，公有制企业的市场主体地位较弱，而政府的作用较强罢了。随着中国经济发展，公有制企业各方面的力量必然增强，必然能够更加自主地、自觉地从事交换，因此可以获得更多的自主权，因此必然成为社会主义市场经济的供给主体。相对资本主义私有企业这种资本主义市场经济的供给主体，社会主义公有制企业作为市场供给主体具有巨大的优越性，必然使得社会主义市场经济成为超越资本主义市场经济的市场经济模式。社会主义市场经济理论必然因其解决社会主义条件下的大生产所催生的交换问题而为世人所承认。

但是，必须注意到，马克思还认为，在生产与交换的关系中，生产决定交换。没有生产，哪里来的交换的产品？而且，生产条件往往也决定着交换条件。比如，生产规模越大，生产成本就越低，交换的价格就越低；生产总量越小，交换就可能越需要借助于配给制。这意味着，在社会主义经济理论中，关于生产的理论是比关于市场的理论更为重要、更为基本的理论。在改革开放的 30 多年中，中国正是由于忽略二者的主次关系，缺乏一种关于社会主义生产的主流理论，导致我们在许多领域没有能够生产出本来可以生产出来的产品。比如，1976 年时，本来中国可以生产汽车、飞机、计算机了，但在之后的几十年中，这些领域的生产都停滞了。中国这些生产已有起步的领域在不适当地应用市场经济理论中停滞不前了，而这就给了资本主义国家以价值实现的机会，延续了资本主义的繁荣。这本身就证明，关于市场的理论是比关于生产的理论更次一级的理论。不承认这一点，就

会把社会主义市场经济理论在实践中推到错误的极端。实际上，西方 20 世纪 50 年代的发展经济学也同样认为，经济落后国家生产力低下，没有什么产品可以交换，根本谈不上市场经济，因此，也谈不上用市场的办法去发展经济。从学理上看，西方发展经济学的这一观点的价值实际上也是源于马克思主义政治经济学所阐明的生产决定交换这一基本原理的。

四、一种可能的理论综合

今天，当我们明确了社会主义市场经济必然是以公有制企业为主要供给主体的市场经济，并明确了社会主义市场经济理论必然是从属于社会主义生产理论之后，我们有没有可能把它们综合为一种新的理论呢？我认为是可能的。我在 2018 年出版的一本专著推出了一种占优经济发展模式的理论（王今朝，2018）。这种理论认为，社会主义大力发展以公有制企业为主要微观基础的生产才是社会主义的一种占优模式。这种占优模式当然会容纳市场机制，只不过这种公有制企业为主要的微观主体的市场经济一定是不同于资本主义的市场经济。这种理论吸收了也证实了中国 1949—1976 年社会主义建设的基本经验（如大力发展公有制、集中力量办大事、鞍钢宪法等），再把社会主义市场经济的内容加进去，依然可以叫作占优经济发展模式。它可以作为对习近平总书记的两个阶段不能相互否定命题的理论说明，从而为我国经济进一步发展提供一种基础理论参考。

推动高质量发展新旧动能转换机制与路径

周小亮[①]

（福州大学）

一、探索推动经济发展新旧动能转换机制及路径选择是经济学研究的一个中心议题

第一，古典政治经济学家认为经济增长与发展的动能是来自多种因素的综合作用，是劳动、资本、自然（或土地）等内生要素和技术进步、社会经济制度等外生因素的综合因素促进经济增长。它为分析经济增长动能系统及其转换机制提供了一个宽泛的以定性为主的分析框架，但不能为高质量发展的动能转换及路径选择找出契合时代特征的关键变量，并提供有效的理论解释。

第二，在马克思、恩格斯看来，未来共产主义社会必须通过财产制度的根本变革，消除产生异化劳动的私有财产制度基础，促进人与自然、人与人的协调发展，才能找到发展动能根本转换的体制机制及实践路径，从而实现解放、发展社会生产力，推动社会经济包容性可持续发展和人的全面自由发展。

第三，党的十八大以来，以习近平同志为核心的党中央，提出了促进经济持续健康发展、全面深化体制改革、经济新常态、五大发展理念、供给侧结构性改革等一系列具有重大创新的马克思主义经济学中国化与时代化的治国理政新思想，进一步丰富和发展了中国特色社会主义政治经济学。特别是，习近平总书记在党的十九大报告中强调指出我国经济已由高速增长阶段转向高质量发展阶段，正处在转变发展方式、优化经济结构、转换增长动力的攻关期，为此，必须坚持质量第一、效益优先，以供给侧结构性改革为主线，把提高供给体系质量作为主攻方向，推动经济发展质量变革、效率变革、动力变革，提高全要

---

① 本文获得国家社会基金重点项目“供给侧结构性改革驱动经济发展新动力的理论基础与实践路径”（16AZD002）资助。周小亮，江西永新人，福州大学经济与管理学院经济研究院院长，福州大学创新与高质量发展研究中心主任，经济学教授，博士生导师。

素生产率，加快建设实体经济、科技创新、现代金融、人力资源协同发展的产业体系，着力构建市场机制有效、微观主体有活力、宏观调控有度的经济体制，不断增强我国经济创新力和竞争力。上述习近平新时代中国特色社会主义经济思想，为推动高质量发展新旧动能转换及路径选择研究，奠定了理论指导、基本原则与行动准则基础。

第四，西方以经济自由主义为理论宗旨的新古典市场理论，以及不同宏观经济学流派，尽管其理论观点、方法及政策各不相同，但主流是认同市场体制是有效率的，并认为促使市场有效运行与经济稳态均衡增长的宏观政策导向，或是通过需求管理或是通过供给管理来完善市场体制机制。其理论观点、方法和政策主张虽然对于如何完善市场体制并发挥市场体制配置资源的功能，以及如何运用财政、货币等宏观调控政策稳定经济增长动能具有实践参考价值，但是它们：其一，缺乏对于经济体制的复杂性、多变性，以及经济政策需要随着经济体制的变化而变化的理论分析（AlanKirman，2016）；其二，只有宏观总量分析，缺乏微观基础和质量与异质性分析；其三，没有对制约市场经济有序运行的社会历史结构与制度差异进行理论分析，因此经济自由主义范式下的增长动能机制设计及其政策选择理论，不能作为我国推动高质量发展新旧动能转换及路径选择的理论与方法基础。

第五，新增长理论着重分析了后工业社会中技术创新、人力资本积累、知识溢出等经济增长的新动能，可以更好地解释处于领先地位的国家何以能够保持持续的增长，而没有出现报酬递减现象，因而使此理论可以成为“知识经济”的理论与政策基础，也为推动高质量发展新旧动能机制设计方向及路径选择提供了理论参考价值。但是各种新增长模型基本上是在西方主流宏观经济学的框架下探讨稳态均衡经济增长的新动能因素，没有探讨经济增长的制度创新动力，更没有基于生产方式与社会经济结构变革背景下分析经济增长与制度变迁双向互动关系，以及如何提供制度创新提升经济增长质量。

第六，针对以新古典均衡分析为基础的现代经济增长与发展理论脱离历史、结构和制度变量分析的缺陷，以刘易斯、诺斯、阿西莫格鲁等为代表提出了制度主义经济发展理论，通过对新古典经济学假定的现实化修改，并结合经济史实，将制度与结构变迁引入经济发展的历史进程分析之中，提出了更为现实化的经济增长与发展理论。

第七，中国经济学者围绕“如何通过体制改革驱动新旧动能转换，提升经济发展质量”的主题进行了持续的多角度理论与实践探讨。

我们有必要在马克思主义政治经济学与中国特色社会主义政治经济学大框架下，综合西方古典政治经济学、新古典经济学和不同宏观经济学流派，以及各种经济增长与发展理论有关经济增长动力转换的理论探索，并结合高质量发展的内涵特征与实践要求，去构建一个宏观与微观、工具理性和本真价值理性相结合的有中国特色解释力的理论分析新框架，来探索推动高质量发展的新旧动能转换机制设计及路径选择。

二、推动高质量发展新旧动能转换机制与路径选择需要求解的理论与实践问题

综上国内外有关推动高质量发展的动能转换机制设计及路径选择的相关理论研究，我们认为：

第一，推动高质量发展动能转换机制设计及路径选择的研究，不能简单地套用现有西方主流经济学中的相关理论。应侧重从深化供给侧结构性改革的视角，依据马克思主义政治经济学和中国特色社会主义政治经济学的基本原理，以习近平新时代中国特色社会主义政治经济学为理论指导，在深刻剖析社会主义市场经济下生产方式与经济结构变革的历史特征基础上，将推进经济高质量发展动力系统及其动能转换系统视为一个动态复杂系统，来探析符合中国国情和现阶段发展特征的动能转换机制设计及路径选择中的理论与实践问题。

第二，国内研究没有紧扣经济新常态运行和高速经济增长转向高质量发展的变化趋势、基本特征和突出问题，以马克思主义政治经济学与中国特色社会主义政治经济学为理论基础，以生产方式和经济结构变革为逻辑主线，将新古典经济学和凯恩斯主义宏观经济学中的要素市场优化配置理论，以及新经济增长理论、新制度主义发展经济学和包容性发展视域内有关经济增长的技术、制度、公平动力解说有机统一起来，去构建一个能够以供给侧结构性重大突破性改革驱动要素升级、技术进步、结构优化、消费升级等涵盖供求两侧新动能的有解释力的理论分析新框架，来探索推动高质量发展动能转换机制设计的重点领域、关键环节、路径选择及其政策着力点问题。

第三，现有经济增长与发展理论有关经济增长动能问题的分析，主要是以资本为中心而展开，没有以人和经济结构调整为中心展开本真人本价值理性分析，也没有基于唯物历史观来构建一个制度变革、动能置换与结构调整互动演化下推动高质量持续发展分析框架，更没有以契合经济新常态特征、以提升经济发展质量为导向来构建一个具有特定历史特征的动能转换机制设计及路径选择的分析框架，正因如此，现有的各种理论与实践研究难以破解制约提升经济发展质量动能转换的关键性体制机制因素，以及如何以供给侧结构性重大突破改革驱动发展动能转变的本质要求、基本原则、重点领域、关键环节及实践路径等现实问题。

基于以上三点评论，我们认为思考推动高质量发展新旧动能转换机制与路径选择的理论与实践，应紧扣经济新常态发展环境和高质量发展的内涵特征，并结合制约经济发展动能转换中的体制机制突出问题，以马克思主义政治经济学和中国特色社会主义政治经济学中生产力与生产关系辩证关系原理为基础，以习近平新时代中国特色社会主义经济学为指

导，结合复杂系统演化理论分析框架以及新经济增长理论、新制度主义发展经济学和包容性发展视域内有关经济增长的技术、制度、公平动能理论解说，将工具理性与本真人本价值理性分析、供给侧动能和需求侧动能分析统一起来，将制度与结构两大因素引入推动高质量发展的动能分析系统，以全面深化配套经济体制改革为视角，以体制改革、机制设计、动能转换、结构优化、高质量发展为分析主线，以完善基本经济制度、深化供给侧结构性改革、优化需求升级制度为全面深化经济体制改革的实践路线；以优化要素构成配置结构促进要素升级、优化科技创新结构促进技术进步及经济创新力提升、优化产业创新结构促进产业技术链改造及价值链升级、优化需求结构促进消费升级为目的，侧重从完善要素市场结构、创新科技体制、构建产业变革激励体制、优化政府公共治理体制四个维度，探索推动高质量发展动能转换机制设计及路径选择的理论基础及路径选择。

具体地说，应将工具理性与本真人本价值理性分析、供给侧动能和需求侧动能分析统一起来，以体制改革、机制设计、动能转换、结构优化、高质量发展为分析主线，通过研究推动中国经济高质量机制设计及路径选择的理论基础和基本经济制度的完善，确保以人民为中心的动能转换方向，并为结构优化和高质量发展夯实制度基础；通过研究完善要素市场结构（如图 1 所示）。

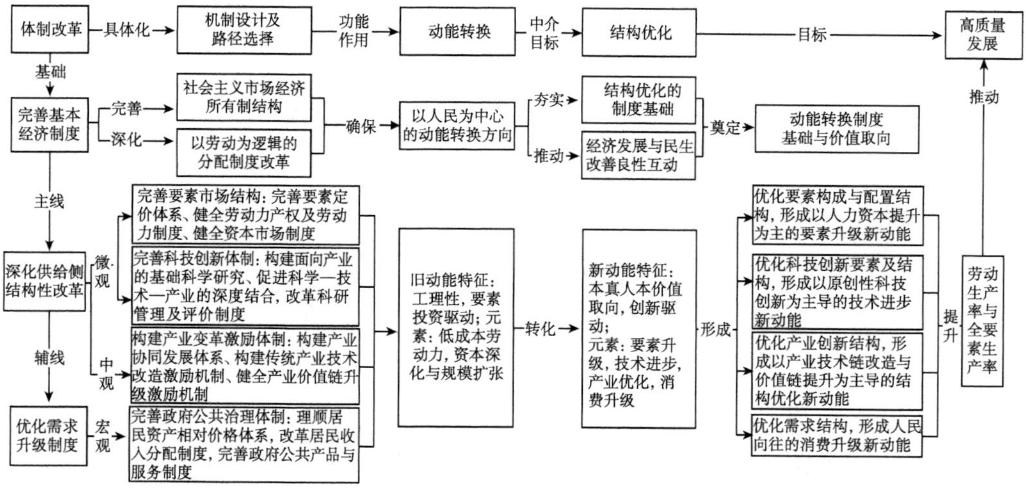

图 1　总体问题与主要研究内容

据此研究框架，我们认为，推动高质量发展新旧动能转换及路径选择，需要研究的理论基础问题，主要应涵盖如下五个方面：

①新常态下高质量发展的内涵特征及其支撑与评价体系。

②体制改革、动能转换、结构调整与质量提升之间的因果逻辑关系。

③推动高质量发展动能转换机制设计及路径选择的中国特色社会主义政治经济学

分析。

④推动高质量发展动能转换的实现条件及进展评估研究。

⑤推动高质量发展动能转换机制设计及路径选择的价值取向与制度基础研究。

其一是完善要素市场，推进要素升级新旧动能转换机制及路径设计。其二，完善科技创新体制，促进技术进步新旧动能转换机制设计及路径设计。其三，构建产业变革激励体制，促进产业结构优化新旧动能转换机制设计及路径选择。其四，完善政府公共治理制度，促进消费升级新旧动能转换机制设计及路径设计。

三、研究推动高质量发展新旧动能转换机制与路径选择需要解决的关键及重点问题

主要需要破解的关键问题有：①如何以马克思主义政治经济学和中国特色社会主义政治经济学为理论基础，以习近平新时代中国特色社会主义政治经济学为指导，结合系统演化理论分析框架，综合西方不同宏观经济学流派、不同经济增长与发展理论，以及机制设计理论有关促进经济增长的动能系统及其驱动动能转换机制、条件及路径的理论解说，并结合我国体制改革与经济发展的历史，深入研究体制改革、动能转换、结构优化与质量提升之间内在关联与互动机制。②如何在分析中国经济由高速发展转向高质量发展的阶段性特征、世界与中国经济发展动能转换趋势，以及我国社会主要矛盾的变化基础上，将制度、结构因素引入DSGE模型来，剖析我国体制改革、动能转换、结构调整与增长质量提升之间的互动关系和相互作用机制，并借助复杂动态系统分析法和机制设计前沿理论，探索我国动能转换机制设计及路径选择的学理基础和内在逻辑关系，进而深入探析驱动动能转换、推动高质量发展的内在机制、实现条件、路径选择及绩效进展评估体系。③如何依据马克思商品二因素理论逻辑，并吸收西方异质性选择行为的相关理论假设，从市场经济的商品的使用价值与价值相统一的角度来考察高质量发展的内涵特征、物质与制度基础，并探索如何基于新发展理念进行新的制度安排与动能机制设计，促使由以交换经济为中心、以货币财富总量增加为标志、以要素规模为动能支撑的高速增长，转向生产、交换、分配与消费，财富物质技术性质和使用价值特性相统一，以创新驱动为动能的高质量发展。④如何围绕正确处理政府和市场关系这一经济体制改革核心问题，按照推进国家治理体系和治理能力现代化的总目标要求，在全面总结改革开放前后两个不同历史时期的经验与问题基础上，研究如何以完善和发展中国特色社会主义制度为基础，来设计动能转换机制及路径选择，从而确保在促进动能转换机制设计、提升经济发展质量过程中，能够坚持社会主义市场经济改革方向。⑤如何依据推动高质量发展的目标要求，并结合供给侧结构性改革的主攻方向，以及促进以消费升级为主体需求结构优化升级的民生目标要求，围绕

优化结构驱动发展动能转换和提高劳动与全要素生产率之核心问题，以体制改革—动能转换—优化结构—高质量发展为逻辑思路，侧重从完善要素市场、创新科技体制、构建产业变革激励体制、完善政府公共治理制度四个维度，探索推动高质量发展动能转换机制设计的基本原则、关键环节、重点任务及路径选择。

高质量经济活动：机制、特定性与政策选择

杨虎涛
（中国社会科学院）

一、高质量发展与高质量经济活动

在演化发展经济学家的理论中，一国致富的根本原因，正是在于选择了特定的高质量经济活动。这类特定的经济活动具有更强的产业带动效应、更高的分工水平、更快的技术创新速度和更宽广的创新范围，将生产要素配置于这些活动便可以提高经济增长率。演化发展经济学家赖纳特将这类经济活动的特征归纳为：陡峭的学习曲线（即生产率提升的可能性大）、技术进步快、R&D 密度高、干中学、动态不完全竞争性、规模经济和范围经济、高附加值，等等。具有上述特征的高质量经济活动，不仅可以带动相关的产业发展，而且可以通过技术进步的外溢效应，最终实现社会范围内生产率、资本积累和实际工资水平三者的共同增长。

经济史的研究也表明，工业革命以来，无论是早期的英美德等西方国家，还是“二战”结束之后崛起的日韩新等东亚国家，无一例外地抓住了当时特定的高质量经济活动，实现了经济腾飞。生产率、利润（积累与投资）、实际工资（需求）的协同增长是这些国家跻身富国时期的经济活动的主要特征。而以美国为代表的西方发达国家之所以在黄金 30 年之后长期陷入萧条中，根本原因在于 20 世纪 80 年代以来，以金融为代表的非生产性活动在这些国家的经济活动中占据了支配性地位，从而无法启动类似黄金 30 年时期的生产率增长、资本积累增长和实际工资增长那样的正反馈机制；相反，投资乏力、实际工资停滞和生产率增长缓慢成为长期特征。

二、高质量经济活动的作用机制

衡量高质量经济活动的关键指标，首先就在于这种经济活动是否具有生产率增长的空间。赖纳特等人的考察表明，发达国家对产业活动选择、培育和保护的主要标准，首先就

在于该活动是否具有陡峭的学习曲线，即更大的生产率增长空间。其次，判断一种经济活动是否为高质量经济活动，要看此类经济活动能在多大的范围内、多大的程度上影响其他部门的生产率增长，是否具有更大的技术外溢性，是否具有更广的创新范围，能否产生更强的产业协同效应。最后，也最为关键的是，高质量经济活动必须是能导致一国“共谋”式的增长的活动，在这种模式中，“技术发展的成果将会被如下群体所分享：a）企业家和投资者；b）工人；c）当地劳动力市场中的其他人；d）国家——通过更大的税基”。

在调节学派对黄金30年的分析中，博耶等人将福特主义的主要特征概况为资本积累、生产率的高增长速度，与国民收入和家庭平均收入的增长大体同步。这种既有技术进步和生产率提高，也有实际工资提升的积累模式被调节学派称为“具有群众大规模消费基础的内涵型积累”，以区别于仅靠投入而非技术进步而增长的“外延型积累”，和虽有技术进步但却无法改善实际工资的“内涵型积累”。相较于赖纳特对产业协同效应和生产率溢出效应的分析，调节学派更突出强调的是这一时期生产活动的规模经济特征。认为在黄金30年里，是福特主义的基于机械化、自动化和标准化的流水线作业及其相应的组织形式，通过大规模生产极大地提高了劳动生产率，而劳资之间又通过集体谈判形成了工资增长与生产率增长的联系机制，从而在促进实际工资提高的同时诱发了大规模消费，这进一步促进了大规模生产的发展，而大规模生产所获得的利润增长再转化为投资，反过来又进一步扩大规模经济，规模经济又进一步提高生产率，并使工人收入增长与生产率挂钩，又进一步诱发大量消费。

调节学派对这一正反馈的机制描述，与演化发展经济学基本相似。在演化发展经济学的分析中，“共谋型”增长的核心在于高质量经济活动与更高实际工资之间的良性循环：高质量的经济活动的生产率提升带来实际工资的不断提高，实际工资的提高带来了更大的需求和更高的储蓄，同时也推动了劳动生产率的提高，因为随着实际工资的提高，资本会更倾向于替代劳动，加大设备投资以图提高产出资本比，而实际工资提升带来的需求提升又有助于产品销售和利润实现，从而有利于实现更高的投资和更高的利润，这又进一步推动生产率的提高，在这一累积因果循环的过程中，国家产业竞争力和国民实际收入水平都得以逐步提高。

不同的是，对于这种高质量经济活动的“正反馈”实现条件，赖纳特等人尤其强调国内市场保护和产业政策的重要性，而调节学派则更强调其他制度体系的支持，认为垄断定价、劳资协商和政府的需求管理，以及稳定的国际金融体系和贸易体系是高质量经济活动得以持续的关键。之所以出现这种分野，在很大程度上是因为两者的分析对象具有差异性。

三、高质量经济活动的三重特定性

（一）高质量经济活动的行业和产品具有特定性

要实现生产率、实际工资和利润的协同增长，从而在资本积累、需求与总产出之间保持良性循环的话，需要技术进步带来的就业创造效应和补充效应大于其破坏效应和替代效应，同时产品的需求价格弹性和收入弹性都要大于 1。其原因在于，生产率的提高将使单位商品价值量下降，要使企业从单位价值量下降的商品中获得更多的利润，从而保证下一轮更高的投资进而保障总产出的增长，就必须要求产品的销售量（剩余价值实现）的增长幅度要大于单位商品价值量下降的幅度，即产品必须是具有弹性的；另外，在实际工资保持不变的前提下，如果技术进步造成的劳动创造效应和补充效应小于其破坏效应和替代效应，也不会在总量上导致更多的需求。因此，就业的总量效应和产品的弹性要求是决定生产率、利润和需求之间正反馈能否持续发生的两个关键因素。

（二）高质量经济活动的规模和结构具有特定性

高质量经济活动之所以对规模和结构有着必备要求，是因为：

第一，高质量经济活动的规模对生产率和实际工资提升具有重要意义。一方面，生产率提升快的“快”部门本身需要其他部门的“引致需求”拉动自身创新，同时也反过来对生产率提升慢的“慢”部门产生扩散，最终在更大范围内起到提升生产率的作用。另一方面，也更有能力消费劳动生产率较低、进步较慢的部门的产品和服务，从而让这些部门的从业者的收入增加。这就需要生产率进步快的“快速部门”具有相当的规模，才能实现“收入潮水浮起了所有的船”的效应。简言之，生产率—利润—工资增长之间的正反馈的强度和持续程度，取决于这个国家中高质量活动所占有的份额。

第二，高质量经济活动的结构对外溢效应和协同效应的广度和深度有着重要的意义。启动和维系良性循环的部门生产率进步空间大，但同时也需要相当广泛的支持部门，如此，才能形成范围更大的外溢效应和更强的协同效应。这一过程的持久性和广泛性取决于两个因素：①产品创新和过程创新之间的匹配。产品创新以提供新的使用价值或新的生产工具为主，过程创新则直接提高生产率。②不同部门的过程创新或组织创新的通用性。一个领域里生产率较高的技术或组织形态，如果可以被用于多个领域内去提高生产率，就可以产生直接、广泛和持久的生产率溢出，如流水线、平台组织形态等。

（三）高质量经济活动的时间和空间具有特定性

高质量经济活动具有时间特定性。第一，高质量经济活动的行业和产品随着技术—经济范式的变化而变化。随着技术—经济范式的变迁，全球分工体系和贸易体系的不断变化，以及不同国家自身禀赋和基础的差异，曾经在某一时段使其他国家成功的高质量经济活动所对应的行业、产品乃至于政策，未必适用于当下其他的国家。而在调节学派的分析中，汽车、建筑等耐用品行业是支撑黄金30年的主要行业。但随着模块化生产方式的兴起和全球价值链的形成，一般意义上的制造业显然已经无法实现“高质量”的特定要求，制造业占比很高但附加值很低已成为很多发展中国家的特有现象。第二，高质量经济活动具有时间上的竞赛性。在特定的技术周期时间节点上，高质量经济活动的技术高点具有独占性，即“先到先得”。随着知识产权、产业生态联盟和技术标准重要性的日渐突出，这种时间上的竞速赛也更为激烈更为普遍。时间特定性意味着，不同国家在工业化和现代化的发展过程中所面临的技术周期阶段和机会窗口的不同，对其具有高质量意义的经济活动也不同。

高质量经济活动也具有空间特定性。第一，随着全球价值链、供应链和产业链的兴起，高质量经济活动在空间上被分割，产品间分工和产品间贸易被产品内分工和中间品贸易、服务贸易所取代，单纯通过逆向工程已无法实现高质量经济活动的生产率、利润和实际工资的协同增长，高质量经济活动更多地集中于价值链、供应链和产业链的高端；第二，随着全球化程度的不断加深和范围的不断扩大，在开放经济条件下，生产率—利润—工资之间的良性循环更容易超越一国范围，造成国内循环的脱耦，失去国民共享的意义。

四、高质量经济活动的政策选择

（一）顺应新技术革命的技术特征，着力于特定的行业和产品

如同蒸汽机、电力一样，以大数据、人工智能为代表的技术已成为当代产业发展的通用技术，也成为各国技术竞争和产业竞争的主阵地。但当前大数据和人工智能技术仍局限于诸如广告投送、生活消费等有限的应用场景之中，要避免索洛悖论的再现，使以大数据、人工智能为代表的技术成为提升一国价值链、供应链和产业链地位的主导力量，就应当：第一，实现从消费互联网向产业互联网的升级，使其产生更大范围的工业应用而不仅仅只是商业和生活应用；第二，推进大数据、人工智能和材料、能源、生物技术等战略新兴产业的技术渗透和产业协同，以及通过新兴技术促进传统行业升级。大数据和人工智能行业在缺乏材料、能源和高端装备产业进步的前提下，无法产生足够的产业带动效能和协

同深度。如果不能广泛而有效地与材料、能源与生物医药等新兴产业结合，不能渗透和升级传统制造业，就无法发挥其“通用”功能，也就无法成为高质量经济活动的引擎。

（二）发挥规模优势和结构优势，引导高质量经济活动的发展

对于中国这样的一个超级发展中经济体而言，要实现党的十九大所提出的“人均国民生产总值达到中等发达国家水平”这一目标，需要高质量经济活动的规模达到相当的比重。同样，要实现高质量发展的产业协同效应，产生持续而广泛的生产率溢出，也需要中国的经济结构更为丰富的多样性。从另一个角度看，作为目前世界第一大制造业国和产业门类最为齐全的国家，作为潜在的最大消费市场，作为一个同时兼具战略新兴产业、传统制造业，同时农业占 GDP 比例达到 7.6% 并拥有 18% 农业劳动力的经济体，中国又完全具备实现高质量经济的规模和结构要求的必要性和可能性。然而，要将潜在的规模和结构优势转化为现实的规模拉力和结构引力，需要进一步优化现有的经济规模和结构的质量。尽管规模很大，但中国的生产率水平与发达国家仍然存在较大的差距。

（三）抓住时间上的第二种机会窗口，围绕“空间”链打造产业竞争力

当前，以智能制造、纳米技术和生物科技等高新技术为代表的新技术革命意味着技术—经济范式的切换，这为中国等后发国家抓住高质量经济活动，实现高质量发展提供了新熊彼特学派的所谓“第二种机会窗口”。但如果不能改变价值链、供应链和产业链的地位，“第二种机会窗口”也将失去意义。而中国在价值链和供应链上的地位仍不乐观，产业链虽然“全”，但对“链”的控制力还有待提高。中美贸易战爆发以来，中国产业链的完整性也同样面临着严峻的考验。虽然短期内，中国的全产业链地位很难被替代，但从中长期看，这种产业链的替代或碎片化是完全可能发生的。研究表明，跨国公司生产线和供应链的调整周期也仅需 12 个月左右。因此，稳住面向国内市场的产业链，充分发挥我国国内市场的规模效应，以充分释放庞大内需市场的潜力，避免以国内市场为主导的企业也因内需不足而发生产业转移，为实现高质量发展提供稳定、持续、安全的条件，是当前经济政策的重点所在。

五、结语

高质量经济活动的行业与产品特定性、规模与结构特定性以及历史特定性等特征，对我们选择高质量经济活动，抓住和突破重点，促进以创新、绿色、协同、开放、共享为导向的高质量发展，提出了更全面，也更复杂的要求。系统性地、前瞻性地审视产业布局，发现结构性缺陷并进行针对性调整，推进供给侧改革，是促进和保障高质量经济活动，从

而推动高质量发展的关键所在。在推进高质量发展的过程中，国家作用极为重要：一方面，需要国家发挥在创造性破坏中的“引导”与“稳定”作用，引导社会资源导向高质量生产性活动，同时为经济结构转变、发展动能转换提供稳定的经济社会环境；另一方面，也需要国家完善并充分发挥国家创新体系的作用，充分发挥中国经济的规模与结构优势，促进产业协同、区域协调和技术升级，促进经济的高质量发展。

制造业高质量发展的四维一体化推进路径

江小国

（安徽工业大学）

制造业是立国之本、强国之基，我国经济要实现高质量发展，必须要加快推进制造业高质量发展。2018 年 12 月召开的中央经济工作会议明确提出要推动制造业高质量发展，坚定不移建设制造强国。2019 年全国两会政府工作报告进一步指出，“要围绕推动制造业高质量发展，强化工业基础和技术创新能力，促进先进制造业和现代服务业融合发展，加快建设制造强国”。这为我国制造业未来发展指明了方向，明确了任务。我们认为，推动制造业高质量发展是一项长期系统工程，需要从要素支撑、生产组织、产业提升与行业治理四个维度把握路径，并行推进。

一、要素支撑维度

推动制造业高质量发展，要素是基础和先决条件，没有高质量的要素支撑，制造业将成为无源之水、无本之木，更谈不上高质量发展，为此需要构建和夯实由技术、人才、金融等构成的先进要素支撑体系。

（一）注重技术创新

当前我国制造业高质量发展的科技基础不断增强，科技实力稳步提升，但我国科技创新依然存在明显短板，诸多领域关键核心技术受制于人。为此，要加快构建核心技术创新体系和核心技术攻关突破，为制造业高质量发展注入新动能。①夯实基础研究支撑体系。②优化协同创新生态体系。建立健全协同创新生态体系，要加强高校、科研机构、企业、中介组织、融资机构等多方合作，推动创新链、产业链、资金链畅通与融合。③构建军民科技协同创新体系。关键工作有三个方面，一要系统推进军工体制改革，鼓励军工单位主动与优势民营企业合作开展基础研究、前沿研究，加快新技术市场转化应用；二要搭建协同创新平台，为军民两用技术转移提供对接服务；三要培育一批军民融合重点企业，谋划与推进军民融合重大科技攻关项目。④建立开放型技术创新体系。一要汇聚战略资源集中攻关未来产业的关键环节，围绕自身技术“长板”开展全球布局，增强在国际竞争中的科技反制能力。二要通过并购、合资、参股国外企业和研发机构，有效利用全球科技资源，逐步走向全球创新链的中高端。三要支持企业与科研机构“走出去”建立海外研发中心，联合各国资源优势共同攻破核心技术，提高科技国际合作范围和层次。

（二）夯实人才支撑

人是生产力中最活跃的因素，也是经济发展的根本源泉，高素质人才是制造业高质量发展的根本。推动制造业高质量发展，既要保证劳动力数量，改善劳动力结构，更要强调提高劳动者素质，夯实制造业高质量发展的人才支撑。①完善制造业人才培养机制。②提升制造业人才关键素质能力。③优化制造业人才发展环境。一方面，要完善人才管理体制机制。另一方面，要促进人才合理流动配置。④强化制造业人才供给保障机制。充分发挥市场导向作用和政府推动作用，动员和组织全社会力量，形成制造业人才工作整体合力。

（三）加强金融支持

制造业高质量发展离不开金融的持续支持，而资本“脱实向虚”趋势尚未得到根本扭转，为此需要针对制造业融资需求特征，加强完善金融组织体系、金融产品和服务体系、融资市场体系，以推动金融助力制造业高质量发展。①完善金融组织体系。②完善金融产品和服务体系。③完善融资市场体系。

二、生产组织维度

随着信息技术快速发展，以及市场需求变化和资源环境约束趋紧，实现制造业高质量发展必须要优化生产组织方式。服务型制造、绿色制造、智能制造三种新型生产组织方式是实现制造业高质量发展的必然要求和重要途径。

（一）发展服务型制造

服务型制造有别于传统的生产型制造，是制造与服务深度融合的新型生产方式，也是制造业实现高质量发展的重要途径。发展服务型制造，要加强创新设计，发展定制化制造服务、协同制造服务，以及加强产品全生命周期管理服务。①加强创新设计。一要引导制造业企业加大对设计的投入，研发具有自主知识产权的设计工具和软件，增强自主创新设计能力，发展新型设计模式。二要鼓励具备条件的企业充分发挥自身设计优势，建立设计机构，对外开展专业化的制造业设计服务。三要建设创新设计公共服务平台，推广应用先进设计方法，加强创新设计在产品、系统、工艺流程和服务等领域的应用。②发展定制化制造服务。③发展协同制造服务。加强企业之间的合作，形成协同制造服务模式，对于提高制造效能具有重要意义。④加强全生命周期管理服务。实施产品全生命周期管理，能够统筹企业、产品、用户以及环境等多方利益要求，实现产品经济、社会、生态环境价值最大化。

（二）发展绿色制造

我国工业总体上尚未摆脱高投入、高消耗、高排放的发展方式，迫切需要发展绿色技术、绿色工厂、绿色产品和绿色园区，加快构建科技含量高、资源消耗低、环境污染少的绿色制造体系，以实现经济、资源与环境的协调优化，促进制造业高质量发展。①推动绿色制造技术群体性突破。一方面，要加强绿色制造技术研发与应用。另一方面，要完善节能环保科技创新服务体系。②创建绿色工厂。绿色工厂是绿色制造的实施主体。③开发绿色产品。绿色产品是绿色制造的最终体现。④建设绿色园区。绿色园区是绿色制造的发展载体。

（三）发展智能制造

智能制造是新一代信息技术与先进制造业深度融合的先进生产方式，也是制造业实现高质量发展的重要途径。发展智能制造需要工业互联网、智能制造装备等硬件条件支撑，同时需要加强技术创新、人才建设和构建智能化生产体系。①构筑工业互联网基础。工业互联网是制造业实现智能化发展的基础条件。②推动智能制造装备发展。智能制造装备是制造业实现智能化发展的技术条件。③加快关键共性技术创新。要围绕智能制造关键技术装备、重大成套装备、数字化车间与智能工厂的开发应用，突破一批关键共性技术、核心软件，积累一批自主知识产权，为实现智能制造提供技术支撑和发展动力。④构建智能化生产体系。企业智能化生产体系是制造业智能化发展的根本依托，要从“点、线、面”多层次同步推进。

三、产业提升维度

产业转型升级和迈向全球价值链中高端是制造业高质量发展的目标和重要标志。集聚发展、融合发展、开放发展、高端化发展和品牌化发展，是推动制造业结构升级与层次提升进而实现高质量发展的必然要求和重要途径。

（一）以环境规制倒逼制造业高质量发展

我国制造业正面临资源环境约束趋紧的严峻挑战，绿色发展是必然要求。绿色发展在短期内会对制造业企业盈利产生一定的影响，单靠市场机制难以有效推进，需要加强环境规制，倒逼企业技术创新和节能减排，以提高制造业发展质量。①“因地制宜”实施环境规制政策。②注重环境规制与技术创新实现良性互动。为此，各地区要根据当地发展状况，确定符合自身发展阶段的最优环境规制强度，最大化发挥环境规制对技术创新促进作用。如果不顾当地发展情况，一味地加强环境规制，反而会对企业技术创新能力起到抑制作用。③加强环境规制的区域间联动机制。面对环境污染的治理问题，各地区不能独立行动，要建立区域协同治理体系，做到区域之间联防联治和协同减排。

（二）以质量监管促进制造业高质量发展

进入新时代之后，我国社会主要矛盾已经转化为人民日益增长的美好生活需要和不平衡不充分的发展之间的矛盾。加上消费升级的大背景，也随着人们权利意识的不断觉醒，人们对产品质量提出了更高的要求，强化产品质量监管显得更为迫切。①建立产品质量监管的长效机制。一方面，需要合理设置行政职能部门，克服以往多个部门对质量监管的“九龙治水”与推诿现象。另一方面，要强化产品质量监管的垂直权力的凌厉性，加强全程式监管，克服质量监管所面临的地方保护主义。②坚持“放管服”结合，实现监管对象全覆盖。③坚持协同联动，建立全方位监管机制。一要推进内外协同监管；二要推进上下协同监管；三要推进部门协同监管；四要推进区域协同监管。

否定怀疑民营经济的理论来源、论争与评述

洪功翔[①]

（安徽工业大学）

一、问题的提出

自人类社会产生以来，生产资料所有制形式有很多种，但最基本的形式主要有公有和非公有两种。新中国成立后，经过1952年到1956年的社会主义改造，建立起了以生产资料公有制为基础的社会主义基本经济制度。1956年同1952年相比，资本主义经济由6.9%下降到接近于0[②]。到1978年，我国的经济结构基本上只剩下全民所有制和集体所有制两种公有制成分，生产资料所有制结构已成为单一的公有制。在经历急于求成和盲目求纯后，从1978年开始，党不断总结以往在所有制问题上的经验教训。1992年10月，党的十四大报告提出我国经济体制改革的目标是建立社会主义市场经济体制。1997年9月，党的十五大报告把“公有制为主体、多种所有制经济共同发展”确立为我国的基本经济制度。明确提出“非公有制经济是我国社会主义市场经济的重要组成部分”。习近平总书记先后提出“三个没有变”“两个毫不动摇”[③]，表明私营经济还要壮大，不能离场，党支持民营经济发展不是特定阶段的权宜之计。

尽管党和政府支持民营经济发展的政策是明确的、一贯的，民营企业也获得了非常好的发展，但当进入2018年，社会上有的人发表了一些否定、怀疑民营经济的言论，引发了人们对民营经济前景的担忧，以至于习近平总书记在2018年11月1日亲自主持召开民营企业家座谈会，旗帜鲜明地强调民营企业和民营企业家是我们自己人，民营经济只能壮大，不能离场。虽然事情已经过去，但影响依然存在，因此对否定怀疑民营经济的理论来源、论争进行研究是必要的。

---

① 洪功翔，二级教授，安徽工业大学商学院党委书记，安徽创新驱动发展研究院院长。

② 中共中央党史研究室编：《中国共产党历史（第2卷）（1949—1978）》，中共党史出版社，2011年版。

③ 《习近平在民建、工商联界委员联组会讲话》，人民日报，2016－03－09。

二、“消灭私有制论”的理论来源、论争与评述

（一）“消灭私有制论”的理论来源

关于《共产党宣言》中的“消灭私有制论”，学术界围绕其理论地位、针对对象、时间进程、现实关系、实现形式等问题展开过讨论，但是绝大部分的问题没有得到系统的总结，更没有形成确切的论断。“消灭私有制论”再次引起社会广泛关注则起因于2018年1月11日中国人民大学周新城教授在察网发表了《共产党人的理论概括为一句话：消灭私有制》一文。文章认为共产主义就是指生产资料公有，实现生产资料共同占有，必然要消灭私有制。引起广泛关注。

（二）围绕“消灭私有制论”的理论论争

针对周新城教授的“消灭私有制论”，有不少学者提出了商榷意见。共产主义的远大理想目标要一步一个脚印去实现，把最终目标与现实倡导混为一谈，危害很大。孙浩（2018）认为，《共产党宣言》中的“共产党人可以把自己的理论概括为一句话：消灭私有制”是基于“在这个意义上”说的，“在这个意义上”有两重含义，一种是特指消灭资本主义私有制而不是一切私有制；一种是在消灭雇佣劳动制度的意义上主张消灭资本主义私有制。李正图（2018）分析了“私有制万岁”“消灭私有制”“消灭公有制”等理论上的错误，提出了在新时代，既要反对“消灭私有制”，也要反对“私有制万岁”，更要反对“消灭公有制”。刘柯杰、袁恩桢（2019）认为，消灭私有制，建立公有制是人类社会发展的客观规律。董德刚（2019）认为《共产党宣言》所说的“消灭私有制”的前提是资本主义私有制已经严重阻碍生产力发展。

（三）对“消灭私有制论”理论论争的评述

仔细阅读批评周新城教授的文章，简要归结是现阶段提出“消灭私有制”的条件还不成熟。其实，对什么时候“消灭私有制”，周新城教授在文中有大段论述。“毫无疑问，消灭私有制不可能一蹴而就，需要随着条件的成熟逐步实现”。周新城教授在文章中说得清清楚楚明明白白，“只有创造了所必需的大量生产资料之后，才能废除私有制”。周新城教授在后来发表的多篇文章中，都反复阐释了这些观点。

消灭私有制，建立无剥削、无压迫的共产主义社会，是共产党人的奋斗目标与“初心”。但是，“私有制万岁”“人间正道私有化”等理论自由传播扩散，会动摇共产党人的共产主义信念和“初心”。到那时，我们依靠谁，怎么去实现共产主义。从这方面看，周

教授的文章提醒得对。

三、“民营经济离场论”的理论来源、论争与评述

(一)“民营经济离场论”的理论来源

2018年9月12日，有自媒体发表署名为吴小平的《中国私营经济已完成协助公有经济发展的任务，应逐渐离场》的文章。吴小平的文章认为，私营经济的任务是“协助公有经济实现跨越式发展”，目前已初步完成。因此，“下一步，私营经济不宜继续盲目扩大”。还分析到，以美国为首的一批西方发达国家开始有意识地对中国进行围堵，如果我们不能集中国家财力、物力和人力，完全让市场说话，我国经济社会的改革开放，将面临难以想象的阻力。

(二) 围绕“民营经济离场论”的理论论争

在吴小平发表自媒体文章的第二天，2018年9月13日，《经济日报》在时评版头条率先刊发了题为《“两个毫不动摇”任何时候都不能偏废》的文章，文章指出改革开放给中国带来翻天覆地的变化，根本无从得出要以公有制取代非公有制的方式发展混合所有制经济的荒谬结论。2018年9月14日，《人民日报》发表《踏踏实实把民营经济办得更好》时评指出，“当前中国经济发展处于爬坡过坎关键期，尤其需要发挥民营经济的作用，以形势严峻为名否定民营经济，会带来‘制造市场恐慌情绪’等严重危害，扰乱企业家对中国经济的稳定预期”。2018年9月14日《长江日报》发表《民营经济“离场”是个伪命题》的评论员文章，认为“所谓民营经济离场根本就是一个伪命题，不符合国家的法律制度原则，更非我国经济生活中的事实”。2018年9月17日《浙江日报》发表《“私营经济离场论”当批》的文章认为，“私营经济应逐渐离场”，挑战常识，挑战宪法，也有违党和国家的政策理应当批。在2018年10月20日举行的第四届“复旦首席经济学家论坛”上，中国经济体制改革研究会原会长、国家经济体制改革委员会原副主任高尚全说，民营经济“离场论”、私有制“消灭论”，两论严重干扰了党的路线方针政策发展，干扰了多种所有制经济共同发展，影响了民营经济的共同发展，是不得民心的。

(三) 对“民营经济离场论”的理论评述

民营经济离场根本就是一个伪命题，既非国家现在和将来的政策，不符合国家的法律制度原则，违背国家的大政方针，更非我国社会经济发展中的事实。虽然吴小平本人既不是著名企业家，也不是著名学者，更不是政府官员，但是他的一个个人微博竟然能够掀起

如此大的波澜，更要引起我们警醒。

四、“新公私合营论”理论来源与论争及评述

（一）“新公私合营论”理论来源

2018 年 8 月 20 日、23 日、24 日，对外经济贸易大学公共政策研究所首席研究员苏培科分别在《中国经营报》《中华工商时报》和《贵州政协报》上发表同一篇文章《去杠杆别成“国进民退”的工具》，该文指出 2018 年以来，各类国资公司成为 A 股公司控制权转让市场的重要生力军。文章呼吁，去杠杆千万不能成为“国进民退”的工具。2018 年 9 月 26 日，《经济日报》发表经济时评《民企引入新股东不应“扣帽子”》。该文认为，从民企转让股权的出发点看，目前引入国资背景的新股东，确实有利于解决民企一些困难。从更长远看，上市民企引入国资背景新股东与混合所有制改革殊途同归，都是为了激发企业活力，提高企业生产效率，优化资源配置，实现互利共赢。

（二）围绕“新公私合营论”的理论论争

针对“新公私合营论”，《经济日报》于 2018 年 10 月 18 日再次发表时评文章，《国企“接盘”民企并非“国进民退”》。该文认为，“不少民营企业由于经营问题在股价连续大跌以后，不仅面临股权质押、强制清仓的直接风险，而且面临资不抵债、拖欠银行贷款等连带深层隐患。国资平台适时介入，既可帮助民企缓解债务压力、化解股权质押风险，又可使企业补充资金、扩大再生产，确保社会财富免遭更大损失。”

中国社科院前副院长、学部委员李扬在 2018 年 12 月的“2018（第十七届）中国企业领袖年会”上批评了“新公私合营论”。他认为，“国企、民企同时存在、共同构成我们经济基础的这样一个判断，是基于中国还处于社会主义初级阶段这个理论的”。

（三）对“新公私合营论”的理论评述

随着我国市场经济体制的日益完善，资本市场的收购、兼并、重组完全是市场行为。我们应该尊重市场选择。当民营企业经营遇到困难时，国有企业伸出援助之手可谓雪中送炭，理应鼓励倡导，不应该作为“新公私合营”、国进民退案例来大肆渲染，制造混乱。

五、结语

对“消灭私有制论”的理论来源、论争与评述表明，是社会和学者对周新城教授的文章进行了片面解读。对“民营经济离场论”的理论来源、论争与评述表明，是个别人别有

用心地抛出没有根据、不符合实际的观点。对“新公私合营论”理论来源与论争及评述表明，是个别人乱扣“国进民退”的帽子，因此马克思主义理论工作者要勇于站出来，勇于批判各种怀疑“坚持两个毫不动摇”的各种观点，以确保中国改革不犯颠覆性错误。

鉴于习近平总书记在《在民营企业座谈会上的讲话》中，已经就民营经济的地位与作用、国有经济与民营经济之间的关系、如何正确认识当前民营经济发展遇到的困难和问题、如何大力支持民营企业发展壮大，再次做了系统论述。我们相信，有党的好政策，只要广大民营企业家把握时代大势，坚定发展信心，继承和发扬老一辈人艰苦奋斗、敢闯敢干、聚焦实业、守法经营的精神，就一定会开创民营经济更加美好的明天。

如何认识在社会主义初级阶段“消灭私有制”

王勇[①]

（中国民航大学）

2018年是《共产党宣言》（以下简称《宣言》）诞生170周年，而《宣言》中的一句话，即“从这个意义上说，共产党人可以用一句话把自己的理论概括起来：消灭私有制”也引发了对于在当今中国是否应该消灭私有制不小的争论。对此，笔者认为私有制最终一定会被消灭，因为这是社会化大生产的必然要求。而且在《宣言》中，马克思和恩格斯也强调，“废除先前存在的所有制关系，并不是共产主义所独具的特征。一切所有制关系都经历了经常的历史更替、经常的历史变更”。但需要我们思考的是，在当今中国是不是马上把一切私有制消灭干净，马克思恩格斯讲“消灭私有制”的语境与当前中国所处的发展阶段是否一致？而且，他们所要消灭的私有制到底是什么样的？这些问题都必须要先问清楚，不能只停留在光喊口号上，一定要以理服人。

一、社会主义初级阶段不是消灭私有制的阶段

首先，马克思恩格斯在当年提出消灭私有制的时候就十分强调它要受到客观条件的限制，不是一蹴而就的。在《共产主义原理》中，恩格斯曾经指出：“所有制关系中的每一次变革，都是产生了同旧的所有制关系不再相适应的生产力的必然结果。”据此，恩格斯提出了消灭私有制必须具备的生产力标准：一是生产力已发展到“不仅可以满足所有人的需要，而且还有剩余产品去增加社会资本和进一步发展生产力”；二是生产力已发展到“私有制成为这些生产力发展的桎梏和障碍”。“正像不能一下子就把现有的生产力扩大到为实现财产公有所必要的程度一样”，取得胜利的无产阶级“只能逐步改造现社会，只有创造了所必需的大量生产资料之后，才能废除私有制”。

其次，在社会主义初级阶段更不可能消灭私有制。如上文所说，马克思恩格斯认为，

---

① 王勇，博士后，中国民航大学马克思主义学院教授。研究方向：马克思主义政治经济学。

即使在欧洲发达国家，无产阶级取得政权后对待私有制都要采取逐步改造和废除的手段，那么在我国还处于社会主义初级阶段时，消灭私有制的时机就更不成熟。原因有二：其一是因为我国的社会主义是脱胎于半殖民地半封建社会，与马克思恩格斯当年对未来社会主义的预测和设想差别很大。由于我们的生产力水平远远落后于发达的资本主义国家，这就决定了我们必须经历一个很长的初级阶段，去实现工业化和生产的商品化、社会化、现代化。在这种情况下，就仍需要私有制经济发挥一定的甚至是重要的作用。因此，在这个历史过程中，私有制在一定范围内的存在具有客观必然性。其二，在社会主义初级阶段由于商品经济的不发达，需要在社会主义条件下完成从自然经济、半自然经济向商品经济的转变。对此，马克思主义经典作家是有过专门论述的。马克思提出人类社会要经历三大社会形态，“人的依赖关系（起初完全是自然发生的），是最初的社会形态，人的生产能力只是在狭窄的范围内和孤立的地点上发展着。以物的依赖性为基础的人的独立性是第二大形态，是普遍的社会物质交换、全面的关系、多方面的需求以及全面的能力的体系。第三个形态是建立在个人全面发展和他们共同的社会生产能力成为他们的社会财富这一基础上的自由个性。”当今中国还处于第二大形态中，需要通过发展商品经济特别是发挥市场在资源配置中的决定性作用来促进形成“普遍的社会物质交换、全面的关系、多方面的需求以及全面的能力的体系”。在这方面，我国的非公有制经济能够发挥灵活、积极的作用，是有着独特优势的。从20世纪80年代允许私营经济的存在和发展开始，在小商品生产、销售等纯市场领域，私营、个体中小企业占据了主导地位，并创造了更多就业机会，并激发了社会主义市场经济的活力和创新能力。1997年，党的十五大提出，非公有制经济是“我国社会主义市场经济的重要组成部分”，正式宣告了社会主义市场经济条件下非公有制经济的地位。改革开放40年，非公有制经济不断发展壮大，习近平总书记于2018年在民营企业座谈会上用“五六七八九”来概括民营经济的特征，即“贡献了50%以上的税收，60%以上的国内生产总值，70%以上的技术创新成果，80%以上的城镇劳动就业，90%以上的企业数量”。这些都成为我国经济发展的现实，也正是从这个意义上说，我国的经济实践已经超越了“消灭私有制”的理论判断。

二、当前私有制经济已经发生了较大变化

（一）马克思恩格斯所讲的“私有制”概念

在人类历史上，主要有两种私有制。一种是小生产的私有制，也就是劳动者的个体所有制。另一种是资本主义的私有制，是资本家垄断了生产资料所有权，以雇佣劳动迫使劳动者用异己的生产资料来为资本家劳动。劳动者获得工资，剩余价值全部被资本家

占有。马克思恩格斯所说的“消灭私有制”，不是消灭一切私有制，而是特指那种以剥削他人劳动为基础的资本主义私有制。至于那些建立在小生产基础上的私有制经济，马克思恩格斯认为“用不着我们去消灭”，因为“工业的发展已经把它消灭了，而且每天都在消灭它”。

（二）私有制经济发生变化的表现

一百多年来，雇佣劳动制度已经发生了很大变化。首先，伴随着工人阶级的觉醒和斗争，迫使资本家阶级和资产阶级政府在劳资关系调整方面采取了一系列的措施。其次，当今世界资本主义的私有制在很多方面更是朝着马克思恩格斯所设想的未来理想社会的方向在不断发展演变。还有一个重要发展，即资本的社会化。资本的社会化发展又有两种形式：一种是当代发达资本主义国家普遍采用的股份制；另一种是合作制，即合作工厂或合作农场，这种所有制是劳动者的集体所有制，虽不普遍，但正在慢慢发展，尤其在农业领域。马克思指出：“资本主义的股份企业，也和合作工厂一样，应当被看作是由资本主义生产方式转化为联合的生产方式的过渡形式，只不过在前者那里，对立是消极的扬弃的，而在后者那里，对立是积极的扬弃的。”他还指出，合作工厂表明，“在物质生产力和与之相适应的社会生产方式的一定的发展阶段上，一种新的生产方式怎样会自然而然地从一种生产方式中发展并形成起来。”在股份制、合作制发展的基础上，职工参与企业管理成了一种趋势。企业的一部分经营权、决策权和与之相适应的部分收益权转移到了企业职工手中，促进了企业管理的民主化。此外，社会主义因素也表现在分配制度方面。通过比较完善的社会保障制度为年老退休的人提供养老金，为失业人员提供失业保险金，为弱势群体提供最低生活保障和生活救济。社会福利制度的建立，使福利措施从零星的、局部的社会保障发展成为一个庞大的体系，也大大缓解了资本主义社会的固有矛盾。

（三）中国的私有制经济

在当代中国，私有制经济就是我们平常所说的“非公有制经济”，包括私营经济（民营经济）、外资经济、个体经济及各种混合经济中的私有成分。这些经济成分都是随着改革开放而逐步发展起来或者引进来的。其中，如前文所言，个体经济不在我们讨论的范围内，外资经济又不是我们所主导的，因此在这里重点谈一下民营经济。

首先，民营经济的股权结构也已发生了较大变化。对一些民营大型股份制公司和上市公司来说，企业的资产已经不单单是老板自己的财产，加上了很多其他方的财产，甚至包括其他国家、其他地区、其他所有制拥有的财产。这些新特征使得中国的“公司”多多少少具有公的性质。而且，民营企业创造剩余价值的很大一部分通过税收上缴国家，这些钱可以再分配给全体民众。

其次，民营经济中并非一定存在着剥削。不能一概认为只要是民营企业或私营经济就一定会存在剥削。只有当私营业主支付给工人的工资低于其边际产品收益时，我们才能把这个私营业主界定为剥削者。同时党的十六大指出资本作为生产要素是可以参与分配的。

最后，中国的民营经济受到公有制经济关系和国家宏观调控的影响和制约。在民营经济产生和发展的过程中，无论是生产还是分配、交换等环节，都必然受到公有制经济关系的较大影响。更为重要的是，我们是在坚持社会主义制度的基本原则下发展民营经济，它与社会主义制度相联系，受到国家的监督、控制和调节。同时，通过各种制度约束和宏观调节，也将剥削控制在合理的限度内，一定程度上缓解了经济上两极分化现象的发生。基于以上这些原因，就没有必要去强调在我们今天这个发展阶段完全消灭私有制。

三、如何正确对待我国的民营经济

在 2018 年 11 月 1 日召开的民营企业座谈会上，习近平总书记发表了重要讲话（以下简称“讲话”）。他在“讲话”中指出，“我国民营经济已经成为推动我国发展不可或缺的力量，成为创业就业的主要领域、技术创新的重要主体、国家税收的重要来源，为我国社会主义市场经济发展、政府职能转变、农村富余劳动力转移、国际市场开拓等发挥了重要作用。……我国经济发展能够创造中国奇迹，民营经济功不可没!”习近平总书记反复强调必须坚持“基本经济制度”。他明确指出：“公有制为主体，多种所有制经济共同发展的基本经济制度，是中国特色社会主义制度的重要组成部分，也是完善社会主义市场经济体制的必然要求。”“党的十五大把‘公有制为主体、多种所有制经济共同发展’确立为我国的基本经济制度。”“党的十八大以来，我多次重申坚持基本经济制度，坚持‘两个毫不动摇’。”“我们党在坚持基本经济制度上的观点是明确的、一贯的，从来没有动摇。”“我国基本经济制度写入了宪法、党章，这是不会变的，也是不能变的。任何否定、怀疑、动摇我国基本经济制度的言行都不符合党和国家方针政策，都不要听、不要信!”“总之，基本经济制度是我们必须长期坚持的制度。民营经济是我国经济制度的内在要素，民营企业和民营企业家是我们自己人。”

笔者认为，学习贯彻习近平总书记的讲话精神，正确认识和对待我国的民营经济，要做到以下两个方面。

（一）处理好与公有制经济的关系

民营经济在发展过程中，大量的基础原材料和基本公共服务依赖于国有经济，网络、通信、道路交通、能源化工等这些经济发展的基础服务基本都是国有企业在提供。一旦公有制经济被削弱，中小企业要付出更高的成本才能享受到现在水平的公共服务和工业原材料供应，打着“民营经济”旗号的寡头经济将垄断国民经济命脉，真正草根的民营中小企业很可能在很短时间内就失去生存空间。与此同时，公有制经济与民营经济在很多领域存在着竞争关系，二者长期合理分工、竞争协作、互较短长、共同发展，构成了中国经济体制的一大优势。

（二）深化民营企业改革，发挥好企业家作用

1. 强化党对民营企业的领导和影响

党的十九大报告指出，党政军民学，东西南北中，党是领导一切的。随着民营企业参与社会活动越来越频繁，伴生的新矛盾、新问题、新动向也越来越复杂，强调党的领导，强化党的影响，是十分必要的。可以根据各地的实际情况，在民营企业中建立党组织或设立驻企业党的代表处，由当地政府负责组织安排和开展党建工作。与此同时，各级党委要积极主动为民营企业服务，要经常听取民营企业的反映和诉求，特别是在民营企业遇到困难和问题的情况下，更要积极作为，靠前服务，帮助解决实际困难。

2. 积极推进民营企业的股权改革

股权多元化、公私合作化，是民营企业实现高质量发展的重要保障方式。民营企业必须树立长远眼光，认清固守家族化山头化模式是没有出路的，一门独大、私私繁殖、油盐不进、封闭僵化只能加速企业走向衰败，从而以开明开放的姿态接受“股权多元化、公私合作化”的股权改革。同时，要在改革过程中推进产业政策的普惠化、功能性转变，清理违反公平、开放、透明规则的政策文件，在市场准入、审批许可、经营运行、招投标、军民融合等方面，为民营企业打造公平竞争环境，给民营企业发展创造充足市场空间。

3. 加强政策引领和支持，鼓励创新，优化对企业家的服务

首先，在民营企业中要大力弘扬爱国敬业、创新发展、服务社会精神。对优秀企业和企业家要加强正面宣传，营造积极向上的舆论氛围。鼓励企业家追求精益求精、以质取胜，增品种、提品质、创品牌，打造更多名优精品。

其次，要鼓励企业家持续推进产品创新、技术创新、金融创新和管理创新。要一视同仁，对民营企业实施的重大创新项目、创新平台建设和国家级研发产品也应分别给予一定数额的科技资金补助或专项资金补贴。支持民营企业家和企业技术人员申报职称，并享受相应政策。

最后，要建立面向包括民营企业在内的党委、政府决策咨询制度，相关重大决策出台前要听取各类企业家的意见、建议。要健全部门与民营企业家沟通交流机制、政策宣讲机制、建立高效便捷的民营企业投资项目审核机制，全面清理企业办事申请条件和各类证明，处理结果要向社会公示并接受监督。

协同创新网络的概念与特性辨析①

周志太② 翟文华③

（淮北师范大学）

本文将既有的协同创新网络（Synergy Innovation Networks，SIN）概念界定分为如下五个视角：企业等微观协同创新网络，产业、集群或中观协同创新网络，产学研协同创新网络，协同创新网络和宏观协同创新网络，对上述各自割裂的概念进行批判性整理。协同是系统的各个子系统间互相协作，使系统形成新的结构、特点和效应。网络具有灵活性、开放性，激励隐性知识创新的强度较高，交易成本和管理成本较低；而科层创新主体虽可大大降低交易成本和道德风险，但有资源不足、创新主体规模过大使管理成本过高的问题；网络是“看不见的手”与“看得见的手”的握手，是由价格和权威双重协调，比市场有效、比科层灵活。

一、问题提出和文献评述

科技是我国经济工作的重中之重、弱中之弱，加快科技进步，是建设创新型国家的必然选择、必要保障和必由之路。在互联网时代，网络（包括互联网、大数据和智能技术，下同）成为第一生产要素，科技进步关系也日益演化为一个复杂的创新网络，主要是协同创新网络成为创新网络中最现实、最有效、最具有活力的一个部分，对于创新驱动的作用越来越大。

关于协同创新网络的研究，主要集中在其形成、演化、影响因素，知识创造、知识共享和转移、知识结构与创新关系的研究等方面，经由外部特征到内部机制、由局部特征到整体模型一个由浅入深、由表及里的过程。

---

① 基金项目：教育部人文社科重点研究基地重大项目“中国国有企业创新驱动发展研究”（编号：16JJD790017）；国家社会科学基金后期资质项目“基于经济学视角的协同创新网络研究”（编号：15FJL013）。

② 周志太，淮北师范大学经管学院教授，吉林大学国有经济研究中心兼职研究员，博士，硕士生导师。

③ 翟文华，淮北师范大学经管学院副教授，博士。

协同创新网络的研究，可分为如下五大视角：

（1）微观视角。最初的协同创新网络研究始于20世纪80年代，即企业协同创新网络，如解雪梅（2010）、范群林（2014）等，虽突破集群范围，但只是基于企业视角解释协同创新网络。

（2）中观视角。强调产业链与创新链协同，促使以专业化分工和协作为基础的同一产业或相关产业的企业互动，并逐步形成整个行业的协同创新体系（解雪梅，2010）。虽然蔡文娟等（2007）最早提出协同创新网络，但他们关注的仅仅是“区域创新网络”，即“在一定地理区域范围内，区域内的多元利益主体间基于长期正式或非正式的合作与交流关系，依托良好的创新环境及其自身独特的创新功能”形成的网络。

（3）产学研合作“等于”协同创新网络。国内产学研合作研究始于20世纪90年代，对其模式和特征、影响因素等方面进行诸多探索（胡斌等，2015），成果丰富。创新主体间由简单、被动、线性的因果关系，单一的独立形式日益发展到多主体、多要素、多层次、多阶段、非线性、大量整合互动的关系，要运用复杂网络的理论和方法分析创新组织的形成和发展规律，从系统、协同、演化的角度来理解、把握和深刻认识、做出新的解释，即协同创新网络对于创新驱动的作用越来越大。

（4）协同创新“等于”协同创新网络。协同创新是“通过国家意志的引导和体制机制安排，促进创新主体发挥各自的优势、整合与互动，协作开展的创新活动与其成果产业化的活动，是当下科技创新的复杂组织”（陈劲、阳银娟，2012）。应在协同创新研究的基础上提出协同创新网络的概念，其由网络组织与协同组织结合生成，是一种系统性创新，具有网络化的天然属性，具有很强的“自组织”和“自增益性”，以互联网为基本的技术平台，以提高研发的层次与质量为目标，跨组织、跨所有制的创新模式。

（5）宏观视角。协同创新网络旨在“形成协同效应”，即“整体创新能力大于个体创新能力之和”。其路径是“一个或N个系统的整合”（陈强、胡雯，2016），“多个元素互动和协同”的“开放式创新”，最终形成的制度安排和网络结构的集合。

但是，上述研究对于协同创新网络的机制分析并不全面。

二、协同创新网络的性质

上述概念界定一般出于理论联系实践、解决实际问题而提出的。全面、深入认识协同创新网络，其是指多元主体遵循益损与共、协同发展的原则，为应对互联网下创新的不确定性、单个主体的资源和创新能力的有限性的突出矛盾，以水平联系为主，以垂直关联为辅，通过创新资源和创新行为、创新结构大跨度集成整合、系统叠加优化，构成开放、协同发展的有机体系和匹配性的价值链，这一切运行和动力要素关系的总和，维持并改善这些经济关系、组织制度所形成的整合互动关系的总和，放大系统的整体效应。

三、协同创新网络的特性

关于协同创新网络特征，既有研究比较模糊、不够全面：①企业创新网络的特征主要有动态性、开放性、非中心化和本地化四个方面（沈必扬、池仁勇，2005）。但是，核心企业理论（谢永平、党兴华、张浩淼，2012）说明非中心化并不成立，而本地化属于区域创新网络范畴。这两者均不成立。②结合创新生态系统理论，其包括自组织、演化、互补等一系列特征（王海军、冯军政，2017），构架一个具有层次性、协同性和互动开放性的区域生态共生创新网络（连远强，2016），非线性（Asheim T.，1998）、互动和协同效应（解雪梅，2010），大跨度整合（陈劲等，2012）等。网络作为复杂系统迅猛发展，已渗透到各个学科领域，具有普遍的方法论意义。协同创新网络在知识经济下，具有系统性、协同性、网络性、竞合性、整合性、动态性、开放性、复杂性、异质性、自组织性。要素互动加剧这些特性并迫切要求结网合作，以便获取其他成员的知识。

（一）系统性

奥地利生物学家贝塔朗菲（L. Von Bertalanffy）最早提出系统论，系统是各构成要素间通过关联与互动而形成的有机整体，系统有机整体具有各构成要素单独所不具备的属性与功能。系统的特性如下：

①整体性，是系统的基本和本质属性。通过整合诸多因子，突破单一因子的功能，实现整体系统的功能。②层次性，即系统有序的分层。③目的性。④结构性和相关性，协同创新网络的各个因子间存在一定的直接或间接联系，生成这些因子相互制约、相互依存与作用的统一体。这些关系决定系统的功能。⑤开放和环境适应性。开放条件下，才能与外部市场等环境交换物质与信息，因而得以完善，协同效应得到放大。

（二）协同性

德国著名理论物理学家赫尔曼·哈肯（H. Haken）于1971年提出协同论，即系统中各子系统间相互协调、互动与演化，普遍存在的无序（即混沌）和有序（即协同）在一定条件下两者相互转化，共享与整合，产生协同效应。协同是系统的各个子系统间互相协作，使系统形成新的结构、特点和效应。协同，Corning（1998）解释为“自然或创新系统中两个或两个以上的子系统、要素或人与人间通过相互依赖形成的联合效应”。“协同学”包括自创新主体原理，可概括为“协同产生有序”。这是复杂系统的有序结构，其内部作用力或自创新主体的能力、要素的协同，能够生成有序的状态。

（三）网络性

C. Freeman 于 1987 年首次正式使用“创新网络”概念，将其界定为“在经济有用知识生产、扩散和应用中互动，各种构成要素及其相互关系构成创新系统”。网络具有灵活性、开放性，激励隐性知识创新的强度较高，交易成本和管理成本较低；而科层创新主体虽可大大降低交易成本和道德风险，但有资源不足、创新主体规模过大使管理成本过高的问题。主体虽处于地域和创新主体分散状态，但“协同”机制能够连接供求双方，创新网络是复杂庞大、动态演化的（喻金田、胡春华，2015），拥有集聚水平较高、平均路径较短、知识整合能力较强的小世界性和竞争等动力，也拥有稀缺和难以模仿的创新资源，即以“知识—技术—信息”交流为主的知识生产与创造网络。

（四）竞合性

Ray Noorda 最早于 1989 年提出竞合关系，Adam M. Brandenburger（1995）系统研究，描述企业间既竞争又合作的新型动态战略关系。Padula 和 Dagnino（2007）提出，竞合观念是在创新主体间的相互依存关系中，价值创造与价值分享过程均会涉及的一个部分一致的利益关系。“竞合”是同一产业而又相互独立的创新主体间所形成的矛盾统一体，创新主体形成分工密切的竞合关系，竞争与合作或协同是对立统一、两者互动的，并在一定条件下相互转化。双方相互依赖的情况造就了双方既竞争又合作的二元关系，即创造价值需要合作，而获取价值则需要竞争。

（五）整合性及整体性

整合性是创新发展的大趋势和重要特征，要通过有机集成使研发方式、研发目标、功能实现等展现出高度一致的整体性，实现知识增值。“整合”（integration），通常反映多主体和多要素通过沟通而实现一体化的过程。整合与协同的联系密切，但仍有区别。整合是协同的基础和前提，是协同的一个重要阶段（陈光，2005）。“整合”强调的是诸多子系统或要素的一致性和集成，注重过程；而“协同”则以此为基础强调通过各个主体、各个要素复杂的整合互动，产生单个要素或主体无法达到的协同效应。

（六）互动性

在协同创新网络中，资源禀赋的异质形成各主体的创新比较优势。这引发以优势互补、互学互利为内容的多元主体有序合作，带动创新要素流动，使子系统间以及多元主体间的关系产生变化，形成以多种要素流动为主干的交叉网络，多维协同网络产生。其强化创新网络的影响力和外部性，是促进网络主体协同的前提和基本内容。

（七）动态性或适应性

Keats 和 Hitt、张映红（2008）认为动态性本身包含复杂性，环境的基本特征只有动态性和竞争性。创新动态性的研究，集中于两个方面：动态能力和环境动态性。创新环境复杂多变，人们逐渐认识到动态能力是主体实现产品创新的必要条件。

（八）开放性

开放式创新概念是美国 Chesbrough（2003）提出的，强调在创新中，创新主体整合内外部创新要素的必要性。在科技全球化的背景下，与封闭式创新相比，开放式创新周期更短、风险更小、要素流动更快。创新能力取决于一个主体从其外部和内部获得创意价值的大小和优秀人才的多寡，并与他人在共享知识的过程中获利。20 世纪中叶以来，人工智能、大数据、信息技术、生物技术等逐步呈现出全方位加速累积和突破态势，创新从封闭走向开放，创新网络相应也从以往的点对点（创新主体间）、点对链（创新链），转变成多层次、多维度的协同创新网络。

（九）复杂性

随着创新的不确定性日益增强，研发难度和创新过程的复杂性迅速增强，单个主体日益难以应对复杂性创新，必须在创新者间建立复杂的网络联系，通过整合资源，应对创新资源的“碎片化”“异质性”，降低研发风险，将以往单一的线性创新转变为协同创新网络。大数据、“互联网 +”等科技日新月异，创新活动日益复杂，创新环境跌宕起伏、复杂庞大、动态演化，且难以预测（喻金田、胡春华，2015），需要多个创新主体共同进化（Coevolution）的复杂动态过程。一个自适应的复杂系统，各创新要素间的互动是复杂的、非线性的，各要素间是竞争与协同的，也是共同演化的。

在复杂系统中，整体的性质并不等于部分性质之和，即系统整体与部分的关系不是一种线性的。首先，多主体的相互关联与制约决定了他们是复杂、非线性的作用及关系；其次，为了获取更多的外部资源，主体间加强彼此或与外部的复杂密切联系，促使创新过程更为开放；最后，创新环境和需求的动态变化、先进设计工具的动态发展及主体的自主学习，促使创新一直处于动态变化中。

（十）异质性

Parkhe（1993）最早研究主体异质性，协同创新网络具有资源、行为和成员的异质性，包括创新主体在信息、知识、文化等多样异质性，并对创新产生重要影响。创新网络最基本的构成因素是资源异质性和能力异质性。这为成员提供互补性资源，给主体提供更多的组合创新形式。知识分散在单个的网络节点中，知识异质性是导致节点间异质的原因之一，促使创新者形成整合互动的利益共同体，通过诸多节点间的互动合作，结网而共享知识等资源，提高整体的知识存量和创新水平。

（十一）自组织性

“耗散结构论”创始人 Prigogine（1977）最早提出自组织（self - organization）概念，“协同学”创始人 H. Haken（1988）最早将其定义为：若一个体系获得特定功能，没有外界的特定干涉，该体系就是自组织的。创新模式从封闭转向开放，从线性转向网络，主体从单一转向多元，基于共同利益和共同目标，生成整合与互动资源的协同创新网络模式。协同创新网络兼有协同性、整体性、自组织性等优点，使异质性团队发挥资源优势，满足复杂创新任务的要求。

通过文献梳理，将既有的协同创新网络概念界定划分为五大方面。基于全方位的视角，有机结合并超越既有观点，对其中各自割裂的概念进行批判性整理，提出协同创新网络的概念，协同创新网络的主要子概念包括系统性、协同性、网络性等 11 个主要因子，对它们的内涵与外延进行梳理，以有效弥补既有协同创新网络研究存在的缺失，旨在实现协同创新效应，加快我国创新型国家建设。

外国经济学说与新时代中国特色社会主义思想

——中华外国经济学说研究会第27届年会学术观点综述

徐则荣[①]

（首都经济贸易大学）

由中华外国经济学说研究会和安徽工业大学共同主办，安徽工业大学商学院和安徽创新驱动发展研究院承办的“中华外国经济学说研究会第27届年会”于2019年11月8—10日在安徽举行。程恩富、华桂宏、胡乐明、方兴起、张衔、曹和平、贾根良、冯金华、孟捷等来自全国高校、科研院所的180多位专家学者出席了会议。中国社会科学院大学首席教授、中华外国经济学说研究会会长程恩富学部委员致开幕辞。会议以党的十九届四中全会的胜利召开为背景，围绕“学习习近平新时代中国特色社会主义思想，总结新中国70年经济建设”为主题，重点研究外国经济学说，总结新中国70年经济建设，探讨中外未来经济发展。现将会议研讨内容综述如下。

一、关注国际性经济学奖获得者学术思想

2019年世界政治经济学学会将“世界马克思经济学奖”授予美国经济学家大卫·莱伯曼（David Laibman）、印度经济学家乌特萨·帕特奈克（Utsa Patnaik）和中国经济学家于祖尧教授。上海财经大学丁晓钦教授评介了他们的思想。丁晓钦指出，大卫·莱伯曼的学术贡献在于发展了马克思主义价值理论，将抽象社会劳动置于市场经济中统一生产与交换关系过程的核心，同时严格论证了价值的定量测定和转型。与“利润率下降趋势规律”的标准处理方式相比，莱伯曼的伴随技术变革的资本积累模型更具微妙性和决定性。帕特奈克在农业生产方式、农业阶级结构衡量、殖民剥削、饥荒和贫困等领域均有独到的学术贡献。她强调积累是资本主义的总体特征而无论是否存在雇佣劳动，并将绝对地租理论化为资本主义投资的障碍。她将马克思主义的阶级概念应用于农业社会，制定了衡量农业阶级结构及其变化的“劳动力剥削指数”，被各国马克思主义学者广泛应用。她研究了殖民

① 徐则荣，首都经济贸易大学经济学院。

剥削的财富掠夺，初步估算认为，1765年至1947年英国对印度殖民剥削掠夺的财富总额，相当于英国1947年GDP的40倍，这一研究引起了学界的广泛兴趣。于祖尧的学术贡献在于首倡社会主义市场经济，完整论证了“社会主义市场经济观”；针对社会主义市场经济体制改革中的财富分配与价值取向问题，提出了维护民众利益的“公平分配观”；坚定地批判了西方新自由主义思潮；强调经济研究要重视历史研究、彻底批判历史虚无主义。

2019年10月，诺贝尔经济学奖委员会将本年度的诺贝尔经济学奖授予美国经济学家阿比吉特·班纳吉（Abhijit Banerjee）、埃斯特·迪弗洛（Esther Duflo）与迈克尔·克雷默（Michael Kremer），以表彰他们“在减轻全球贫困方面的实验性做法”。武汉大学邹薇教授指出，三位“银行诺奖”得主的贡献在于创造性地将实验的方法和手段应用于发展经济学研究领域，不仅试图解答人们为何贫穷，而且提供了很多改善贫穷人群的生活、健康和生产状况的方法。他们的研究预示着反贫困和经济发展研究是国际经济学界关注的重大问题，并将持续引起更大关注。他们在研究方法方面的突破赋予经济学理论研究新的生命力。中国反贫困的实践成就显著，围绕中国反贫困的理论研究和政策效应评估亟待突破。

厦门大学郭其友教授从实地实验方法以及贫困问题的具体研究两个方面评述了三位“银行诺奖”得主的突出贡献。他指出，三位“银行诺奖”得主对贫困问题所进行的实地实验以及由此得到的结论具有重要的参考借鉴价值。实地实验作为因果关系推断的工具在经济学实证研究中有着特别的优势，应该将其纳入经济学家因果关系分析的工具箱中。但是，他们将贫困问题作为发展经济学研究的核心使得发展经济学研究的视野过于狭窄，发展经济学应该回归和重视经济发展机制的研究。

中国社会科学院程恩富教授指出，马克思明确强调“经济学家是资产阶级的学术代言人”，而以“银行诺奖”获得者为代表的西方资产阶级经济学家是当代资产阶级尤其是垄断资产阶级的学术代表。他们的许多基本学术观点有错误严重的阶级性和价值观，而对于某些经济表象的分析有可取之处。2019年“银行诺奖”没有授予搞出各种经济危机和贫富对立的新自由主义经济学家，而授予研究贫困的学者，这是值得肯定的，但他们关于贫困的调研及其原因分析主要是表象的，较多地从穷人本身来描述，而不是主要从资本主义经济、政治、教育、文化等制度和政策痼疾去深层次剖析，这是作为资产阶级学术代表的本质所决定的。只有中外马克思主义经济学家才能，并已经从现象到本质地科学揭示了各种贫困的真正原因。

二、中国特色社会主义政治经济学研究新进展

本次年会的一个特点是高度关注新中国70年经济建设和新时代中国特色社会主义政治经济学的研究，提供论文20余篇，表现了学会雄厚的马克思主义经济理论底蕴和时代

责任感。

中国社会科学院程恩富教授指出，新中国70年历史可分为改革开放前、改革开放后和党的十八大后新时代三个大的历史阶段。从经济建设方面来看，这三个阶段创造了世界经济发展的“三个奇迹”，先后形成初等富强、次中等富强和世界经济体系“准中心”的中等富强的三个阶段。新中国前30年的经济建设成就无论与旧中国的纵向比较，还是与国际的横向比较，都表明其绩效是辉煌的。新中国前30年建设积攒下的多方面发展红利是改革开放成功不可或缺的基础和前提。

上海社会科学院李正图研究员在解读程恩富教授提出的中国特色社会主义政治经济学八大原则之一的“公有主体型的产权原则”时指出，一个国家秉持什么样的主体型产权原则既取决于客观规律也取决于这个国家的主观取向，客观规律和主观取向的共同作用最终决定了这个国家秉持的主体型产权原则。生产力基础、生产关系基础、产权基础决定政府秉持的产权原则是客观规律，而政府秉持的生产力原则、所有制经济原则以及产权原则的主观取向决定政府秉持的产权原则是主观规律。客观规律与主观规律的辩证统一、共同作用决定了政府秉持的产权原则的具体样式。

中共江苏省委党校李炳炎教授指出，中国特色社会主义共享经济的兴起，是中国特色社会主义经济业态与运行机制的深刻变革。它是对中国特色社会主义分享经济的继承和发展。共享发展理念集中体现了中国特色社会主义的本质要求。共享经济的运行机制和功能作用将推动中国特色社会主义经济实现高质量发展。要实现共享式发展，必须大力发展中国特色社会主义共享经济。为此应当破解共享经济发展中遇到的瓶颈，政府及相关部门应加强对发展共享经济的指导，并加大相关立法力度，尽快建立全方位多层次的协同治理体系。

陕西师范大学孔祥利教授在对中国特色社会主义政治经济的理论和实践进行梳理中发现，中国特色社会主义政治经济的理论创新主要集中在社会主义初级阶段理论和社会主义本质论、社会主义市场经济运行理论、中国特色发展理论和中国特色开放经济理论四个主要方面。与“西方模式”“苏联模式”等不同，“中国模式”是经受了实践检验的成功模式，中国模式为发展中国家的现代化道路指明了方向。

武汉大学王今朝教授从国际比较的角度肯定了社会主义市场经济理论的历史贡献和中国所取得的成就，认为中国提出的社会主义市场经济理论已经成为社会主义国家解决和平时期生产发展到一定阶段后的产品交换体制的基本理论。该理论应该是一种从属于社会主义生产理论的理论。在该理论的基础上，一种综合性的社会主义经济理论——占优经济发展模式理论已然成型。

南开大学陈弘教授指出，马克思主义政治经济学与西方经济学话语权消长之争几近伴随了40多年的改革开放进程。社会主义政治经济学面对市场经济的理论准备不足、西方经济学对市场分析的适应是话语权变迁的起始原因，而借西方经济学否定马克思主义、否定我国市场化改革的社会主义性质的企图也是重要推手。话语权的消长的经验与教训提示我们，在中国特色社会主义新时代书写中国特色社会主义政治经济学，要辩证地坚持马克思主义政治经济学的科学性与革命性的统一；坚持“两个毫不动摇”、市场的决定作用与更好的政府职能的辩证统一；坚持马克思主义政治经济学指导地位与科学汲取西方经济学有益成分的辩证统一。

安徽财经大学赵茂林教授指出，中国特色社会主义的发展必然要求构建中国特色社会主义政治经济学的话语体系，加强中国特色社会主义政治经济学对中国经济现象的解释力。对西方经济学概念和方法的盲目引入和嫁接，给中国特色社会主义政治经济学体系的构建造成了不良的影响，如“人力资本”范畴的引入是对“劳动力商品”范畴的背离。构建中国特色社会主义政治经济学话语体系，既具有极其重要的意义，又具有现实的迫切性。

安徽工业大学洪功翔教授强调，构建中国特色社会主义政治经济学要坚持马克思主义的立场、观点和方法，以习近平新时代中国特色社会主义思想为准绳，勇于批判各种动摇、怀疑“坚持两个毫不动摇”的各种观点。他指出，“民营经济离场论”其根本就是一个伪命题，它不符合国家的法律制度原则，违背国家的大政方针，更非我国社会经济发展中的事实。“新公私合营论”是个别人乱扣“国退民进”的帽子。那些反对《共产党人的理论概括为一句话：消灭私有制》一文者是对该文的片面解读。

此外，与会学者探讨了新中国成立70周年中国对外开放经济政策的演变、区域经济发展与空间结构的演变、新时代高质量发展的马克思主义政治经济学理论解释，等等。

三、马克思主义经济理论新发展

本次年会的又一个特点是高度关注马克思主义经济理论的创新，表现了学会雄厚的马克思主义经济理论底蕴和马克思情结。

中国社会科学院程恩富教授指出，新帝国主义是垄断资本主义在当代经济全球化、金融化条件下的特殊历史发展阶段，其具有生产和流通的新垄断、金融资本的新垄断、美元和知识产权的垄断、国际寡头同盟的新垄断、全球化资本主义矛盾和各种危机时常激化五个特征；具有垄断性和掠夺性、霸权性和欺诈性、腐朽性和寄生性、过渡性和垂危性四个特性。依据对新帝国主义特征和特性的分析，程教授指出，新帝国主义既是资本主义从自由竞争、一般私人垄断、国家垄断发展到国际垄断的新阶段，是国际垄断资产阶级的新扩张，也是极少数发达国家主导世界的新体系，是经济政治文化军事霸权主义的新政策。从现阶段国际正义力量和国际阶级斗争的曲折发展来判断，21 世纪是世界劳动阶级和广大人民进行伟大革命和维护世界和平的新时代，是社会主义国家进行伟大建设和快速发展的新时代，是进步的文明国家共同构建人类命运共同体的新时代，是新帝国主义和全球资本主义逐渐向全球社会主义过渡的大时代。

上海财经大学冯金华教授以马克思的劳动价值理论为基础，提出了新利率决定论。认为其不同于西方经济学的利率决定论在于利率由货币价值决定、利率受劳动总量的影响、利率随价格总量的上升而下降、价格总量和货币数量对利率的影响相同。

上海财经大学伍山林教授研究发现，马克思恩格斯在全球视野下对关税问题展开研究具有明显的阶段性特征。他们主要论述了关税政策变化对各个阶级和各个产业产生差异化影响、保护关税制度的本质、大国关税政策选择与经济发展阶段的关系、关税是一种重要的战略工具四个方面的问题。透过马克思恩格斯关税思想，伍教授指出，当前美国发动和不断升级对华贸易战必将进一步恶化美国国内矛盾和撕裂美国社会，中国经济富有韧性，尽管是从容应对贸易战的坚实基础，但对贸易战的长期性和多变性又必须有更深刻的认识。

郑州财经学院徐可研究员指出，《资本论》以资本扩张为主线，揭示了社会经济系统中非均衡的内在根源、动力机制与历史路径，这是真正的“非均衡”理论体系，抓住这一点才能走出西方经济学“均衡—非均衡”的思辨循环陷阱，迈入“总体性”思想的门槛。在马克思非均衡经济学的建构下，资本逻辑能够统摄西方经济学中的规模报酬递增理论、凯恩斯的总需求理论、供给学派的“供给创造需求理论”、新制度经济学中的路径依赖理论，形成了资本运动的“总过程”，从而完成了“总体性”的经济学证明。

北京理工大学宋宪萍教授指出，作为承担资本扩大再生产与持续性扩张积累的现代城市，比以往历史上任何时期的城市更凸显资本逻辑。城市发展的固定资本阻隔、城市主体的结构性分化以及城市空间的马赛克图景凸显了资本逻辑主导下的城市风险指向。三级循环依次反映了风险的生发、累积和放大，以及最终的放大结果——危机。只有对资本逻辑导向的城市社会风险分析才能深刻揭示城市生产方式的内在对抗性矛盾和现代风险发展的历史趋势。

与会学者探讨了马克思主义宏观经济学的微观基础、《资本论》研究对象的“历史的内涵逻辑”、劳动力的柔性再生产模式、有折旧的马克思扩大再生产公式的图解法，等等。

四、西方经济学理论新进展

本次年会的又一个特点是不仅高度关注西方经济学理论的新进展，而且高度关注这些理论对中国的影响。

中国人民大学贾根良教授研究发现，后发优势的思想最早是由演化经济学家凡勃伦提出。“新熊彼特”学派演化经济学家区分了技术后发优势的两种机会窗口。后发优势的原义是指制度创新是实现后发优势的基础。实现制度创新的后发优势取决于落后国家较早进入新技术系统、领先国家出现“制度锁定”和落后国家相对落后程度等特定条件。贾教授指出，林毅夫引进成熟技术和比较优势的后发优势概念、杨小凯的后发劣势概念与后发优势的原义完全相反，他们关于后发优势的概念都是以假定为基础通过推理得出的。中国应充分发挥中国特色社会主义制度的后发优势。

华南师范大学方兴起教授指出，李嘉图的比较优势理论的错误之处在于他采用静态分析方法形成的静态比较优势理论，完全与现实中动态形成的比较优势相背离。其理论实质上是为了维护大英帝国的利益而误导各国。当今30多个发达国家，特别是七大工业国都是走了一条“反李嘉图静态比较优势”的发展道路，或者说，都是走了一条动态比较优势的发展道路，才从传统的农业国发展成为发达的工业国。各国不能靠自然禀赋形成的生产优势，而只能靠现代工业形成的新的优势，才能在全球化中维护本国的政治与经济利益，从而结束霸权国在世界市场的统治地位。

四川大学张衔教授指出，新结构经济学的比较优势理论主张落后国家服从发达国家，比较优势不需要产业政策，产业政策有效必然与比较优势冲突。这种主张回避了赶超成功的案例，与事实不一致；这种主张违反历史，自相矛盾。新结构经济学否定创造绝对优势，断定工业化、创造绝对优势违背比较优势原理，落后国家没有自生能力，这种主张与观察明显不一致。新结构经济学的主张会造成落后国家服从于发达国家建立的分工体系，并经常处于产业低端，形成单一的组装生产方式和相应的结构，成为发达国家上游企业的组装车间或工厂。且容易被锁定，受到资源与劳动力成本更低的经济体的竞争。落后国家正确的选择是创造绝对优势的物质技术基础。

中国社会科学院杨虎涛教授认为，对于20世纪70年代以来西方发达国家经历的长萧条，主流经济学一直没有直面这一问题，而马克思主义经济学、新熊彼特学派和后凯恩斯经济学对此都给出了丰富的解释。西方马克思主义经济学不仅从利润挤压、过度竞争等角度解释了20世纪70年代的结构性危机，也在批判新自由主义的过程中对结构性危机之后的长萧条进行了解释，新熊彼特学派则从历次技术浪潮的差异性解释长萧条，而后凯恩斯经济学则认为，是经济增长体制类型与分配政策的错位导致了长萧条。杨教授认为，这些解释各有所长，存在综合的可能性，例如，后凯恩斯经济学并没有回答究竟是什么决定了利润导向型增长和工资导向型增长，而这可以从新熊彼特学派的解释中得到补充，新熊彼特学派主要侧重于从技术、产品特征角度解释，而对制度性因素的分析不足，而这正是马克思主义经济学的专长和深度所在。

吉林财经大学黎贵才教授指出，新自由主义是国际金融垄断资本掠夺世界财富、掌控世界经济命脉的工具。中国的改革开放受到新自由主义全球化的影响。最早的也是最为直观的影响体现在外商直接投资的自由化。它一方面有利地促进了中国经济增长；但另一方面使中国劳工遭受国际垄断资本的压榨和盘剥，使中国经济遭受国际垄断资本的金融掠夺。中国的改革开放与“华盛顿共识”有着本质区别，“中国模式”是对新自由主义的超越。中国要高度警惕新自由主义的负面影响。

武汉大学龙斧教授认为，西方供给学派的理论不仅在西方学界遭到广泛批判，其实践也被证明是失败的。中国供给侧改革与西方供给学派在理论基础、投资与消费、供给问题的认识上存在本质区别。

北京大学方敏教授认为，法国调节学派和美国 SSA 学派的共同点包括相同的时代背景和问题意识、相似的理论渊源，试图发展马克思主义，为传统理论补充“中间层次”或“阶段理论”，通过分析资本积累过程以及影响该过程的一整套社会制度之间的关系来解释资本积累的长期模式。但二者由于最初的理论定位不同，在范畴体系和概念分类上存在较大差异，对 20 世纪 70 年代滞胀危机成因的解释以及新自由主义和国际金融危机的研究侧重点也不一样。从发展动向来看，调节学派理论后期的制度主义色彩更浓，SSA 学派理论后期呈现出回归传统马克思主义的倾向。

中国人民大学李黎力副教授认为，在现代货币制度下，政府和银行共同构成了货币的创造主体。货币创造包含纵向上政府部门政府支出向私人部门的“外生”注入，与横向上私人部门内部银行“贷款创造存款”的“内生”产生。政府法定不兑现货币因“税收驱动货币”机制，而位于货币性债务金字塔的顶端。银行存款货币是对这种高能货币的“杠杆化”，是政府信用的延伸。在货币流通层面，部门货币收支分析是宏观经济分析的重要工具。将财政与金融对立起来，片面夸大银行在货币创造中的作用，低估国家在货币创造和运行中的重要角色的观点是错误的。

与会学者探讨了行为公共选择理论、内生经济增长模型的求解、人力资本理论、生育经济学的国外最新研究进展、SFC 模型的根源与演化发展、卡莱斯基的有效投资理论，等等。

五、中国现实经济热点问题新探究

本次年会的再一个特点是高度关注中国现实经济热点问题，并试图给出解决问题的建议和对策。

福州大学周小亮教授指出，推动高质量发展新旧动能转换机制与路径选择，应以马克思主义政治经济学和中国特色社会主义政治经济学中生产力与生产关系辩证关系原理为基础，以习近平新时代中国特色社会主义经济学为指导，结合有关经济增长的技术、制度、公平动能理论解说，将工具理性与人本价值理性分析、供给侧动能和需求侧动能分析统一起来，将制度与结构两大因素引入推动高质量发展的动能分析系统。

安徽工业大学江小国副教授指出，我国经济要实现高质量发展，必须要有高质量的制造业作为支撑，推动制造业高质量发展要上升到产品、企业、产业、基地“并行推进”的系统工程层面，协同考虑要素支撑、生产组织、产业提升、行业治理四个维度，构建立体化推进路径。

首都经济贸易大学徐则荣教授认为，新发展理念与构建现代化经济体之间是理论与实践的关系，新发展理念是指导思想，现代化经济体系是具体实践，两者在内容、逻辑、结构上环环相扣形成一个完整的逻辑体系。要用马克思主义理论指导构建现代化经济体系的七个方面。

安徽财经大学任志安教授认为，重振全要素生产率是我国建设现代化经济体系的一个最为关键的着力点。不同地区现代化经济体系的建设要各有侧重，在基于重振全要素生产率的同时还需要加快推进产业结构优化升级，完善要素市场改革，深入践行绿色发展理念以及坚持对外开放。

黑龙江大学魏枫教授指出，生产要素价格政策性扭曲并不能成为后发经济体长期的政策选择，其增长效应具有阶段性特征。劳动力价格扭曲与经济增长存在明显的倒“U”型关系。新时期，我国面临依靠转型重塑增长动力的重任，矫正生产要素价格的政策性扭曲，使得生产要素价格与我国经济增长阶段的转变相适应，一定程度上有助于解决结构性问题，避免陷入转型陷阱，实现持续增长。

与会学者探讨了知识产权执法与中国出口企业创新、我国省际新旧动能转换测度及影响、普惠金融服务的发展、长三角区域经济韧性的时空演化，等等。

六、国际经济问题新探索

本次年会的再一个特点是关注多种国际经济问题。

南京师范大学陶士贵教授指出，美国对他国实施国际金融制裁的根本目的在于扩大美国在全球范围内的影响力，获取霸权暴利。面对美国在未来可能在金融层面、贸易层面和资产层面对我国实施直接制裁，我国要在维护地缘局势稳定、主导全球治理体系改革、完善外汇储备管理、增强人民币货币权力和提高进出口企业竞争力等方面下功夫。

北京师范大学胡海峰教授指出，经济金融化主要通过货币渠道、信贷渠道和资本市场渠道加速了去工业化进程。金融化前期对实体经济的挤出效应大于蓄水池效应，对工业经济发展有抑制作用，发展到一定阶段后金融化能促进工业经济发展，两者呈现“U”型的关系。发展中国家的金融化加速去工业化效应高于发达国家。

东莞理工学院刘伟副教授指出，我国人民币国际化应使人民币在国际事务中充分发挥计价和结算职能，但不充当国际储备货币。短期内，进一步发挥完善人民币计价和结算手段，保持汇率稳定。长期内，以石油期货和黄金期货为商品锚，实行人民币与世界其他国际货币挂钩、人民币与石油期货和黄金期货挂钩的双挂钩机制，而将国际储备货币的职能仍然留给美元。这既符合马克思货币理论所要求的国际货币应该具有非主权的商品属性，同时也没有冲击美元国际储备货币的地位，有利于人民币国际化的顺利开展。

此外，与会学者探讨了中美经济健康发展路径、国际视角的教育收益率、经济全球化、中国全面开放新格局背景下国际贸易的发展机遇，等等。